Jocelyne Giasson

La lecture

Apprentissage et difficultés

gaëtan morin éditeur

CHENELIÈRE ÉDUCATION

La lecture
Apprentissage et difficultés

Jocelyne Giasson

© 2011 Chenelière Éducation inc.

Conception éditoriale: Luc Tousignant
Édition: Annie Ouellet
Coordination: Julie Garneau
Révision linguistique: Marie Auclair
Correction d'épreuves: Julie Lalancette
Conception graphique: Nicolas Leclair (Protocole)
Impression: Imprimeries Transcontinental

**Catalogage avant publication
de Bibliothèque et Archives nationales du Québec
et Bibliothèque et Archives Canada**

Giasson, Jocelyne, 1946-

　La lecture: apprentissage et difficultés

　Comprend des réf. bibliogr. et un index.

　ISBN 978-2-89632-083-7

　1. Lecture (Enseignement primaire). 2. Lecture, Difficultés
en. 3. Compréhension de la lecture. 4. Lecture (Éducation
préscolaire). ɪ. Titre.

LB1573.G52 2011　　　　　372.4　　　　　C2011-940793-0

**gaëtan morin
éditeur**

CHENELIÈRE ÉDUCATION

7001, boul. Saint-Laurent
Montréal (Québec) Canada H2S 3E3
Téléphone : 514 273-1066
Télécopieur : 450 461-3834 / 1 888 460-3834
info@cheneliere.ca

ISBN 978-2-89632-083-7

Dépôt légal: 2ᵉ trimestre 2011
Bibliothèque et Archives nationales du Québec
Bibliothèque et Archives Canada

Imprimé au Canada

1　2　3　4　5　ITG　15　14　13　12　11

Nous reconnaissons l'aide financière du gouvernement du Canada par l'en-
tremise du Programme d'aide au développement de l'industrie de l'édition
(PADIÉ) pour nos activités d'édition.

Gouvernement du Québec – Programme de crédit d'impôt pour l'édition de
livres – Gestion SODEC.

Sources iconographiques

p. 1: Monkey Business Images/Veer;
p. 32: Monkey Business Images/
　Dreamstime.com;
p. 91: Marco Neumayr/iStockphoto;
p. 92: Virinaflora/Shutterstock;
p. 101: lineartestpilot/Shutterstock;
p. 118: Rafael Fernandez/Dreamstime.com;
p. 138: lineartestpilot/Shutterstock;
　Virinaflora/Shutterstock;
p. 139: notkoo/Shutterstock; lineartestpilot/
　Shutterstock; Virinaflora/Shutterstock;
p. 140: Nicemonkey/Shutterstock;
p. 203: Serge75/Dreamstime.com;
p. 299: Virinaflora/Shutterstock;
p. 308: sgame/Shutterstock; imageZebra/
　Shutterstock; libdro/Shutterstock;
　Milorad Zaric/iStockphoto; John T Takai/
　Shutterstock;
p. 346: Vadim Ponomarenko/
　Dreamstime.com;
p. 377: hd connelly/Shutterstock.

Membre du CERC

Membre de
l'Association nationale
des éditeurs de livres

CERC
Canadian Educational
Resources Council

ASSOCIATION
NATIONALE
DES ÉDITEURS
DE LIVRES

Table des matières

Introduction

Le présent ouvrage s'adresse aux personnes qui se destinent à l'enseignement au primaire de même qu'à celles qui s'y consacrent déjà. Tout le long du livre, nous examinons de façon concrète les moyens d'aider les élèves à devenir des lecteurs compétents et de leur donner le goût de la lecture. Nos propositions sont fondées sur les plus récents modèles élaborés dans le domaine de la lecture ainsi que sur les recherches de validation réalisées auprès d'élèves du primaire.

Le livre comprend 32 chapitres, répartis en cinq parties. Ces chapitres sont courts et traitent chacun d'un thème différent, ce qui devrait en faciliter la consultation. Le contenu concerne l'ensemble des élèves, y compris ceux qui éprouvent des difficultés en lecture.

La partie 1 porte sur les fondements du domaine de la lecture et comprend deux chapitres. Le premier aborde l'évolution des systèmes d'écriture, les modèles explicatifs du processus de lecture, l'évolution du lecteur ainsi que les caractéristiques de l'enseignant exemplaire. Le deuxième a pour objet la prévalence et les causes des difficultés en lecture ainsi que la présentation d'un modèle de prévention.

Dans la partie 2, nous nous penchons sur l'émergence de la lecture à la maternelle. Nous présentons cinq composantes essentielles du parcours de l'apprenti lecteur : le langage oral, la clarté cognitive, la connaissance des lettres, la conscience phonologique et la découverte du principe alphabétique.

La partie 3 est consacrée à l'entrée formelle dans l'écrit, c'est-à-dire à l'apprentissage de la lecture en 1re et 2e année. Nous y abordons le lien existant entre la lecture et l'écriture, les habiletés en identification de mots, le rôle des textes ainsi que l'évaluation du lecteur débutant.

La partie 4 se compose de 14 chapitres et porte sur l'enseignement de la lecture de la 3e à la 6e année. La plupart de ces chapitres touchent différents aspects de la compréhension de la lecture : nous y présentons les approches de l'enseignement de la compréhension, le rôle de la discussion collaborative et des stratégies dans la compréhension ainsi que les interventions qui conviennent aux textes narratifs et aux textes informatifs. Nous abordons également la motivation à lire, le lecteur en difficulté et l'évaluation de la lecture des élèves de la 3e à la 6e année.

La partie 5 est consacrée aux lecteurs qui présentent des besoins particuliers. Ses deux chapitres portent respectivement sur les élèves qui éprouvent des difficultés persistantes en lecture et sur l'enseignement aux élèves allophones.

Nous espérons que le présent ouvrage fournira aux enseignants des pistes pour aider leurs élèves à atteindre leur plein potentiel en lecture. Son contenu repose sur le principe selon lequel les enseignants peuvent faire une différence importante dans la vie de leurs élèves. Nous avons parfois tendance à l'oublier, mais il faut y croire.

Partie

1

Les fondements

Chapitres

Lire et apprendre à lire

La lecture représente l'une des conquêtes majeures de l'humanité. Chaque enfant doit faire sienne cette conquête afin de trouver sa place dans la société. Tous les enseignants, qu'ils œuvrent à la maternelle ou au primaire, sont touchés par l'enseignement de la lecture. Ils ont à prendre quotidiennement des décisions pour que leurs élèves deviennent des lecteurs compétents. Pour les éclairer dans leur prise de décision, ils ont besoin d'éléments théoriques qui peuvent les soutenir dans leur pratique professionnelle. Nous abordons, dans ce chapitre, les fondements de l'enseignement de la lecture. Nous y présentons d'abord l'évolution des systèmes d'écriture. Nous décrivons ensuite trois modèles de lecture, puis les étapes de l'évolution des lecteurs de la maternelle à la 6e année. Nous terminons ce chapitre en précisant les caractéristiques d'un enseignement exemplaire de la lecture.

1.1 L'évolution des systèmes d'écriture

Depuis toujours, l'homme a cherché à communiquer avec le monde qui l'entoure et a laissé des traces de cette communication. Au fil des âges, il a imaginé plusieurs systèmes de communication écrite. Trois étapes, ou trois systèmes d'écriture, ont marqué l'évolution de la langue écrite à travers le temps. Il s'agit des systèmes pictographique, idéographique et alphabétique.

1.1.1 Le système pictographique

Dans son désir d'exprimer sa pensée par écrit, l'être humain s'est d'abord servi de pictogrammes, c'est-à-dire de dessins représentant l'homme ou l'animal dans différentes situations. Les traces de ces premiers essais de communication écrite remontent à plus de 15 000 ans. On y décèle trois caractéristiques. Premièrement, le dessin est fidèle à l'apparence visuelle de l'objet et est avant tout une représentation de la réalité. Deuxièmement, le pictogramme est schématisé, par contraste avec les dessins artistiques. Enfin, il est indépendant de la langue orale et peut théoriquement être compris de tous. Les pictogrammes sont encore employés aujourd'hui dans certaines situations. Ils servent de symboles à caractère universel pour indiquer, par exemple, la proximité d'une école, une route glissante ou la direction d'un aéroport.

La figure 1.1 présente deux pictogrammes. Le premier est un pictogramme ancien trouvé au Nouveau-Mexique à l'entrée d'un sentier abrupt. Il avertit les cavaliers que le sentier est dangereux : une chèvre des montagnes pourrait y grimper, mais un cheval y culbuterait. Le second est un pictogramme moderne annonçant des travaux routiers. On retrouve les trois caractéristiques des pictogrammes dans ces deux exemples : le dessin est réaliste, schématisé et compréhensible par des locuteurs de différentes langues.

FIGURE 1.1 La représentation d'un pictogramme ancien et d'un pictogramme moderne

Pictogramme ancien   Pictogramme moderne

Source du pictogramme ancien : Gelb, I. J. (1973). *Pour une théorie de l'écriture*. Paris : Flammarion, p. 34.

Le système pictographique a été graduellement abandonné, car son utilisation présentait des limites importantes. En effet, il est difficile de représenter des concepts abstraits comme la justice, le doute ou la passion à l'aide de dessins. De plus, lorsque le pictogramme contient plusieurs éléments, il laisse place à l'interprétation. Pour vérifier ce fait, écrivez une phrase et demandez à une personne de dessiner ce qu'elle représente. Présentez ensuite ce dessin à une autre personne et demandez-lui d'écrire une phrase qui pourrait en décrire le contenu. Comparez les deux phrases. Vous verrez rapidement qu'il y a des différences assez importantes entre elles.

1.1.2 Le système idéographique

Le système pictographique a évolué vers le système idéographique. Il s'agit d'une étape cruciale de l'évolution de l'écriture, car l'homme vient de découvrir que les mots de la langue peuvent être traduits par des marques. Pour représenter 10 chevaux, il n'est plus nécessaire de dessiner 10 chevaux : il suffit d'écrire un symbole qui représente le nombre 10 et un autre qui représente le concept de cheval.

Parmi les écritures idéographiques anciennes, la plus connue est certainement l'écriture cunéiforme. Celle-ci est formée de traits en forme de clou (du latin *cuneus*, « clou ») tracés à l'aide d'un stylet à section triangulaire. À son origine, 4 000 ans av. J.-C., l'écriture cunéiforme comportait près de 1 400 symboles, qu'il fallait connaître pour pouvoir comprendre les messages écrits. Les hiéroglyphes égyptiens sont également en partie formés d'idéogrammes, même s'ils comprennent aussi d'autres

FIGURE 1.2 Des exemples de symboles idéographiques anciens et actuels

Idéogrammes anciens (écriture cunéiforme)		Idéogrammes actuels
		0, 1, 2, 3, 4, 5, 6, 7, 8, 9 x, +, /, −
Oiseau	Étoile	

types de signes comme des indices morphologiques et phonétiques. Les idéogrammes existent encore aujourd'hui, mais leur usage est surtout limité aux mathématiques (*voir la figure 1.2, à la page précédente*).

La traduction des idéogrammes a longtemps constitué un défi pour les chercheurs, puisqu'on ne peut deviner leur signification en observant leur apparence. Elle a été rendue possible par la découverte de documents offrant plusieurs versions du même texte. On connaît bien le travail de Champollion, qui a décrypté les hiéroglyphes égyptiens grâce à la pierre de Rosette, fragment de stèle trouvé à l'entrée d'un village nommé Rachid (Rosette) et qui contenait un texte écrit en hiéroglyphes et en grec. C'est le même type de découverte qui a permis de comprendre l'écriture cunéiforme. Même si l'écriture idéographique servait surtout à dresser des inventaires et à enregistrer des transactions, le plus ancien récit de l'humanité, l'*Épopée de Gilgamesh*, a été écrit il y a environ 4 000 ans en caractères cunéiformes sur des tablettes d'argile. Ce récit, qui évoque des thèmes toujours actuels comme le rapport à la nature, l'amitié et la quête de la vie éternelle, fait partie du patrimoine littéraire à présenter aux élèves du primaire.

1.1.3 Le système alphabétique

Le système idéographique a été suivi du système alphabétique (vers 1 500 av. J.-C.). L'unité de base de l'écriture est alors passée des idéogrammes aux lettres, lesquelles traduisent les sons de la langue parlée. Les premiers alphabets représentaient essentiellement les consonnes. Ce sont les Grecs qui ont introduit les voyelles dans les alphabets anciens. Le terme « alphabet » est d'ailleurs formé des deux premières lettres de l'alphabet grec : alpha et bêta. Alors que les idéogrammes devaient être appris par cœur, grâce au système alphabétique, il est devenu possible de lire tous les mots à partir de l'apprentissage d'un nombre limité de lettres.

FIGURE 1.3	Un exemple de l'évolution calligraphique de l'alphabet			
	Sinaï -1 500	Phénicien, moab araméen	Grec antique	Latin actuel
Tête de bœuf				**A**
Palissade				**H**
Eau				**M**
Tête humaine				**R**
Arc				**S**

Meyer, F. et X. Deboffles. (2007). *Histoire de l'écriture et de la littérature mondiale : approche d'une chronologie.* Le Cannet : Éditions Tableaux synoptiques de l'histoire, p. 6.

Le passage de l'écriture pictographique à l'écriture idéographique puis à l'écriture alphabétique ne s'est pas fait d'un seul coup. La figure 1.3 illustre l'évolution de différents concepts (p. ex. : eau, tête ou arc) à travers les systèmes d'écriture. Ainsi, le mot « bœuf », qui se prononçait « aleph » en phénicien, a commencé par être représenté par une tête de bœuf tout à fait identifiable (pictogramme), puis par trois traits référant à la forme triangulaire de la tête et aux cornes (idéogramme). Enfin, le symbole a été inversé pour en faciliter le tracé et est devenu la lettre A.

Il existe aujourd'hui différents alphabets dans le monde (*voir la figure 1.4*). Celui que nous utilisons est l'alphabet romain, comme c'est le cas de la plupart des langues occidentales écrites. Certaines langues, comme l'espagnol, ont adopté l'alphabet romain, mais ont ajouté des signes diacritiques à quelques lettres : ñ, í, ó, ú et ü. L'alphabet romain contient 26 lettres, mais le nombre de lettres varie dans les différents alphabets. Par exemple, l'alphabet arabe contient 28 lettres, l'alphabet russe 33 lettres et l'alphabet thaï 44 lettres. L'alphabet le plus court est celui d'un dialecte de Malaisie et comprend 12 lettres, alors que l'alphabet le plus

FIGURE 1.4	Quelques alphabets actuels
Alphabet grec	Α Β Γ Δ Θ Ω
Alphabet arabe	خ ح ج ث ت ب
Alphabet russe	А Б Г Д Е Ж
Alphabet hébreu	א ב ג ד ה ט
Alphabet inuit	▽ ᐯ ᐅ ᖅ ᑫ

long est l'alphabet khmer du Cambodge, qui compte 74 lettres. Au Québec, les langues amérindiennes s'écrivent avec l'alphabet romain, sauf la langue inuit, qui a adopté le système syllabique.

À ce jour, aucun autre système d'écriture n'a remplacé le système alphabétique. Puisque notre langue est une langue alphabétique, l'enfant doit comprendre les principes qui la régissent pour apprendre à lire. Ce principe se traduit dans toutes les langues alphabétiques par le fait que les lettres qui composent les mots ne sont pas choisies au hasard, mais représentent les sons de la langue orale. La compréhension de ce principe est la porte d'entrée de la lecture.

1.2 Les modèles explicatifs du processus de lecture

La lecture est un processus complexe. Pour comprendre un texte, le lecteur doit reconnaître les mots et leur signification, activer les connaissances antérieures pertinentes, générer des inférences et réparer, si nécessaire, les pertes de compréhension. Pour expliquer ce phénomène, les théoriciens ont proposé différents modèles de lecture qui décrivent ce qui se passe dans la tête du lecteur dès qu'il porte les yeux sur un texte. Nous présentons ici trois de ces modèles : le modèle simple de lecture, le modèle interactif et le modèle interactif étendu.

1.2.1 Le modèle simple de lecture

Malgré la complexité que comporte l'acte de lire, plusieurs auteurs considèrent simplement que la compréhension en lecture est le fait de comprendre à l'écrit ce que l'on comprend à l'oral (Scarborough, 2001 ; Kamhi, 2009). On peut tirer deux conclusions de ce postulat : la première est que la compréhension à l'oral est essentielle à la lecture, la seconde, que l'identification de mots est l'élément qui distingue la langue écrite de la langue orale. C'est sur cette constatation que repose le modèle cognitif à deux composantes, qu'on appelle « modèle simple de lecture ». Selon ce modèle, la combinaison de la compréhension à l'oral et de l'identification de mots explique la compréhension à l'écrit. Ces deux composantes, si elles sont relativement indépendantes chez le jeune enfant, s'entremêlent ensuite dans le processus de compréhension en lecture (*voir la figure 1.5*).

Dans ce modèle, la définition de la compréhension à l'oral est très large. En plus des habiletés langagières de base, elle intègre les connaissances relatives au mode, au vocabulaire et au raisonnement verbal. Quant à l'identification de mots, elle comprend la lecture des mots par décodage et leur reconnaissance instantanée, ce qui correspond respectivement à la lecture par la voie indirecte et à la lecture par la voie directe. Pour identifier un mot, le lecteur le compare à l'information de son dictionnaire mental, composé de l'orthographe exacte de dizaines de milliers de mots. S'il y a correspondance, il accède d'emblée à la signification du mot : c'est la voie directe. S'il ne reconnaît pas le mot instantanément, le lecteur procède alors à un décodage syllabe par syllabe : c'est la voie indirecte.

■ Les implications pédagogiques du modèle simple de lecture

Malgré sa simplicité, ou grâce à celle-ci, le modèle simple de lecture comporte plusieurs implications pédagogiques.

Premièrement, le fait de mettre l'accent sur le rôle de la compréhension orale en lecture rappelle que l'école ne peut négliger les interventions relatives au langage

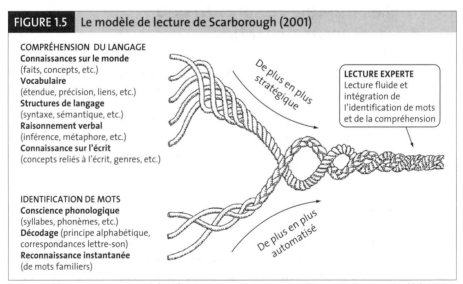

FIGURE 1.5 Le modèle de lecture de Scarborough (2001)

COMPRÉHENSION DU LANGAGE
Connaissances sur le monde
(faits, concepts, etc.)
Vocabulaire
(étendue, précision, liens, etc.)
Structures de langage
(syntaxe, sémantique, etc.)
Raisonnement verbal
(inférence, métaphore, etc.)
Connaissance sur l'écrit
(concepts reliés à l'écrit, genres, etc.)

De plus en plus stratégique

LECTURE EXPERTE
Lecture fluide et intégration de l'identification de mots et de la compréhension

IDENTIFICATION DE MOTS
Conscience phonologique
(syllabes, phonèmes, etc.)
Décodage (principe alphabétique, correspondances lettre-son)
Reconnaissance instantanée
(de mots familiers)

De plus en plus automatisé

Traduction libre de Scarborough, H. S. (2001). Connecting early language and literacy to later reading (dis)abilities : Evidence, theory and, practice. Dans S. B. Neuman et D. K. Dickinson (Éds.), *Handbook of early literacy research*. New York : Guilford, p. 98.

oral pour assurer la réussite en lecture. De plus, comme le langage oral inclut les connaissances sur le monde, ce modèle rappelle également que l'école doit fournir aux élèves la possibilité d'élargir leurs connaissances : le peu d'attention porté en classe à l'acquisition de connaissances sur le monde est probablement en partie responsable des échecs en lecture (Catts, 2009).

Deuxièmement, ce modèle met en évidence l'équilibre nécessaire entre les habiletés d'identification de mots et les habiletés de compréhension. Les chances de réussir en lecture sont plus grandes quand les enfants progressent de façon appropriée et simultanée pour ce qui est de ces deux habiletés (Kendeou et autres, 2009). L'apport respectif de celles-ci se modifie cependant à mesure que les lecteurs évoluent : les habiletés en identification de mots atteignent un certain plafond au cours des premières années du primaire, alors que la compréhension continue d'évoluer (Ouellette et Beers, 2010).

Troisièmement, ce modèle offre un cadre simple pour intervenir auprès des élèves en difficulté. En effet, à l'aide de ce modèle, il est possible de classer les lecteurs dans quatre catégories en fonction de la combinaison de l'identification de mots et de la compréhension orale (*voir la figure 1.6*). Cette classification permet de distinguer deux types de lecteurs éprouvant des difficultés de compréhension en lecture : ceux qui sont capables d'identifier correctement les mots mais ont une compréhension orale faible et ceux qui possèdent de bonnes habiletés à l'oral mais peinent à identifier les mots. Lorsque les élèves éprouvent des difficultés de compréhension en lecture, il semble logique d'intervenir directement par rapport à la compréhension en lecture, ce qui n'est pas nécessairement la meilleure solution. Ce modèle permet de déterminer l'origine du problème. Par exemple, si un élève possède une bonne connaissance du langage oral (ou de bonnes habiletés langagières), on conclura qu'il a besoin de soutien en identification de mots pour améliorer sa compréhension en lecture. Par contre, s'il possède des compétences suffisantes en identification de mots, on conclura que ses lacunes en compréhension orale expliquent ses difficultés de compréhension en lecture.

■ Les ajouts possibles au modèle simple de lecture

Le modèle simple de lecture est éclairant par sa simplicité, mais il ne doit pas faire oublier d'autres facteurs qui peuvent influencer la compréhension en lecture. Ainsi, ce modèle est utile, mais d'autres peuvent y être associés (Tilstra et autres, 2009). Deux facteurs en particulier auraient avantage à y être ajoutés : les caractéristiques propres à la langue écrite et les facteurs motivationnels.

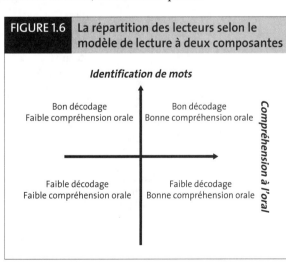

FIGURE 1.6 La répartition des lecteurs selon le modèle de lecture à deux composantes

Identification de mots

Bon décodage
Faible compréhension orale

Bon décodage
Bonne compréhension orale

Faible décodage
Faible compréhension orale

Faible décodage
Bonne compréhension orale

Compréhension à l'oral

Ce modèle sous-entend une équivalence entre la langue orale et la langue écrite. Il repose sur le postulat que si l'on sait lire des mots et si l'on possède une bonne compréhension à l'oral, on devrait comprendre les textes écrits. Or, si la langue orale et la langue écrite ont plusieurs points en commun, elles ne se superposent pas complètement. Les textes écrits présentent des particularités sur les plans de la syntaxe, du lexique et de la structuration des messages. De plus, les stratégies de traitement sont différentes à l'oral et à l'écrit. À l'écrit, le texte demeure sous les yeux du lecteur, qui peut le traiter de différentes manières : il a, par exemple, la possibilité de le survoler avant de le lire, de s'arrêter pendant la lecture pour réfléchir et de revenir sur une partie du texte pour vérifier une information ou résoudre un problème. Tous ces comportements sont impossibles à l'oral et appartiennent au traitement de la langue écrite. Le jeune lecteur aura donc à assimiler des stratégies de lecture qui complémenteront ses stratégies de compréhension du langage oral.

Une seconde différence entre le langage oral et le langage écrit relève de la motivation. La communication orale est habituellement concrète et liée aux connaissances des enfants ; de plus, ceux-ci sont habitués à ce que leur interlocuteur tienne compte de leurs réactions. Le texte écrit est en général plus abstrait et souvent moins attrayant pour les enfants. La motivation et l'intérêt envers le texte peuvent être invoqués pour expliquer une partie de la compréhension en lecture. Il est donc essentiel d'ajouter les facteurs de motivation au modèle simple de lecture.

1.2.2 Le modèle interactif

Alors que le modèle simple de lecture est centré sur les processus cognitifs du lecteur, le modèle interactif conçoit la lecture comme le résultat d'une interaction dynamique entre le lecteur, le texte et le contexte (*voir la figure 1.7*). Ce que le lecteur comprend est influencé par son propre développement, par les textes qu'il lit et par le contexte dans lequel s'effectue sa lecture.

◼ La variable « lecteur »

Les lecteurs présentent tous des caractéristiques individuelles qui influencent leur compréhension, que ce soit leurs habiletés, leurs connaissances, leurs capacités cognitives ou leur motivation. La variable lecteur du modèle

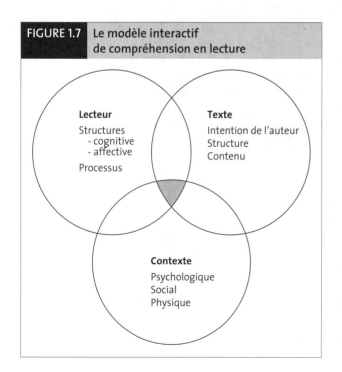

FIGURE 1.7 Le modèle interactif de compréhension en lecture

Lecteur
Structures
- cognitive
- affective
Processus

Texte
Intention de l'auteur
Structure
Contenu

Contexte
Psychologique
Social
Physique

de compréhension regroupe les structures et les processus du lecteur. Les structures correspondent à ce que le lecteur est, les processus, à ce qu'il fait durant la lecture.

■ Les structures

Les structures se subdivisent en structures cognitive et affective. La structure cognitive comprend les connaissances que le lecteur possède sur la langue et le monde. Les connaissances relatives à la langue sont de quatre types : phonologiques, syntaxiques, sémantiques et pragmatiques. Les connaissances sur le monde correspondent aux *schémas* que le lecteur a élaborés et accumulés tout au long de sa vie. La structure affective intervient également lorsque le lecteur aborde une tâche de lecture : son attitude générale envers la lecture et ses propres centres d'intérêt influent sur sa compréhension du texte.

■ Les processus

Les processus renvoient aux habiletés mises en jeu durant la lecture. On distingue les microprocessus, les processus d'intégration, les macroprocessus, les processus d'élaboration et les processus métacognitifs (Irwin, 1991). Il est important de mentionner que ces processus n'agissent pas de façon séquentielle, mais simultanée.

1. Les **microprocessus** servent à comprendre l'information contenue dans une phrase : ils regroupent la reconnaissance de mots, la lecture par groupes de mots et la microsélection, c'est-à-dire l'identification de l'information importante de la phrase.

2. Les **processus d'intégration** rendent possible l'établissement de liens entre les propositions ou les phrases ; les principales manifestations de ces processus sont l'utilisation adéquate des mots de substitution et de liaison ainsi que la formulation d'inférences.

3. Les **macroprocessus** sont orientés vers la compréhension globale du texte, c'est-à-dire vers les liens qui permettent de faire du texte un tout cohérent. Ces processus sont principalement à la base de la reconnaissance des idées principales du texte, de l'élaboration de résumés et de l'utilisation de la structure du texte.

4. Les **processus d'élaboration** permettent au lecteur de dépasser le texte, d'aller plus loin que les attentes de l'auteur. On pense, par exemple, à la formulation de prédictions, à la création d'images mentales et aux réactions personnelles au texte.

5. Les **processus métacognitifs** servent à guider la compréhension ; ce sont eux qui font que le lecteur est en mesure de s'ajuster au texte et à la situation. Reconnaître qu'il y a perte de compréhension et trouver les stratégies à employer pour y remédier font partie des principales manifestations des processus métacognitifs.

■ La variable « texte »

Les caractéristiques du texte qui influencent la compréhension du lecteur peuvent être considérées sous trois aspects : l'intention de l'auteur, la structure du texte et son contenu. L'intention de l'auteur détermine le genre du texte et joue un rôle quant à la structure et au contenu. La structure fait référence à la façon dont l'auteur a organisé les idées dans le texte, alors que le contenu renvoie aux concepts, aux connaissances et au vocabulaire qu'il a décidé de transmettre.

■ La variable « contexte »

Le contexte inclut toutes les conditions présentes lorsque le lecteur entre en contact avec le texte. Parmi ces conditions, on trouve celles qu'il se fixe lui-même et celles que le milieu, souvent l'enseignant, lui impose. On distingue principalement le contexte psychologique, le contexte social et le contexte physique.

Le contexte psychologique se caractérise surtout par l'intention de lecture. Nous savons depuis longtemps que les informations que nous retenons d'un texte dépendent de notre intention. Par exemple, nous ne lisons pas la critique d'un film de la même manière avant d'aller voir le film et après l'avoir vu. Avant, nous la lisons pour voir si le film peut nous intéresser ; après, nous le faisons pour voir si le critique a eu la même perception que nous du film.

Le contexte social comprend les interventions de l'enseignant et des pairs pendant la lecture. Par exemple, si nous lisons un texte à haute voix devant un auditoire, nous n'en avons pas le même type de compréhension que si nous le lisons silencieusement dans notre propre intérêt.

Quant au contexte physique, il englobe les facteurs qui influent non seulement sur la lecture, mais sur tous les apprentissages scolaires. Nous pensons ici aux éléments qui peuvent distraire l'attention de l'élève, comme le niveau élevé de bruit dans la classe.

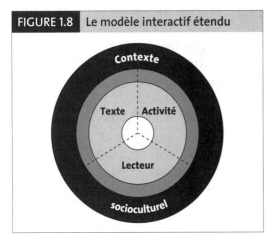

FIGURE 1.8 Le modèle interactif étendu

Traduction libre de Snow, C. (2002). *Reading for understanding : Toward an R & D program in reading comprehension.* Santa Monica : Rand, p. 12.

1.2.3 Le modèle interactif étendu

Le modèle interactif présenté précédemment décrit les variables immédiates de la compréhension en lecture. Le modèle interactif étendu ajoute à ce modèle une perspective plus large, celle du contexte socioculturel (Snow, 2002). Selon ce modèle, les trois variables de base sont les mêmes que dans le modèle interactif, mais elles sont intégrées à un contexte socioculturel multidimensionnel qui comprend les contextes de la classe, de l'école, de la communauté et de la famille (*voir la figure 1.8*).

- Le **contexte de la classe** influence la façon dont l'élève aborde la lecture. Plusieurs variables entrent ici en ligne de compte, comme le type d'enseignement dispensé, le temps accordé à la lecture en classe, les pratiques de regroupement et les ressources matérielles.

- Le **contexte de l'école** joue également un rôle important dans l'apprentissage de la lecture. On peut penser au climat général de l'école, à la volonté de l'ensemble du personnel d'assurer la réussite des élèves, à l'organisation des services et aux politiques mises en place par l'école pour aider les élèves en difficulté.
- Le **contexte social** renvoie à la communauté dans laquelle évolue l'enfant en dehors de l'école. On connaît bien les relations qui existent entre le contexte socioéconomique et la réussite en lecture : la communauté influence, entre autres, la valeur que l'élève accorde à la lecture.
- Le **contexte familial** revêt une importance primordiale dans l'apprentissage de la lecture des enfants. Ces derniers arrivent à l'école avec des capacités et une conception de la lecture qui dépendent largement de leur milieu familial.

1.2.4 La complémentarité des modèles

Les trois modèles de lecture que nous venons de présenter permettent de considérer la compréhension en lecture sous des angles différents. Le modèle simple est utile pour distinguer les rôles respectifs de la compréhension orale et des habiletés en identification de mots, ce qui permet d'orienter rapidement les interventions en lecture vers la bonne cible. Le modèle interactif ajoute au premier modèle l'importance du texte et les conditions dans lesquelles se fait la lecture, ce qui permet de mieux différencier les interventions à faire auprès des élèves. Quant au modèle interactif étendu, il attire notre attention sur les facteurs qui dépassent la situation de lecture en tant que telle, mais qui ont une incidence sur elle, ce qui permet d'élaborer une perspective d'intervention en lecture à plus long terme. Ces modèles peuvent tous trois servir de cadre à la conceptualisation de ce qu'est la lecture. Nous suggérons non pas de les opposer, mais de les considérer comme complémentaires.

1.3   L'évolution du jeune lecteur

Les modèles de lecture sont utiles pour comprendre l'ensemble des composantes de la lecture, mais la compétence à lire est évolutive et se perfectionne tout le long du préscolaire et du primaire. Pour situer les élèves dans ce continuum, il est indispensable de connaître la façon dont les habiletés en lecture se transforment de la maternelle à la fin du primaire.

1.3.1 Le lecteur en émergence

La plupart des enfants de la maternelle peuvent être considérés comme des lecteurs en émergence. À cette étape, bien qu'ils soient sensibilisés aux fonctions de l'écrit, ils ne peuvent lire de façon autonome. Ils prennent plaisir à écouter des histoires, reconnaissent des mots dans leur environnement, mais n'ont pas encore découvert le principe alphabétique qui leur permettra de lire des mots nouveaux. Habituellement, les enfants passent du stade de lecteur en émergence à celui d'apprenti lecteur à la fin de la maternelle ou au cours des premières semaines de leur entrée en 1re année.

1.3.2 L'apprenti lecteur

Le stade d'apprenti lecteur se caractérise par la découverte du principe alphabétique. Grâce à la connaissance du fonctionnement du système écrit qu'ils acquièrent, les enfants peuvent lire des mots nouveaux. Leurs habiletés sont cependant encore en voie d'acquisition : ils ne maîtrisent que partiellement le code et ne réussissent pas toujours à s'autocorriger. Ils se servent du contexte pour faire des hypothèses, mais ne les vérifient pas toujours. Ce comportement, qui est caractéristique des lecteurs du milieu de la première année, évolue graduellement pour amener les enfants au stade suivant, celui de lecteur débutant.

1.3.3 Le lecteur débutant

Pour être considéré comme des lecteurs débutants, les enfants doivent intégrer des habiletés en identification de mots et en compréhension. Habituellement, à la fin de la 1re année ou au cours de la 2e année, ils ont une bonne maîtrise du code et sont capables de lire des textes nouveaux de façon autonome. Mais même s'ils réussissent, à cette étape, à lire et à comprendre des textes, leur lecture demeure plus ou moins hésitante, car ils ne reconnaissent pas encore rapidement tous les mots qu'ils lisent et doivent en décoder une bonne partie un à un.

1.3.4 Le lecteur en transition

Pour progresser sur la route de la lecture, il faut que les lecteurs en viennent à lire de façon courante. Ils ont de moins en moins besoin de décoder les mots qu'ils lisent, puisqu'ils possèdent un répertoire élargi de mots qu'ils peuvent reconnaître instantanément. Ces lecteurs consacrent une plus grande partie de leur énergie cognitive à comprendre les textes. Cette période d'acquisition de la lecture courante, qui correspond à celle du lecteur en transition, chevauche habituellement la 2e et la 3e année.

1.3.5 Le lecteur confirmé

Les lecteurs confirmés possèdent les compétences nécessaires pour effectuer une lecture fluide et aisée. Ils sont capables d'élaborer une représentation claire du texte, de gérer les obstacles qu'ils croisent en cours de lecture, de réagir au texte et d'utiliser à diverses fins l'information qu'il contient. Cependant, l'évolution de la compétence à lire ne se termine pas avec la fin du primaire ; elle se poursuit en fait pendant toute la vie de l'adulte.

1.4 Le rôle essentiel de l'enseignant

Depuis de nombreuses années, les recherches en éducation concordent sur un point : le facteur le plus important pour la réussite des élèves en lecture n'est pas la méthode employée, mais l'enseignant lui-même. Derrière la porte de la classe, le dernier mot appartient toujours à l'enseignant. Pour bien saisir le rôle de celui-ci dans l'apprentissage de la lecture, il est pertinent de connaître l'historique des tentatives effectuées pour déterminer ce qui caractérise un bon enseignement de la lecture. L'aboutissement de ces tentatives nous a fourni, dans les dernières années, une description exhaustive de l'enseignement exemplaire.

1.4.1 L'historique des recherches sur l'enseignant

Les recherches sur l'enseignement efficace ne sont pas récentes. Il y a toujours eu des études tentant de trouver la meilleure façon d'enseigner. Ces recherches ont pris différentes couleurs selon les époques.

La recherche de la meilleure méthode d'enseignement de la lecture. Les études sur l'efficacité de l'enseignement, dont les premières remontent aux années 1950, ont porté sur la recherche de la meilleure méthode ou du meilleur manuel d'enseignement de la lecture. On a en fait essayé de trouver une méthode qui soit « à l'épreuve de l'enseignant ». Les résultats de ces recherches se sont avérés décevants : aucune méthode n'a pu être associée au meilleur apprentissage de la lecture. Le principal résultat de ces études a été de montrer que le facteur le plus important pour la réussite en lecture des élèves est l'enseignant.

La recherche de l'enseignant idéal. Dans les années 1960, les recherches se sont concentrées sur la personnalité de l'enseignant. On cherchait alors le « bon enseignant ». Ces recherches en sont arrivées à la conclusion que les enseignants efficaces sont des personnes qui possèdent les mêmes caractéristiques personnelles (dynamisme, ouverture d'esprit et rigueur) que la plupart des gens bien adaptés à leur profession, quelle qu'elle soit.

La recherche des comportements pédagogiques efficaces. Dans les années 1970 et 1980, les chercheurs se sont tournés vers les comportements observables en classe de façon objective. Plutôt que de chercher des traits de personnalité, ils ont plutôt examiné en détail la pratique quotidienne des enseignants efficaces afin d'en dégager les facteurs associés à la réussite en lecture. Cependant, ce courant se préoccupait davantage de la quantité de comportements que de leur qualité.

Par exemple, on considérait que l'une des variables les plus importantes est le temps que les élèves consacrent à la tâche (ce qui peut être pertinent), mais on n'analysait pas le contenu de la tâche.

La recherche d'une vision intégrée de l'enseignement exemplaire. Au cours de la dernière décennie, les chercheurs se sont penchés sur la qualité des interventions faites en lecture et sur la façon dont les enseignants intègrent ces diverses interventions. Ce sont les résultats de leurs études qui ont permis de dégager les caractéristiques de l'enseignement exemplaire de la lecture.

1.4.2 Les caractéristiques de l'enseignant exemplaire

L'enseignement exemplaire de la lecture est une pratique complexe et sophistiquée qui comporte une variété de composantes fonctionnant de façon coordonnée. Les enseignants exemplaires possèdent un large répertoire de stratégies pédagogiques et leur habileté repose sur la façon dont ils combinent et intègrent ces différentes stratégies pour répondre aux besoins individuels des élèves. Même s'il est difficile de définir ce qu'est un enseignant exemplaire, chose certaine, nous le savons quand nous en rencontrons un. Dès les premiers jours de classe, les enseignants exemplaires se distinguent des autres : ils offrent plus d'activités stimulantes, sont plus enthousiastes dans leur façon de présenter la lecture et l'écriture et fixent des attentes plus élevées.

Certaines personnes peuvent être d'excellents enseignants dans des domaines comme les arts ou l'éducation physique, mais être inefficaces en enseignement de la lecture. Même s'il existe certaines caractéristiques générales pour définir l'enseignant exemplaire, d'autres relèvent de la connaissance des processus de lecture. De plus, il faut distinguer l'enseignant de grande qualité de l'enseignant hautement qualifié. Certains enseignants très qualifiés ne sont pas pour autant de bons enseignants, alors que d'autres, moins qualifiés, présentent les caractéristiques de l'enseignement exemplaire. Par ailleurs, même si de nouveaux enseignants peuvent être excellents, on considère habituellement qu'il faut un certain nombre d'années de pratique de l'enseignement (environ cinq ans) pour arriver à offrir un enseignement vraiment exemplaire (Pressley, 2005).

Nous présentons dans les paragraphes qui suivent l'ensemble des caractéristiques de l'enseignement exemplaire, telles que dégagées des recherches effectuées dans le domaine (Allington et Johnston, 2002 ; Pressley, 2005 ; Taylor, 2007).

Un enseignement équilibré. Les enseignants exemplaires arrivent à établir un équilibre entre les différentes composantes de l'enseignement de la lecture. Équilibre ne signifie pas répartition égale des activités dans le temps ni passage automatique d'un type d'activité à l'autre ; l'équilibre renvoie plutôt à une harmonie établie entre les besoins des élèves et le soutien offert. Par exemple, l'enseignant exemplaire encourage par moments les élèves à la découverte, mais dispense parfois un enseignement plus explicite. Il amène les élèves à lire le plus souvent possible des textes entiers mais, en certaines occasions, s'attarde sur des unités comme les mots ou les syllabes. Il laisse parfois les élèves choisir les activités mais, dans certaines circonstances, leur propose un texte ou une activité déterminés en fonction d'un certain objectif pédagogique.

L'engagement des élèves dans les tâches de haut niveau. Les enseignants exemplaires font en sorte que les élèves se consacrent à la tâche la plus grande partie du temps. De plus, ils les engagent dans des tâches cognitives de haut niveau, dans des activités qui les amènent à réfléchir et à aller toujours un peu plus loin, par exemple lire un texte un peu plus difficile ou écrire un texte un peu plus long. Les attentes de ces enseignants sont élevées. Cela ne veut cependant pas dire que les classes des enseignants exemplaires sont nécessairement silencieuses. En effet, les enseignants de très grande qualité peuvent travailler à la limite du chaos avec des élèves qui poursuivent des projets, lisent ou s'exercent ensemble dans un climat de bourdonnement productif.

Un environnement positif et motivant. Les enseignants exemplaires créent un climat positif, stimulant et coopératif, une atmosphère dans laquelle les enfants se sentent capables de réussir. Ils essaient toujours de rendre les leçons motivantes et intéressantes, sans perdre de vue les buts de l'apprentissage. Ils conservent l'équilibre établi entre l'aspect scolaire et l'aspect motivationnel. Ces enseignants créent un environnement où la littérature est importante. Les livres sont présentés de façon invitante, dans des endroits appropriés pour lire et discuter de lecture. La discipline n'est pas nécessaire dans ces classes, car les élèves ont toujours quelque chose d'intéressant à faire. La gestion de classe fait en sorte que les élèves se sentent à l'aise dans un environnement où les règles sont claires et cohérentes.

La souplesse dans les types de regroupement. Les enseignants exemplaires varient les formes de regroupement (grand groupe, petit groupe, dyade ou travail individuel). Les élèves apprennent tôt à devenir autonomes, ce qui permet aux enseignants d'offrir du soutien à de petits groupes d'élèves ayant des besoins particuliers. L'enseignement en petits groupes caractérise d'ailleurs leur pratique. Ces enseignants font des regroupements flexibles pour ajuster leur enseignement à chaque élève. Les élèves ne demeurent pas toute l'année dans des sous-groupes fixes.

Le lien entre l'évaluation et l'intervention. Les enseignants exemplaires vérifient les progrès des élèves et adaptent leur enseignement en conséquence. Ils ont recours à un cycle d'intervention qui pourrait être formulé ainsi :

enseignement basé sur les besoins → vérification de l'évolution des élèves → enseignement centré sur les nouveaux besoins → vérification de l'évolution → enseignement basé sur les nouveaux besoins.

Un style d'enseignement utilisant l'étayage. Les enseignants exemplaires font usage de l'étayage pour soutenir leurs élèves. Le concept d'étayage renvoie au soutien temporaire que l'adulte donne à l'enfant en se basant sur sa zone de proche développement, c'est-à-dire la zone dans laquelle l'enfant peut résoudre un problème s'il reçoit l'assistance d'un adulte compétent ou d'un pair plus avancé. Les enseignants exemplaires interviennent donc au juste niveau des besoins de l'élève. Leur style d'enseignement tient davantage de la conversation que de l'interrogation. Les enseignants efficaces enseignent aux enfants ce qu'ils sont prêts à apprendre et ne perdent pas de temps à leur enseigner ce qu'ils savent déjà.

La relation avec les parents. Les enseignants exemplaires entretiennent des liens étroits avec les parents des élèves. Ils communiquent plus souvent avec eux que les autres enseignants, par exemple en les appelant à la maison, en leur envoyant des notes ou en leur transmettant de l'information sur ce qui se passe en classe. Ils prennent le temps de vraiment connaître les familles des élèves.

On peut donc affirmer que les enseignants jouent un rôle de premier plan auprès des élèves. Les futurs enseignants doivent s'imprégner de cette idée essentielle et tendre vers un enseignement exemplaire qui influencera positivement l'apprentissage des élèves de leur classe.

Conclusion

Pour apprendre à lire, les enfants auront à découvrir ce que l'humanité a mis des millénaires à mettre au point : le système alphabétique de transcription des mots. Mais il ne leur suffit pas de reconnaître les mots pour les comprendre : ils doivent aussi avoir recours aux habiletés qu'ils ont acquises en langage oral. Les enfants évolueront en lecture de la maternelle à la fin du primaire en intégrant des habiletés en identification de mots et en compréhension. Cela sera rendu possible par des enseignants qui comprennent la façon dont les enfants évoluent en lecture et qui croient que tous peuvent apprendre à lire.

La prévention des difficultés en lecture

Les difficultés en lecture ont toujours constitué, à juste titre, une préoccupation majeure pour le milieu de l'enseignement. On sait que les élèves qui ont des difficultés en lecture sont plus à risque de connaître l'abandon scolaire que leurs pairs. Ces élèves sont présents dans toutes les classes, de la maternelle à la fin du primaire, et c'est pourquoi tous les enseignants doivent être préparés tant à prévenir les difficultés qu'à intervenir dès qu'elles se manifestent. On trouve, dans ce chapitre, des indications sur la définition du lecteur éprouvant des difficultés en lecture, sur la prévalence de celles-ci et sur leurs causes. Ce chapitre propose également un modèle de prévention des difficultés et se termine par les principes d'évaluation de la lecture.

2.1 La définition de l'élève éprouvant des difficultés en lecture

Plusieurs critères peuvent servir à déterminer si un élève a des difficultés en lecture : le premier se rapporte au groupe d'âge de l'élève, le deuxième, à la maîtrise du programme scolaire, le troisième, au potentiel de l'élève, et le quatrième, à la façon dont il répond aux interventions qui sont faites pour l'aider. Chacune de ces façons de déterminer quels élèves éprouvent des difficultés présente des avantages et des limites.

La définition en fonction du groupe-classe. La première façon de déterminer si un élève éprouve des difficultés consiste à comparer son rendement à celui des élèves de son groupe d'âge. Selon cette définition, les élèves les plus faibles de la classe sont considérés comme ayant des difficultés et, de ce fait, sont susceptibles de recevoir de l'aide. La limite de cette définition est qu'elle ne tient pas compte de la force du groupe. Par exemple, un élève d'une classe très faible qui a un rendement moyen en lecture ne recevra pas d'aide, alors que, dans un groupe fort, on pourrait considérer qu'il éprouve des difficultés et lui offrir l'aide appropriée.

La définition en fonction du programme scolaire. Une autre façon de vérifier si un élève a des difficultés est d'évaluer sa maîtrise des compétences en lecture en fonction de son niveau scolaire. Ici, l'élève n'est pas comparé aux autres élèves, mais est évalué d'après les compétences à posséder à la fin de chaque cycle scolaire. Contrairement à la définition précédente, celle-ci ne dépend pas de la force du groupe. Elle permet de situer tous les élèves par rapport à leur cheminement scolaire, mais est parfois difficile à appliquer lorsque les compétences ne sont pas clairement définies.

La définition en fonction du potentiel de l'élève. Selon cette troisième approche, le rendement de l'élève en lecture est comparé à son potentiel. Celui-ci peut être évalué en fonction des capacités de l'élève en compréhension à l'oral, c'est-à-dire selon son niveau de compréhension lorsqu'on lui lit un texte. Le niveau de compréhension en lecture de l'élève devrait être le même que son niveau d'écoute. Cette définition a l'avantage de tenir compte des capacités cognitives limitées de certains enfants. Ainsi, on ne considérera pas qu'un élève de 12 ans qui présente un handicap intellectuel et qui possède un niveau de lecture ainsi qu'un niveau de compréhension orale d'un élève de 3e année éprouve des difficultés, même s'il est plus faible que l'ensemble des élèves de 12 ans.

La définition en fonction de la réponse à l'intervention. Plus récemment, on a commencé à déterminer quels sont les élèves en difficulté en vérifiant leur progrès à la suite des interventions. Selon l'approche connue sous le nom de «Réponse à l'intervention», on ne fait pas d'évaluation des habiletés cognitives ou du rendement scolaire de l'élève. Il s'agit plutôt de documenter le fait que celui-ci n'a pas progressé à la suite des interventions appropriées qui ont été faites en classe. Ces interventions doivent avoir été effectuées pendant une période raisonnable et être basées sur des principes pédagogiques éprouvés. La difficulté de cette définition réside dans la détermination de ce qui constitue une intervention appropriée.

La combinaison des critères. Il est possible d'associer plusieurs critères pour arriver à bien déterminer quels élèves sont en difficulté. Par exemple, celle qui suit combine les exigences du programme et la réponse à l'intervention :

> L'élève en difficulté d'apprentissage est, au primaire, celui dont l'analyse de sa situation démontre que les mesures de remédiation mises en place, par l'enseignante ou l'enseignant ou par les autres intervenantes ou intervenants durant une période significative, n'ont pas permis à l'élève de progresser suffisamment dans ses apprentissages pour lui permettre d'atteindre les exigences minimales de réussite du cycle en langue d'enseignement ou en mathématique conformément au Programme de formation de l'école québécoise (Ministère de l'Éducation, du Loisir et du Sport, 2007, p. 3).

Quelle que soit la définition choisie, l'essentiel est de reconnaître qu'un élève a besoin de soutien pour poursuivre son apprentissage de la lecture.

2.2 Les catégories de lecteurs éprouvant des difficultés

Plusieurs termes sont employés pour parler des élèves qui ne lisent pas comme on s'attend qu'ils le fassent. Ces termes varient d'un contexte à l'autre. Ainsi, on rencontre des appellations comme «lecteurs à risque», «lecteurs fragiles», «lecteurs précaires», «lecteurs en retard» et «non-lecteurs». Malgré la diversité des termes, on peut répartir les élèves ayant des difficultés en quatre catégories.

1. Les enfants qui éprouvent des difficultés lors de l'entrée dans l'écrit. Ce sont les enfants qui n'ont pas compris le principe alphabétique ou qui l'appliquent très partiellement. La très grande majorité sont en 1re année, d'autres sont en 2e année. Déjà, à la maternelle, certains enfants montrent des signes que leur entrée dans l'écrit ne sera pas facile.

2. Les lecteurs qui ne suivent pas le rythme de la classe ou les lecteurs en retard. Ce sont les lecteurs qui ont acquis des habiletés de base en lecture, mais qui ne progressent pas comme leurs pairs. Ils éprouvent pour la plupart des difficultés de compréhension en lecture. Ces élèves forment la majorité de ceux qui ont des difficultés de la 3e à la 6e année.

3. Les lecteurs qui éprouvent des difficultés persistantes. Ce sont les élèves pour qui l'apprentissage et l'automatisation de l'identification de mots sont laborieux. Ils progressent plus lentement que les élèves en retard et finissent par accuser des écarts de deux ou trois ans par rapport à leurs pairs.

4. Les lecteurs qui ont des besoins particuliers. Ce sont des élèves qui sont à risque d'éprouver des difficultés en lecture étant donné la présence de conditions particulières qui peuvent entraver leur apprentissage, par exemple une déficience physique (auditive, visuelle ou motrice) ou intellectuelle. Il peut aussi s'agir d'élèves qui doivent apprendre à lire dans une langue seconde.

Même si tous les élèves d'une catégorie ne sont pas identiques, ils présentent toutefois des caractéristiques communes et répondent sensiblement aux mêmes interventions.

2.3 La prévalence des difficultés en lecture

L'estimation du nombre d'élèves ayant des difficultés en lecture varie selon les critères employés pour les évaluer, mais certaines constantes existent. Nous présentons d'abord les statistiques générales concernant les difficultés en lecture, puis nous abordons le phénomène de la disparité de ces difficultés chez les garçons et les filles de même qu'en fonction des milieux socioéconomiques.

2.3.1 Les statistiques générales

Le pourcentage d'élèves éprouvant des difficultés est assez semblable dans les pays occidentaux. Au Québec, les données indiquent qu'en 2006 13 % des élèves du primaire étaient considérés comme ayant des difficultés d'adaptation ou d'apprentissage. Aux États-Unis, les statistiques du National Assessment of Educational Progress (2006), organisme qui a pour mission d'évaluer annuellement les compétences scolaires des élèves, indiquent que 14 % des élèves de 4e année auraient des difficultés en lecture. Les statistiques de l'école française révèlent qu'en fin de 5e année 13,7 % des élèves ne possèdent pas les habiletés de base en français (Ministère de l'Éducation nationale, 2007).

Cependant, ce pourcentage augmente si l'on prend en compte les élèves qui, sans être considérés comme éprouvant des difficultés, ne maîtrisent pas les compétences établies pour leur niveau scolaire. Par exemple, aux États-Unis, selon The National Center for Education Statistics (2010), 34 % des élèves de 4e année n'atteignent pas le niveau de connaissances et d'habiletés fondamental pour un travail efficace. En Belgique, on considère qu'en 6e année les résultats de plus de la moitié des élèves sont préoccupants (Goffin et Schillings, 2007). En 2003, à l'entrée des élèves en 6e année en France, un rapport révèle qu'un peu plus de la moitié d'entre eux ont des compétences fragiles en lecture (Gilbert, Levasseur et Pastor, 2004). Au Canada, selon l'Office de la qualité et de la responsabilité en éducation (2008), environ 30 % des élèves de 3e et de 6e année ne possèdent pas les aptitudes en littératie attendues à leur niveau scolaire.

De façon générale, on considère que de 10 à 15 % des élèves éprouvent des difficultés, mais ce pourcentage augmente à plus de 30 % lorsqu'on inclut les élèves qui ne maîtrisent pas bien les compétences en lecture correspondant à leur niveau scolaire. On peut donc penser qu'au moins un enfant sur trois éprouvera certaines formes de difficultés en lecture au cours de son parcours scolaire.

2.3.2 La prévalence des difficultés en lecture chez les garçons et les filles

Plusieurs études ont démontré que les filles réussissent mieux en lecture que les garçons. Les enquêtes internationales PISA, lesquelles évaluent les élèves âgés de 15 ans d'une quarantaine de pays, ont établi que, dans la très grande majorité des pays, les filles obtiennent de meilleurs résultats en lecture que les garçons (Bussière, Knighton et Pennock, 2007). Les enquêtes PIRLS, lesquelles évaluent les performances des élèves âgés de neuf ans, révèlent que les filles réussissent mieux en lecture que les garçons dans tous les pays, sauf deux, où les scores sont équivalents (Mullis et autres, 2007).

Non seulement les garçons ont-ils des résultats en lecture moins élevés que les filles, mais ils sont également plus nombreux à être considérés comme ayant des difficultés en lecture. Certains chercheurs se demandent s'il n'y a pas un phénomène de distorsion dans l'évaluation des garçons. Par exemple, dans certaines études (Prochnow et autres, 2001 ; Share et Silva, 2003), on a évalué les élèves à l'aide du même instrument, mais on n'a trouvé aucune différence entre les garçons et les filles. Malgré cela, les garçons ont été plus nombreux à recevoir de l'aide individuelle. Il est possible que les enseignants soient influencés par les problèmes de comportement des garçons au moment de poser un jugement sur leurs capacités d'apprentissage. Cependant, une fois l'effet de distorsion éliminé, on constate quand même une certaine prépondérance de garçons quand il est question de difficultés en lecture, prépondérance qui serait de l'ordre de 1.5 : 1 plutôt que de 3 : 1, comme le démontraient les évaluations antérieures (Pennington et autres, 2009).

Plusieurs arguments ont été invoqués pour expliquer les résultats plus faibles en lecture des garçons. L'une des principales hypothèses est la différence existant dans la motivation et le temps passé à lire. Dans les enquêtes PISA, le plaisir de lire explique 42 % de la supériorité des filles relativement aux résultats en lecture (Chiu et McBride-Chang, 2006).

Une autre hypothèse susceptible d'expliquer la situation serait le discours sur l'excellence, lequel a une portée différente chez les garçons et les filles :

> On socialise les petits garçons par l'attribution de l'intelligence. « Si tu as bien réussi, c'est que tu es intelligent. » Tandis que le succès des petites filles est associé au travail, à l'effort. Mis à part les deux ou trois meilleurs, les trente autres garçons de la classe comprennent vite qu'ils ne pourront aspirer à l'excellence puisqu'ils ne sont pas suffisamment intelligents. À quoi bon s'acharner ? Les filles, elles, savent une chose : si elles travaillent fort, elles vont réussir (Propos de Thérèse Bouffard, rapportés dans Schinck, 2002, p. 2).

Par ailleurs, il semble que l'on puisse rejeter l'hypothèse selon laquelle l'école convient mieux aux filles. En effet, l'école d'aujourd'hui est mieux adaptée aux enfants qu'auparavant, car elle privilégie le travail par projets en groupe et leur permet de bouger, ce qui convient bien aux garçons.

2.3.3 La prévalence des difficultés en lecture selon les milieux socioéconomiques

Invariablement, les recherches démontrent que les enfants provenant de milieux défavorisés réussissent moins bien en lecture que les enfants de milieux plus aisés (Askov, 2004 ; Juel, 2006 ; Bhattacharya, 2010). Ces données s'étendent même aux enfants d'âge préscolaire : dès l'âge de quatre ans, les enfants de milieux défavorisés présentent un désavantage par rapport aux enfants de milieux moyens quant à leur éveil en lecture et en écriture (Justice, Bowles et Skibbe, 2006).

Dans les études portant sur la lecture et les milieux socioéconomiques, il faut distinguer deux types de mesures : les mesures distales (profession, revenu et scolarité des parents) et les mesures proximales (comportement des parents). Ces deux types de mesures sont en corrélation avec le rendement en lecture des enfants. Par exemple, la scolarité de la mère est un bon indice de prédiction du succès scolaire (Giasson et Saint-Laurent, 2004 ; Silinskas et autres, 2010). Les interventions des parents, comme la lecture d'histoires, sont également corrélées à l'éveil à la lecture des enfants (Sénéchal, 2005). Ces résultats de recherche prouvent que les comportements des parents sont aussi importants que leur statut socioéconomique pour la réussite en lecture de leur enfant. Des études démontrent en effet que les enfants d'âge préscolaire provenant de milieux défavorisés et évoluant dans un environnement stimulant sur le plan de la lecture obtiennent des résultats comparables à ceux de l'ensemble des enfants, alors que les enfants vivant dans un environnement peu stimulant sont à risque de subir un échec en lecture (Rodriguez et autres, 2009). Cependant, même si les parents de milieux défavorisés peuvent stimuler leur enfant par rapport à la lecture, il semble assez clair que la pauvreté ne favorise pas chez les parents l'apparition d'un tel comportement.

2.4 La stabilité des trajectoires des élèves au cours du primaire

Les enfants éprouvant des difficultés en lecture ont en commun une trajectoire qui présente trois caractéristiques :

- Elle diverge tôt de celle de leurs pairs qui réussissent bien ;
- Elle s'écarte de plus en plus de celle de leurs pairs avec le temps ;
- Elle est difficile à modifier après la 3e année.

Plusieurs études ont démontré que les enfants qui ont des difficultés en lecture à la fin de la 1re année se situent encore parmi les lecteurs faibles en 2e, 3e et 4e année (Good, Gruba et Kaminski, 2002 ; Plaza et autres, 2002 ; Landerl et Wimmer, 2008). Une fois l'enseignement commencé, le meilleur indice de prédiction des résultats futurs est le rendement en lecture. Les résultats du début et du milieu du primaire permettent de prédire la plus grande partie des résultats en lecture au secondaire (Kush, Watkins et Brookhart, 2005 ; Hulslander et autres, 2010). Les trajectoires des élèves ayant des difficultés ne seront modifiées que si un changement important se produit dans les interventions qui leur sont destinées.

2.5 Les causes des difficultés en lecture

Les causes des difficultés en lecture ont toujours été un sujet de questionnement en éducation. Des chercheurs de différents domaines, par exemple la didactique, la psychologie, la psycholinguistique et la neuropsychologie, se sont penchés sur ce problème, chacun apportant un éclairage différent. Dans cette partie du chapitre, nous présentons une conception interactive des difficultés en lecture. Les raisons possibles de ces difficultés pour chaque groupe d'âge de lecteurs sont présentées dans les chapitres suivants.

2.5.1 L'évolution des conceptions des causes des difficultés en lecture

La conception des causes des difficultés en lecture a évolué avec le temps. Les premières conceptions faisaient reposer tout le fardeau de l'échec sur l'enfant. En effet, on a longtemps pensé que la cause des difficultés en lecture provenait de l'enfant lui-même. On cherchait un déficit précis, une cause unique qui explique-rait tout. Devant l'impossibilité de trouver cette cause unique, on s'est orienté vers des causes multiples, mais provenant encore de l'enfant. Par la suite, la conception des causes s'est élargie pour englober certains facteurs extérieurs à l'enfant, par exemple les interventions pédagogiques. Aujourd'hui, on considère que les causes sont multiples et qu'elles proviennent tant de l'environnement que de l'enfant (Connor et autres, 2009).

2.5.2 Des causes en interaction

Les causes des difficultés en lecture, en plus d'être multiples, agissent également en interaction. Le fait d'être à risque de subir un échec en lecture provient toujours de l'interaction de certaines caractéristiques de l'enfant et de l'environnement :

> Ainsi, les difficultés d'apprentissage sont considérées comme la résultante des interactions entre les caractéristiques de l'élève, celles de sa famille, de son école et du milieu dans lequel il vit. Cette conception des difficultés d'apprentissage entraîne une vision plus systémique de l'intervention. Elle incite à considérer tout ce qui peut constituer une force ou représenter un obstacle à l'apprentissage (Ministère de l'Éducation, du Loisir et du Sport, 2003, p. 3).

Les exemples d'interaction entre les causes des difficultés en lecture sont nombreux. Les paragraphes qui suivent en présentent quelques-uns.

L'interaction entre le milieu socioéconomique et le sexe de l'élève. On sait, d'une part, que les enfants provenant de milieux défavorisés réussissent moins bien que leurs pairs de milieux favorisés et, d'autre part, que les garçons réussissent en général moins bien que les filles. Cependant, l'écart entre les garçons et les filles tend à s'amenuiser dans les milieux favorisés et à s'accroître dans les milieux moins favorisés (Ministère de l'Éducation, du Loisir et du Sport, 2005). Cette constatation, qui montre que la variable socioéconomique est plus importante chez les garçons que chez les filles, est un bon exemple de l'interaction entre les causes des difficultés en lecture.

L'interaction entre le milieu socioéconomique de l'élève et celui de l'école. Les résultats des enquêtes internationales indiquent que la composition socioéco-nomique des établissements est plus importante que le statut socioéconomique individuel des élèves : « Dans la majorité des pays de l'OCDE, l'effet du statut éco-nomique, social et culturel moyen des élèves dans un même établissement – en ce qui concerne la variation de la performance entre élèves – dépasse de loin celui du statut socioéconomique personnel des élèves. » (Organisation de coopération et de développement économiques, 2004, p. 200). Par exemple, un enfant de famille défavorisée qui fréquente une école de milieu moyen ou favorisé aura tendance à afficher des performances supérieures à celles qu'il obtiendrait s'il fréquentait une école dont le statut socioéconomique est inférieur à la moyenne.

L'interaction entre la qualité de la stimulation à la maison et la qualité de l'enseignement à l'école. Dans une étude largement citée portant sur l'interaction entre l'école et la famille, Snow (1991) a évalué la réussite en lecture d'élèves de 2e, 4e et 6e année en fonction de la qualité de la stimulation à la maison et de la qualité de l'enseignement en classe. D'une part, cette étude a démontré que les classes qui offrent un enseignement de très haute qualité peuvent pallier des conditions familiales qui ne sont pas idéales. D'autre part, un milieu familial très stimulant peut compenser un enseignement de qualité moyenne. Mais les efforts héroïques des parents ne suffisent pas à aider les enfants à bien performer lorsque ces derniers passent plusieurs années dans une classe où l'enseignement de la lecture est médiocre. Pour une grande partie des enfants, cependant, la famille et l'école jouent un rôle complémentaire : l'école compense les lacunes du milieu familial et les expériences familiales comblent ce que l'école ne fournit pas.

L'interaction entre l'âge de l'enfant et le type d'intervention pédagogique. On entend souvent, à l'école, des remarques selon lesquelles les enfants les plus jeunes de la classe sont immatures, ce qui expliquerait leurs difficultés à apprendre à lire. Par ailleurs, on sait qu'un bon nombre d'enfants apprennent à lire à l'âge de quatre ou cinq ans, donc avant leur entrée en 1re année (Giasson et autres, 1985). Comment réconcilier ces données contradictoires ? En prenant en compte la variable pédagogique. En effet, les lecteurs précoces ont appris à lire dans leur environnement familial, sans pression, sous forme de jeu et de façon individualisée, ce qui est fort différent du cadre scolaire de la 1re année.

Comme on peut le voir dans ces quelques exemples d'interaction, on ne peut imputer les difficultés de l'élève à un facteur unique. Il est essentiel de chercher à comprendre l'ensemble des variables qui concourent à rendre plus difficile son apprentissage de la lecture.

2.5.3 Les causes réciproques

Il existe aussi un phénomène de causes réciproques : un manque dans un facteur important pour la réussite en lecture a un effet négatif sur un second facteur important qui, en retour, a lui-même un effet négatif sur le premier facteur. Par exemple, si un élève a peu d'habiletés en lecture, il ne trouvera pas celle-ci gratifiante et n'aura pas tendance à s'engager dans des activités de lecture. Ce manque de pratique de la lecture conduit à un rendement plus faible et à encore moins d'intérêt pour la lecture. C'est le cycle de l'échec qui commence (*voir la figure 2.1*).

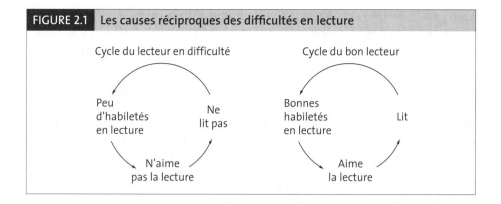

FIGURE 2.1 Les causes réciproques des difficultés en lecture

Cycle du lecteur en difficulté

Peu d'habiletés en lecture → Ne lit pas → N'aime pas la lecture

Cycle du bon lecteur

Bonnes habiletés en lecture → Lit → Aime la lecture

Tous les enseignants connaissent bien cet effet cumulatif selon lequel les élèves ayant des difficultés prennent de plus en plus de retard par rapport aux autres. Le mécanisme par lequel les plus avancés tendent à accroître leur avantage sur les moins avancés est connu sous le nom d'« effet Matthieu », en référence à un verset de la Bible : « À celui qui a, il sera beaucoup donné et il vivra dans l'abondance, mais à celui qui n'a rien, il sera tout pris, même ce qu'il possédait » (Matthieu, XXV-28-29). Il est essentiel de comprendre comment fonctionnent les causes réciproques pour éviter que le cycle des échecs en lecture ne se mette en place.

2.6 La prévention des échecs en lecture

La prévention des échecs en lecture fait maintenant partie des politiques ministérielles de tous les pays occidentaux. Cet intérêt pour la prévention est présent dans de nombreuses études, qui ont démontré qu'il était plus facile de prévenir les difficultés en lecture que d'y remédier plus tard (Lyon et autres, 2001 ; Dion et autres, 2010 ; Murray, Woodruff et Vaughn, 2010).

2.6.1 L'importance de la prévention

La prévention des difficultés en lecture présente plusieurs avantages :

- Elle permet d'éviter la frustration qu'engendrent les échecs scolaires et la perte d'estime de soi ; de prévenir les difficultés en lecture est de loin un moyen plus humain que de faire des interventions lorsque l'enfant a échoué son apprentissage ;
- Le succès apporte une motivation accrue à l'élève ; la prévention est donc un facteur de motivation ;

- Le fait de devenir un lecteur autonome plus tôt assure plus d'exercice de la lecture à l'école et à l'extérieur de celle-ci, ce qui favorise la fluidité, l'acquisition du vocabulaire et des connaissances générales nécessaires à la compréhension en lecture.

À première vue, les programmes de prévention semblent toujours coûteux ; cependant, ils sont moins onéreux que les programmes de récupération s'adressant aux élèves en difficulté, si l'on calcule les sommes investies pour les garder un an ou deux de plus dans le milieu scolaire et leur offrir l'aide spécialisée dont ils ont besoin tout au long de leur primaire et de leur secondaire. De plus, essayer de réduire un écart marqué entre les élèves est une entreprise difficile. Des études ont démontré que les interventions effectuées après la 3e année sont moins efficaces (Torgesen et autres, 2007 ; Slavin et autres, 2009). Plus l'enfant reste derrière ses pairs, moins il a de chance d'acquérir de réelles compétences en lecture. Empêcher tôt que l'écart s'agrandisse doit donc être une priorité du milieu scolaire.

2.6.2 Un modèle de prévention à trois niveaux

Le modèle de prévention à trois niveaux proposé au cours des dernières années (Vaughn et Chard, 2006) vise à prévenir les échecs en lecture en fournissant l'aide appropriée aux élèves à risque de subir un échec en lecture de la maternelle à la 3e année. Comme son nom l'indique, ce modèle comprend trois niveaux de prévention : primaire, secondaire et tertiaire (*voir la figure 2.2*) et répond à plusieurs principes :

- Il s'agit d'un cadre adopté par toute l'école. Ce modèle n'est possible que si l'école est organisée de façon optimale et si les services et le matériel pédagogiques sont adéquats ;
- C'est un modèle de type « Réponse à l'intervention ». Si l'enfant ne progresse pas, on lui offre des services qui répondent à ses besoins particuliers, mais sans l'étiqueter. La variable enseignement fait partie des causes des difficultés en lecture ;
- L'évaluation sert à guider l'intervention différenciée. Le suivi est assuré pour tous les enfants trois fois par année, mais les enfants en difficulté sont évalués plus régulièrement. L'ajustement de l'intervention est basé sur les progrès individuels des élèves ;
- Une formation continue fournit aux enseignants les outils nécessaires pour assurer un enseignement de qualité à tous les élèves et améliorer leurs connaissances et habiletés à intervenir auprès de ceux qui sont à risque de subir un échec en lecture.

Plusieurs études démontrent que ce modèle permet d'accélérer l'apprentissage des élèves en difficulté, d'en diminuer le nombre et de réduire le redoublement (O'Connor, Harty et Fulmer, 2005 ; Fuchs, Fush et Vaughn, 2008 ; Murray, Woodruff et Vaugh, 2010).

Niveau 1
Un enseignement de qualité dispensé à tous les élèves. L'objectif est de réduire le nombre d'échecs futurs. Il suffit pour 80 % des enfants.

Niveau 2
Une intervention différenciée en petit groupe pour les élèves chez qui la prévention primaire n'a pas été suffisante. Environ 20 % des élèves.

Niveau 3
Une intervention intensive en petit groupe pour les élèves très faibles en lecture qui n'ont pas fait de progrès satisfaisants avec l'aide de niveau 1 et de niveau 2. Environ 5 % des élèves.

Adapté de Vaughn, S., Wanzek, J. et J. M. Fletcher. (2007). Multiple tiers of intervention : A framework for prevention and identification of students with reading/learning disabilities. Dans B. M. Taylor et J. E. Ysseldyke (Éds.), *Effective instruction for struggling readers, K-6*. New York : Teacher's College Press, pp. 173-195.

Le premier niveau. La prévention primaire concerne tous les élèves et est effectuée au moyen d'un enseignement de qualité. Cet enseignement de qualité est la première forme de prévention : il contribue à diminuer le nombre d'élèves qui pourraient plus tard être à risque de subir un échec en lecture. Les chercheurs considèrent que la prévention primaire suffit pour 80 % des enfants. Ses principaux instruments sont la qualité du programme de lecture, la pertinence des stratégies d'intervention et le temps consacré à l'enseignement. La période prévue pour la lecture/écriture est de 90 minutes par jour et les élèves sont évalués au début, au milieu et à la fin de l'année.

Le deuxième niveau. On ne peut attendre d'un programme, même s'il est de qualité, qu'il réponde aux besoins de tous les enfants. Le deuxième niveau de ce modèle, la prévention secondaire, concerne les élèves pour qui la prévention primaire n'a pas été suffisante, ce qui représente environ 20 % des élèves. Son objectif est d'éviter que l'écart ne s'agrandisse entre les enfants et que les premières manifestations d'inadaptation ou d'échec ne deviennent des problèmes à long terme. L'aide est offerte à de petits groupes de quatre ou cinq élèves 30 minutes par jour, en plus des 90 minutes du programme de base en lecture. Les élèves en difficulté bénéficient donc de plus de temps de lecture que le seul enseignement en classe normale. Les interventions de niveau 2 sont plus explicites et plus systématiques que celles de niveau 1.

Que se passe-t-il à la fin de la première ronde d'intervention de niveau 2 ? Il existe trois possibilités :

1. L'élève peut sortir du programme : Lorsqu'un élève rattrape le niveau de sa classe, il ne reçoit plus d'aide, mais ses progrès continuent d'être évalués ;

2. L'élève peut bénéficier d'une autre ronde de niveau 2 ;

3. L'élève peut être dirigé vers une aide de niveau 3 dans le cadre d'une intervention plus intensive.

En général, une ronde de chaque niveau dure environ 10 semaines. Elle peut être menée par un enseignant ou un orthopédagogue.

Le troisième niveau. Le troisième niveau est conçu pour les élèves très faibles en lecture qui n'ont pas fait de progrès satisfaisants aux niveaux 1 et 2, ce qui correspond à environ 5 % des élèves. La prévention tertiaire vise à réduire les complications des problèmes repérés ainsi qu'à éviter que les difficultés ne deviennent permanentes et n'influent sur les autres apprentissages.

L'intervention de niveau 3 comprend deux séances de 30 minutes par jour, en petit groupe ou individuellement, en plus des 90 minutes par jour du programme de base en lecture. Les groupes sont donc plus petits et la durée quotidienne de l'intervention, plus longue qu'au niveau 2. L'enseignement est plus intensif, plus différencié, et l'évaluation est plus fréquente (toutes les deux semaines).

L'aide de niveau 3 est recommandée :

- si un élève a participé à deux rondes d'enseignement de niveau 2 mais n'a pas fait de progrès suffisants ;
- si, après avoir participé à une ronde d'enseignement de niveau 2, l'élève accuse un retard de progrès marqué et qu'une seconde ronde de niveau 2 semble insuffisante pour le lui faire rattraper ;
- lorsqu'un élève, qui a préalablement bénéficié des interventions de niveau 3 et est sorti du cycle, manifeste à nouveau des besoins d'intervention.

Les élèves de niveau 3 cessent de recevoir des interventions de niveau 2. Les interventions de niveau 3 sont habituellement effectuées par un orthopédagogue.

2.7 L'évaluation de la lecture

L'évaluation de la lecture est une composante essentielle du programme de prévention des difficultés en lecture. On distingue habituellement l'évaluation des compétences de l'évaluation des habiletés en lecture. Ces deux types d'évaluations poursuivent des objectifs différents. L'objectif de l'évaluation des compétences est de mesurer la mise en pratique d'un large éventail d'habiletés dans l'exécution d'une tâche authentique, comme chercher de l'information pour la partager ou lire pour réagir à un texte. Elle mesure également les habitudes de lecture/écriture à l'école et à la maison. Ce type d'évaluation est essentiel dans un programme de lecture. Cependant, il est souvent nécessaire d'obtenir de l'information sur certaines habiletés particulières. Par exemple, si l'élève ne réussit pas à exécuter une tâche évaluant sa compétence à lire, il est nécessaire de poursuivre l'évaluation afin de déterminer quels sont les savoirs et habiletés plus faibles qui contribuent à ses difficultés.

2.7.1 Les composantes de l'évaluation

Différentes formes d'évaluations sont nécessaires selon les objectifs poursuivis par l'enseignant. On les classe habituellement en quatre catégories (Teale, 2009) :

1. Le dépistage : Quel élève a besoin d'intervention dans un domaine particulier ?
2. Le diagnostic : Quels sont les besoins précis de l'élève ?
3. Le suivi des progrès : Quels progrès l'élève a-t-il faits à la suite d'une intervention ?
4. Le bilan : Où se situe l'élève par rapport au programme scolaire ?

Quel que soit le type d'évaluation, il faut se rappeler que celle-ci n'est pas une fin en soi mais a avant tout pour but d'améliorer l'intervention effectuée auprès de l'élève.

2.7.2 Le dépistage

L'évaluation du type dépistage s'effectue au début de l'année pour déterminer quels élèves auront besoin de plus d'aide ou d'une autre forme d'enseignement. Le processus de dépistage est habituellement bref. Il est conçu comme une première étape permettant de savoir quels élèves peuvent avoir besoin d'une évaluation plus approfondie. « Les données issues d'une épreuve de dépistage constituent déjà des indices pour un diagnostic qui certes restera à confirmer et à affiner » (Ecalle et Magnan, 2010, p. 125).

2.7.3 L'évaluation diagnostique

Le dépistage ne permettant pas d'obtenir un portrait détaillé des besoins de l'élève, il est parfois nécessaire d'approfondir l'évaluation. L'évaluation diagnostique sert à clarifier les forces et faiblesses de l'élève. Elle fournit des renseignements additionnels aidant à planifier l'intervention. On ne doit procéder à l'évaluation diagnostique que si l'on pense qu'elle apportera des données nouvelles ou plus fiables pour intervenir auprès de l'élève. L'évaluation diagnostique se fait habituellement durant une courte période, au cours de laquelle on mène plusieurs épreuves de type analytique. Elle porte sur certaines composantes plutôt que sur la compétence entière et peut être conduite à n'importe quel moment de l'année lorsqu'une analyse plus en profondeur des forces et besoins de l'élève est nécessaire pour guider l'intervention.

L'évaluation diagnostique peut être effectuée à l'aide d'épreuves standardisées, mais également au moyen d'une évaluation dynamique, approche interactive qui combine l'évaluation et l'enseignement. Contrairement aux évaluations habituelles, l'enseignant intervient activement durant l'évaluation dynamique, fournissant de l'aide à l'élève afin de lui permettre de donner son rendement optimal. Dans une évaluation standard, les élèves travaillent seuls et n'ont qu'une seule chance de montrer leurs capacités. Si on les place dans un environnement plus aidant, on a une meilleure idée de leurs réelles habiletés en lecture. Les interventions peuvent être menées de deux façons :

1. **Test-leçon-retest.** L'enseignant soumet d'abord la tâche à l'élève, sans intervenir ; si l'élève éprouve de la difficulté, l'enseignant donne une mini leçon sur la stratégie en cause. Il propose ensuite à l'élève une situation similaire et observe comment celui-ci utilise la stratégie ;

2. **Étayage.** Lorsque l'élève éprouve de la difficulté à accomplir une tâche, l'enseignant lui donne des indices (suggestions, exemples et modelage) en lui proposant d'abord l'indice qui fournit le moins d'aide et en progressant vers celui qui en donne le plus.

Le dialogue entre l'adulte et l'enfant est au cœur de l'évaluation dynamique. On peut associer ce type d'évaluation à l'identification de la zone de proche développement : on évalue ce que l'enfant sait faire et ce qu'il peut faire quand il reçoit de l'aide (Macrine et Sabbatino, 2008).

2.7.4 Le suivi des progrès

Le suivi des progrès sert à contrôler l'effet d'un enseignement particulier. Lorsqu'une intervention est mise en place, l'enseignant doit vérifier périodiquement si ses efforts sont couronnés de succès. L'évaluation des progrès lui permet d'éviter deux écueils : surenseigner une habileté et ne pas se rendre compte que l'élève ne progresse pas. Ce type d'évaluation ne concerne pas toute la classe, mais quelques élèves que l'enseignant veut suivre de plus près.

2.7.5 Le bilan des apprentissages

L'évaluation du type bilan mesure à quel point les élèves ont atteint les compétences correspondant à leur niveau scolaire. Elle est habituellement menée trois fois par année, mais il n'y a pas de règle stricte concernant sa fréquence. Le bilan des apprentissages concerne tous les élèves et est habituellement fait à partir d'une tâche complète de lecture.

Le bilan est utile à l'enseignant, à l'élève et aux parents. Il permet à l'enseignant de faire le point sur ce que l'enfant a appris et d'informer les parents des progrès de leur enfant. Ce type d'évaluation peut également servir aux responsables administratifs qui veulent vérifier le niveau de réussite des groupes d'élèves. Dans ce dernier cas, l'évaluation est faite à partir de la même épreuve pour tous les élèves d'un même niveau scolaire.

2.8 L'intégration des modes d'évaluation

Les modes d'évaluation doivent être employés de façon cohérente. Si le dépistage ne révèle pas de problème, l'enfant bénéficiera des interventions habituelles. Si l'on considère qu'il éprouve des difficultés dans un domaine précis, il peut être approprié de procéder à une évaluation diagnostique. Lorsqu'une intervention particulière est faite par rapport à l'élève, il est nécessaire d'évaluer régulièrement ses progrès et de prendre des décisions quant à la poursuite ou la modification de l'intervention.

L'évaluation ne nécessite pas obligatoirement le recours à un test formel. Elle peut être effectuée en observant l'élève en train d'écrire ou en écoutant sa lecture orale. Toute observation peut servir à l'évaluation. L'avantage de l'observation est d'éviter l'aspect artificiel de l'évaluation effectuée à l'aide d'épreuves. De plus, l'observation permet à l'enseignant de connaître le type de contexte dans lequel l'élève fonctionne le mieux. Cependant, même si l'observation est un outil indispensable, la complexité de la lecture exige parfois de compléter l'observation par une évaluation plus formelle afin de se faire une image plus précise des compétences en lecture de l'élève.

Conclusion

Les élèves éprouvant des difficultés en lecture sont présents dans toutes les classes et le taux de prévalence de ces difficultés est assez semblable dans les pays occidentaux. On y constate que les filles réussissent mieux que les garçons et que les enfants provenant de milieux favorisés réussissent mieux que les enfants de milieux défavorisés. Les causes de ces difficultés sont multiples. Le statut d'élève à risque de subir un échec en lecture n'est pas inhérent à l'enfant, mais découle souvent d'un mauvais jumelage des caractéristiques de l'enfant et de l'enseignement qui lui est fourni. Il ne faut pas attendre passivement que ces difficultés se résorbent d'elles-mêmes, mais au contraire miser sur la prévention et la qualité des interventions. Plus tôt on intervient, meilleure sera la solution.

Partie 2

L'émergence de la lecture et de l'écriture à la maternelle

Les composantes de l'émergence de la lecture et de l'écriture à la maternelle

Le rôle de la maternelle dans le développement social de l'enfant a toujours été reconnu, mais son importance dans le processus d'apprentissage de la lecture a souvent été sujet à débat. Les enseignantes de la maternelle sont préoccupées par les pressions qui les incitent à orienter leur programme vers des objectifs scolaires plutôt que vers des objectifs liés au développement de l'enfant. En d'autres mots, elles craignent la « primarisation » de la maternelle. Il faut certes éviter de transformer les classes de maternelle en classes de 1re année ; cependant, il est impossible d'ignorer le rôle essentiel de la maternelle dans l'éveil à l'écrit de l'enfant. La probabilité que celui-ci réussisse en lecture en 1re année dépend en grande partie de ce qu'il aura appris à la maison et à la maternelle, d'où l'importance de connaître les variables liées à la réussite en lecture. L'éveil à l'écrit n'a pas à être fait de façon aride et rigide ; il peut fort bien être effectué sous forme de jeux, selon la tradition de la maternelle. Dans ce chapitre, nous présentons les caractéristiques d'un aménagement de la classe de maternelle qui sont susceptibles d'éveiller les enfants à l'écrit, le contenu du volet lecture/écriture ainsi que les conditions à mettre en place pour les élèves qui sont à risque d'éprouver de la difficulté avec leur entrée dans l'écrit.

3.1   L'émergence de la lecture et de l'écriture

Dans une société où l'écrit est omniprésent, les enfants commencent à s'intéresser à la lecture et à l'écriture très tôt dans leur vie. Traditionnellement, on croyait qu'ils amorçaient leur apprentissage de la lecture en 1re année, et ce, à partir de rien. Au cours des deux dernières décennies, les chercheurs ont accumulé des observations sur les enfants d'âge préscolaire et constaté que ceux-ci commençaient très tôt à faire des hypothèses sur le fonctionnement de l'écrit et à manifester des comportements montrant leur intérêt pour la lecture. Nous avons tous à l'esprit certains comportements de ces jeunes enfants. Par exemple, qui n'a jamais rencontré des enfants de trois ans reconnaissant certains mots de leur environnement, comme le nom des supermarchés, des restaurants ou des produits familiers ? Qui n'a pas déjà vu un enfant de quatre ans « faire semblant » de lire un livre que ses parents lui ont lu à plusieurs reprises ?

Toutes ces observations sur les enfants d'âge préscolaire ont donné lieu au concept d'émergence de la lecture, lequel a remplacé celui de préparation à la lecture. Autrefois, on concevait qu'il fallait « préparer » l'enfant à la lecture ; c'est pourquoi on parlait de « prélecture » et de « prélecteur ». Aujourd'hui, on ne considère pas que l'enfant de maternelle se prépare à lire, mais plutôt qu'il a déjà commencé son apprentissage. Le paradigme de l'émergence de la lecture reconnaît que les connaissances et habiletés que l'enfant acquiert avant de faire l'acquisition de la lecture standard sont des formes légitimes qui évoluent graduellement vers la lecture conventionnelle. On parle également d'émergence de l'écriture dans le cas des premiers essais de l'enfant en communication écrite. L'expression « émergence de l'écrit » recouvre à la fois la lecture et l'écriture. À la maternelle, il ne s'agit donc pas de préparer l'enfant à lire et à écrire, mais de l'accompagner dans l'émergence de l'écrit.

3.2   L'aménagement de la classe de maternelle

Il existe d'innombrables possibilités quand vient le temps d'aménager une classe de maternelle. Nous nous attarderons ici à préciser les composantes de l'environnement qui concernent plus particulièrement la lecture et l'écriture, comme le coin lecture, le coin écriture, le coin des jeux symboliques et l'affichage dans la classe. La figure 3.1 illustre un aménagement qui intègre bien tous les besoins d'une classe de maternelle.

Dans le plan proposé, on peut remarquer que le coin lecture et le coin écriture sont éloignés des jeux plus bruyants. On constate également que l'aire de rassemblement occupe une place centrale. Cet espace de rencontre, qui contribue à donner un sentiment d'appartenance aux enfants, est essentiel pour la lecture et l'écriture, car c'est l'endroit où l'enseignante fait la lecture à tout le groupe et où les enfants présentent leurs essais de productions écrites.

3.2.1 Le coin lecture

Il est primordial que les enfants puissent avoir accès à un endroit agréable pour regarder et lire des livres. Ils sont plus portés à fréquenter spontanément un coin placé en évidence, invitant et bien pourvu en matériel. Un coin lecture de qualité doit être d'accès facile, mais également bien délimité et situé dans un endroit calme et bien éclairé. Il doit permettre à cinq enfants ou plus de s'y installer. Il doit de plus idéalement comprendre un tapis, des coussins ou des oreillers, une lampe, des illustrations et un tableau d'affichage (*voir la figure 3.2, à la page 36*).

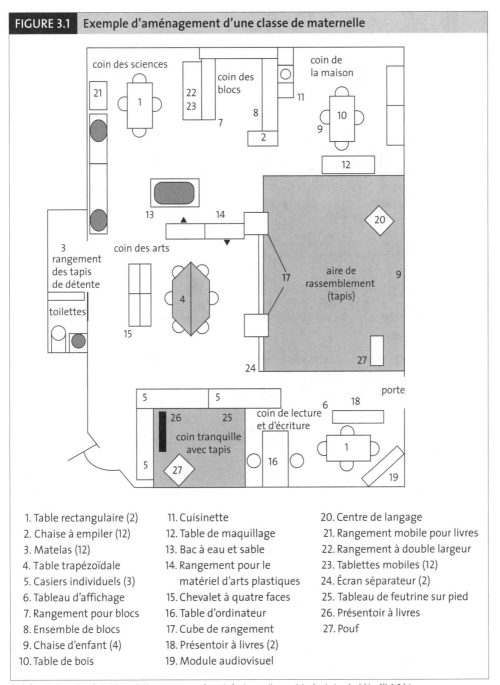

FIGURE 3.1 Exemple d'aménagement d'une classe de maternelle

coin des sciences

coin des blocs

coin de la maison

coin des arts

rangement des tapis de détente

toilettes

aire de rassemblement (tapis)

coin de lecture et d'écriture

coin tranquille avec tapis

porte

1. Table rectangulaire (2)
2. Chaise à empiler (12)
3. Matelas (12)
4. Table trapézoïdale
5. Casiers individuels (3)
6. Tableau d'affichage
7. Rangement pour blocs
8. Ensemble de blocs
9. Chaise d'enfant (4)
10. Table de bois

11. Cuisinette
12. Table de maquillage
13. Bac à eau et sable
14. Rangement pour le matériel d'arts plastiques
15. Chevalet à quatre faces
16. Table d'ordinateur
17. Cube de rangement
18. Présentoir à livres (2)
19. Module audiovisuel

20. Centre de langage
21. Rangement mobile pour livres
22. Rangement à double largeur
23. Tablettes mobiles (12)
24. Écran séparateur (2)
25. Tableau de feutrine sur pied
26. Présentoir à livres
27. Pouf

Tiré du site Learning Point Association, www.ncrel.org/sdrs/areas/issues/students/earlycld/ea1lk4-3.htm

FIGURE 3.2 Un exemple de coin lecture

Tiré de Forgan, H. W. (1977). *The reading corner. Ideas, games, and activities for individualizing reading.* Santa Monica : Goodyear publishing Company, p. 102.

■ Le choix des livres

Le coin lecture doit comporter un éventail de livres de différentes natures. Par exemple :

- Des contes traditionnels (comme *Les trois petits cochons*) ;
- Des histoires réalistes (qui portent sur des situations vécues par les enfants, comme l'arrivée d'un petit frère ou d'une petite sœur) ;
- Des fables et des légendes (qui proviennent de différents pays) ;
- Des livres faciles à lire pour les lecteurs débutants (les livres très simples attirent l'attention des enfants sur l'écrit) ;
- Des livres documentaires sur des thèmes variés (contrairement à la croyance, les enfants comprennent aussi bien les livres informatifs que les histoires, les préférant même parfois) ;
- Des livres de poésie et de comptines ;
- Des livres qui sollicitent la participation de l'enfant (qui lui demandent de toucher, de sentir ou de manipuler) ;
- Une série de livres portant sur le même personnage ;
- Des marionnettes et des peluches (pour les enfants qui veulent « jouer » les histoires).

Les classes ont souvent un budget limité pour faire l'achat de livres. Pour résoudre ce problème, il est possible de faire appel à diverses sources de financement comme les parents, les librairies, les maisons d'édition ou les clubs sociaux. Écrivez, par exemple, un mot aux parents pour leur expliquer l'importance de la bibliothèque de la classe et demandez-leur de vous donner des livres d'occasion. Ou encore, demandez-leur d'acheter un livre à leur enfant ; ce livre sera placé dans le coin lecture et l'enfant le rapportera à la maison à la fin de l'année. Vous pouvez aussi soumettre aux parents une liste de livres que vous aurez vous-même dressée en fonction des besoins de la classe ; les parents seront heureux d'avoir vos suggestions.

■ La présentation des livres

Les livres doivent être présentés de façon attrayante dans le coin lecture. À la maternelle, il est préférable que le plus grand nombre de livres soient exposés avec la couverture en évidence, afin de faciliter le choix des enfants. Il faut reconnaître que le fait de disposer ainsi les livres demande plus d'espace ; c'est pourquoi il faut penser à des solutions pour relever ce défi. On peut, par exemple :

- se procurer des présentoirs de livres conçus pour les classes de maternelle (*voir la figure 3.2*) ;
- placer des livres sur le rebord du tableau ;
- installer des gouttières en plastique sous les fenêtres ou les tableaux en guise de présentoirs.

Si vous avez trop de livres pour les présenter tous de face, effectuez une rotation toutes les semaines ou toutes les deux semaines.

3.2.2 Le coin écriture

La présence d'un coin écriture dans votre classe permet de stimuler l'émergence de l'écriture chez les enfants. Ces derniers seront portés à fréquenter le coin écriture s'il est organisé de façon attrayante et si vous encouragez l'écriture dans la classe. Le coin écriture peut être installé dès le début de l'année. Il semble que les enfants soient plus enclins à fréquenter le coin écriture lorsque celui-ci fait partie des ateliers dès le premier jour de classe.

Ce coin doit contenir, outre une table et des chaises, du papier et des crayons de formats et de couleurs variés (du papier de couleur, du papier ligné ou non ligné, des crayons, des marqueurs et des craies), des exemples d'écriture, du matériel pour fabriquer des livres (du carton, une agrafeuse et des magazines), une liste des mots que les élèves veulent souvent écrire, des abécédaires, des lettres mobiles, un magnétophone pour enregistrer les histoires que les enfants dicteront et que vous écrirez plus tard ainsi qu'un babillard pour afficher les productions des enfants. Si vous avez un ordinateur, il peut être intéressant de le placer sur une table séparée de manière à reproduire un secrétariat ou un poste de travail : les enfants pourront ainsi jouer à « aller travailler », à envoyer des lettres, à effectuer des commandes et ainsi de suite.

Si vous n'avez pas de coin écriture, vous pouvez vous procurer des contenants en plastique (avec des compartiments et une poignée au centre) que vous remplirez de crayons, stylos, feutres et petits calepins : les enfants pourront les emprunter pour les apporter dans n'importe quel coin ou atelier.

3.2.3 Le coin des jeux symboliques

Le jeu occupe une place importante dans le développement de l'enfant. Le jeu symbolique est la forme de jeu par excellence pour l'enfant de cinq ans : il joue à faire semblant, construit une ville avec des cubes, joue au pompier, à la maman, etc. Ainsi, la plupart des classes de maternelle possèdent des aires de jeux symboliques, comme le coin de la maison, du bureau de poste ou de l'épicerie. Ces jeux favorisent de façon naturelle l'émergence de la lecture et de l'écriture.

Dans la classe, on peut aménager certaines aires qu'on dotera d'un riche matériel propre à encourager les comportements liés à l'émergence de la lecture. Comment choisir le matériel approprié ? Pour effectuer ce choix, les trois questions suivantes sont utiles (Thériault, 1995) :

- Quels sont les personnages susceptibles d'être joués dans ce coin ?
- Quelles sont les actions attendues de ces personnages ?
- De quel matériel les personnages ont-ils besoin pour accomplir chacune de leurs actions ?

Illustrons la démarche en utilisant le coin du restaurant. À la première étape, il faut dresser la liste des personnages susceptibles de se trouver dans ce lieu. Au moins trois personnages figureront sur la liste, à savoir le client, le serveur et le cuisinier. La deuxième étape consiste à se demander quelles actions font habituellement ces personnages. Prenons le serveur à titre d'exemple : son rôle est d'accueillir les clients, de leur remettre le menu, de noter leur commande, de leur servir le repas, de leur apporter l'addition et de leur rendre la monnaie s'il y a lieu. La troisième étape de la démarche consiste à établir le matériel nécessaire pour chacune de ces actions. Ainsi, pour accueillir les clients, le serveur doit disposer d'une table et de chaises, d'un menu, d'un calepin et d'un crayon pour noter les commandes ; pour servir le repas, il a besoin de vaisselle et d'aliments et, pour faire payer les clients, il doit avoir un carnet de factures et de la monnaie. Cette manière de procéder vous assurera que votre coin contient tout le matériel nécessaire pour permettre aux enfants d'intégrer de façon naturelle la lecture et l'écriture dans leurs jeux symboliques.

Diverses thématiques peuvent servir à la création de coins : bureau de poste, bibliothèque, cuisine, restaurant, banque, épicerie et cabinet de médecin. La seule contrainte est que ces aires doivent correspondre à des situations connues : par exemple, l'agence de voyages peut être connue des enfants provenant de certains milieux, mais il y a beaucoup plus de chances que l'épicerie soit connue de tous. Les coins sont créés successivement ; après quelques semaines, la thématique d'un coin donné est remplacée par une autre.

3.2.4 L'affichage dans la classe

L'affichage est ce que l'on voit en premier quand on entre dans une classe. À la maternelle, on peut afficher le calendrier des événements, des étiquettes identifiant les ateliers, le tableau des responsabilités, les dessins comportant la signature des enfants, leurs productions écrites, des textes de comptines ou de poèmes. En plus de remplir des fonctions précises, l'affichage a un effet sur l'atmosphère de la classe.

Dans une classe de maternelle, le matériel écrit devrait présenter les caractéristiques suivantes :

- Il est facilement accessible (il n'est ni caché ni placé trop haut) ;
- Il est conçu pour être utilisé par les enfants (il ne sert pas de décoration) ;
- Il contient des phrases complètes (il n'est pas limité à des listes de mots) ;
- Il reflète le langage des enfants (il n'est pas constitué d'exercices de copie) ;
- Il varie selon l'évolution des enfants (il n'est pas installé en permanence).

De plus, l'écrit affiché dans la classe doit être en lien avec vos activités. Par exemple, si vous chantez la comptine de l'alphabet avec les enfants, il vous faut un alphabet affiché à la hauteur des enfants dont vous pouvez pointer les lettres en chantant.

3.3 Les principes d'intervention à la maternelle

Les modes d'intervention à la maternelle diffèrent de ceux de l'école primaire en raison d'une plus grande préoccupation pour le développement de l'enfant. Ce dernier, et non le programme, doit être votre centre d'intérêt. Pour l'accompagner dans son émergence de l'écrit, trois principes doivent guider vos interventions : servir de modèle de lecteur et de scripteur, favoriser les interactions autour de la lecture/ écriture et encourager l'exploration par les enfants.

1. Servir de modèle. Les enfants découvrent leurs premiers modèles de lecteurs dans leur environnement familial mais, à la maternelle, c'est vous qui leur servez de modèle en lisant et en écrivant tous les jours avec eux, et ce, dans diverses circonstances. La façon la plus courante de servir de modèle aux enfants est de leur lire des histoires. À la maternelle, faire la lecture n'est pas considéré comme une activité d'enrichissement, mais comme un apport fondamental à l'apprentissage de la lecture. Il est donc primordial de faire la lecture aux enfants chaque jour. Ceux-ci doivent avoir l'occasion d'entendre des textes variés et de qualité qui captivent leur imagination. Si vous faites la lecture d'un livre par jour, comme il y a 180 jours d'école dans une année, les enfants auront entendu lire 180 livres au cours de leur passage à la maternelle.

2. Favoriser les interactions. Pour que les enfants s'intéressent à l'écrit, il faut, en plus de leur servir de modèle, que vous interagissiez avec eux autour de l'écrit. Pendant la lecture, discutez avec eux pour les amener à progresser dans leur compréhension des histoires ; pendant les ateliers d'écriture, interrogez-les sur leurs façons de procéder pour écrire des mots. Il y aura aussi des périodes pendant lesquelles les enfants interagiront avec leurs pairs. Ils auront alors la possibilité de partager un livre avec un ami et de parler de l'histoire avec lui.

3. Encourager l'exploration. À la maternelle, il faut offrir aux enfants un environnement favorable à l'exploration de l'écrit. Outre la période de lecture en groupe, il est important de leur laisser un moment pour feuilleter individuellement des livres. Invitez les enfants à choisir un livre et à trouver un endroit confortable où ils pourront le regarder. Incitez-les à reprendre les livres que vous avez lus au groupe ; ils les reliront pour eux-mêmes, pour un ami et même pour un ourson en peluche. L'exploration de l'écriture se fera également lors des périodes d'écriture libre ou des ateliers d'écriture.

Ces trois principes pédagogiques, qui respectent la pédagogie de l'éducation préscolaire, vous permettront d'accompagner les enfants dans les étapes de l'émergence de la lecture et de l'écriture.

3.4 Le contenu du volet lecture et écriture à la maternelle

Pour suivre l'évolution de l'émergence de la lecture et de l'écriture chez les enfants de votre classe, vous disposez d'un outil puissant : l'observation des situations quotidiennes. Cependant, pour que cette observation soit utile, vous devez avoir en tête les indices de l'évolution que vous pouvez attendre des enfants durant la période d'émergence de la lecture. Nous avons classé ces indices en cinq rubriques, qui portent sur des facteurs reconnus par la recherche comme étant des jalons indispensables à une progression harmonieuse sur la route de la lecture. Chacun des cinq chapitres suivants portera sur l'une de ces rubriques : le langage oral, la clarté

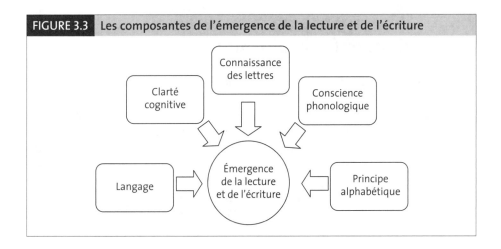

FIGURE 3.3 Les composantes de l'émergence de la lecture et de l'écriture

Connaissance des lettres

Clarté cognitive

Conscience phonologique

Émergence de la lecture et de l'écriture

Langage

Principe alphabétique

cognitive, la connaissance des lettres, la conscience phonologique et la découverte du principe alphabétique (*voir la figure 3.3*).

Il est important de garder à l'esprit quelques considérations concernant ces composantes de l'émergence de l'écrit :

1. Le développement de l'enfant à la maternelle se fait dans tous les domaines : cognitif, social et affectif. L'éveil à l'écrit représente un volet essentiel, mais il ne constitue pas l'entièreté du programme de la maternelle ;

2. L'enfant de maternelle commence à acquérir les habiletés liées aux cinq rubriques proposées, mais il poursuit son apprentissage en 1re année ;

3. Des interventions sont nécessaires dans tous les domaines ; on ne peut s'en tenir à une ou deux composantes, car l'effet des interventions ne peut pas être transféré d'un domaine à l'autre. Par exemple, les interventions effectuées en conscience phonologique améliorent celle-ci, mais non la compréhension ; inversement, faire la lecture aux enfants a un effet sur la compréhension du récit, mais pratiquement aucun effet sur la conscience phonologique (Bianco et autres, 2010) ;

4. Même si nous présentons les composantes de l'émergence de l'écrit dans des chapitres séparés, il faut bien comprendre que plusieurs compétences sont acquises de façon simultanée durant les activités. Par exemple, lors de la lecture interactive, les enfants peuvent prendre conscience des fonctions de la lecture, comprendre le concept de mot et améliorer leur langage oral. Durant les activités d'écriture spontanée, ils peuvent développer leur conscience phonologique, leur connaissance des lettres et leur clarté cognitive concernant le rôle du scripteur.

Les enfants évoluent au cours de l'année par rapport à chacune des composantes du volet lecture/écriture grâce aux interventions éclairées de l'enseignante.

3.5 L'émergence de la lecture et les enfants à risque

La diversité est ce qui caractérise le plus les enfants de la maternelle. Les différences interindividuelles tiennent, pour certaines, à la diversité des rythmes de développement et, pour d'autres, aux différences culturelles. Certains enfants ont eu peu de contacts avec l'écrit dans leur milieu familial ; par exemple, plusieurs arrivent à l'école sans jamais avoir vécu l'expérience de se faire lire une histoire. Si certains enfants n'ont jamais porté attention à l'écrit parce qu'ils n'ont pas été incités à le faire, il est rassurant de penser qu'ils peuvent progresser rapidement grâce aux interventions effectuées à la maternelle. D'autres enfants, par contre, n'évoluent pas aisément dans ce passage graduel de l'oral à l'écrit, malgré les interventions faites en milieu scolaire.

3.5.1 Peut-on dépister les enfants à risque à la maternelle ?

Est-il possible de déterminer à la maternelle si un enfant est à risque de subir un échec en lecture ? On peut certes constater que certains enfants n'évoluent pas de la même façon que leurs pairs et que leur entrée en 1re année ne sera pas facile. Plusieurs chercheurs ont mis au point de nombreuses épreuves pour déceler les élèves à risque à la maternelle (Ecalle, 2010). Si ces épreuves peuvent servir à nous inciter à porter plus d'attention aux élèves à risque, il faut savoir que la prédiction des problèmes de lecture n'est pas parfaite. Il existe en fait deux types d'erreurs de prédiction (Scarborough, 2001) :

- Les faux positifs : Les enfants qui sont considérés à risque, mais qui en fait deviendront de bons lecteurs (une moyenne de 47 % selon les études) ;
- Les faux négatifs : Les enfants qui ne sont pas considérés à risque, mais qui éprouveront des difficultés en lecture par la suite (une moyenne de 4 % selon les études).

On peut facilement constater que les épreuves permettent davantage de prédire la réussite en lecture que l'échec. Cela signifie que la très grande majorité des élèves qui réussissent les épreuves de dépistage apprendront à lire sans heurt. Par ailleurs, plusieurs enfants qui semblent à risque réussiront leur entrée dans l'écrit malgré tout.

De plus, la précision de la prédiction augmente avec le temps que passent les enfants dans le système scolaire. Une épreuve subie à la fin de la maternelle est plus précise qu'une épreuve tenue au début de la maternelle : l'enfant peut avoir un rendement faible à une épreuve au début de la maternelle simplement parce qu'il n'a pas eu l'occasion de faire l'apprentissage des habiletés mesurées. Si ces habiletés sont enseignées à la maternelle, une partie des différences devrait disparaître en cours d'année.

3.5.2 La prévention à la maternelle

De nombreuses études montrent qu'il est possible de prévenir les problèmes de lecture chez la plupart des enfants grâce à une intervention précoce : les interventions effectuées à la maternelle peuvent faire une réelle différence pour les élèves à risque, particulièrement ceux qui présentent des risques cumulatifs (Harn, Linan-Thompson et Roberts, 2008 ; Sylvestre et autres, 2009 ; Cadima, McWilliam et Leal, 2010). Il faut donc porter attention aux élèves qui ne progressent pas comme le font les autres, malgré un bon enseignement en classe.

Quelques éléments doivent être pris en considération pour ce qui est des enfants à risque :

- Plus les interventions préventives sont effectuées tôt dans l'année (en septembre plutôt qu'en février), plus elles permettent aux enfants de rattraper leur retard par rapport à leurs pairs (O'Connor et autres, 2010) ;
- Les interventions qui portent sur des aspects précis comme la connaissance des lettres et la conscience phonologique sont plus efficaces pour amener des changements chez l'enfant que les interventions plus générales dont les objectifs sont plus dilués (Justice et autres, 2003) ;
- Les interventions sont plus efficaces si elles sont faites en petit groupe (The National Early Literacy Panel, 2008). Il est donc pertinent de rassembler les enfants qui présentent les mêmes besoins, par exemple en compréhension d'histoire, en conscience phonologique ou en clarté cognitive, afin d'intervenir dans leur zone de proche développement.

Aucun facteur n'explique à lui seul l'échec ou la réussite en lecture. À la fin de la maternelle, les chances de réussite en lecture sont grandes pour un enfant qui possède de bons acquis sur le plan du langage, de la connaissance des lettres, de la clarté cognitive, de la conscience phonologique et du principe alphabétique. Ce qui est rassurant dans la description des facteurs de réussite est que la plupart sont liés non aux habiletés intrinsèques de l'enfant, mais au contexte social d'apprentissage, et sont donc, de ce fait, modifiables.

3.6 Le rôle des parents

On sait depuis longtemps que le rôle des parents est essentiel dans l'éveil à l'écrit de leur enfant. Les études démontrent que les facteurs familiaux sont fortement associés aux compétences de l'enfant à son entrée à la maternelle (Aikens et Barbarin, 2008).

Il est donc essentiel d'encourager les parents à soutenir l'intérêt que montre leur enfant pour la lecture et l'écriture. Vous disposez de plusieurs moyens pour aider les parents à stimuler leur enfant à lire et à écrire :

- Proposer aux parents des ateliers dans lesquels vous illustrez la façon dont ils peuvent intégrer à leurs activités quotidiennes les trois principes d'intervention pour l'émergence de l'écrit :

   1. Servir de modèle (en étant des lecteurs dans la vie de tous les jours).

   2. Interagir avec leur enfant (pendant la lecture d'histoires et lorsque l'enfant pose des questions sur l'écrit).

   3. Permettre l'exploration (en fournissant à l'enfant des livres, des crayons et du papier).

- Envoyer aux parents des feuillets dans lesquels vous leur suggérez des activités à réaliser avec leur enfant. Vous trouverez des suggestions d'activités à proposer aux parents dans Thériault et Lavoie (2004. *L'éveil à la lecture et à l'écriture.* Montréal : Logiques).

- Inviter les parents dans votre classe. Ils pourront ainsi s'inspirer des activités faites en classe pour intervenir auprès de leur enfant à la maison. De plus, ils pourront agir en tant que lecteurs auprès de petits groupes d'enfants.

Pour favoriser l'apprentissage des enfants, il est essentiel d'établir une relation parent-enseignant constructive, basée sur la reconnaissance de l'importance de la participation des parents à l'émergence de l'écrit chez leur enfant.

Conclusion

Les enfants arrivent à l'école en ayant une grande diversité d'expériences en ce qui concerne la lecture et l'écriture. Vous devez vous assurer que, dès leur arrivée dans la classe de maternelle, les enfants soient reçus dans un environnement qui leur donnera des modèles de lecteurs, qui leur permettra d'interagir avec l'adulte et avec leurs pairs dans des activités liées à l'écrit et qui leur offrira des occasions d'explorer l'écrit dans le cadre d'activités fonctionnelles. Dans un milieu stimulant, les enfants développent leurs habiletés grâce aux activités quotidiennes de la classe, mais une intervention plus différenciée conviendra à ceux qui ne semblent pas évoluer dans l'émergence de l'écrit.

Le langage oral

Les enfants arrivent à l'école en ayant des habiletés différentes sur le plan du langage oral. La maternelle est pour eux un moment privilégié pour acquérir des compétences langagières qui participeront à la construction de la pensée et influeront sur l'apprentissage de la lecture. Dans ce chapitre, nous expliquons le rôle que joue le langage oral dans l'apprentissage de la lecture, distinguons langage social et langage scolaire et présentons les différents rôles de la lecture interactive dans le développement du langage à la maternelle.

4.1 L'importance du langage oral dans l'apprentissage de la lecture

Le langage oral est la base sur laquelle s'établit la lecture. L'aisance des jeunes enfants à l'oral influence leurs débuts en lecture : leur niveau de vocabulaire, de syntaxe et de compréhension est déterminant pour leur acquisition du langage écrit. S'il est utile pour l'entrée dans l'écrit, le langage oral continue à jouer un rôle à mesure que les enfants évoluent en tant que lecteurs : il interviendra dans la compréhension de texte pendant toute la scolarité au primaire et au secondaire. Plusieurs études ont démontré que le langage oral au préscolaire est l'un des principaux facteurs de réussite ultérieure en lecture (Justice et autres, 2009a ; Kendeou et autres, 2009 ; Hammer, Farkas et Maczuga, 2010).

4.2 Les formes de langage à la maternelle

Lors de leur entrée à la maternelle, les enfants sont déjà habitués au langage social, lequel leur sert à communiquer avec leur entourage. Cependant, le langage de l'école est différent. À la maternelle, ils auront à apprendre le langage scolaire, lequel est pour eux une nouvelle forme de langage (*voir le tableau 4.1, à la page suivante*).

TABLEAU 4.1   La distinction entre le langage social et le langage scolaire

	Langage social	Langage scolaire
Comment nous parlons	• Utilisation de mots familiers • Utilisation de l'argot • Prise fréquente de tours de rôle • Explication réduite si l'interlocuteur connaît de qui ou de quoi vous parlez.	• Utilisation de mots inconnus • Utilisation de mots plus formels • Écoute beaucoup plus grande • Vous ne devez pas assumer que l'interlocuteur ou le lecteur connaît de quoi vous parlez ou sur quoi vous écrivez – il faut le préciser.
Pourquoi nous parlons	• Pour que les tâches quotidiennes s'accomplissent • Pour entretenir nos relations avec notre famille et nos amis • Pour donner de l'information à une personne qui ne la possède pas.	• Pour apprendre de nouvelles choses • Pour réfléchir d'une façon logique et scientifique • Pour montrer à l'enseignante que nous savons quelque chose (même si elle possède déjà l'information).
De quoi nous parlons	• Nous parlons de ce qui a une pertinence immédiate pour nous. • Nous parlons des choses et des événements personnels qui nous sont arrivés ou qui pourraient nous arriver à nous-mêmes ou à des gens que nous connaissons de ce qui nous importe personnellement, etc.	• Nous parlons de choses qui n'ont pas de pertinence immédiate. • Nous décrivons, expliquons et envisageons des aspects généraux concernant des personnes, des lieux et des objets que, généralement, nous ne connaissons pas personnellement : il peut s'agir de choses dont nous ne pouvons pas facilement faire nous-mêmes l'expérience, qui sont lointaines ou très anciennes ou qui seront possibles dans l'avenir.

Tiré de van Kleeck, A. (2010). Les facteurs culturels et la promotion de la lecture interactive chez les familles d'enfants d'âge préscolaire. Dans Makdissi, H., Boisclair, A. et P. Sirois (Éds.). *La littératie au préscolaire. Une fenêtre ouverte vers la scolarisation.* Québec : Presses Universitaires du Québec, p. 269.

4.2.1 Le langage social

Le langage social est un langage d'action, de situation. Le rôle de l'enseignante est donc d'enrichir ce premier langage sur les plans lexical et syntaxique. On s'attend à ce qu'à la fin de la maternelle l'enfant soit capable de formuler des phrases explicites, bien construites sur le plan syntaxique, complètes en elles-mêmes et organisées en discours grâce à l'emploi de relations de cohésion. En guise de repère, on peut se demander : L'enfant est-il capable de décrire ce qu'il est en train de faire ? Est-il capable de décrire les actions d'un camarade ? Plusieurs interventions peuvent l'aider à développer ses compétences langagières :

• Poursuivre et bonifier la conversation entamée par l'enfant : l'adulte doit interagir avec l'enfant lorsque celui-ci tente de formuler un énoncé, par exemple en reprenant l'énoncé et en le restructurant dans le langage de l'adulte ;

- Orienter la discussion de façon à susciter chez l'enfant certaines formes particulières de langage : par exemple, encourager l'emploi de termes descriptifs pour décrire des objets ou discuter de thèmes qui invitent à employer un vocabulaire plus élaboré ;
- Augmenter les exigences de façon à ce que l'enfant choisisse des mots plus précis et variés avec le temps et l'encourager lorsqu'il emploie de nouveaux termes de façon appropriée.

À la maternelle, les occasions susceptibles de contribuer au développement du langage social par l'enfant sont nombreuses et l'un des rôles importants de l'enseignante est de tirer le meilleur parti de ces occasions.

4.2.2 Le langage scolaire

Le langage scolaire est un langage d'évocation des événements passés, futurs ou imaginaires. Il se caractérise d'abord par le fait de parler de quelque chose qui « n'est pas ici et maintenant ». Ce type de langage, qu'on appelle « décontextualisé », se construit entre autres par des activités de rappels d'événements, par exemple une expérience vécue par le groupe. Le langage scolaire est aussi un langage plus abstrait qui sert à apprendre et à réfléchir. Il permet de stimuler la pensée de l'enfant lorsqu'on lui suggère un problème à résoudre, qu'on lui demande d'émettre des hypothèses ou qu'on l'amène à comparer et à classifier. Enfin, le langage scolaire, parce qu'il provient en grande partie des livres, diffère du langage oral par sa structure. Une expression comme : « Mais Pierrot, dit maman » est improbable à l'oral ; c'est en écoutant des histoires que l'enfant entendra de nouvelles structures de phrase qui le prépareront à ses lectures futures. La lecture d'histoires aux enfants demeure le moyen privilégié de leur faire découvrir ce langage scolaire.

4.3 La lecture interactive et le développement du langage

Faire la lecture aux enfants leur permet en premier lieu de découvrir le plaisir de la lecture. Faites l'expérience suivante : fermez les yeux et essayez de visualiser une scène dans laquelle un parent fait la lecture à son enfant. Vous avez sans doute eu tout de suite en tête l'image d'une situation chaleureuse et intime. Effectivement, ce premier contact avec les livres est associé par les enfants au plaisir de lire. Il est essentiel, à la maternelle, de continuer à leur faire vivre des situations dans lesquelles ils retrouveront ce plaisir de la lecture qu'ils ont connu à la maison.

À la maternelle, faire la lecture aux enfants, en plus de contribuer au plaisir de lire, participe au développement du langage et à l'acquisition des habiletés en compréhension. Ce n'est pas tant la lecture elle-même qui est bénéfique aux enfants que les interactions qui ont lieu avant, pendant et après la lecture. Ces interactions sont en fait plus importantes que le nombre de pages lues. On parle de lecture interactive lorsque l'adulte ajoute des questions ou des commentaires à la lecture afin d'inciter les enfants à réfléchir à certains aspects du texte. La lecture interactive remplit plusieurs fonctions : elle influence la compréhension du récit, l'acquisition du vocabulaire et celle des connaissances. Nous présentons d'abord la démarche générale de lecture interactive, puis nous abordons chacune de ses différentes fonctions.

4.3.1 La démarche de lecture interactive

Lire une histoire aux enfants n'est pas une tâche difficile, mais tirer profit de cette expérience pour leur faire acquérir des habiletés en compréhension est une tâche exigeante. La lecture interactive comprend plusieurs étapes : choisir un livre approprié au groupe d'enfants, préparer les interventions, lire le livre en interrompant la lecture aux endroits stratégiques pour favoriser la compréhension et revenir sur l'ensemble du texte pour mettre l'accent sur l'essentiel de ce qui a été lu.

■ Préparer la lecture

Une étape essentielle de la lecture interactive consiste à préparer des questions sur certains éléments clés du texte. Si vous préparez vos questions avant la rencontre avec les enfants, vous n'aurez pas à gérer l'attention du groupe tout en essayant en même temps de trouver des questions pertinentes (van Kleeck, 2008). Déterminez les passages appropriés pour lancer une discussion sur le texte, mais ne vous éloignez pas trop du contenu. Concentrez-vous sur l'objectif de la lecture (compréhension du récit, vocabulaire et connaissances).

En plus de préparer des questions, vous avez avantage à vous exercer à lire le texte de façon vivante. La lecture d'histoire a plus de chances de susciter l'intérêt des enfants lorsque l'adulte donne vie au texte par une lecture expressive. Si vous effectuez d'abord une lecture personnelle du livre que vous avez choisi, il vous sera plus facile de choisir la meilleure façon de rendre le texte. Les quelques conseils qui suivent peuvent vous aider à préparer une lecture expressive :

- Apportez de l'énergie à votre lecture ;
- Servez-vous de l'intonation et des pauses ; relisez certains passages pour augmenter le suspense ou attirer l'attention des enfants sur un élément crucial de l'histoire ;
- Changez de voix lorsqu'il s'agit d'un dialogue ;
- Accompagnez votre lecture de jeux de physionomie ;

- Apprenez à regarder souvent votre auditoire. Les contacts visuels vous permettent d'évaluer l'intérêt du groupe et donnent aux enfants l'impression qu'ils participent à la lecture.

Gardez à l'esprit que c'est votre enthousiasme et votre familiarité avec le livre qui vous permettront de faire une lecture susceptible de favoriser les interactions avec les enfants et de stimuler leur engagement personnel envers le livre.

■ Présenter le livre

Placez les enfants près de vous en demi-cercle afin de créer un climat chaleureux et laissez votre auditoire se préparer à écouter. Assurez-vous de tenir le livre sans en masquer les illustrations : la meilleure façon de le tenir est de placer le pouce et l'auriculaire devant le livre et les autres doigts derrière. Prenez l'habitude de présenter le livre dans son contexte éditorial en en mentionnant le titre, le nom de l'auteur et celui de l'illustrateur. Pour créer une situation dans laquelle les enfants sentent qu'ils ont un rôle actif à jouer dans la construction de la compréhension du texte, demandez-leur de regarder attentivement la page couverture pour trouver des indices sur le contenu de l'histoire. Ils feront alors appel à leurs connaissances antérieures, à leur imagination et à leur capacité de réflexion. Il n'est pas nécessaire que cette phase de présentation du livre prenne beaucoup de temps ; l'essentiel du temps disponible sera consacré à la lecture du livre.

■ Intervenir pendant la lecture

Pendant la lecture, il s'agit essentiellement de s'arrêter sur des passages choisis pour laisser les enfants réagir ou leur poser des questions. Les questions les plus productives sont les questions ouvertes, lesquelles demandent aux enfants de répondre de façon plus élaborée que les questions fermées, auxquelles ils répondent par un ou deux mots (*voir le tableau 4.2*).

TABLEAU 4.2   Des exemples de questions ouvertes et de questions fermées

Questions fermées	Réponses des enfants
Est-ce un nouveau jouet ou un vieux jouet ?	Un vieux.
Colin est-il gentil avec sa petite sœur ?	Non.
Questions ouvertes	**Réponses des enfants**
Pourquoi est-ce un problème d'avoir un faon comme animal domestique ?	Parce qu'il peut manger tout ce qu'il voit, comme une chèvre.
Pourquoi les termites peuvent-elles nuire aux chouettes ?	Parce qu'elles mangent le bois et peuvent détruire les maisons en bois des chouettes.

Certaines questions sont très simples, alors que d'autres portent sur des processus cognitifs plus élaborés. Il est important de poser quelques questions faciles pour l'ensemble des enfants afin que chacun réussisse à y répondre et participe ainsi à la discussion (van Kleeck, 2008). Plus les enfants participent, plus ils apprennent. Cependant, les réponses à ces questions étant presque toujours correctes, l'enseignante peut en venir à penser que les enfants ont compris l'histoire alors qu'ils n'en ont retenu que les détails. C'est pourquoi d'autres questions font appel à des opérations cognitives de niveau supérieur, comme comparer, anticiper, juger et inférer (Beaudoin, Giasson et Saint-Laurent, 2007).

Concernant les commentaires des enfants pendant la lecture, l'une des constatations qui ressort des observations effectuées dans les classes est que les enfants puisent dans leurs connaissances antérieures pour réagir au texte, mais souvent sans établir de liens véritables avec l'histoire. Recourir à ses connaissances est indispensable pour comprendre un texte, mais ce que les enfants doivent apprendre, c'est à se limiter aux connaissances qui contribuent à la compréhension de l'histoire. Une intervention efficace est donc d'essayer de diminuer le nombre d'associations superficielles (qui se traduisent souvent par un pot-pourri d'anecdotes personnelles) et, en contrepartie, d'aider les enfants à mieux incorporer leurs connaissances et expériences antérieures à l'histoire qui leur est lue.

■ Revenir sur l'ensemble du livre

À la fin de la lecture, il est pertinent de revenir sur l'ensemble du livre en posant des questions qui permettent aux enfants de mettre en lien les éléments du texte. Ces questions leur permettent d'exercer des habiletés en pensée de haut niveau. Par exemple, on peut leur poser des questions du type « Pourquoi ? », qui exigent une explication, ou des questions du type « Que serait-il arrivé si... ? », qui obligent les enfants à faire des liens avec leurs expériences personnelles.

Il ne faut pas hésiter à lire l'histoire plus d'une fois. Une bonne histoire demeure captivante même après plusieurs lectures. Le but de la deuxième et de la troisième lecture est d'enrichir la compréhension initiale de l'histoire et de donner plus d'occasions aux enfants de s'engager dans une discussion approfondie.

4.3.2 La lecture interactive et la compréhension du récit

Une grande partie des livres qui sont lus aux enfants à la maternelle sont des récits. La compréhension de ces récits prépare les enfants à la compréhension des histoires plus complexes qu'ils liront de façon autonome au primaire. La notion de structure du récit est donc essentielle dans la conception des activités de lecture d'histoires aux enfants.

■ La structure du récit

Si quelqu'un vous demande de compléter la phrase « Il était une fois... », vous penserez probablement à des personnages comme une princesse vivant dans un château ou un héros surmontant des obstacles. L'histoire se terminera probablement bien. Dans notre société occidentale, les enfants entendent des contes qui présentent ce type de structure. Lorsqu'ils écoutent une histoire, ils anticipent ce qui va se passer. Ils activent donc une structure du récit, un cadre qui leur permet de mieux comprendre les histoires (Klingner, Vaughn et Boardman, 2007).

Les enfants commencent tôt à se familiariser avec le schéma narratif. Ils apprennent que les histoires ont un début, un milieu et une fin. Ils acquièrent des connaissances quant à la façon dont se comportent, dans les histoires, certains personnages comme les princesses, les loups ou les sorcières. À ce propos, l'anecdote suivante est très révélatrice. Une enseignante de la maternelle racontait l'histoire d'un lion qui était trop vieux pour chasser et qui en était réduit à devoir attirer ses proies dans sa caverne. Il avait déjà mangé une poule naïve et un chien quand un renard s'est présenté sur son chemin. Un enfant de la classe a alors fait ce commentaire : «Gageons que le lion n'attrapera pas le renard.» Lorsque l'enseignante lui a demandé comment il le savait, l'enfant a répondu : «Les renards sont toujours les plus rusés dans les histoires. On ne les attrape jamais.» Cette connaissance particulière, qui lui a permis de prévoir la fin de l'histoire, l'enfant l'avait acquise dans les nombreux récits qu'il avait entendu lire.

La compréhension de la structure du récit se développe chez les enfants à mesure qu'ils entendent des histoires, mais ce développement est bonifié si l'enseignante met en évidence certains éléments de la structure du récit en posant les questions appropriées. La structure du récit vous servira donc de guide pour poser des questions portant sur des moments clés de l'histoire, mais il importe de souligner que, si vous vous en inspirez pour poser des questions pertinentes, vous ne demanderez pas pour autant aux enfants de nommer les catégories de récit, par exemple l'élément déclencheur ou la résolution du problème.

■ Les livres qui facilitent la compréhension de la structure du récit

Avez-vous déjà remarqué que la structure du récit de bon nombre d'albums conçus pour être lus aux enfants de la maternelle comporte des trous ? Ces trous sont en fait comblés par l'illustration. Ce n'est pas le cas des textes destinés aux élèves plus âgés (Corrigan et Surber, 2010). Pour vérifier l'importance de l'illustration dans les albums, lisez les deux textes présentés dans l'encadré 4.1, à la page suivante. Le premier extrait est facilement compréhensible, car la trame narrative de l'histoire est explicite, ce qui est le cas dans la plupart des contes traditionnels. Le second texte, par contre, est difficile, sinon impossible à comprendre : dans ce texte, ce sont les illustrations qui transmettent les éléments clés du récit et leur absence empêche le lecteur de se représenter l'action en cours dans l'histoire.

Pour faire comprendre aux enfants la façon dont fonctionne un récit, il est préférable de choisir des albums qui comportent une trame narrative complète.

ENCADRÉ 4.1	Des exemples de récits nécessitant ou non le recours à l'illustration

Texte compréhensible sans le recours à l'illustration

Il était une fois une chèvre qui avait sept chevreaux, qu'elle aimait très fort. Un jour, comme elle voulait aller chercher de quoi manger dans la forêt, elle les appela tous les sept et leur dit :

– Mes enfants, je m'en vais dans la forêt. Faites bien attention au loup. Si vous le laissez entrer, il vous mangera. C'est un malin qui sait se déguiser, mais vous le reconnaîtrez à sa grosse voix et à ses pattes noires.

Le loup et les sept chevreaux. (2006). Nathan, p. 7.

Texte nécessitant le recours à l'illustration

Bonjour ! Je m'appelle Zoum. Je suis le zèbre le plus rapide du monde ! CATACLOP ! CATACLOP ! CATACLOP ! Malheur ! Où sont passées mes rayures ? Bouh ! Tout le monde va se moquer de moi ! Houhou ! Rayures, où êtes-vous ? Personne n'a vu mes rayures ? Tiens... Qui c'est celui-là ? Mais qu'est-ce que c'est que ça ? Je veux des rayures ! Pas ça ! Mais il ne comprend rien celui-là ! Un zèbre doit avoir des rayures ! NON, NON et NON ! Ça y est... Il comprend ! Grrr... Il se moque de moi ! Et en plus, ce n'est pas facile à effacer ! Je veux MES rayures et rien d'autre ! Est-ce qu'il comprend cette fois ? Aaaah, mes rayures ! Bon, maintenant, je peux partir... Au revoir.

Gangloff, S. (1997). *Zoum le zébre.* Namur : Mijade.

Par ailleurs, il serait dommage de se priver des albums dans lesquels l'illustration joue un rôle prépondérant. Si vous optez pour ceux-ci, vous ne devez pas oublier de poser des questions qui aideront les enfants à combler les trous dans la narration en les incitant à lier les informations provenant de l'illustration à celles qui sont mentionnées dans le texte.

■ Le rôle des questions sur les relations causales

Le récit n'est pas une simple suite d'événements ; il est constitué d'un enchaînement de causes et d'effets. Les jeunes enfants ont de la difficulté à comprendre les liens qu'il y a entre les éléments du récit, par exemple entre les sentiments et les actions ou entre les actions et leurs conséquences (van Kleeck, 2008). Dans la lecture interactive de récits, les interventions sur la chaîne causale aident les enfants à aller au-delà de ce que dit explicitement le texte, à s'interroger sur les relations qu'entretiennent les personnages et sur les effets des actions. Il est essentiel de les amener à s'interroger sur le pourquoi des événements au moyen de questions du type « Comment cela se fait-il que... ? » Les enfants auront à faire des liens pour répondre à ces questions, ils devront réfléchir et préciser leur pensée. Les études démontrent d'ailleurs qu'ils donnent des réponses plus longues aux questions sur la chaîne causale qu'aux questions factuelles (Zucker et autres, 2010).

4.3.3 La lecture interactive et l'acquisition du vocabulaire

Plusieurs études ont démontré que les enfants peuvent apprendre des mots nouveaux lorsqu'on leur fait la lecture, particulièrement lorsque l'adulte en explique le sens (Sénéchal et LeFevre 2002 ; Beck et McKeown, 2007 ; Collins, 2010).

■ L'importance de la lecture pour l'acquisition du vocabulaire

Même si les enfants peuvent apprendre de nouveaux mots dans les discussions et les émissions éducatives, il demeure que la lecture est une activité importante pour l'acquisition du vocabulaire. Dans les conversations, les adultes se servent d'un vocabulaire de base comprenant environ 5 000 mots, 5 000 autres mots étant employés moins fréquemment. Au-delà de cette limite de 10 000 mots, on parle de mots « rares », ceux-ci jouant un rôle important dans la lecture. Les enfants découvrent plus de ces mots rares dans les textes que dans le langage oral. Par exemple, des adultes qui discutent entre eux utilisent environ 17 mots rares par tranche de 1 000 mots. Un adulte qui s'adresse à un enfant de 10 ans utilise à peu près 11 mots rares par tranche de 1 000 mots, alors qu'un livre pour enfant emploie 30 mots rares par tranche de 1 000 mots (Hayes et Ahrens, 1988). La lecture est donc une meilleure source que les échanges quotidiens pour favoriser l'acquisition de mots rares. Puisque les enfants apprennent de nouveaux mots et de nouvelles expressions grâce à la lecture, il n'est pas suggéré de simplifier le texte en changeant les mots inconnus par des mots plus courants, mais plutôt d'expliquer aux enfants le sens des mots nouveaux.

■ Le choix des mots à enseigner

Pour planifier une lecture interactive qui vise l'acquisition du vocabulaire, choisissez de trois à cinq mots que les enfants ne comprennent probablement pas. Évitez les mots trop spécialisés ou trop familiers. Optez pour des mots qu'ils verront probablement au cours d'autres lectures (p. ex : unique, ridicule ou insulter). Écrivez-les sur des fiches et préparez des définitions facilement compréhensibles. Le fait de préparer des définitions élimine les pertes de temps et les confusions au moment de faire l'activité.

■ La démarche

La démarche commence par une lecture interactive, pendant laquelle vous donnez aux enfants une brève définition des mots sélectionnés. L'enseignement plus élaboré se fait après la lecture, de la façon suivante :

- Montrez aux enfants les fiches de mots de vocabulaire ;
- Lisez-leur le premier mot. Demandez-leur de le répéter : il est important qu'ils aient une représentation phonologique claire du mot. S'il est difficile, vous pouvez le leur faire prononcer plusieurs fois ;
- Relisez la ou les phrases où le mot apparaît ;
- Demandez aux enfants quels indices l'histoire ou l'illustration leur fournit au sujet du sens du mot. Lorsque vous posez des questions qui obligent les enfants à inférer le sens d'un mot à partir du contexte, vous assurez une meilleure acquisition du vocabulaire. Si les enfants ne trouvent pas le sens du mot, expliquez votre façon de procéder ;

- Discutez des sens possibles du mot et donnez-en la signification exacte aux enfants ;
- Demandez aux enfants de trouver une situation dans laquelle ils pourraient employer le mot.

Cette démarche permet non seulement aux enfants d'apprendre des mots nouveaux, mais également de commencer à développer des stratégies visant à dégager le sens des mots du contexte de l'histoire.

4.3.4 La lecture interactive et le développement de connaissances

La lecture interactive à la maternelle ne doit pas se limiter au récit, mais également inclure des textes documentaires ou informatifs. Contrairement à ce que l'on pourrait penser, les enfants aiment ce type de textes et sont capables de les comprendre. Cependant, des enquêtes effectuées auprès d'enseignants ont démontré que très peu de livres documentaires font l'objet de lecture interactive en maternelle (Yopp et Yopp, 2006 ; Bortnem, 2008). On a constaté que même lorsque les enseignantes lisent plus d'un livre dans la même journée, elles n'ont pas tendance à lire des textes informatifs en plus des textes narratifs. Si elles lisent peu de livres documentaires à la maternelle, il est possible que ce soit parce qu'elles manquent de pistes pour les intégrer à leur planification.

■ Les apports de la lecture de textes informatifs

Les bénéfices de la lecture de textes informatifs aux enfants de la maternelle sont nombreux (Pentimonti et autres, 2010 ; Zucker et autres, 2010) :

- Les textes informatifs permettent aux enfants de découvrir des concepts nouveaux ;
- Parce que les textes informatifs contiennent des termes plus variés et plus techniques que les textes narratifs, la discussion sur ces textes favorise l'acquisition d'un vocabulaire plus abstrait ;
- L'exposition aux textes informatifs permet aux enfants de se familiariser avec les caractéristiques de ce type de textes, comme les temps de verbe (dans un récit, on parle de ce qui est arrivé, alors que dans un texte documentaire, on parle de ce qui arrive) et le rôle de l'introduction (le texte documentaire commence par une phrase d'introduction relative au contenu, alors que le récit commence souvent par « Il était une fois ») ;
- Les textes informatifs peuvent amener les enfants à s'intéresser davantage aux thèmes abordés en classe ;
- Les enseignantes sont plus portées à poser des questions visant à amener les enfants à faire des inférences lorsqu'ils lisent des textes informatifs que lorsqu'ils lisent des récits (Zucker et autres, 2010).

On peut ajouter que la lecture de textes informatifs permet de répondre à la curiosité naturelle des enfants envers tout ce qui les entoure.

■ Des façons d'exploiter les textes documentaires

Il est facile de trouver aujourd'hui des textes documentaires de qualité qui conviennent aux enfants de la maternelle, par exemple des livres concepts (les nombres, les contraires, les couleurs, etc.), des livres thématiques (les robots, l'eau, les oiseaux, etc.) et des récits qui présentent un contenu informatif (une visite à la ferme, au zoo, etc.).

Les pistes suivantes peuvent vous être utiles pour inclure les textes documentaires à vos lectures aux enfants :

- Choisissez des textes documentaires fonctionnels : les enfants doivent comprendre à quoi leur servira l'information dans la vie de tous les jours (p. ex. : les soins à apporter à un animal domestique) ;
- Choisissez des textes documentaires qui enrichiront les thèmes abordés en classe (p. ex : la protection de l'environnement ou la croissance des plantes) ;
- Associez un livre documentaire à un texte narratif portant sur le même sujet. Cela permet aux enfants de faire la différence entre les deux types de textes et d'enrichir leurs connaissances en adoptant des points de vue différents.

Vous trouverez des suggestions d'activités concrètes dans *Le livre documentaire au préscolaire et au primaire* (Guérette et autres, 2007).

4.4   Les élèves à risque

La majorité des enfants arrivent à l'école en ayant un langage oral relativement bien développé. Ils possèdent de 3 000 à 5 000 mots, qu'ils comprennent à l'oral et peuvent utiliser dans des phrases grammaticalement correctes pour communiquer. Cependant, plusieurs d'entre eux commencent leur scolarité en ayant un niveau de langage moins élevé que celui de leurs pairs et sont donc plus à risque d'éprouver plus tard des problèmes de compréhension en lecture.

4.4.1 Quels enfants ont des besoins particuliers ?

Tous les enfants ont besoin de développer leur langage à la maternelle, mais certains ont besoin de recevoir plus d'attention. Trois groupes sont à considérer : les enfants qui éprouvent des problèmes de langage avérés, ceux qui ne parlent pas la langue d'enseignement et, particulièrement, les enfants qui proviennent de milieux défavorisés. Les chercheurs ont abondamment étudié le langage dans les milieux défavorisés et ont découvert que les enfants de ces milieux sont nombreux à entrer à l'école en ayant des habiletés langagières peu développées et à éprouver des difficultés en apprentissage de la lecture (Noble, Norman et Farah, 2005 ; Reynolds et Fish, 2010). Grandir dans un milieu pauvre peut donc restreindre considérablement le vocabulaire qu'acquièrent les enfants avant d'entrer à l'école. Les interventions à faire auprès de ces enfants sont d'autant plus importantes qu'ils ne bénéficient d'aucun soutien susceptible de les aider à surmonter leurs difficultés dans leur milieu familial.

4.4.2 Les écarts existant dans le vocabulaire des enfants

Les différences de compétences langagières apparaissent tôt entre les enfants de milieux moyens ou favorisés et les enfants de milieux défavorisés : à l'âge de trois ans, l'écart est déjà considérable. La figure 4.1 présente les résultats d'une étude menée auprès de 3 500 enfants provenant de milieu moyen et de 3 300 enfants issus de milieu défavorisé, évalués périodiquement de l'âge de 3 à 12 ans (Beron et Farkas, 2004). On peut voir que l'écart dans le vocabulaire apparaît tôt et continue à s'agrandir jusqu'à l'entrée à l'école. Dans la figure, la ligne pointillée représente ce qu'aurait été le développement langagier des enfants provenant de milieux défavorisés s'ils n'avaient pas fréquenté l'école. On peut également y voir que l'écart cesse de s'agrandir lors de l'entrée de l'enfant à l'école, mais qu'il n'est pas comblé.

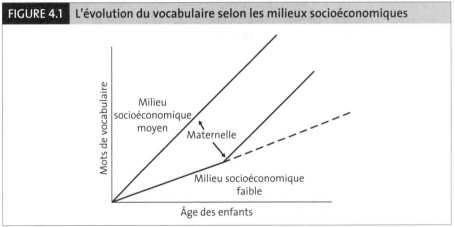

FIGURE 4.1 L'évolution du vocabulaire selon les milieux socioéconomiques

À partir des données de Beron, K. et G. Farkas (2004). *The Detailed Age Trajectory of Oral Vocabulary Knowledge: Differences by Class and Race.* Social Science Research, 33(3), pp. 464-497.

Lorsque l'écart dans le vocabulaire est établi, il est très difficile à modifier. La meilleure solution est de le faire dès la petite enfance. Une étude effectuée auprès d'enfants de la naissance à l'âge de quatre ans a démontré que le fait de bénéficier de services de garde éducatifs pendant la première année de vie est associé à un meilleur vocabulaire à l'âge de quatre ans chez les enfants provenant de milieux défavorisés (Geoffroy et autres, 2007). Ces résultats s'expliquent par le fait que, dans les services de garde, les éducatrices passent la majeure partie de leur journée à interagir verbalement avec les enfants. Plus tôt on met en place un programme d'intervention, plus grandes sont les chances que les enfants acquièrent un vocabulaire adéquat (Biemiller, 2006 ; Japel et autres, 2009).

4.4.3 Les interventions à la maternelle

Même s'il est préférable de commencer les interventions relatives au langage dès la petite enfance, les interventions à la maternelle sont indispensables. En classe, la lecture interactive profite souvent davantage aux enfants qui n'ont pas de difficulté de compréhension et qui sont les premiers à vouloir s'exprimer. C'est pourquoi il est pertinent de reprendre les lectures avec de petits groupes d'élèves à risque qui comprennent moins bien les histoires et s'expriment peu en grand groupe. Cette situation plus intime leur permet de bien voir le livre et rend la discussion avec eux plus facile. Plusieurs études ont démontré que la lecture interactive faite en sous-groupe est bénéfique aux enfants possédant un langage moins élaboré (Hargrave et Sénéchal, 2000 ; Zevenbergen et Whitehurst, 2003).

Conclusion

La maternelle joue un rôle clé dans le développement langagier des enfants : c'est à l'école que ceux-ci affinent leur langage social et découvrent le langage scolaire. La lecture interactive est un outil essentiel pour assurer ce développement, tant en ce qui concerne la compréhension du récit que l'acquisition du vocabulaire ou celle des connaissances sur le monde. Il faut aussi porter une attention particulière aux enfants qui entrent à la maternelle en ayant un bagage langagier inférieur à celui de leurs pairs, car l'un des rôles de la maternelle est d'essayer de réduire les inégalités langagières avant l'entrée en 1re année.

La clarté cognitive

Pour apprendre à lire et à écrire, l'enfant doit d'abord se faire une idée de ce que veulent dire « lire » et « écrire ». La clarté cognitive renvoie à une compréhension de base du fonctionnement des livres et des mots écrits. Cette compréhension progresse tout le long de la maternelle grâce aux interventions de l'enseignante. Nous présentons dans ce chapitre les composantes de la clarté cognitive et proposons des interventions qui en favorisent le développement. Deux interventions pédagogiques sont particulièrement à privilégier pour intégrer toutes les composantes de la clarté cognitive : il s'agit de la dictée à l'adulte et de la lecture interactive faisant référence à l'écrit.

5.1   Qu'est-ce que la clarté cognitive ?

La clarté cognitive relative à la lecture/écriture se manifeste de plusieurs façons. Les enfants qui ont une bonne clarté cognitive comprennent que l'écrit peut avoir différentes fonctions ; par exemple, un livre raconte une histoire et un menu permet de choisir son repas. Ils comprennent que les signes écrits sur la page représentent des mots du langage oral. Ils savent que le texte est lu par quelqu'un qui sait lire, qu'il se lit de gauche à droite et de haut en bas. Ils comprennent que les mots sont composés de lettres et séparés par des espaces.

La clarté cognitive comporte quatre aspects :

1. Les fonctions de l'écrit ;

2. Le langage technique de la lecture/écriture ;

3. Les conventions de la langue écrite ;

4. Les relations entre l'oral et l'écrit.

Il n'y a pas de séquence précise dans le développement des habiletés et connaissances liées à la clarté cognitive. Les enfants comprennent graduellement comment la lecture et l'écriture fonctionnent à mesure que l'adulte leur parle des caractéristiques de l'écrit lors des activités quotidiennes. Sans les explications de l'adulte, la lecture pourrait longtemps demeurer une activité mystérieuse pour les enfants, même s'ils sont mis en présence de nombreux livres.

5.2   Les fonctions de l'écrit

Avant leur entrée formelle dans l'écrit, les enfants commencent à découvrir à quoi sert la lecture et pourquoi il est intéressant pour eux d'apprendre à lire. Plusieurs études ont démontré que la conception qu'ils se font de la lecture à la maternelle est un bon indice de prédiction de la réussite en lecture à la fin de la 1re année (The National Early Literacy Panel, 2008).

5.2.1   Les notions à acquérir

Les enfants prennent graduellement conscience des différents usages sociaux de l'écrit et de la variété de ses supports (affiches, livres, journaux, revues, écrans et enseignes). Un enfant élevé dans un monde riche en écrits apprend assez tôt que l'écrit est porteur de sens. On peut observer cette connaissance lorsqu'il reconnaît des logos dans l'environnement (restaurant, marché et station-service). Il ne lit pas les mots au sens conventionnel du terme, mais il comprend que les symboles écrits servent à communiquer. L'enfant doit aussi comprendre que c'est le texte, et non l'illustration, qui contient le message. Le premier contact de l'enfant avec l'écrit provient des albums illustrés lus par les parents. Il est normal que le jeune enfant croie que l'histoire est contenue dans l'illustration. Peu à peu, il comprend que ce qui est lu par l'adulte provient des lettres, et non des images, et qu'on peut lire le texte même si les images sont cachées.

5.2.2   Les interventions

Pour que les enfants découvrent les fonctions de la lecture et de l'écriture, il faut tout d'abord que l'écrit soit présent dans la classe. Il existe des classes où celui-ci est limité au calendrier et à quelques affiches. Il est possible de créer un environnement physique qui favorise l'émergence de la lecture et de l'écriture sans pour autant couvrir les murs d'écrits ; il s'agit plutôt d'intégrer l'écrit de façon naturelle dans la classe.

Des activités quotidiennes permettent à l'enfant de se familiariser avec les fonctions de l'écrit.

Reconnaître et écrire son prénom.   La lecture et l'écriture du prénom constituent l'un des premiers contacts avec la lecture fonctionnelle à la maternelle. Les enfants ont besoin de reconnaître leur prénom pour nombre de raisons, et il est facile de leur expliquer l'importance de reconnaître également le prénom de leurs amis. Par exemple, le prénom peut être employé pour le choix des activités, la désignation des travaux ou l'étiquetage des objets personnels.

Le message du matin.   Une autre façon de sensibiliser les enfants aux fonctions de la lecture consiste à écrire à leur intention un message au tableau chaque matin. Ce message peut être de différents ordres, par exemple : « Ce matin, nous aurons la visite des grands de 5e année » ou « Aujourd'hui, c'est l'anniversaire de Maxime. » Le message est deviné, analysé, vérifié par les enfants avec l'aide de l'enseignante.

Les jeux symboliques. Les jeux symboliques placent également les enfants dans des situations concrètes de lecture. Par exemple, ceux qui jouent à l'épicerie et identifient les boîtes de conserve au moyen de leurs étiquettes s'initient aux fonctions de l'écrit.

Ces activités servent à confirmer aux enfants que la fonction de l'écrit est de transmettre un message. Elles leur font également découvrir quels bénéfices ils peuvent retirer de la lecture et de l'écriture.

5.3 Le langage technique de la lecture et de l'écriture

Les enfants de la maternelle doivent commencer à se familiariser avec le langage technique de la lecture/écriture. Ceux qui ne possèdent pas ce vocabulaire seront plus susceptibles d'éprouver des difficultés au moment de leur entrée formelle dans l'écrit, car ces termes font partie intégrante des activités d'enseignement de la lecture.

5.3.1 Les concepts

Les enfants doivent découvrir plusieurs concepts liés à l'écrit. Ils doivent faire la distinction entre les chiffres et les lettres, entre les lettres et les signes de ponctuation, entre les lettres et les mots, entre les mots et les phrases.

La lettre. Les enfants doivent distinguer les lettres des chiffres. Ceux de la maternelle savent habituellement que les lettres servent à lire et les chiffres, à compter, mais ils font souvent une généralisation excessive du terme « chiffre ». En effet, ils emploient ce mot pour désigner tant les chiffres que les lettres ; cependant, les chiffres sont rarement appelés « lettres » ou « mots ».

Le signe de ponctuation. Les enfants apprennent à distinguer les lettres des signes de ponctuation. Ils comprennent petit à petit que ces signes ont une autre fonction que les lettres : « Ce ne sont pas des lettres, mais ils vont avec les lettres. » Ils confondent aussi parfois le point d'exclamation (!) et le « i » et disent qu'il s'agit d'un « i » écrit à l'envers.

Le mot. À la fin de la maternelle, le concept de mot n'est pas encore stable chez les enfants. Il s'acquiert après le concept de lettre et avant celui de phrase. C'est surtout grâce au concours de l'écrit qu'ils acquièrent le concept de mot. Ils manifestent qu'ils comprennent ce concept lorsqu'ils découvrent le rôle que jouent les espaces entre les mots. Si l'on écrit devant des enfants de la maternelle une phrase sans séparer les mots et si on leur demande si celle-ci est bien écrite, ils répondent oui la plupart du temps. Si on leur présente la même phrase avec des espaces et si on leur demande s'il faut changer quelque chose, certains enfants suggèrent de remplir les espaces. Ces comportements ne sont pas si surprenants si l'on regarde l'évolution de l'écriture dans l'histoire ; en effet, à l'origine, les mots n'étaient pas séparés à l'écrit.

La phrase. Peu d'enfants de la maternelle maîtrisent le concept de phrase. Ils confondent souvent le mot et la phrase : pour eux, une phrase est un long mot. Les enfants confondent aussi la phrase avec la ligne de texte. Même si on ne s'attend pas à ce que le concept de phrase soit maîtrisé à la maternelle, on doit commencer à y sensibiliser les enfants lors des activités faites en classe.

Il faut ajouter à cette liste les concepts de premier et de dernier appliqués aux lettres et aux mots, par exemple « la première lettre du mot » et « le dernier mot de la phrase ».

5.3.2 Les interventions

Le concept central à aborder est le concept de mot, car il permet de préciser en même temps ceux de lettre et de phrase. Il faut aider les enfants à entendre et à voir les mots comme des unités séparées. Le concept de frontières du mot est difficile pour eux. Le langage oral ne favorise pas la perception des frontières du mot, car les mots semblent couler de façon continue. Les blancs qui séparent les mots à l'écrit ne correspondent pas aux pauses faites à l'oral. À l'oral, nous ne séparons pas les phrases en mots. Pour un enfant, « Jévuunnoiseau » est un tout ; il ne s'aperçoit pas encore que cette phrase comporte en fait plusieurs mots : « J'ai vu un oiseau. » Vous verrez souvent, par exemple, des enfants vous demander comment on écrit le mot « noiseau ». Les interventions qui suivent ont pour but de concrétiser le concept de mot pour les enfants.

- Mentionnez souvent le terme « mot » lors des activités quotidiennes. Lorsque vous prenez en dictée le texte des enfants ou que vous écrivez au tableau, dites-leur que vous écrivez des mots et montrez-leur à quoi ressemble un mot.
- Constituez des imagiers comprenant des mots sans déterminant : par exemple, le mot « ours » sera présenté seul pour le distinguer de « n-ours » entendu à l'oral.
- Indiquez les mots un à un en lisant. Bien entendu, vous ne pointerez pas le doigt sur tous les mots de tous les textes, mais vous le ferez pour les phrases et les textes courts.
- Servez-vous des espaces entre les doigts pour illustrer les espaces entre les mots (Rog, 2007). Écrivez une courte phrase ou une expression au tableau, comme « Le petit chaperon rouge », et faites-la répéter aux enfants. Montrez-leur comment compter les mots sur les doigts de la main. Levez votre main droite et touchez un doigt chaque fois que vous prononcez un mot ; entre chaque mot, montrez l'espace entre vos doigts en disant le mot « espace ». Commencez par le petit doigt. Cela donnera : « Le », « espace », « petit », « espace », « chaperon », « espace », « rouge », « espace ». Repliez le pouce pour indiquer que vous avez fini de compter. Demandez aux enfants de compter le nombre de doigts touchés et faites-leur voir que cela correspond au nombre de mots.

- Modifiez le texte de façon à mettre les mots en relief. Plusieurs méthodes sont possibles :
  - Écrire les textes en laissant de larges espaces entre les mots ;
  - Surligner les mots ;
  - Séparer les mots par des barres obliques ;
  - Employer du ruban gommé transparent de couleur pour séparer les mots d'un texte géant ;
  - Mettre en évidence les mots d'une phrase à l'aide de masques de carton.
- Choisissez une phrase de quatre ou cinq mots et disposez devant la classe autant de chaises qu'il y a de mots dans la phrase. Écrivez chacun des mots sur une fiche et remettez-les aux enfants. Chaque enfant s'approprie son mot, il « devient » ce mot. Les enfants s'assoient sur les chaises et, lorsque vous lisez la phrase, ils se lèvent à tour de rôle à mesure que vous lisez leur mot.

Le concept de mot se construit progressivement au cours de l'année. Il faut proposer aux enfants de nombreuses situations qui leur permettent de structurer ce concept, que n'acquièrent pas d'emblée les enfants de la maternelle.

5.4   Les conventions de la lecture et de l'écriture

Les conventions de la lecture/écriture concernent essentiellement la façon dont un livre est structuré et la façon de se déplacer dans le texte, c'est-à-dire savoir où il faut commencer à lire et dans quelle direction poursuivre la lecture.

5.4.1 La manipulation du livre

Les enfants découvrent graduellement comment un livre est structuré. Ils découvrent certains concepts, comme le dessus et le dessous du livre, l'emplacement et le rôle du titre, le rôle de l'auteur et de l'illustrateur ainsi que la pagination (dans certains livres).

Il n'y a pas d'enseignement systématique de ces concepts. Il s'agit simplement de mentionner ces éléments dans des situations de lecture quotidiennes. Par exemple, avant de commencer la lecture d'un album, lisez-en le titre et montrez aux enfants où il est situé sur la page couverture. Mentionnez-leur qui est la personne qui a écrit le livre. Le concept d'auteur ne s'acquiert pas spontanément : les enfants pensent souvent que le nom de l'auteur représente le nom du personnage illustré sur la page couverture. Quant au nom de l'illustrateur, ils s'y intéressent rapidement, car ils sont toujours attirés par les images d'un livre. Enfin, pour les livres documentaires, vous pouvez montrer aux enfants comment fonctionne la table des matières et comment vous utilisez le numéro de la page pour trouver l'information recherchée.

5.4.2 Le mode de lecture gauche-droite

Les enfants ont à apprendre où les yeux doivent se poser quand on lit un texte. La maîtrise du mode de lecture comprend plusieurs éléments :

- Ouvrir le livre à partir de la page couverture ;
- Commencer par lire la page de gauche ;
- Commencer par le premier mot de la page ;
- Continuer à lire de gauche à droite ;
- Effectuer le retour à la ligne ;
- Continuer sur la page de droite.

Le mode de lecture est une convention que ne peuvent deviner les enfants. Si la plupart des systèmes écrits se lisent de gauche à droite, certaines langues comme l'arabe se lisent de droite à gauche et d'autres, comme le chinois, de bas en haut. De plus, le mouvement de retour à la ligne de notre système d'écriture n'est pas naturel. Le mouvement le plus économique serait, au contraire, le retour de droite à gauche à la ligne suivante, un peu à la manière du laboureur qui arrive au bout de son champ et ne fait que changer de direction pour entreprendre le prochain sillon. Les enfants acquièrent plus facilement le mouvement gauche-droite que le mouvement de retour à la ligne.

La meilleure façon d'enseigner aux enfants le mode de lecture gauche-droite consiste à suivre le texte du doigt lorsque vous lisez un texte devant le groupe. En fait, pour leur apprendre l'orientation de la lecture, un mouvement suivi de la main de gauche à droite est suffisant, tandis que la désignation de chaque mot facilite l'acquisition du concept de mot. Vous pouvez également ajouter des flèches pour leur indiquer comment regarder le texte. Une intervention efficace consiste à écrire une phrase au tableau, puis à la lire de droite à gauche : les enfants verront rapide-ment que le texte n'a plus de sens et que la lecture de gauche à droite est importante.

5.5 Les relations entre l'oral et l'écrit

La clarté cognitive inclut une première compréhension des relations existant entre l'oral et l'écrit. Il ne s'agit pas ici de savoir lire les mots, mais plutôt de comprendre le fonctionnement général de la relation oral/écrit. L'enfant doit en fait découvrir que :

- tous les mots lus sont écrits ;
- les mots sont lus dans l'ordre de leur présentation visuelle sur la page ;
- un mot bref à l'oral correspond à un mot court à l'écrit et inversement pour les mots longs.

5.5.1 Tous les mots sont écrits

En tant qu'adultes, nous sommes portés à penser que si nous disons à un jeune enfant: «J'ai écrit: "Marie mange une pomme"», il saura que chaque mot est écrit; nous sommes convaincus qu'il saura que le mot «Marie», le mot «mange», le mot «une» et le mot «pomme» sont écrits séparément dans la phrase. Mais est-ce bien ce qui se passe dans sa tête? Non. Le jeune enfant ne découvre que graduellement l'existence d'une relation directe entre l'oral et l'écrit. Au premier stade, il pense que seuls les mots désignant des personnes ou des objets sont écrits; par exemple, l'enfant dira que le mot «pomme» est écrit, mais pas le mot «mange». Au deuxième stade, il croit que le verbe n'est pas écrit séparément; il dira que «mange» n'est pas écrit, mais que «mange une pomme» l'est. Au troisième stade, l'enfant pense que tout est écrit, sauf les articles. Par conséquent, si on lui demande de compter les mots, il omettra l'article sous prétexte que «c'est trop court pour être un mot». Au dernier stade, il conçoit que tous les mots énoncés sont écrits, y compris les articles. On tient souvent pour acquis que les enfants ont tous atteint le dernier stade au moment de leur entrée à la maternelle. Tel n'est pas le cas: en effet, la plupart des enfants de la maternelle croient que les articles ne sont pas écrits dans une phrase.

Les enfants apprennent à comprendre l'association entre ce qui est lu et ce qui est écrit en observant l'adulte et en s'exerçant à l'imiter. Commencez par faire des démonstrations en pointant successivement les mots quand vous lisez une phrase. Demandez ensuite à un enfant de suivre les mots du texte avec son doigt pendant que vous lisez lentement. S'il ne réussit pas, demandez-lui de suivre votre doigt: placez-le au-dessus du mot et celui de l'enfant en dessous du mot. Au besoin, prenez sa main pour l'aider à faire la relation entre le mot lu et le mot écrit. Il n'est pas nécessaire de commencer par des phrases contenant des mots d'une seule syllabe (p. ex.: Paul a un beau chat gris). Les enfants risquent de confondre le mot avec la syllabe. Il ne faut pas éviter les mots polysyllabiques, mais plutôt les inclure dans les activités (Mesmer et Lake, 2010).

5.5.2 Les mots sont lus dans l'ordre de leur présentation

Les enfants doivent apprendre que le lecteur ne lit pas les mots au hasard, mais suit leur ordre de présentation sur la page. Ils doivent donc comprendre que le premier mot qui est lu est aussi le premier mot qui est écrit sur la ligne. Pour stimuler cet apprentissage, l'idéal est de profiter de la lecture de livres pour attirer l'attention des enfants sur le titre. Après avoir lu, par exemple, le titre «Fenouille fête son anniversaire», jouez au jeu du détective et demandez-leur de découvrir si le mot «Fenouille» est écrit au début ou à la fin du titre, où est écrit le mot «anniversaire», et ainsi de suite.

5.5.3 La longueur du mot à l'oral correspond à la longueur du mot à l'écrit

Les enfants doivent comprendre que la longueur du mot n'a pas de lien avec la grosseur de l'objet qu'il représente. Les jeunes enfants pensent souvent qu'il faut plus de lettres pour écrire «lion» que pour écrire «papillon» parce que le lion est plus gros que le papillon. Ils doivent comprendre qu'un mot bref à l'oral correspond à un mot court à l'écrit et qu'un mot long à l'oral contient plus de lettres à l'écrit.

Pour faire comprendre aux enfants le lien existant entre la longueur du mot oral et du mot écrit, l'intervention à privilégier est de se servir de leurs prénoms :

- Dites le prénom d'un enfant et demandez à tous de frapper dans leurs mains pour en marquer chacune des syllabes ;
- Poursuivez avec le prénom de plusieurs enfants ;
- Faites remarquer aux enfants que certains prénoms contiennent une syllabe, d'autres deux, d'autres trois ou quatre syllabes ;
- Écrivez les prénoms au tableau, en plaçant dans une colonne les plus courts et dans une autre, les plus longs ;
- Faites ensuite remarquer aux enfants que les mots d'une syllabe contiennent moins de lettres que les mots de plusieurs syllabes.

Au début de l'année, il est pertinent de commencer par faire distinguer aux élèves des éléments dont la différence de longueur est plus évidente. Par exemple, on peut écrire au tableau, sur deux lignes : «Un oiseau» et «Un petit oiseau dort dans son nid» et demander aux enfants laquelle des deux lignes représente «Un oiseau» et laquelle représente «Un petit oiseau dort dans son nid. »

5.6 La dictée à l'adulte

La dictée à l'adulte permet d'aborder tous les aspects de la clarté cognitive. Cette activité consiste essentiellement à inviter les enfants à composer oralement une histoire ; l'adulte écrit cette histoire pendant que ces derniers le regardent écrire. Avant tout, cette activité amène les enfants à comprendre que ce qui est dit peut être écrit. Ses principes peuvent s'énoncer comme suit :

- Ce que je pense, je peux le dire ;
- Ce que je peux dire, je peux l'écrire (ou quelqu'un peut l'écrire pour moi) ;
- Ce que je peux écrire (ou ce que quelqu'un écrit pour moi), je peux le lire.

Grâce à la dictée à l'adulte, les enfants découvrent que le texte est porteur de sens, qu'il est stable et qu'il peut être relu de la même manière. Ils prennent conscience que les mots à l'oral correspondent à des mots écrits. Ils constatent que l'écriture s'effectue de gauche à droite. Ils apprennent également la terminologie liée à l'écrit, car au cours de l'activité l'enseignante emploie des termes comme «histoire», «phrase», «mot», «ligne» et «lettre». Cette activité permet de passer du «groupe de souffle» (p. ex.: le petit garçon) au «mot» (garçon), qui n'est pas une unité facile pour l'enfant. Les lecteurs en émergence sont aussi des scripteurs en émergence; ils découvrent l'idée fondamentale selon laquelle c'est le scripteur et non le lecteur qui met le message dans le texte et que le scripteur peut relire son message.

5.6.1 La démarche

La dictée à l'adulte requiert que les enfants voient aisément ce que l'enseignante est en train d'écrire. Pour ce faire, il est pertinent d'employer un support vertical avec des feuilles de grand format et d'écrire avec des crayons-feutres noirs, lisiblement et en assez gros caractères. Les étapes de la dictée à l'adulte comprennent la construction du canevas, la mise en mots, l'écriture du texte et la relecture.

■ La construction du canevas

Le texte peut porter sur ce que les enfants ont fait (une sortie, la venue d'un visiteur ou une expérience), mais aussi sur ce qu'ils feront ou auraient pu faire. L'enseignante les amène d'abord à s'interroger sur le projet d'écriture. Écrit-on une lettre à la directrice de l'école, une lettre à un camarade hospitalisé, une histoire de Noël? Cette discussion sert de point de départ à la rédaction du texte. Par exemple, s'il s'agit d'une lettre, on précise le destinataire et le but du message; s'il s'agit d'une histoire, on définit les personnages, les lieux et les événements.

■ La mise en mots

Les enfants proposent ensuite des phrases, que l'enseignante transcrit. La question qui se pose alors est celle des corrections à apporter aux propositions des enfants. La première règle est de demeurer le plus près possible de leur formulation si l'on veut qu'ils comprennent que ce sont leurs propos qui sont transférés à l'écrit. La deuxième règle est de ne pas accepter les formulations impossibles: le rôle de l'adulte est alors de susciter les reformulations. On peut distinguer trois types de modifications (Brigaudiot, 2000):

- Les modifications indispensables: celles qui portent sur une structure grammaticale fautive («Le petit garçon i veut pas») ou sur les temps de verbe («Il parta»);
- Les modifications inutiles: les énoncés pas tout à fait corrects, mais quand même acceptables («Le petit chaperon rouge marcha longtemps dans la forêt. Il y a des fleurs partout.»);
- Les modifications à éviter: les modifications qui ont pour but de bonifier un énoncé acceptable et qui sont souvent formulées dans une langue inaccessible aux enfants de la maternelle. Par exemple, on ne transformera pas «Hier, on est allés au zoo» par «Hier, nous sommes allés au zoo».

Il est important de prendre le temps d'expliquer aux enfants les autres possibilités et les raisons des choix qui sont faits durant la mise en mots du texte.

■ L'écriture du texte et la relecture

Une fois la phrase choisie, l'enseignante l'écrit pour les enfants. Elle leur dit ce qu'elle est en train d'écrire au fur et à mesure qu'apparaissent les mots. La relecture par l'adulte après chaque partie est nécessaire, particulièrement lorsqu'il s'agit d'un récit, pour que les enfants retrouvent la suite logique du texte. À la fin de l'activité, l'enseignante relit l'ensemble du texte, ce qui valorise la permanence de l'écrit. Au moment de la relecture, il est pertinent de lire le texte en suivant les mots avec le doigt. La relecture permet également de faire des corrections et d'aborder ainsi la notion de brouillon.

Le texte peut alors être recopié en augmentant l'espace entre les mots (mais pas entre les lettres), ce qui facilite la compréhension du concept de mot. Une fois le texte recopié, vous pouvez assembler les pages sous forme de livre. Faites participer les enfants à la fabrication du livre en leur faisant dessiner chacun une page. S'il y a trop d'enfants pour le nombre de pages, faites faire les illustrations par des équipes d'enfants.

5.6.2 Des histoires collectives et individuelles

La dictée à l'adulte peut s'adapter à différents modes : l'histoire collective, l'histoire en sous-groupe, l'histoire en dyade et l'histoire individuelle (Ministère de l'Éducation nationale, 2006).

L'histoire collective. Le texte peut être écrit de façon collaborative et résulter du consensus du groupe.

L'histoire en sous-groupe. Il est possible de réunir quatre ou cinq enfants ayant des habiletés langagières similaires. De cette façon, tous peuvent participer à la création de l'histoire. À l'occasion, un enfant ayant un niveau de langage plus faible peut être intégré dans un groupe plus avancé afin d'avoir accès à d'autres modèles.

L'histoire en dyade. Une autre possibilité consiste à effectuer la dictée à l'adulte avec deux enfants, l'un et l'autre placés de chaque côté de l'adulte. Les enfants voient ainsi aisément les mots qu'écrit l'adulte.

L'histoire individuelle. Pour un enfant qui est peu conscient de la relation existant entre l'oral et l'écrit, il peut être bon qu'il écrive sa propre histoire plutôt que de travailler en groupe. Cette situation individuelle permet de voir la progression de l'enfant dans sa façon de dicter le texte. On observe alors trois stades : 1) l'enfant dicte le texte sans tenir compte du scripteur ; 2) l'enfant est capable de faire des pauses si on le lui demande ; 3) l'enfant marque lui-même des pauses très longues (parfois exagérées) pour s'ajuster au rythme d'écriture du scripteur.

Quel que soit le mode de regroupement choisi, la dictée à l'adulte est une intervention indispensable à la maternelle pour le développement de la clarté cognitive.

5.7   La lecture interactive faisant référence à l'écrit

La lecture interactive faisant référence à l'écrit, tout comme la dictée à l'adulte, est une activité qui permet d'intégrer toutes les composantes de la clarté cognitive. Dans la lecture interactive, présentée au chapitre précédent, l'adulte attire l'attention des enfants sur la compréhension et le vocabulaire. Dans la lecture interactive faisant référence à l'écrit, il attire leur attention sur le texte écrit. Cette forme de lecture vient complémenter, et non remplacer, les autres formes de lecture interactive (Zucker, Ward et Justice, 2009).

Lorsque les enfants écoutent la lecture d'une histoire, ils ont tendance à regarder l'illustration, mais peu le texte. Des études ont démontré que lorsque l'adulte n'attire pas leur attention sur l'écrit, les enfants passent moins de 6 % du temps à regarder le texte (Evans, Williamson et Pursoo, 2008). Lorsque l'adulte inclut de façon intentionnelle et explicite des stratégies pour attirer l'attention des enfants sur l'écrit pendant la lecture de l'histoire, ils regardent beaucoup plus souvent le texte. Par exemple, des enfants auxquels on fait la lecture 10 minutes par jour, 7 jours par semaine, pendant un an regarderont le texte 20 075 fois. Si on attire leur attention sur le texte, ce nombre passe à 38 325. Au cours d'une année, les enfants de la seconde catégorie auront donc regardé le texte 18 000 fois de plus que les enfants de la première catégorie (Justice, Pullen et Pence, 2008). Le fait de porter attention à l'écrit pendant la lecture interactive permet aux enfants de développer une meilleure clarté cognitive (Justice et autres, 2009b).

5.7.1 Le choix du livre

Tous les livres conviennent à la lecture interactive faisant référence à l'écrit, mais ceux qui présentent des caractéristiques particulières permettent de faire des interventions de façon naturelle (Zucker, Justice et Piasta, 2009). Par exemple, on trouve dans ces livres :

- des mots écrits en couleur ;
- des mots en caractères gras ;
- des mots en italique ;
- des mots en majuscules ;
- des mots écrits de façon non linéaire *(voir la figure 5.1)*.

Il faut également prendre en compte le fait que le texte doit être écrit en caractères assez gros pour que les enfants du groupe puissent bien voir les mots. Le livre grand

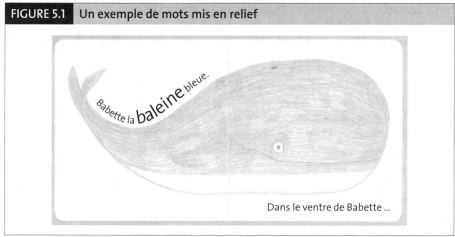

FIGURE 5.1 Un exemple de mots mis en relief

Babette la baleine bleue.

Dans le ventre de Babette ...

Tiré de Dubuc, M. (2010). *Devant ma maison*. Montréal : La courte échelle.

format est l'outil idéal, mais si l'on intervient dans un petit groupe d'élèves, un album écrit lisiblement peut convenir.

5.7.2 La démarche

Les enfants sont assis par terre en demi-cercle de façon à pouvoir voir le texte ou le livre aisément. La démarche consiste à lire le livre de façon interactive avec eux et à attirer leur attention sur l'écrit au moyen de certains indices. Ces indices, verbaux et non verbaux, sont de quatre types :

1. Des questions (p. ex. : Combien y a-t-il de mots sur cette page ?) ;

2. Des demandes (p. ex. : Montre-moi où je devrais commencer à lire cette page.) ;

3. Des commentaires (p. ex. : L'auteur de ce livre est Claude Ponti.) ;

4. Des indices non verbaux (p. ex. : Suivre le texte du doigt en lisant).

Ces quatre indices peuvent porter sur l'une ou l'autre des composantes de la clarté cognitive, comme la terminologie de l'écrit (lettre, mot, phrase et signe de ponctuation), le mode de lecture gauche-droite ou la relation existant entre le mot oral et le mot écrit.

Combien de fois faut-il faire référence à l'écrit durant une lecture interactive ? On suggère de faire de trois à cinq références au cours d'une lecture (Justice et Ezell, 2004). En faire trop peut nuire au plaisir de la lecture et à la compréhension. On peut choisir un ou deux éléments par jour : par exemple, le lundi, parler du titre ; le mardi, parler du rôle de l'auteur et de l'illustrateur ; le mercredi, compter le nombre de mots dans le titre et préciser où il faut commencer à lire ; le jeudi, montrer le retour à la ligne ; le vendredi, compter les mots dans une phrase et les lettres dans un mot (Beauchat, Blamey et Walpole, 2009). On peut également se concentrer sur un signe de ponctuation à la fois. Une journée, on cherchera avec les enfants tous les points dans la page, une autre journée, tous les points d'interrogation, une autre journée, les guillemets, en expliquant aux enfants l'utilité de ces signes.

Pour que la lecture interactive faisant référence à l'écrit soit efficace, il faut permettre aux enfants de participer à la lecture de façon dynamique. Pour faciliter cette participation, vous pouvez faire des liens avec leur vie (p. ex. : Regardez, le mot « tigre » commence par la même lettre que le nom de Thomas), les faire participer physiquement (p. ex. : leur faire écrire la lettre Z dans les airs quand vous lisez une histoire se déroulant dans un zoo) ou demander à un enfant de pointer dans le texte la première lettre de son prénom. Surtout, il faut porter attention aux questions et aux remarques des enfants concernant les caractéristiques de l'écrit.

5.8   Les élèves à risque

La clarté cognitive permet aux enfants de communiquer avec l'adulte au sujet de la lecture et de l'écriture. S'ils ne connaissent pas les concepts liés à l'écrit, leur entrée en 1re année sera plus difficile. Mettez-vous à la place d'un enfant qui confond des termes comme « mot », « lettre » et « phrase » et à qui l'enseignante, au début de la 1re année, donne la directive suivante après avoir écrit au tableau une phrase simple comme « Pierre aime Paula » :

> Regardez la « rum » que j'ai écrite au tableau. Avez-vous remarqué que deux « flucs » commençaient par la même « vim » dans cette « rum » ? Regardez bien, le premier « fluc » et le dernier « fluc » de la « rum » commencent par la même « vim ».

Comment avez-vous réagi à la directive ? Avez-vous eu l'impression d'être bombardé de mots nouveaux ? Il peut se passer bien du temps avant que l'enfant ne comprenne que l'enseignante voulait dire :

> Regardez la phrase que j'ai écrite au tableau. Avez-vous remarqué que deux mots commençaient par la même lettre dans cette phrase ? Regardez bien, le premier mot et le dernier mot de la phrase commencent par la même lettre.

Un enfant placé dans cette situation risque de perdre sa motivation à apprendre à lire. C'est pourquoi les enfants de la maternelle doivent être exposés à des expériences qui leur permettent de développer des connaissances sur ce qu'est la lecture et sur les conventions de la lecture qui sont essentielles à l'apprentissage de la lecture. Certains auront besoin d'interventions supplémentaires pour progresser au même rythme que leurs pairs. Pour les enfants les moins avancés, on choisira de commencer par les fonctions de l'écrit afin qu'ils aient le goût de s'engager dans l'aventure qu'est la lecture.

Conclusion

Les enfants qui possèdent une bonne clarté cognitive entrent plus facilement dans l'écrit. C'est à la maternelle que les enfants sont sensibilisés aux fonctions de la lecture, apprennent graduellement la terminologie liée à celle-ci et découvrent certaines conventions de la langue écrite. La dictée à l'adulte et la lecture interactive faisant référence à l'écrit sont donc des outils à privilégier, car ils intègrent toutes les composantes de la clarté cognitive. Les enfants continueront de préciser leur clarté cognitive en faisant l'apprentissage de la lecture en 1re année, mais ils doivent posséder un certain niveau de clarté cognitive pour aborder avec confiance la lecture et l'écriture.

La connaissance des lettres

L'apprentissage des lettres de l'alphabet commence souvent de façon informelle à la maison avant l'entrée à la maternelle. L'école est cependant le lieu où l'enfant poursuit et consolide cet apprentissage indispensable pour la lecture. Dans ce chapitre, nous précisons d'abord le rôle que joue la connaissance des lettres dans l'apprentissage de la lecture, puis nous présentons des façons de favoriser l'apprentissage de la chaîne alphabétique, la connaissance du nom des lettres et l'habileté à écrire des lettres.

6.1   Le rôle de la connaissance des lettres

Depuis des décennies, les études montrent de façon répétée que la connaissance du nom des lettres a une grande valeur de prédiction en ce qui concerne la réussite en lecture en 1re année. Cette relation de prédiction signifie que les enfants qui connaissent les lettres à la fin de la maternelle ont plus de chance que les autres de se situer parmi les bons lecteurs à la fin de la 1re année (Foulin, 2007 ; Bonnefoy et Rey, 2008 ; Ecalle et Magnan, 2010). L'apprentissage des lettres fait partie de la majorité des programmes de maternelle : on s'attend qu'au cours de l'année les enfants apprennent graduellement à nommer et à écrire une bonne partie des lettres de l'alphabet.

6.2   Faut-il enseigner les lettres majuscules ou minuscules ?

On peut se demander s'il faut présenter les lettres majuscules ou les lettres minuscules aux enfants de la maternelle. De façon générale, on a constaté que les enfants reconnaissent et écrivent plus aisément les lettres majuscules que les lettres minuscules (Cormier, 2006 ; Ecalle, Magnan et Biot-Chevrier, 2007). Deux raisons expliquent ce fait : la présence plus fréquente de lettres majuscules dans les jeux éducatifs et leur plus grande simplicité (comparez, par exemple, « BDPQ » et « bdpq »). On peut donc commencer par familiariser les enfants avec les lettres majuscules, puis leur faire associer les majuscules avec les minuscules. Il est pertinent de leur expliquer que chaque lettre a une forme majuscule et une forme minuscule. Montrez-leur les cartes de l'alphabet qui illustrent ces deux formes. Faites-leur voir que parfois la minuscule est identique à la majuscule, mais un peu plus petite, et que parfois la forme est tout à fait différente. Employez la terminologie «majuscule et minuscule» et non pas «petite lettre et grande lettre». Cette bonne habitude permettra d'éviter les confusions qui se produisent inévitablement lorsque les enfants voient une majuscule écrite en petits caractères et une minuscule écrite en gros caractères.

6.3 Faut-il enseigner le nom ou le son des lettres ?

Dans la connaissance des lettres, il faut distinguer le nom du son de la lettre. Le nom sert à désigner la lettre dans toutes sortes de situations de communication, alors que le son sert à décoder les syllabes. Par exemple, pour lire la syllabe «ba», le son /b/ est uni au son /a/. Il est assez facile de comprendre que le fait de connaître le son des lettres peut faciliter la lecture, mais il apparaît moins évident que le nom de la lettre puisse jouer le même rôle, puisque prononcer le nom des lettres «B» et «A» ne conduira pas à la formation de la syllabe /ba/, mais à /béa/.

L'une des raisons expliquant le rôle du nom des lettres dans l'apprentissage de la lecture est le fait que le son de la lettre est souvent inclus dans son nom (Foulin et Pacton, 2006). La très grande majorité des lettres contiennent le son de la lettre, soit au début, soit à la fin du nom (*voir le tableau 6.1*). Par exemple, lorsqu'on dit le nom de la lettre «F», on entend à la fin de la prononciation le son /f/. Par opposition, si l'on prononce la lettre «P», le son est contenu au début du nom de la lettre. Deux lettres n'ont pas de correspondance avec leur son, «H» et «W», et deux lettres renvoient à deux sons différents, «C» et «G».

TABLEAU 6.1   La localisation du son de la lettre dans le nom

Lettres	Localisation du son de la lettre
B, D, J, K, P, Q, T, V, Z	Le son de la lettre est au début du nom de la lettre.
F, L, M, N, R, S, X	Le son de la lettre est à la fin du nom de la lettre.
C, G	Le son de la lettre est au début du nom, mais la lettre représente aussi un autre son.
H, W	Le nom de la lettre ne contient pas le son que la lettre représente.

Des études ont montré que commencer l'enseignement des lettres par leur nom ou par leur son donne des résultats équivalents en apprentissage de la lecture (Ellefson, Treiman et Kessler, 2009 ; Kim, Petscher et Foorman, 2010 ; Piasta et Wagner, 2010). À la maternelle, il semble avisé de commencer par le nom des lettres dans les activités quotidiennes. Le son peut être abordé dans des activités de conscience phonologique ou d'écriture (*voir les chapitres 7 et 8*).

6.4 Les composantes de la connaissance des lettres

La connaissance des lettres comprend trois composantes : réciter la chaîne alphabétique, nommer les lettres et écrire les lettres. Les enfants apprennent habituellement à réciter la chaîne alphabétique avant de savoir reconnaître chacune des lettres individuellement et apprennent habituellement à nommer les lettres avant de savoir les écrire. Cependant, cette séquence n'est pas immuable et l'apprentissage de ces trois habiletés peut se faire en partie simultanément.

Il faut ajouter à cette liste d'habiletés l'aisance en identification et en écriture des lettres. Des études ont démontré que ce n'est pas la simple identification des lettres, mais bien l'aisance des enfants à exécuter cette tâche qui leur donne un avantage au moment de l'apprentissage de la lecture (Landerl et Wimmer, 2008 ; Verhagen et autres, 2009).

6.5 Apprendre la chaîne alphabétique

La chaîne alphabétique permet une première familiarisation avec le nom des lettres. En effet, la suite ordonnée et mémorisée de l'alphabet aide à prononcer correctement le nom des lettres. Elle est souvent apprise sous forme de comptine, ce qui en fait une activité ludique. Cependant, les lettres doivent être reconnues grâce à leurs caractéristiques, indépendamment de la place qu'elles occupent dans l'alphabet.

6.5.1 La séquence « L, M, N, O »

La déclamation de la chaîne alphabétique est souvent rendue sans séparation claire de ses éléments constitutifs. Toutes les enseignantes ont déjà observé des enfants qui associent la séquence « L, M, N, O » à une seule lettre. Il faut donc veiller à ralentir cette séquence. Une façon de procéder est de faire chanter la comptine de l'alphabet à deux vitesses différentes : normalement et lentement. Pour ce faire, il est nécessaire d'avoir en main deux dessins qui symbolisent les deux vitesses : par exemple, une tortue et une personne qui marche. Pendant que les enfants chantent la chanson de l'alphabet, montrez-leur l'illustration de la tortue pour le segment « L, M, N, O », ce qui ralentira le rythme et leur permettra de bien articuler les lettres « L », « M », « N », « O ». Lorsque les enfants sont capables de chanter la chanson lentement, il est pertinent de leur faire toucher les lettres en même temps qu'ils les chantent.

6.5.2 L'arc de l'alphabet

Dans les classes de maternelle, la chaîne alphabétique est habituellement représentée de façon linéaire, par exemple sous la forme d'un train et de ses wagons. La forme de l'arc offre une représentation visuelle différente de l'alphabet (*voir la figure 6.1*). L'avantage de l'arc est de permettre de voir d'un coup d'œil le début et la fin de la chaîne ainsi que les lettres du milieu. Ce matériel s'adressait à l'origine aux élèves plus âgés pour faciliter leurs recherches dans le dictionnaire, mais il est aujourd'hui proposé aux jeunes enfants pour l'apprentissage de la chaîne alphabétique (Hall, 2006).

FIGURE 6.1 L'arc de l'alphabet

Arc de l'alphabet complet 	Arc de l'alphabet partiel 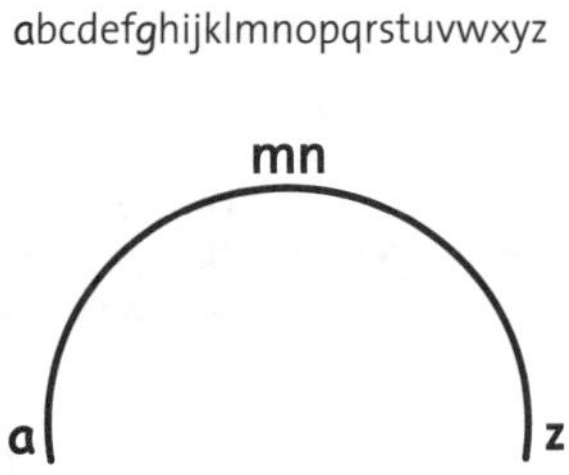

L'arc de l'alphabet est constitué d'un carton (d'environ 30 x 45 cm) sur lequel est imprimé l'alphabet en majuscules ou en minuscules. Les enfants disposent d'un ensemble de lettres en plastique du même format que celui des lettres imprimées. Cet ensemble de lettres est placé à l'endroit sous l'arc. Plusieurs activités sont possibles avec l'arc de l'alphabet :

- Trouver la lettre « A » et la placer sur l'arc ; continuer avec les autres lettres en ordre alphabétique ;
- Toucher chaque lettre en récitant la chaîne alphabétique ;
- Nommer chacune des lettres en les retirant de l'arc ;
- Effectuer la tâche en un temps déterminé.

Au début, il est possible de remettre aux enfants un arc ne contenant qu'un segment de lettres (p. ex. : « A, B, C, D, E »). Plus tard, on peut leur offrir un arc ne contenant que les lettres « A, M, N, Z, ». Ils devront alors placer les autres lettres au bon endroit dans la chaîne alphabétique.

6.6 Apprendre à nommer les lettres

Les enfants commencent habituellement par apprendre la première lettre de leur nom. À la maternelle, ils poursuivent cet apprentissage pour les autres lettres. Nous présentons ici deux méthodes pour faciliter l'apprentissage des lettres : la première est axée sur les traits distinctifs et la seconde, sur le mouvement.

6.6.1 Identifier les lettres par leurs traits distinctifs

Les enfants n'apprennent pas à reconnaître les lettres et à les nommer en mémorisant leur forme. Il n'existe pas d'image mentale des lettres, comme il en existe pour les empreintes digitales. La reconnaissance des lettres est fondée sur les différences importantes qui existent entre elles. Par exemple, un lecteur reconnaîtra la lettre « A » dans les différentes représentations.

Les lettres sont constituées d'éléments fondamentaux, ou traits distinctifs (droite, courbe, intersection, redondance et discontinuité). Ces traits sont combinés de différentes façons pour former les lettres (*voir le tableau 6.2*).

TABLEAU 6.2 La classification des lettres majuscules selon certains traits distinctifs

Lettres	Traits distinctifs
L, E, F, T, I, H	Lettres formées de lignes droites
A, V, X, W	Lettres formées de lignes obliques
Y, Z, K, N M	Lettres combinant les lignes droites et obliques
O, C, Q, G, S	Lettres de formes arrondies
P, R, B, D, U, J	Lettres combinant des formes droites et arrondies

Il faut retenir que les enfants trouvent plus facile de distinguer les lettres les plus contrastées. Celles qui ne diffèrent que par un seul trait distinctif sont plus difficiles à reconnaître pour eux. Par exemple, les lettres « b » et « d » ainsi que « p » et « q » possèdent une hampe et une partie arrondie et ne diffèrent que par leur orientation, ce qui en fait des lettres difficiles à distinguer.

Les interventions qui suivent sont de nature à attirer l'attention des enfants sur les traits distinctifs des lettres.

Manipuler des lettres. Pour que les enfants puissent reconnaître les traits distinctifs des lettres, ils doivent avoir la possibilité de comparer plusieurs échantillons de la même lettre. Dans la classe de maternelle, il y aura donc plusieurs alphabets afin que les enfants puissent faire correspondre les différentes graphies d'une même lettre.

Classer des lettres. Pour que les enfants classent les lettres selon leurs traits distinctifs, vous aurez besoin de lettres de l'alphabet (en plastique ou en bois) et d'un carton sur lequel vous aurez dessiné trois cercles. Marquez l'un des cercles d'une ligne droite, l'autre d'une ligne courbe et le troisième des deux lignes. L'activité comprendra les étapes suivantes :

• Remettre à un sous-groupe de trois ou quatre enfants un ensemble de lettres et le carton avec les trois cercles ;

- Demander aux enfants de placer les lettres dans les cercles selon qu'elles sont faites de lignes droites, de lignes courbes ou des deux types de lignes ;
- Encourager les enfants à expliquer leur choix et à nommer les lettres à mesure qu'ils les décrivent.

Fabriquer des lettres. Il s'agit de fournir aux enfants des éléments droits et des éléments courbes et de leur demander de confectionner des lettres.

Les premières lettres sont les plus difficiles à apprendre, car les enfants doivent se familiariser avec les traits qui sont essentiels pour distinguer les lettres les unes des autres. À mesure qu'ils apprennent à distinguer les lettres de l'alphabet, ils acquièrent des connaissances sur ce qui constitue des différences significatives entre les lettres, et leur apprentissage des lettres se fait plus rapidement.

6.6.2 Identifier les lettres au moyen du mouvement

Le mouvement aide les enfants à se souvenir de la façon dont les lettres sont formées (Longcamp, Zerbato-Poudou et Vélay, 2005). Deux techniques fondées sur le mouvement sont intéressantes à exploiter à la maternelle : suivre avec le doigt le tracé d'une lettre en relief et tracer la lettre avec le doigt sans employer de crayon.

■ Suivre le tracé de la lettre avec le doigt

Suivre le tracé d'une lettre en relief avec le doigt est une technique pédagogique qui possède une longue tradition. Déjà, Montessori proposait un alphabet rugueux (papier d'émeri) que l'enfant touchait avec sa main jusqu'à l'acquisition complète du schème de la lettre. Suivre le tracé du doigt permet d'induire directement dans le cerveau l'image motrice de la lettre. Le codage moteur apporte une information supplémentaire sur l'orientation de la lettre : alors que les lettres qui ne s'opposent que par leur orientation sont très près sur le plan visuel, elles diffèrent fondamentalement dans le geste moteur (Hillairet de Boisferon et autres, 2007 ; Labat, Ecalle et Magnan, 2010).

Pour effectuer cette activité, il faut disposer de lettres texturées que l'enfant explore tactilement en suivant avec son doigt le tracé dans le sens de l'écriture. Ces lettres peuvent être de grande dimension au début, puis être remplacées par des lettres plus petites. L'exploration se fait d'abord les yeux ouverts, puis les yeux fermés. On trouve aujourd'hui de nombreuses versions de lettres en relief dans le matériel pédagogique spécialisé. On peut également fabriquer ses propres lettres en relief en découpant des lettres dans du papier d'émeri ou dans des feuilles de styromousse. On peut aussi en créer en plaçant de la colle sur le tracé d'une lettre, puis en recouvrant la colle de sable pour créer une lettre texturée.

■ Tracer la lettre avec le doigt

Tracer une lettre avec le doigt est une activité très motivante pour les enfants, car elle élimine la contrainte de la tenue du crayon, difficile pour certains d'entre eux. De plus, le fait de pouvoir effacer facilement la lettre constitue pour eux un environnement sans risque. Cette activité est différente de l'activité précédente (suivre du doigt une lettre en relief), car ici l'enfant doit traduire le modèle visuel de la lettre en un geste moteur, ce qui est plus difficile.

Pour effectuer ce type d'activité, vous aurez besoin d'un couvercle de boîte (ou d'une plaque à biscuits), de sable fin et de cartes avec des lettres :

- Versez le sable dans le couvercle de la boîte (de 0,5 centimètre à 1 centimètre) ;
- Choisissez une carte de lettre ;
- Tracez vous-même la lettre dans le sable en verbalisant votre mouvement ;
- Demandez à l'enfant de la tracer dans le sable avec son index ;
- Montrez à l'enfant comment secouer légèrement l'ardoise de sable pour tout effacer et recommencer.

On peut faire la même activité avec du sel, de la semoule et même de la mousse à raser. Signalons qu'on peut se procurer du sable vert dans les centres de jardinage. On peut également faire tracer la lettre par l'enfant dans les airs ; à ce moment, on modèle la formation de la nouvelle lettre par un geste large.

6.7   Écrire les lettres

Écrire les lettres exige que les enfants possèdent des habiletés dans la manipulation du crayon. Cependant, écrire une lettre n'est pas simplement un geste moteur. Pour ce faire, les enfants doivent avoir en mémoire une représentation précise de la forme de la lettre. Souvent, une écriture manuelle maladroite est le résultat d'une mauvaise connaissance de la lettre plutôt que d'un problème de motricité fine.

6.7.1 L'évolution de l'écriture des lettres chez le jeune enfant

L'enfant n'attend pas son entrée à la maternelle pour explorer l'écriture des lettres. Sur le plan graphique, le jeune enfant commence par faire des gribouillis, puis ses gribouillis ressemblent de plus en plus à des dessins ; il fait ensuite des tracés qui ressemblent non plus à des dessins, mais à des lettres ; par la suite, il écrit des pseudo-lettres, puis des lettres standard (*voir la figure 6.2*).

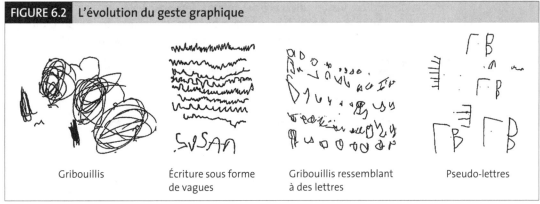

FIGURE 6.2 L'évolution du geste graphique

Gribouillis | Écriture sous forme de vagues | Gribouillis ressemblant à des lettres | Pseudo-lettres

Tiré de Giasson, J. (2003). *La lecture. De la théorie à la pratique*, 2ᵉ édition. Boucherville (Qc) : Gaétan Morin, page 160.

6.7.2 Le rôle de la maternelle dans l'écriture des lettres

Les enseignantes de la maternelle se demandent souvent si c'est leur rôle d'apprendre aux enfants à tracer les lettres de la bonne manière. Dans certaines classes, elles considèrent que les enfants sont trop jeunes pour faire cet apprentissage moteur et que l'important est qu'ils explorent l'écrit à leur façon : elles remettent à l'enseignante de 1ʳᵉ année l'entière responsabilité de l'enseignement de la formation des lettres. Dans d'autres classes, les enseignantes font un entraînement rigide à la formation des lettres, sans lien avec les activités de communication.

La position idéale se situe entre ces deux extrêmes : on permet aux enfants d'explorer l'écrit de façon fonctionnelle, mais en même temps on les guide dans leur apprentissage de la calligraphie. On ne s'attend pas à ce qu'ils sachent écrire parfaitement toutes les lettres à la fin de la maternelle, mais on souhaite qu'ils aient acquis de bonnes habitudes concernant deux variables : la tenue du crayon et le sens du tracé des lettres. On observe des inégalités importantes dans la capacité de tracer les lettres chez les enfants de la maternelle ; il est essentiel de tenter d'atténuer ces différences pour maximiser les chances de réussite de chaque enfant.

■ Le soutien apporté dans la formation des lettres

Quelques principes pédagogiques doivent être pris en considération lors de l'enseignement de l'écriture des lettres.

Décrire le tracé pour l'enfant. Un modèle statique de lettre ne permet pas à l'enfant de savoir comment procéder pour tracer la lettre ; c'est pourquoi il est nécessaire de modeler la formation de la lettre et de décrire pour lui la trajectoire de la lettre. Il s'agit de bien indiquer le point de départ, puis le sens du tracé et le mouvement complet. Tout cela se fait lentement pour que l'enfant puisse anticiper le tracé.

Afficher des indices visuels du tracé des lettres. Assurez-vous que l'alphabet affiché dans la classe fournisse des indices du tracé de la lettre, comme des points indiquant le départ et des flèches montrant la direction du tracé (*voir l'encadré 6.1*).

ENCADRÉ 6.1	Les indices visuels du tracé des lettres

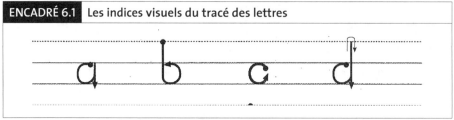

Tiré de Cauchon J. et L. Jutras. (1999). *J'écris en script*. Les publications Graficor, p. 3.

Offrir la possibilité de tracer les lettres dans un gabarit. Au début de l'apprentissage, il peut être approprié de permettre à l'enfant de prendre confiance en son habileté à tracer la lettre dans un modèle prévu à cet effet.

Guider la main au besoin lors des premiers essais. Pour donner confiance à l'enfant qui en a besoin, l'enseignante peut, au début, guider sa main afin d'amorcer le bon geste.

Éviter la copie de lettres en série. L'enfant ne doit pas être soumis à copier sans fin la même lettre dans un contexte dénué de signification. Lorsqu'il écrit une ligne de la même lettre, il a tendance à se servir de la dernière lettre qu'il vient d'écrire comme modèle, ce qui fait que les lettres sont de moins en moins bien formées du début à la fin de la ligne. On peut résoudre ce problème en partie en donnant un modèle de la lettre au début et à la fin de la ligne, mais il est préférable de demander à l'enfant de s'exercer à écrire la lettre pendant une courte période sous votre supervision puis d'évaluer sa production ; vous pouvez par exemple lui demander d'entourer ses deux meilleures lettres (Edwards, 2003).

■ La tenue du crayon

Lorsqu'un enfant a établi fermement une préférence pour une préhension inappropriée du crayon, il est difficile de le faire changer de posture. Il est important de s'assurer qu'il adopte une préhension adéquate du crayon dès son entrée à l'école. Plusieurs adultes n'ont pas appris à tenir correctement leur crayon et n'arrivent plus maintenant à modifier la position de leurs doigts. Il est essentiel de comprendre que les trois doigts qui tiennent le crayon (pouce, index et majeur) n'ont pas le même rôle. Le pouce et le majeur tiennent le crayon, lequel est positionné entre le pouce et la dernière phalange du majeur. C'est l'index qui guide le crayon ; il doit donc rester mobile. Le point d'appui se fait normalement sur le poignet afin que la main soit mobile. La figure 6.3 illustre la bonne façon de tenir le crayon.

■ Donner du soutien

Des démonstrations concrètes facilitent, pour les enfants, la prise correcte du crayon (Dumont, 2000 ; Pettinati et Gagné, 2008).

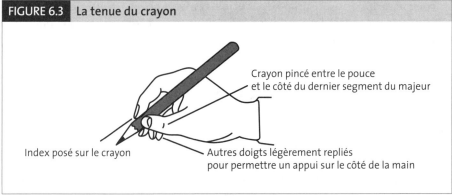

Crayon pincé entre le pouce
et le côté du dernier segment du majeur

Index posé sur le crayon

Autres doigts légèrement repliés
pour permettre un appui sur le côté de la main

Tiré du site Minimat pour l'école maternelle, www.minimat.net/pagerentree.html

Les oreilles du lapin. Faites faire aux enfants une tête de lapin en ombre chinoise en plaçant l'extrémité du pouce contre la dernière articulation du majeur, de telle sorte que la dernière phalange du majeur dépasse pour faire le museau. L'index est l'oreille qui peut bouger.

Les deux points. Dessinez un point sur le bout du pouce de l'enfant et un autre sur le côté de la dernière articulation de son majeur. Dites-lui de faire se toucher ces deux points. Placez un crayon à l'intersection des deux doigts et dites à l'enfant de rabattre son index.

Il est nécessaire de reprendre cette démonstration plusieurs fois avec certains enfants. Si un enfant ne tient pas correctement son crayon, il y a lieu de repérer les causes du problème.

■ Repérer les causes du problème

Le problème de la tenue du crayon peut avoir plusieurs causes :

- Un enfant qui tient son crayon à deux doigts (pouce et index) modifie l'angle du crayon, ce qui rend l'écriture difficile ;
- Un enfant qui pince le crayon avec les trois doigts sans que l'index ne guide le crayon diminue la finesse de ses tracés ;
- Un enfant qui appuie très fort sur son crayon a probablement une mauvaise position de la main ;
- Un enfant qui tient son crayon très haut soulève le poignet de façon excessive ;
- Un mauvais choix de crayon entraîne plusieurs problèmes :
  - Un crayon trop gros incite à utiliser les trois doigts de façon indifférenciée ;
  - Un crayon trop fin oblige à exercer plus de pression sur le crayon ;
  - Un crayon trop lisse fait déraper les doigts ;
  - Un objet à l'extrémité du crayon en modifie l'équilibre.

Il peut être opportun de proposer à certains enfants des crayons de forme ergonomique (crayons triangulaires) ou des crayons pourvus d'empreintes de caoutchouc facilitant une prise correcte.

6.8   Les élèves à risque

Bon nombre d'enfants acquièrent une première connaissance des lettres de façon informelle à la maison, alors que d'autres n'ont pas encore commencé cet apprentissage. Plusieurs enfants provenant de milieux défavorisés présentent déjà un écart avec les autres enfants lorsqu'ils entrent à la maternelle. Un enseignement à l'ensemble du groupe ne permettra pas de rattraper ce retard, car les autres enfants de la classe continueront de progresser. Pour les élèves à risque, il faut donc un enseignement plus intensif et explicite de l'alphabet (Manolitsis et autres, 2009 ; Piasta et Wagner, 2010).

Pour parfaire l'enseignement des lettres des enfants à risque :

- assurez-vous d'avoir dans la classe abondamment de lettres à manipuler, de lettres affichées, d'abécédaires et de logiciels sur le nom des lettres ;
- commencez par les lettres du prénom de l'enfant : même s'il sait écrire son nom, il n'est pas certain qu'il connaisse le nom de chacune des lettres ;
- ne présentez pas ensemble les lettres qui se ressemblent, commencez plutôt par celles qui ont peu de traits distinctifs en commun (p. ex. : « O » et « I »).

Comme les premières lettres sont les plus difficiles à apprendre pour les enfants, il est préférable de prendre plus de temps pour s'assurer de leur apprentissage de quelques lettres avant de passer à l'ensemble des lettres. Avec les élèves à risque, on insistera sur le mouvement et le plaisir de jouer avec les lettres.

Conclusion

La connaissance des lettres est l'un des facteurs prédisant le mieux la réussite en lecture. Il convient donc de porter une attention particulière à cet apprentissage à la maternelle. Les enfants apprennent graduellement le nom des lettres sous forme de jeu. L'enseignante peut aussi attirer leur attention sur le nom des lettres lors de différentes activités quotidiennes, comme le message du matin ou la lecture interactive. Avant tout, les enfants doivent comprendre que les lettres leur serviront à lire et à écrire.

La conscience phonologique

L'expression « conscience phonologique » est très répandue dans le milieu scolaire depuis quelques années. Tous les enseignants reconnaissent maintenant qu'il existe des habiletés en traitement phonologique qui participent à l'apprentissage de la lecture. Cependant, la notion de conscience phonologique est très large et inclut des habiletés de différents types. Dans ce chapitre, nous répondons à certaines questions telles que : Comment la conscience phonologique facilite-t-elle l'apprentissage de la lecture ? Quelle est la différence entre la conscience phonologique et la conscience phonémique ? Quelles sont les activités abordables à la maternelle et celles qui relèvent de la 1re année ?

7.1 La définition de la conscience phonologique

La conscience phonologique est l'aptitude à se représenter la langue orale comme une séquence d'unités ou de segments tels que la syllabe, la rime et le phonème. On la considère souvent à tort comme un tout homogène. La première chose à retenir est qu'il existe deux niveaux de conscience phonologique : un niveau primaire, accessible aux enfants de la maternelle, et un niveau secondaire, qui apparaît plus tardivement. La deuxième chose à retenir est que le passage ne se fait pas automatiquement d'un niveau à l'autre. C'est cette distinction entre conscience phonologique primaire et conscience phonologique secondaire qui sert, dans ce chapitre, à expliquer le développement de la conscience phonologique et les interventions appropriées à la maternelle.

7.2 Le rôle de la conscience phonologique

La conscience phonologique n'est pas nécessaire pour la compréhension du langage oral : sa seule utilité provient de son lien avec la lecture. Au cours des dernières décennies, de nombreuses études ont démontré que la conscience phonologique est l'un des facteurs prédisant le mieux la réussite en lecture en 1re année, particulièrement la réussite en identification de mots (Sprenger-Charolles et Colé, 2003 ; Plaza et Cohen, 2006 ; Pufpaff, 2009). En d'autres termes, les enfants qui possèdent une bonne conscience phonologique à la fin de la maternelle sont plus à même de bien réussir leur apprentissage de la lecture en 1ʳᵉ année.

Qu'est-ce qui explique ce lien entre la conscience phonologique et la lecture ? La conscience phonologique facilite la découverte du principe alphabétique, lequel, à son tour, permet l'identification de mots nouveaux. Quand l'enfant comprend que la chaîne sonore est décomposable en unités plus petites, il lui est plus facile d'associer ces unités aux lettres et d'accéder ainsi au principe alphabétique. C'est donc son lien avec le principe alphabétique qui explique la corrélation entre la conscience phonologique et la réussite en lecture en 1ʳᵉ année.

La conscience phonologique est une composante importante de l'intervention à la maternelle. Cependant, il ne faut pas que l'intervention en conscience phonologique remplace les autres composantes essentielles d'un programme de littératie, comme le vocabulaire et la compréhension. Quand on voit la précipitation de certaines écoles à s'engager dans les interventions en conscience phonologique, il y a un danger que cet entraînement ne soit considéré comme suffisant pour s'assurer que les enfants apprennent à lire avec succès. Ce serait faire une mauvaise interprétation des résultats de recherche.

7.3 La terminologie liée à la conscience phonologique

Avant de parler plus en détail de la conscience phonologique, il est nécessaire de préciser les termes « syllabe » et « phonème », employés pour décrire cette habileté.

7.3.1 La syllabe

La syllabe est l'unité sonore la plus naturelle en français, car elle correspond à une unité d'articulation. Elle se prononce en une seule émission de voix et contient deux parties distinctes : l'attaque et la rime (*voir la figure 7.1*). La rime est la partie essentielle de la syllabe : elle contient obligatoirement une voyelle (noyau) et toute consonne qui la suit (coda). L'attaque, partie initiale de la syllabe, est constituée de toute consonne qui précède la voyelle. Dans certaines syllabes, deux consonnes précèdent la voyelle (p. ex. : /pl/ dans /pli/). Certaines syllabes n'ont pas d'attaque (p. ex. : ours).

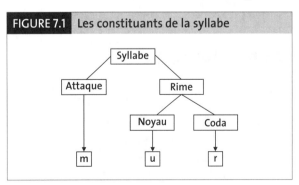

FIGURE 7.1 Les constituants de la syllabe

Il est essentiel de préciser ici que les termes « voyelle » et « consonne » renvoient non pas aux lettres voyelles (a, e, i, o, u et y) et aux lettres consonnes, mais à tous les sons vocaliques (p. ex. : a, an, ou, on) ou consonantiques (p. ex. : r, ph, ch). L'enseignement de la conscience phonologique à la maternelle se fait essentiellement à partir de la syllabe orale. Celle-ci correspond à la syllabe prononcée dans l'usage courant d'un mot à l'oral, sans insister artificiellement sur le « e » muet. Ainsi, à l'oral, le mot « jupe » se prononce /jup/ ; il ne comprend donc qu'une syllabe orale.

7.3.2 Le phonème

La notion de phonème est centrale en conscience phonologique. Le phonème est une unité sonore qui permet des distinctions sémantiques. Le changement d'un phonème par un autre produit un nouveau mot. Ainsi, la prononciation des mots /roi/ et /foi/ ne diffère que par l'opposition du /r/ et du /f/, lesquels constituent des phonèmes, et ce, quelle que soit la façon dont le /r/ est prononcé (roulé ou grasseyé). Il peut être étonnant de constater que le nombre de phonèmes que contient la langue française varie selon les sources consultées. Par exemple, on compte 38 phonèmes dans le *Multidictionnaire* de de Villers (2009) et 40 phonèmes dans le dictionnaire *Le Robert* (2010). « Selon les langues orales, selon les régions et selon les locuteurs, le nombre et la prononciation des phonèmes varient. Aussi, le nombre de 36 phonèmes pour le français ne correspond-il qu'à une moyenne dont la dispersion n'est pas connue » (Fayol et Gombert 1999, p. 568). Nous avons choisi la norme courante de 36 phonèmes pour ce manuel. Les 36 phonèmes du français se répartissent en 16 voyelles, 17 consonnes et 3 semi-voyelles ou semi-consonnes (*voir le tableau 7.1, à la page suivante*).

▨ Les voyelles

La voyelle est l'élément essentiel de la syllabe orale en français : il n'existe pas de syllabe sans voyelle. Elle se prononce par un écoulement libre de l'air, contrairement aux consonnes, qui sont produites par explosion ou frottement. Les voyelles sont plus facilement identifiables par les enfants car elles sont facilement perceptibles.

▨ Les semi-voyelles ou semi-consonnes

Les semi-voyelles, également appelées « semi-consonnes », sont des sons intermédiaires entre les voyelles et les consonnes. Dans la langue française, trois voyelles, i, u et ou, dans certains contextes phonétiques, se prononcent de façon très brève et se transforment en semi-voyelles. Par exemple, le mot « adieu » se prononce en deux syllabes et non en trois : la lettre « i » ne représente pas le son /i/ mais un son plus bref. De la même façon, le mot « oui » et le mot « ouate » se prononcent en une seule syllabe orale. Cette notion de semi-voyelle a des incidences sur l'enseignement de la conscience phonologique. Par exemple, dans un exercice que l'on fera avec les enfants, on prononcera le mot « lion » en une seule syllabe : il ne sera pas découpé en deux syllabes orales (li-on), puisque le « i » est une semi-voyelle qui se

TABLEAU 7.1   La liste des voyelles, consonnes et semi-voyelles en français

Voyelles		Consonnes		Semi-voyelles	
i	il, vie	p	papa, nappe	j	travail, pied
e	blé, regarder	t	thé, terre	w	oui, jouet
ɛ	lait, bleuet	k	café, képi	ɥ	huile, nuit
a	à, lac	b	bonbon, abbaye		
ɑ	pâte, drap	d	dans, addition		
ɔ	pomme, robe	g	gare, bague		
o	mot, eau	f	fée, affaire		
u	roue, fou	s	sept, poisson		
y	têtu, rue	ʃ	cheval, vache		
ø	bleu, deux	v	vous, wagon		
œ	beurre, œuf	z	zoo, deuxième		
ə	le, premier	ʒ	je, girafe		
ɛ̃	matin, pain	l	lune, elle		
ɑ̃	vent, blanc	R	rare, leurre		
ɔ̃	bon, ombre	m	amour, flamme		
œ̃	lundi, humble	n	nous, anniversaire		
		ɲ	agneau, gagne		

prononce avec le /on/ pour former /ion/. Il ne s'agira pas cependant de parler de semi-voyelle avec les enfants.

▪ Les consonnes

Les consonnes sont des unités abstraites qui ne sont pas naturelles à l'oral. En fait, elles sont imprononçables isolément et ne peuvent jamais constituer des syllabes à elles seules. Les consonnes interviennent par coarticulation avec d'autres phonèmes dans la production des syllabes. Pour vérifier cette affirmation, prononcez les syllabes /so/ et /si/ et portez attention à la façon dont votre bouche est placée pour prononcer le phonème /s/. Vous verrez une nette différence dans la position des lèvres selon que le phonème /s/ est coarticulé avec le phonème /i/ ou le phonème /o/. À proprement parler, les consonnes ne sont pas des sons puisque, contrairement aux voyelles, elles ne sont pas perceptibles isolément. Même si l'on peut produire une approximation orale des consonnes en les allongeant (p. ex. : fff) ou en ajoutant un « e » bref à la fin (p. ex. : /pe/, /be/), les consonnes ne sont pas des éléments phonétiques que l'on peut isoler comme les voyelles. En ce sens, elles doivent être abstraites de la perception. C'est pourquoi on dira que le phonème (particulièrement la consonne) n'est pas un «percept» mais plutôt un «concept» qu'il faut construire. C'est le concept le plus abstrait qu'on demande aux enfants de six ans de comprendre.

7.4 Le développement de la conscience phonologique

La conscience phonologique ne correspond pas à une habileté homogène du type acquis ou non acquis. Parmi les tâches de conscience phonologique proposées aux enfants de la maternelle, certaines sont faciles et d'autres, presque inaccessibles. Connaître la nature développementale de la conscience phonologique permet de prendre des décisions éclairées pour son enseignement aux enfants de la maternelle. Le fait de fournir des interventions qui correspondent au niveau de l'enfant contribue à prévenir les difficultés ultérieures.

Pour comprendre le développement de la conscience phonologique, il faut garder à l'esprit que cette dernière est soumise à une double évolution :

1. Les unités traitées : On constate une progression des unités plus larges vers les unités plus petites (syllabe, rime et phonème) ;

2. La nature des opérations cognitives : La progression va des traitements intuitifs aux manipulations conscientes, c'est-à-dire des opérations épilinguistiques aux opérations métalinguistiques (Gombert et Colé, 2000).

La combinaison de ces deux évolutions permet de distinguer la conscience phonologique primaire de la conscience phonologique secondaire.

7.4.1 La conscience phonologique primaire

La conscience phonologique primaire renvoie aux premières activités linguistiques qu'effectue l'enfant avec les mots sans tenir compte de leur signification. Vers l'âge de quatre ans, l'enfant dispose d'un système embryonnaire de représentation et de traitement de l'information phonologique. La segmentation des mots en syllabes apparaît en premier parmi les habiletés phonologiques. Cette habileté se développe de manière naturelle et presque spontanée à partir de jeux. Ce sont probablement les caractéristiques d'intensité sonore de la syllabe en langue française qui permettent d'expliquer cette conscience précoce de la syllabe. À l'âge de cinq ans, presque tous les enfants sont capables de scander les mots en syllabes (p. ex. : segmenter le mot «escargot» sous la forme es/car/got). À l'âge de cinq ans, ils sont aussi capables de repérer des rimes dans des comptines. Les enfants de la maternelle peuvent également accéder à une certaine sensibilité au phonème, par exemple dire si deux mots commencent par le même son. Il s'agit dans tous ces cas d'un traitement intuitif, qu'on appelle «épilinguistique» (nommé «épi» par la suite). L'enfant joue avec les mots mais ne les manipule pas consciemment : il ne peut isoler ou nommer les unités communes.

La conscience phonologique primaire comprend également le début des habiletés «métalinguistiques» (nommées «méta» par la suite), c'est-à-dire la manipulation consciente des unités de façon réfléchie. Cependant, cette manipulation ne concerne que la syllabe et la rime, et non le phonème. À la fin de la maternelle, la plupart des enfants sont capables, après un certain entraînement, de produire des rimes et d'enlever une syllabe d'un mot.

7.4.2 La conscience phonologique secondaire

La conscience phonologique secondaire est une habileté métaphonologique qui porte sur la manipulation des phonèmes. Les tâches de manipulation des phonèmes sont beaucoup plus complexes pour les enfants. À la maternelle, ils n'arrivent pas spontanément à séparer un mot en phonèmes et à nommer les phonèmes qui composent le mot. On parlera de conscience phonémique (par opposition à conscience phonologique) pour désigner la capacité d'effectuer des opérations sur les phonèmes, par exemple séparer un mot en phonèmes (/s/a/c/), remplacer un phonème par un autre dans un mot, ajouter un phonème à un mot ou en enlever un.

7.4.3 Le passage d'un niveau de conscience phonologique à l'autre

Même si la conscience phonologique évolue des tâches les plus simples aux plus difficiles, il ne s'agit pas d'un développement linéaire, car les premières habiletés phonologiques ne se transforment pas d'elles-mêmes en habiletés plus complexes (Sanchez, Magnan et Ecalle, 2007). Le passage de la conscience phonologique primaire à la conscience phonologique secondaire, plus précisément à la manipulation du phonème, se fait essentiellement par l'apprentissage de la lecture. En effet, on voit chez l'enfant un développement accéléré de la conscience phonémique au moment de l'apprentissage de la lecture. La conscience phonologique peut donc être considérée à la fois comme cause et effet de la lecture. La conscience phonologique primaire est nécessaire à l'apprentissage de la lecture et de l'écriture, mais c'est l'apprentissage de la lecture et de l'écriture qui permettra le développement de la conscience phonologique secondaire.

7.5 L'objectif de l'enseignement des habiletés phonologiques à la maternelle

À la maternelle, l'objectif est de favoriser l'acquisition de la conscience phonologique primaire. Pour être en mesure de soutenir cette acquisition, vous devez avoir en tête la séquence d'évolution de la conscience phonologique. La séquence présentée dans le tableau 7.2 est fondée sur un ensemble de recherches (Gombert et Colé, 2000 ; Ecalle et Magna, 2007 ; Schuele et autres, 2008) dont les résultats pourraient se résumer ainsi :

- Les habiletés « épi » sur la syllabe et la rime sont des précurseurs des habiletés « épi » sur le phonème ;
- Les habiletés « épi » sur le phonème sont des précurseurs des habiletés « méta » ;
- Les habiletés « méta » sur la syllabe et la rime sont des précurseurs des habiletés « méta » sur le phonème ;
- Ce sont les habiletés « méta » sur le phonème qui sont nécessaires en lecture.

TABLEAU 7.2   La séquence de développement de la conscience phonologique

Type de conscience phonologique	Type de tâche	Habilité	Exemple
Conscience phonologique primaire	Tâches « épi »	Syllabe	Scander les syllabes d'un mot.
		Rime	Dire si deux mots riment.
		Phonème	Reconnaître que deux mots commencent par le même son.
	Tâches « méta »	Syllabe	Enlever la première syllabe d'un mot.
		Rime	Produire des rimes.
Conscience phonologique secondaire	Tâches « méta »	Phonème	Enlever un phonème d'un mot.

On s'attend à ce que les enfants progressent dans l'acquisition des habiletés phonologiques au cours de la maternelle. On remarque dans certaines classes que la plupart des activités portent sur le plan de la sensibilisation à la syllabe et la rime, et ce, tout le long de l'année. Par exemple, faire découper un mot oral en syllabes à la fin de l'année est plus ou moins utile si la majorité des enfants maîtrisent bien cette habileté. Il est important de passer graduellement à la connaissance du phonème initial, sans que des activités trop difficiles sur le phonème ne soient proposées aux enfants dès le début de l'année.

7.6   Les interventions qui concernent la conscience phonologique primaire

La principale caractéristique des activités de conscience phonologique primaire est qu'elles s'effectuent complètement à l'oral, contrairement à la conscience phonologique secondaire, laquelle demande la présence de l'écrit.

Plusieurs principes guident ces activités.

- Les mots sont prononcés de façon naturelle et découpés selon la prononciation à l'oral : par exemple, on dira /Jus/tine/ et non pas /Jus/ti/ne/. Les futurs enseignants sont souvent perplexes devant cette directive. Ils ont peur que, plus tard, à l'écrit, l'enfant oublie le « e » muet à la fin des mots. Ce n'est pas ce qui se passe car, dès que l'enfant aborde la lecture, il découvre que bon nombre de mots se terminent par un « e » muet et il tient compte de cette particularité dans ses productions écrites.
- On préférera le groupe-classe ou le petit groupe à l'intervention individuelle, car les jeux de langage s'effectuent bien dans un contexte social où les enfants peuvent interagir.
- Les activités doivent avant tout être gratifiantes et amusantes : il faut se concentrer sur les jeux de langage et éviter les exercices répétitifs et rebutants. Il ne faut pas transformer les activités de conscience phonologique en évaluation, mais conserver leur caractère ludique et informel.
- On utilisera des termes justes mais accessibles aux enfants, par exemple « syllabe », « rime » et « son ». On évitera toutefois le terme « phonème » avec les enfants de la maternelle.

Pour effectuer les activités de conscience phonologique primaire, on peut exploiter les comptines, les histoires rythmées, les textes qui jouent avec le langage en employant des rimes ou des allitérations. Nous présentons dans les prochains paragraphes des suggestions d'activités favorisant le développement de la conscience phonologique primaire.

7.6.1 Des activités « épi » sur la syllabe

La syllabe est une unité linguistique facilement accessible aux jeunes enfants. La gradation dans les tâches « épi » se fera au moyen du nombre de syllabes : des mots de deux syllabes (p. ex. : cha/peau) aux mots de trois ou quatre syllabes (p. ex. : /rhi/no/cé/ros/). Les principales activités consistent à scander le mot en syllabes, à compter les syllabes ou à les associer à un élément physique.

Scander les syllabes. Faire scander les prénoms aux enfants ; leur suggérer de parler comme un robot : (p. ex. : cha-peau) ; leur demander de sauter à pieds joints à chacune des syllabes du mot.

Compter les syllabes. Demander aux enfants de compter sur leurs doigts les syllabes d'un mot ; leur faire classer des illustrations en fonction du nombre de syllabes que contient le mot ; frapper dans les mains (une, deux ou trois fois) et demander à tous les enfants dont le nom contient ce nombre de syllabes de se lever.

Associer un élément physique à la syllabe. Faire toucher le poignet, le coude, l'épaule ou la tête en nommant chacune des syllabes du mot (Gaudreau, 2004); demander aux enfants de placer sous chaque illustration d'un mot autant de jetons qu'il y a de syllabes dans le mot oral; leur demander de faire un trait sur leur feuille à chaque fois qu'ils entendent l'une des syllabes du mot (*voir la figure 7.2*).

FIGURE 7.2 Un exemple de la façon de marquer les syllabes orales par des traits

7.6.2 Des activités « épi » sur les rimes

Les activités « épi » sur les rimes sont essentiellement des activités de détection des rimes. Les suggestions suivantes sont présentées par ordre croissant de difficulté:

1. Juger si des séries de mots riment. Donner des séquences de mots et demander aux élèves si les mots des séries riment, par exemple: cœur, sœur, peur, beurre; chat, vache, coq, bœuf.

2. Trouver le mot qui rime avec le mot cible. Mettre en vrac des dessins au milieu de la table. Dire un mot et demander aux enfants de pêcher un mot qui rime avec celui nommé.

3. Trouver l'intrus. Présenter une série de mots ou d'illustrations et demander aux enfants quel mot ne rime pas avec les autres.

Des précisions au sujet de la rime s'imposent. Au début de la maternelle, l'enfant est capable de dire si deux mots riment, mais la production de rimes est une tâche plus difficile qui apparaît au niveau « méta ». Une tâche encore plus difficile consiste à isoler la rime, par exemple dire que « oir » est la rime dans « noir » et « soir »; cette dernière habileté fait partie des habiletés de conscience phonologique secondaire, car il s'agit en fait de séparer l'attaque de la rime, donc d'isoler des phonèmes. Souvent, un adulte qui voit un enfant capable de dire que « fou » et « mou » riment est surpris qu'il ne puisse répondre à la question: Par quoi riment les mots « fou » et « mou »? Pour l'adulte, la réponse est facile, mais pour l'enfant qui est en maternelle, cette question demeure incompréhensible car il ne sait pas séparer les phonèmes d'un mot.

7.6.3 Des activités « épi » sur le phonème

Au niveau « épi », la sensibilité au phonème consiste, entre autres, à « l'entendre » dans un mot ou à reconnaître que deux mots à l'oral commencent par le même. À ce stade, il ne s'agit pas de manipulation de phonèmes. Un enfant peut être capable de dire que /fusée/ et /fleur/ commencent par le même son, mais être incapable de nommer ce phonème, ce qui relève de la conscience phonologique secondaire.

La position du phonème dans le mot joue un rôle dans le niveau de difficulté des tâches : la position initiale est la plus facile, suivie de la position finale puis de la position médiane. À la maternelle, les activités portent surtout sur le phonème initial. Il faut également prendre en compte le fait que le concept de début et de fin du mot est difficile pour les enfants de la maternelle. Lorsqu'on leur demande si «patin» commence comme «Justin», plusieurs répondent oui parce qu'ils confondent le début et la fin du mot.

Les activités qui suivent représentent les principales catégories d'activités sur le phonème initial.

- **Juger si deux mots commencent de la même façon.** Dire si les noms de deux objets ou de deux illustrations commencent par le même son (p. ex.: «livre» et «lion»).

- **Associer des mots au moyen du son initial.** Proposer un jeu de domino qui consiste à trouver deux images qui commencent par le même son (*voir la figure 7.3*).

- **Trouver l'intrus.** Présenter une série de dessins et demander de trouver celui dont le nom ne commence pas de la même façon que les autres.

FIGURE 7.3 Un exemple de jeu de domino portant sur le phonème initial

La sensibilité au phonème initial est une habileté moins naturelle que la sensibilisation aux rimes et aux syllabes et, de ce fait, apparaît moins spontanément dans les jeux des enfants. C'est pourquoi il faut offrir plus de soutien aux enfants, par exemple attirer leur attention sur l'articulation des phonèmes et choisir les phonèmes les plus facilement identifiables.

■ Attirer l'attention sur l'articulation des phonèmes

Pour commencer à sensibiliser les enfants aux phonèmes, on peut leur demander de se concentrer sur la façon dont les sons sont articulés dans les mots en leur faisant constater le mouvement nécessaire pour articuler un son. Distribuez de petits miroirs à un sous-groupe d'enfants. Prononcez des mots et demandez-leur de les répéter en regardant leur bouche dans le miroir. Attirez leur attention sur la position des dents, de la langue et des lèvres pendant qu'ils prononcent différents mots, par exemple le mouvement de la langue pour produire le son /t /et le mouvement des lèvres, pour le son /p/. Demandez à chaque enfant de prononcer son prénom en s'observant dans le miroir.

■ Commencer par les phonèmes les plus perceptibles

Les phonèmes sont des unités abstraites, mais ils ne comportent pas tous le même niveau de difficulté pour les enfants. Les voyelles sont les phonèmes les plus faciles à reconnaître. Parmi les consonnes, les fricatives sont plus faciles que les occlusives. Pour vous en convaincre, prononcez les deux séries de consonnes qui suivent et essayez de prolonger le son de chacune des consonnes.

- **Première série :** l – r – j – s – f
- **Seconde série :** p – b – t – d – k

Vous avez sans doute remarqué qu'il est possible de prolonger le son de la première série de consonnes, mais non celui de la seconde série. Les consonnes de la première série laissent passer l'air : on les appelle les fricatives. Les consonnes de la seconde série empêchent le passage de l'air : ce sont les occlusives (*voir le tableau 7.3*). Pour les enfants, les consonnes les plus faciles sont les fricatives, ou consonnes continues, car leur son devient presque perceptible lorsqu'on le prolonge. Dans une activité de sensibilisation au phonème initial, on peut tirer parti des caractéristiques des consonnes fricatives en insistant sur le phonème sans le détacher du mot (p. ex. : Est-ce que /ssssouris/ et /sssorcière/ commencent par le même son ?).

TABLEAU 7.3   Le tableau des consonnes fricatives et occlusives

Type de consonne	Description	Consonnes
Les consonnes occlusives	L'occlusion se fait en deux temps : la fermeture complète du canal buccal et l'ouverture brutale qui produit un son de type explosif.	p – b – t – d – k – g
Les consonnes fricatives	Il y a un rétrécissement des parois du canal buccal, mais l'air passe. Les consonnes fricatives peuvent durer, même si, dans l'articulation réelle, on ne les fait pas durer.	
	Fricative labiale	f – v
	Fricative liquide	l
	Fricative vibrante	r
	Fricative sifflante	s – z
	Fricative chuintante	ch – j

7.6.4 Des activités « méta » sur la syllabe

Les activités « méta » sur la syllabe sont plus difficiles que les activités « épi », mais elles sont toutefois accessibles aux enfants de la maternelle. Elles sont plus appropriées au milieu de l'année, lorsque les habiletés « épi » sur la syllabe sont bien acquises. Ces activités consistent essentiellement à modifier un mot à l'oral en isolant, en fusionnant ou en supprimant des syllabes.

- **Isoler une syllabe.** Jouer à « Par quelle syllabe commence le mot ? » À partir d'un imagier, les enfants nomment à tour de rôle la première syllabe du mot illustré.
- **Fusionner des syllabes.** Dire un mot en séparant exagérément les syllabes et demander aux enfants de quoi il s'agit.
- **Supprimer une syllabe.** Faire matérialiser les syllabes orales d'un mot avec des jetons, puis faire supprimer la première ou la dernière syllabe de ce mot par les enfants.

Il faut faire attention à certaines activités qui peuvent ajouter à la confusion des enfants. Dans ces activités, on leur présente des dessins comme celui d'un « chat » et d'un « pot », puis on leur demande quel mot on obtient si l'on unit les deux mots (chapeau). Le problème ici est qu'on considère la syllabe comme un mot ayant un sens, alors que la syllabe n'a pas de sens. Les enfants doivent comprendre que la syllabe est un morceau de mot, une unité non significative que l'on ne peut imager.

7.6.5 Des activités « méta » sur la rime

À la maternelle, les activités « méta » sur la rime portent sur la production. Produire une rime est plus difficile que reconnaître que deux mots riment. Lorsqu'un enfant n'arrive pas à trouver un mot qui rime avec le mot cible, il est possible simplement qu'il ne trouve pas de mot dans sa mémoire. Dans les activités, on acceptera que l'enfant invente un mot, la seule exigence étant que celui-ci rime avec le mot cible (p. ex. : maison – malon). Les activités qui suivent constituent des activités de type « méta » sur la rime.

- **Faire passer un objet de main en main** (p. ex. : un ballon) **:** Chacun trouve un mot qui rime avec l'objet.
- **Lire une comptine qui rime.** Ne pas dire le deuxième mot de la rime et laisser les enfants le trouver. Pour faciliter la tâche, vous pouvez suggérer deux ou trois mots dont l'un rime avec le vers précédent, comme dans l'exemple suivant :

    Qui est blanche avec des taches ?

    C'est la _____ ! (poule, vache, brebis)

    Qui est tout rose et tout rond ?

    C'est le _____ ! (lapin, cheval, cochon)

- **Créer un livre collectif sur les rimes.** Chaque enfant contribue à créer une page en trouvant un mot qui rime avec son nom, par exemple : « Je m'appelle Léa et j'aime le chocolat. »

Il ne faut pas oublier que même si les enfants sont capables de produire des rimes, ils ne savent pas encore extraire la rime d'une série de mots et la nommer.

7.7 Les interventions qui concernent la conscience phonologique secondaire

La conscience phonologique secondaire porte sur la manipulation des phonèmes, ce qui est extrêmement difficile pour les enfants de la maternelle. Tant qu'ils n'ont pas compris que les mots contiennent des unités encore plus petites que la syllabe, ils ne peuvent savoir ce qu'on attend d'eux quand on leur demande de séparer un mot en sons (p. ex. : /c/ /o/ /l/).

Alors que les interventions ayant pour but de favoriser l'acquisition de la conscience phonologique primaire se font essentiellement à l'oral, les interventions qui portent sur la manipulation des phonèmes nécessitent la présence de l'écrit. Pourquoi ? Parce que si la coarticulation des phonèmes est inévitable dans le langage oral, les phonèmes sont complètement articulés dans les mots écrits. Par exemple, à l'oral, la syllabe /pa/ se prononce en une seule émission de voix, mais les deux phonèmes de la syllabe sont incarnés dans deux lettres différentes à l'écrit. L'écrit fournit donc une représentation concrète et visible des phonèmes. C'est pour cette raison que les activités de manipulation de phonèmes sont faites dans le cadre d'activités de lecture et d'écriture, surtout en 1re année. À la maternelle, on privilégie les activités d'écriture (*voir la section 8.5.3*).

7.8 Les habiletés métaphonologiques de l'enseignant

Plusieurs enseignants ou futurs enseignants n'ont qu'une vague conscience de la structure phonémique des mots. Même s'ils connaissent le concept de phonème, ils ne sont pas toujours capables d'employer ce concept de façon concrète en comptant les phonèmes d'un mot. Il semble qu'une fois la lecture bien acquise, certains adultes deviennent moins habiles à séparer les mots en phonèmes (Shankweiler et Fowler, 2004 ; Cheesman et autres, 2009). Pourtant, les enseignants doivent posséder une solide connaissance de cette structure pour intervenir efficacement auprès d'enfants qui ont besoin d'un enseignement explicite de la conscience phonémique. Il faut donc qu'ils réactivent leurs habiletés en conscience phonémique.

7.9 Les élèves à risque

L'enseignement en conscience phonologique est bénéfique à tous les enfants de la maternelle. Comme nous l'avons mentionné dans le modèle de prévention à trois niveaux (*voir le chapitre 2*), les activités de prévention s'adressent d'abord à tous les élèves et sont effectuées en classe par l'enseignante. Des études récentes démontrent que l'enseignement en classe est suffisant pour que la plupart des enfants développent adéquatement leur conscience phonologique (Ukrainetz, Ross et Harm, 2009).

Cependant, certains enfants auront besoin de plus d'enseignement en conscience phonologique que d'autres. Environ 20 % des enfants tirent profit d'une intervention supplémentaire en petit groupe. Ces interventions donnent habituellement de bons résultats (Schuele et Boudreau, 2008 ; Koutsoftas, Harmon et Gray, 2009). L'intervention est particulièrement importante en milieu défavorisé, parce que les enfants n'ont peut-être pas souvent l'occasion de jouer avec les mots dans leur famille. On sait que les enfants provenant de milieux défavorisés ont moins de chance de réussir leur passage à la 1re année que les enfants de milieux plus favorisés. Cependant, les enfants provenant de milieux défavorisés qui terminent la maternelle avec un bon début de traitement phonologique ont autant de chance que leurs pairs de milieux moyens de réussir en lecture en 1re année (Kaplan et Walpole, 2005).

Un nombre plus limité d'enfants (de 2 à 5 %) présente des difficultés persistantes dans la conscience phonologique, même avec un enseignement en classe et un soutien supplémentaire. Il faut donc porter une attention particulière à ces enfants qui ne progressent pas en conscience phonologique, même après de multiples tentatives (jeux et activités). Ces élèves ont besoin d'un soutien particulier et intensif. Mais il ne faut pas brûler les étapes : avec ces enfants, on doit consacrer plus de temps aux tâches de type « épi » avant de passer aux tâches de type « méta ». Si les habiletés phonologiques primaires sont normalement acquises à la fin de la maternelle, la conscience phonologique secondaire s'enclenche sous l'effet de l'enseignement de la lecture. Les problèmes se présentent quand les habiletés de base en conscience phonologique n'ont pas été acquises à la fin de la maternelle.

Conclusion

Dans le langage oral, le jeune enfant porte attention au sens et non aux sons ; il s'emploie à comprendre ce qui est dit et non à décomposer les mots en syllabes. Cependant, pour apprendre à lire, il lui faut ajouter à cette compétence langagière initiale une seconde compétence qui consiste à réfléchir sur le langage en tant qu'objet. Certaines habiletés phonologiques s'acquièrent précocement, de façon implicite, en lien avec l'expérience langagière, tandis que d'autres apparaissent plus tardivement, sous l'effet d'un enseignement plus formel. L'enseignement en conscience phonologique est bénéfique à la plupart des enfants de la maternelle et crucial pour d'autres. Toutefois, acquérir une bonne conscience phonologique ne doit pas être considéré comme une fin en soi, mais comme un moyen de découvrir le principe alphabétique. L'enseignement de la conscience phonologique ne garantit pas que l'enfant apprendra à lire, mais le succès en lecture dépendra de la présence d'un bon niveau de conscience phonologique lors de l'entrée dans l'écrit.

La découverte du principe alphabétique

Le principe alphabétique est au cœur de l'apprentissage de la lecture. Toutes les activités relatives à la conscience phonologique présentées dans le chapitre précédent ne servent qu'à une chose : permettre aux enfants de découvrir le principe alphabétique. Bon nombre d'entre eux font cette découverte à la maternelle, mais c'est en 1ʳᵉ année qu'ils apprennent à mettre consciemment en pratique le principe alphabétique. Dans ce chapitre, nous définissons le concept de principe alphabétique et voyons dans quelle mesure il est possible d'en favoriser la découverte à la maternelle.

8.1 Qu'est-ce que le principe alphabétique ?

Le principe alphabétique est à l'origine de notre système d'écriture. Au fil de l'évolution, l'homme a pris conscience du fait que les mots du langage pouvaient se séparer en séquences de phonèmes. C'est ce qui a rendu possible l'invention de l'écriture alphabétique. Comprendre le principe alphabétique, c'est comprendre que le mot à l'oral est constitué d'unités et qu'à chaque unité phonologique correspond une unité graphique. La découverte du principe alphabétique exige une véritable prise de conscience de la part de l'enfant, d'où l'utilisation du terme « découverte ». La découverte de ce principe est une expérience de type « déclic » qui doit être faite par l'enfant, personne d'autre ne pouvant la faire à sa place. On découvre le principe alphabétique une fois pour toutes, mais la maîtrise de sa mise en application demande du temps. On peut parler de compréhension partielle du principe alphabétique pour qualifier ce moment où l'enfant a compris l'essentiel du principe mais est encore loin de sa mise en application complète.

8.2 La différence entre le principe alphabétique et le code alphabétique

Il faut distinguer le principe alphabétique du code alphabétique. Le principe alphabétique est une caractéristique commune à toutes les langues qui s'écrivent d'une manière alphabétique. Le code est propre à chaque langue ; il est constitué de l'ensemble des correspondances graphème-phonème (p. ex. : « o », « au » et « eau » se prononcent /o/) et des règles qui régissent leur combinaison. La découverte du principe alphabétique précède donc l'application du code alphabétique.

8.3 La place de la découverte du principe alphabétique à la maternelle

Au moment de leur entrée à la maternelle, la plupart des enfants savent déjà que pour écrire des mots différents il faut des lettres différentes. En revanche, la majorité d'entre eux ne comprennent pas encore le secret du choix et de l'ordre des lettres dans le mot. Par exemple, un jeune enfant qui reconnaît pourtant son prénom écrit pensera qu'il s'agit encore de son prénom même si l'on modifie l'ordre des lettres qui le composent. Cependant, à la fin de la maternelle, la plupart des enfants ont progressé dans leur compréhension du fonctionnement de l'écrit. Une étude effectuée au Québec (Morin, 2007) révèle que 80 % d'entre eux utilisent à la fin de l'année au moins une lettre correspondant à un phonème lors de l'écriture de mots, démontrant ainsi qu'ils ont compris qu'il existe des relations entre les lettres et les sons de la parole.

La plupart des programmes scolaires considèrent aujourd'hui la découverte du principe alphabétique comme un objectif de la maternelle. Toutefois, il ne faut pas pour autant conclure qu'à ce niveau on doive également enseigner le code alphabétique aux enfants. À la maternelle, on vise uniquement la découverte du principe, l'application du code étant l'un des objectifs de la 1re année.

8.4 Les conditions nécessaires à la découverte du principe alphabétique

Pour qu'un enfant puisse découvrir le principe alphabétique, trois conditions sont nécessaires. La première concerne la conscience phonologique, la deuxième, la connaissance des lettres, et la troisième, les interventions de l'environnement.

1. Le rôle de la conscience phonologique. Chaque apprenant qui veut comprendre le principe alphabétique doit d'une façon ou d'une autre découvrir que les mots sont composés de phonèmes. Si les enfants possèdent les habiletés de conscience phonologique primaire, ils seront en mesure de découvrir le phonème lorsqu'ils seront exposés à l'enseignement de la lecture.

2. Le rôle de la connaissance des lettres. Les enfants doivent connaître au moins quelques lettres pour pouvoir associer les phonèmes à leur correspondant écrit. Il n'est pas nécessaire qu'ils connaissent toutes les lettres pour arriver à découvrir le principe alphabétique. Par ailleurs, un enfant peut connaître toutes les lettres sans avoir compris le principe alphabétique.

3. Le rôle de l'environnement. Les enfants ne découvrent pas seuls le principe alphabétique. Il faut qu'un adulte ou un lecteur attire leur attention sur ce principe. La lecture et l'écriture sont avant tout des activités sociales, et c'est lors de leurs interactions avec des lecteurs que les enfants découvrent le principe alphabétique.

En somme, quand les enfants ont développé leur conscience phonologique primaire et connaissent un certain nombre de lettres, ils sont prêts pour la découverte du principe alphabétique.

8.5　La découverte du principe alphabétique par l'écriture

Si les enfants découvrent les fonctions de l'écrit par la lecture, c'est par l'écriture qu'ils font le lien entre ce qui est dit et ce qui est écrit. À la maternelle, c'est donc essentiellement l'écriture qui leur permet de découvrir le principe alphabétique. On a longtemps pensé que la lecture devait précéder l'écriture. L'observation des jeunes enfants nous oblige à remettre en question cette position : en général, on constate que les enfants d'âge préscolaire s'intéressent à l'écriture avant de s'intéresser à la lecture, ou du moins le font en même temps. Dans tous les pays, on a remarqué qu'ils ont une propension à écrire lorsqu'on leur fournit le matériel approprié. De plus, si l'on considère l'apparition de l'écriture dans l'histoire, il faut reconnaître que l'homme a commencé par écrire plutôt que par lire. Comme le dit Ferreiro (1990, p. 7) : « Ce ne sont pas les lettres qui " se prononcent " d'une certaine manière ; ce sont les mots qui s'écrivent d'une certaine façon. »

Plusieurs auteurs ont analysé les premiers essais d'écriture dans lesquels les enfants qui ne connaissent pas l'orthographe d'un mot tentent d'imaginer la façon d'écrire ce mot. Plusieurs termes sont employés pour parler des essais d'écriture des enfants, les principaux étant : écriture provisoire, écriture spontanée, orthographe inventée, orthographes approchées et écriture accompagnée (Ferreiro et Gomez, 1988 ; Gentry, 2000 ; Montésinos-Gelet et Morin, 2006).

Quel que soit le terme employé, on distingue deux fonctions pédagogiques liées aux premiers essais d'écriture des enfants :

- Étudier les conceptions des enfants en observant leur façon spontanée d'écrire ;

- Guider les enfants dans leur découverte du principe alphabétique. Lorsque les enfants font des essais d'écriture, ils révèlent ce qu'ils connaissent, mais c'est lorsque l'adulte exploite leurs tâtonnements qu'ils font des découvertes.

Il y a donc des moments où les enfants écrivent librement, par exemple dans le coin écriture, et d'autres moments où l'enseignante part des découvertes des enfants pour leur permettre de progresser.

8.5.1 Observer l'évolution de l'enfant

Dans les tout premiers essais d'écriture des jeunes enfants, il n'y a pas de relation entre la graphie du mot et sa prononciation. Les enfants franchissent une étape importante lorsqu'ils se rendent compte que, si des mots sont différents à l'oral, la graphie de ces mots est aussi différente. Plusieurs ne connaissent que les lettres de leur prénom et la seule façon d'écrire des mots différents consiste pour eux à varier l'ordre de ces lettres. Dans l'encadré suivant, Michel, un enfant de cinq ans, a utilisé les lettres de son prénom pour écrire les mots « papa », « cadeau », « camion » et « banane ».

ENCADRÉ 8.1	L'utilisation exclusive des lettres du prénom dans l'écriture de mots

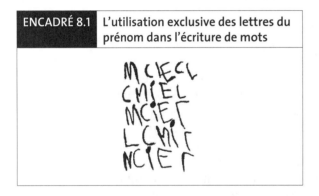

Les enfants comprennent ensuite que les différences entre les mots écrits doivent s'appuyer sur une base objective. Ils font d'abord l'hypothèse que chaque lettre écrite correspond à une syllabe orale. Ils écrivent par exemple une lettre pour représenter chaque syllabe d'un mot. Cette hypothèse est logique pour eux, puisque la syllabe est l'unité la plus facilement perceptible à l'oral. Cependant, les enfants commencent à douter de cette hypothèse syllabique lorsqu'ils essaient de l'appliquer à leur prénom. En effet, celui-ci contient plus de lettres que de syllabes orales. Le prochain pas est donc pour eux de comprendre que la syllabe peut se décomposer en unités plus petites, ce qui leur donne accès au principe alphabétique. Lorsque les enfants viennent de découvrir le principe alphabétique, ils ne l'appliquent habituellement qu'à la première lettre du mot en choisissant une lettre qui se rapproche du son entendu. Toute leur énergie cognitive est concentrée sur le début du mot, de telle sorte que le reste du mot contient souvent des lettres prises au hasard, par exemple « jibkl » pour « girafe ». Grâce au soutien qu'ils reçoivent, les enfants apprennent à élargir la représentation des phonèmes : ils écrivent, par exemple, « jaf », puis « jiraf ». Même si le choix des lettres ne correspond pas à l'orthographe usuelle, il révèle toutefois que les enfants réussissent à associer de façon plausible les sons entendus dans le mot aux lettres connues. La figure 8.1 présente des exemples d'écriture provisoire qui vont de l'absence de relation entre le mot oral et le mot écrit jusqu'à la représentation systématique des phonèmes dans la production écrite.

| FIGURE 8.1 | Des échantillons d'écriture provisoire |

	Cieкn	JveMs	Jaf	Jiraffe
	BᴧRoı	aeкCFG	ABȢ	abèle
	ABINm	Skotғg.	Écᴀɢoo	esecargo
	TéSSN	istv.	IBO	ibou
	TotNoᴉN	etкvl.	clèfê	éléfan

On ne s'attend pas à ce que les enfants de la maternelle dépassent les premiers stades d'écriture. Cette évolution est plutôt l'objectif à atteindre en 1ʳᵉ année. Plusieurs enfants font toutefois des pas considérables, et il vous appartient d'observer leur évolution afin de les soutenir dans leur cheminement. L'intervention dans la zone de proche développement est ici fort à propos. On ne donne pas le même type d'étayage à un enfant qui écrit escargot « abinm » qu'à celui qui l'écrit « skgo ». Pour le premier enfant, il s'agira de favoriser la découverte du principe alphabétique, alors que pour le deuxième l'enfant on pourra procéder à une analyse plus approfondie du mot.

8.5.2 Offrir des périodes d'écriture libre

À la maternelle, il est important d'offrir des périodes d'écriture libre aux enfants afin qu'ils mettent à l'essai leurs hypothèses et explorent différentes formes d'écriture. Prévoyez dès le début de l'année des activités qui encouragent l'écriture. Les enfants peuvent signer leur nom sur la feuille de présence en arrivant en classe, écrire sous leur dessin ou s'envoyer des messages les uns les autres grâce à un système de courrier mis en place dans la classe.

8.5.3 Offrir des ateliers d'écriture accompagnée

L'objectif des ateliers d'écriture est d'amener les enfants à réfléchir à leur production écrite. L'écriture les conduit de façon naturelle à s'interroger sur ce qu'ils entendent du mot qu'ils veulent écrire et sur la manière de le transcrire : c'est le moyen le plus efficace d'aborder la conscience phonémique et le principe alphabétique. Les enfants ont besoin d'être accompagnés dans cette réflexion. Plusieurs études ont vérifié l'effet, à la maternelle, d'un accompagnement des enfants en écriture provisoire. Elles ont comparé l'écriture accompagnée à d'autres interventions, comme les activités de copie de mots, de conscience phonologique et d'écriture provisoire sans aide.

Les résultats de toutes ces études prouvent que l'accompagnement guidé en écriture fait davantage progresser les enfants dans leur compréhension du principe alphabétique que les autres approches (Rieben et autres, 2005 ; Charron, 2006 ; Ouellette et Sénéchal, 2008 ; Morin, Prévost et Archambault, 2009).

La démarche

Les ateliers d'écriture consistent à accompagner les enfants dans toutes les étapes de l'activité d'écriture. Nous résumons ici la démarche proposée par Montésinos-Gelet et Morin (2006) pour la tenue de ces ateliers d'écriture à la maternelle.

1. Le contexte d'écriture et le choix du mot ou de la phrase à écrire. L'enseignante choisit une amorce qui pique la curiosité des élèves. Par exemple, écrire le nom du personnage d'un livre que l'enseignante vient de lire, écrire un mot laissé en blanc dans le message du matin ou encore un mot proposé par un enfant.

2. Les consignes de départ. L'enseignante demande aux élèves d'essayer d'écrire le mot comme ils pensent qu'il s'écrit en se servant de ce qu'ils connaissent. Ils doivent bien comprendre que l'on ne s'attend pas à ce qu'ils écrivent le mot de façon exacte : on veut simplement qu'ils tentent de s'en approcher et qu'ils expliquent leur démarche.

3. Les tentatives d'écriture et l'échange de stratégies. Pendant la période d'écriture en tant que telle, l'enseignante amène les enfants à s'interroger sur leur façon d'écrire le mot. Les enfants peuvent travailler seuls ou avec un partenaire et discuter de leur production.

4. Le retour collectif sur le mot ou la phrase. Les enfants présentent leurs hypothèses et les expliquent. L'enseignante en souligne les aspects positifs et met en valeur les stratégies efficaces qu'ont utilisées les élèves.

5. La norme orthographique. L'enseignante invite les élèves à trouver la norme orthographique des mots, par exemple dans un imagier, ou encore elle donne elle-même l'orthographe du mot. Elle invite les enfants à comparer leurs hypothèses avec le mot standard. Il s'agit ici de marquer l'écart entre ce que les enfants ont voulu écrire et ce qu'ils ont écrit.

6. La conservation des traces. L'enseignante invite les enfants à écrire le mot dans leur carnet et à l'illustrer pour garder des traces du travail effectué.

Il faut ajouter à ces principes l'importance de ne pas servir vous-même de modèle pour l'écriture provisoire. En tant qu'adulte, vous avez dépassé le stade de l'écriture provisoire et vous savez écrire les mots correctement. Vous ne direz pas aux enfants, par exemple, qu'on peut écrire « bato » pour le mot « bateau », car il s'agirait d'un processus artificiel. Par ailleurs, vous féliciterez l'enfant qui fait ce genre d'hypothèse.

Un exemple d'activité

Nous présentons ici une activité d'écriture accompagnée qui a été conçue pour les enfants de la fin de la maternelle ou du début de la 1re année (Charron, 2005). Au cours de cette activité, les enfants sont amenés à répondre à la question :

«Qu'est-ce que j'aimerais faire comme métier quand je serai grand ou grande ? »
Cette question est le point de départ de l'activité d'écriture.

L'activité s'échelonne sur plusieurs jours et comprend trois parties : la mise en situation, la réalisation artistique et la pratique d'orthographes approchées se répétant trois fois.

La mise en situation (de 15 à 20 minutes). Pendant la mise en situation, l'enseignante lit quelques livres documentaires sur les métiers et amène les enfants à se prononcer sur leur futur métier.

La réalisation artistique (de 25 à 35 minutes). Chaque enfant illustre, à l'aide de peinture, sur un modèle cartonné représentant une silhouette (60 cm de hauteur), le métier qu'il aimerait exercer plus tard.

La pratique d'écriture (de 30 à 45 minutes). L'enseignante forme des trios hétérogènes fixes pour les trois séances d'écriture. Chacune des séances est consacrée à l'un des trois métiers des enfants du trio (p. ex. : pompier, chanteuse et cuisinier). Au début de chacune des séances, l'enseignante choisit le métier de l'un des trois enfants. L'enfant dont le métier est choisi devient le scripteur et est le seul membre du groupe à avoir un crayon en main. Les enfants sont invités à écrire le nom du métier en se servant de leurs propres idées. Le trio doit discuter et s'entendre sur la façon de l'écrire.

Le retour collectif. Le scripteur de chaque groupe vient coller le dessin de son métier au tableau et écrit en dessous la proposition d'écriture du groupe. Pour chacun des mots, l'enseignante discute avec les enfants du choix des lettres. Elle leur demande s'ils ont d'autres suggestions pour l'écriture du mot.

La vérification du mot. Après le retour collectif, l'enseignante propose aux enfants de vérifier l'écriture de leur mot. Chaque équipe reçoit une enveloppe contenant les lettres du mot sous forme de petits cartons. Les enfants sont invités à essayer de reconstituer le mot. Lorsqu'ils ont terminé, ils écrivent leur nouvelle proposition sous leur première proposition. L'enseignante fait un retour afin de vérifier si les mots ont bien été reconstitués.

La poursuite de l'activité. Le cycle d'écriture est repris pour les deux autres métiers du trio.

L'activité doit conserver un aspect ludique et encourager la collaboration entre les enfants. Il ne faut pas la transformer en situation d'évaluation.

8.6   La découverte du principe alphabétique par l'abécédaire

Les abécédaires sont des albums pour enfants qui présentent sous forme de séquence toutes les lettres de l'alphabet, chaque lettre étant accompagnée de mots et d'illustrations. Les abécédaires visent deux objectifs : l'apprentissage du nom des lettres et la découverte du principe alphabétique. C'est parce que l'abécédaire met en évidence le lien existant entre la lettre vedette de la page et le son entendu au début du mot illustré qu'il est susceptible d'amener les enfants à comprendre que les lettres représentent les sons des mots entendus à l'oral. Des études ont démontré que plus les enfants connaissent de lettres, plus ils portent attention aux mots de l'abécédaire (Evans et autres, 2009).

8.6.1 La création d'un abécédaire

Les abécédaires offerts ne sont pas tous conçus pour la découverte du principe alphabétique. La plupart de ceux que l'on trouve actuellement sont des œuvres d'art qui sont agréables à regarder mais peu propices à la découverte du principe alphabétique. C'est pourquoi il est préférable de créer son propre abécédaire.

FIGURE 8.2   Un exemple d'abécédaire accordéon

Tiré de Giasson, J. (1981). *Lecture. Activités de vocabulaire visuel en 1re année.* Montréal : Ville-Marie, p. 65.

Pour favoriser la découverte du principe alphabétique, cet abécédaire doit être clair et simple. Il faut par exemple éviter les mots dont le premier son à l'oral ne représente pas la lettre vedette. Ainsi, si l'on choisit le mot « aigle » pour illustrer la lettre « A », ou le mot « chat » pour illustrer la lettre « C », l'enfant ne pourra faire de lien entre la lettre et le premier phonème du mot illustré. On peut confectionner des abécédaires avec des petits carnets, mais les enfants apprécient les abécédaires accordéon (*voir la figure 8.2*).

8.6.2 L'alphabet en action

L'objectif de l'alphabet en action est d'encourager la découverte du principe alphabétique en faisant participer physiquement les enfants à une démarche concrète d'élaboration d'un abécédaire vivant (Cunningham et Allington, 1999).

Pour effectuer cette activité, il faut d'abord choisir des verbes d'action pour chacune des consonnes. Il est important que ces verbes soient faciles à mimer, comme ceux qui sont proposés dans l'encadré 8.2.

Vous pouvez ensuite procéder de la façon suivante :

- Écrivez la lettre sur une fiche et l'action, au verso.
- Présentez le lien entre la lettre et le verbe de façon explicite, par exemple : « C'est le " S " de " ssssauter " ».

ENCADRÉ 8.2	Des exemples de verbes de l'alphabet en action			
B Bercer	**C** Creuser	**D** Danser	**F** Fermer	**G** Grimper
J Jeter	**K** Klaxonner	**L** Lire	**M** Marcher	**N** Nager
P Pêcher	**R** Reculer	**S** Sauter	**T** Tourner	**V** Voler

- La première fois que vous présentez une lettre-action, faites-le avec beaucoup d'entrain et de façon à attirer l'attention des enfants sur le lien qu'il y a entre la lettre et le début du verbe.

- Lorsque les enfants ont appris plusieurs associations lettre-verbe, vous pouvez faire des activités variées :

  - Montrez une lettre aux enfants et demandez-leur de faire l'action correspondant à cette lettre jusqu'à ce que vous la cachiez derrière votre dos. Poursuivez avec d'autres lettres. Assurez-vous de toujours faire le lien entre la lettre et l'action : « Je vois tout le monde marcher parce que " M " est notre lettre qui marche. » ;

  - Distribuez les lettres apprises : un enfant fait l'action associée à sa lettre et demande à un autre enfant de l'identifier ;

  - Un enfant pige une carte, fait l'action associée à la lettre et ouvre la marche : les autres enfants le suivent en l'imitant.

Cette activité présente le double avantage de permettre aux enfants de bouger tout en les sensibilisant au principe alphabétique.

8.7 La découverte du principe alphabétique par la résolution de problème

Si l'on demande à un enfant de la maternelle quels sont les deux sons qu'on entend dans /ma/, il ne comprendra pas la question, parce que dans /ma/ il n'entend pas deux sons. Il ne comprendra la question que si ces deux phonèmes sont concrétisés par des lettres. Par exemple, écrivez la première syllabe du prénom de l'enfant et invitez-le à résoudre le problème. Prenons l'exemple d'un enfant qui s'appelle Julien. Écrivez la syllabe « JU » et demandez à l'enfant s'il entend le /u/ dans « JU ». Il répondra probablement positivement. Demandez-lui d'indiquer le « U » de la syllabe, puis ce que fait la lettre « J » dans « JU ». Demandez-lui ensuite ce qui se passe quand on change la lettre « J » par la lettre « S ». Le support de la syllabe écrite facilitera sa compréhension du rôle du phonème, ce qui le conduira éventuellement à la découverte du principe alphabétique.

8.8   Les élèves à risque

Ce ne sont pas tous les enfants qui découvriront le principe alphabétique à la maternelle. Tout dépend des interventions de l'enseignante au cours de l'année. Il existe effectivement de grandes différences entre les classes selon l'approche de l'enseignante. Si l'enfant n'a pas découvert le principe alphabétique parce qu'il n'a pas été placé dans des situations propices à cette découverte, rien n'indique qu'il connaîtra par la suite des difficultés, car il pourra faire cet apprentissage en 1re année.

Par ailleurs, il est fortement suggéré de faire en sorte que les enfants que l'on considère comme à risque découvrent le principe alphabétique dès la maternelle. Leur entrée formelle dans l'écrit en 1re année sera ainsi facilitée. Pour ces enfants, il est bon de participer à des ateliers d'écriture accompagnée. Cette approche a été validée auprès d'élèves à risque de la maternelle et s'est révélée efficace pour réduire les risques d'échec en 1re année (Morin et Montésinos-Gelet, 2007). On peut donc prévenir les difficultés en lecture en favorisant une intervention précoce en écriture.

Conclusion

Comprendre le principe alphabétique, c'est comprendre qu'il existe des relations systématiques et prévisibles entre les sons de la parole et les lettres. Les enfants doivent découvrir que l'agencement des lettres dans le mot n'est pas attribuable au hasard, mais qu'il est gouverné par un code phonologique. Ils seront prêts à faire cette découverte lorsqu'ils auront acquis des habiletés en conscience phonologique primaire et connaîtront plusieurs lettres. C'est par l'écriture accompagnée que la plupart des enfants de la maternelle découvriront le principe alphabétique.

L'évaluation de l'émergence de la lecture et de l'écriture

L'évaluation de l'émergence de la lecture et de l'écriture comprend plusieurs aspects : le langage oral, la clarté cognitive, la conscience phonologique, la connaissance des lettres et la découverte du principe alphabétique. Il importe de savoir où se situent les enfants par rapport à chacune de ces composantes. Nous présentons dans ce chapitre un ensemble d'outils d'évaluation. Il est essentiel de préciser que ces outils ont pour objectif de permettre de suivre l'évolution des enfants et non de leur accorder une note de passage pour chaque épreuve. Ces outils évaluent les connaissances et habiletés qui sont en cours de développement à la maternelle et dont la maîtrise se poursuivra en 1re année.

9.1 L'évaluation de la compréhension du récit oral

L'évaluation de la compréhension du récit chez les enfants de la maternelle est non seulement possible, mais également utile. En effet, la compréhension de récits lus par l'adulte prédit la compréhension future en lecture (Kendeou et autres, 2009). Il existe plusieurs façons d'évaluer la compréhension du récit chez des lecteurs en émergence. Nous présentons l'évaluation au moyen du rappel de récit, l'évaluation à partir d'un album sans texte et l'évaluation à l'aide d'un scénarimage.

9.1.1 L'évaluation au moyen du rappel de récit

La façon la plus courante d'évaluer la compréhension du récit à la maternelle consiste à lire une histoire à l'ensemble des enfants de la classe, puis à rencontrer chacun individuellement pour un rappel de récit. On demande simplement à l'enfant de raconter l'histoire qui a été lue en classe. Il s'agit d'un rappel sans aide et à livre fermé. Lorsque l'enfant s'arrête, on lui demande : As-tu autre chose à ajouter ? Cependant, on ne lui donne pas d'autres indications qui pourraient orienter la structuration de son rappel. Il existe plusieurs grilles pour évaluer le rappel de récit. Nous présentons dans le tableau 9.1 *(à la page suivante)* une grille à six niveaux construite de façon à cerner l'évolution de la conception du récit chez le jeune enfant (Makdissi et Boisclair, 2010). Celui-ci évolue d'un niveau à l'autre au cours de la maternelle, mais sa compréhension du récit continue de s'affiner au 1er cycle du primaire.

TABLEAU 9.1 La grille de rappel du récit

Niveau	Évolution de l'enfant
Niveau 0	La dénomination d'objets présents sur la page couverture : L'enfant ne dit rien ou nomme les objets de la page couverture.
Niveau 1	Les personnages : L'enfant nomme un ou des personnages de l'histoire.
Niveau 2	Les actions isolées : L'enfant rappelle certaines actions pertinentes, mais sans structuration du récit.
Niveau 3	Le début de la structuration du récit : L'enfant identifie le problème, les épisodes ou la fin du récit.
Niveau 4	L'apparition des liens successifs : L'enfant établit des liens temporels entre deux parties du récit.
Niveau 5	L'apparition des liens de causalité : L'enfant établit des relations causales entre les composantes du récit, par exemple entre le problème et la solution ou entre les épisodes et la fin.
Niveau 6	L'apparition de la double causalité : L'enfant manifeste une première compréhension du thème de l'histoire.

Adapté de Makdissi, H. et A. Boisclair. (2010). La complexification du récit chez l'enfant d'âge préscolaire. Dans Doyon, D. et C. Fisher. *Le langage et la pensée à la maternelle* (185-214). Québec : Presses de l'Université du Québec.

9.1.2 L'évaluation à partir d'un album sans texte

Il est possible d'évaluer la compréhension du récit en proposant à l'enfant un album sans texte et en observant comment il manipule le livre et se représente l'histoire à partir des images. L'un des avantages de cette technique est que l'enfant n'a pas à retenir le contenu de l'histoire, comme c'est le cas dans le rappel du récit. Ici, il montre à la fois sa familiarité avec les livres et sa conception du récit.

Il s'agit d'abord de choisir un album sans texte possédant une intrigue claire et des images qui illustrent bien les idées principales. Le seul texte qui apparaît dans le livre est le titre. La démarche comprend trois parties : la promenade dans les images du livre, le rappel et la compréhension guidée (Paris et Paris, 2003). On peut employer séparément chacune des parties, selon les objectifs poursuivis. Au début de l'année, la promenade dans le livre est utile pour évaluer la familiarité de l'enfant avec celui-ci. En cours d'année, le rappel et la compréhension guidée, faits à des moments différents, permettent de suivre les progrès de l'enfant.

▪ La promenade dans les images du livre

Pour la partie « promenade dans les images », remettez le livre fermé à l'enfant, demandez-lui de le regarder et de vous dire ce qui lui vient à l'esprit lorsqu'il regarde les images. Pendant qu'il effectue cette tâche, vous pouvez observer les divers comportements de l'enfant (Paris et Paris, 2003) :

- La manipulation du livre (ouvrir le livre dans le bon sens et regarder toutes les pages à un rythme approprié) ;

- L'engagement (commentaires spontanés de l'enfant manifestant de l'intérêt et de l'attention envers la tâche et absence de comportements hors tâche);
- Les commentaires sur les illustrations (opinions, descriptions des objets ou des émotions des personnages);
- Les commentaires sur l'histoire (montrant que l'enfant comprend que les illustrations racontent une histoire);
- Les stratégies de compréhension (faire des retours en arrière, des prédictions et poser des questions).

La promenade dans le livre vous permet de voir quel est le degré de familiarité de l'enfant avec la manipulation des livres et son intérêt pour les récits.

■ Le rappel

Après la promenade dans les images du livre, reprenez le livre et demandez à l'enfant de vous en raconter l'histoire. Lorsqu'il a terminé son rappel, demandez-lui s'il peut dire autre chose au sujet de l'histoire. Transcrivez le rappel et évaluez-le selon que l'enfant a mentionné les parties essentielles du récit: 1) La situation initiale; 2) Les personnages; 3) Le but/l'élément déclencheur; 4) Le problème; 5) La solution; 6) La fin. Indiquez sur la transcription du rappel si l'enfant a mentionné l'élément spontanément ou avec de l'aide.

■ La compréhension guidée

La dernière partie de l'évaluation consiste à poser à l'enfant des questions sur l'histoire. Après lui avoir dit que vous alliez regarder de nouveau le livre avec lui, suscitez sa participation en pointant des images et en lui posant des questions (cinq questions explicites et cinq questions implicites). Les questions explicites renvoient principalement aux illustrations, alors que les questions implicites exigent un raisonnement de la part de l'enfant. Les grilles d'évaluation des réponses à ces questions sont présentées dans le tableau 9.2.

TABLEAU 9.2   La grille d'évaluation des réponses aux questions explicites et implicites sur le récit

Questions explicites	Pas de réponse	Réponse partielle	Réponse complète
Les personnages: Qui sont les personnages de cette histoire?			
La situation: Où cette histoire se passe-t-elle?			
L'élément déclencheur (présenter la page où se trouve l'élément déclencheur): Dis-moi ce qui arrive à ce moment de l'histoire? Pourquoi est-ce une partie importante de l'histoire?			

▽

Questions explicites	Pas de réponse	Réponse partielle	Réponse complète
Le problème (présenter la page où se trouve le problème) : Si tu racontais cette histoire à quelqu'un, que lui dirais-tu au sujet de ce qui se passe ici dans l'histoire ? Pourquoi est-ce arrivé ?			
La fin/la résolution (présenter la page où se trouve la résolution) : Qu'est-ce qui arrive ici ? Pourquoi est-ce que ça arrive ?			

Questions implicites	Pas de réponse	Réponse partielle	Réponse complète
Sentiments : Dis-moi comment se sentent les personnages de cette image. Pourquoi penses-tu cela ?			
Inférence causale : Pourquoi le personnage a-t-il décidé de... ?			
Dialogue : Que penses-tu que les personnages disent ici ? Pourquoi disent-ils cela ?			
Prédiction : C'est la dernière image du livre. Que penses-tu qu'il se passera maintenant ? Pourquoi penses-tu cela ?			
Thème (livre fermé) : Question portant sur l'ensemble de l'histoire (p. ex. : En pensant à ce qui est arrivé dans l'histoire, si ton père voulait acheter un robot, quel conseil pourrais-tu lui donner pour qu'il ne lui arrive pas la même chose que dans l'histoire ?)			

Adapté de Paris, A. et S. Paris. (2003). Assessing narrative comprehension in young children. *Reading Research Quarterly*, 38(1), pp. 36-76.

9.1.3 L'évaluation à l'aide d'un scénarimage

Le scénarimage est composé d'un ensemble de cartes illustrant les principales parties de l'histoire. On peut en confectionner un en numérisant les pages d'un album et en les collant sur des fiches. Il s'agit de choisir les illustrations qui représentent les moments clés de l'histoire et de procéder ensuite de la façon suivante :

• Lisez l'histoire complète à l'ensemble de la classe, comme à l'habitude ;

• Placez le scénarimage en ordre aléatoire face à l'enfant et dites-lui : « Replace les images dans le bon ordre, puis raconte-moi l'histoire. » ;

• Évaluez la remise en ordre de l'histoire à l'aide de la grille présentée dans le tableau 9.3.

TABLEAU 9.3   La grille d'évaluation du scénarimage

Niveau	Évaluation
Niveau 1	Mise en ordre à partir d'une logique d'histoire inventée par l'enfant.
Niveau 2	Mise en ordre des images, mais l'ordre chronologique n'est pas respecté pour toutes les images.
Niveau 3	Les images sont mises dans un ordre chronologique dont la cohérence respecte le déroulement du récit (rangement de gauche à droite ou de haut en bas).

Une variante du scénarimage consiste à y inclure des images qui ne font pas partie de l'histoire et à demander aux enfants d'enlever celles qui ne correspondent pas à l'histoire avant de remettre les illustrations dans l'ordre.

9.2 L'évaluation de la clarté cognitive

L'évaluation de la clarté cognitive comprend l'évaluation des fonctions de l'écrit, des conventions et de la terminologie de la langue écrite ainsi que de la compréhension des bases de la relation oral-écrit.

9.2.1 Les fonctions de la lecture et de l'écriture

Afin d'évaluer la conception qu'a l'enfant des fonctions de l'écrit, on lui pose des questions sous forme d'entrevue. Il n'est pas nécessaire de poser toutes les questions proposées ci-dessous si l'enfant nomme plusieurs fonctions de la lecture dès le début de l'entrevue.

- Veux-tu apprendre à lire ?
- Est-ce que c'est bien d'apprendre à lire ?
- Pourquoi veux-tu apprendre à lire ?
- Qu'est-ce que tu penses que tu pourras faire quand tu sauras lire et écrire ?
- Quand est-ce qu'on a besoin de lire ?
- Est-ce que lire et écrire servent à autre chose ?

Le tableau 9.4 regroupe les principales catégories de réponses pour cette épreuve.

TABLEAU 9.4   La grille d'analyse de la compréhension des fonctions de l'écrit

Niveau	Catégories de réponses
Niveau 1	Pas de preuve d'une conception des fonctions de l'écrit. L'enfant n'arrive pas à nommer les fonctions de l'écrit.
Niveau 2	Vue limitée des fonctions de l'écrit. L'enfant donne des réponses comme : « Les lettres, c'est pour apprendre à l'école » ou « Les lettres, c'est pour écrire notre nom. »
Niveau 3	Preuve de la compréhension des fonctions de la lecture. L'enfant donne des exemples de fonctions variées, comme lire le journal, écrire une lettre à quelqu'un ou s'informer.

9.2.2 Les conventions de la langue écrite

Pour évaluer la connaissance des conventions de la langue écrite, il s'agit de choisir un livre qui comporte plus d'une ligne par page et qui présente du texte sur deux pages en regard afin de pouvoir observer différents types de comportement.

Présentez le livre à l'enfant et dites-lui que vous aimeriez le lui lire ; lisez le titre du livre, puis :

- demandez à l'enfant où il faudrait commencer à lire l'histoire ;
- demandez-lui de vous indiquer où il faudrait continuer à lire ;
- à la fin de la ligne, demandez-lui dans quelle direction il faut continuer ;
- à la fin de la page, demandez-lui de mettre son doigt à l'endroit où il faut maintenant aller pour continuer de lire.

À la maternelle, il faut vérifier si l'enfant indique la direction conventionnelle de l'écrit, non pas dans toutes les situations, mais dans la plupart d'entre elles.

9.2.3 La terminologie de la langue écrite

L'évaluation de la terminologie associée à la langue écrite s'effectue en présentant un texte à l'enfant et en lui donnant une série de tâches à effectuer. Il peut être pratique de lui remettre un crayon de couleur différente pour chacune des directives afin de garder une trace de ses réponses.

1. Entoure une lettre ; entoure une autre lettre (crayon rouge).

2. Entoure un mot ; entoure un autre mot (crayon noir).

3. Entoure la première lettre d'un mot (crayon bleu).

4. Entoure la dernière lettre d'un mot (crayon vert).

5. Entoure une lettre minuscule (crayon orange).

6. Entoure une lettre majuscule (crayon violet).

7. Entoure un point (crayon gris).

8. Entoure un point d'interrogation (crayon rose).

9. Entoure un point d'exclamation (crayon turquoise).

Vous pouvez utiliser n'importe quel texte qui contient des lettres majuscules et minuscules ainsi que des signes de ponctuation (point, point d'interrogation et point d'exclamation).

La majorité des enfants de la maternelle maîtrisent le concept de lettre, alors que celui de mot est toujours en voie d'acquisition. Les concepts de première et de dernière lettre sont plus difficiles, car ils évaluent trois choses à la fois : le concept de lettre, le concept de mot et les concepts de premier et de dernier appliqués à un mot. Quant aux signes de ponctuation, on s'attend à ce que l'enfant sache qu'il ne s'agit pas de lettres, sans nécessairement connaître le nom de chacun d'entre eux.

9.2.4 Les relations entre l'oral et l'écrit

L'évaluation de la compréhension de la relation entre l'oral et l'écrit porte sur trois comportements : établir la correspondance mot oral et mot écrit, trouver la place du mot dans la phrase et distinguer les mots courts des mots longs.

■ La correspondance mot oral et mot écrit

L'objectif de l'évaluation de la correspondance mot oral et mot écrit est de vérifier si l'enfant comprend que les mots lus correspondent aux mots écrits. Vous pouvez procéder de la façon suivante pour effectuer cette évaluation :

- Faites mémoriser à l'enfant une courte comptine ;
- Présentez-lui ensuite le texte de la comptine ;
- Faites une démonstration de la façon de pointer les mots un à un en lisant les deux premières lignes de la comptine. Il est approprié de cacher les autres lignes pour ne pas détourner l'attention de l'enfant ;
- Demandez-lui ensuite de pointer les mots à mesure qu'il récite les dernières lignes de la comptine.

Les comportements que l'on peut observer en faisant cette tâche sont énumérés dans le tableau 9.5. Il est à noter que cette tâche permet également de prendre la mesure de la compréhension du concept de mot, car les enfants qui confondent « mot » et « syllabe » pointent un mot par syllabe orale.

TABLEAU 9.5   La grille d'évaluation de la capacité à suivre un texte du doigt

Niveau	Comportement observé
Niveau 1	L'enfant qui n'a pas acquis cette habileté glisse le doigt sur la page sans pointer de mots ou pointe toujours le premier mot.
Niveau 2	L'enfant qui commence à acquérir cette habileté pointe les mots en disant les syllabes ou pointe les mots de gauche à droite mais au hasard en récitant la comptine.
Niveau 3	L'enfant qui comprend bien que chaque mot de la phrase orale correspond à un mot de la phrase écrite pointe les mots et s'autocorrige en cas d'erreur.

■ Trouver la place du mot dans la phrase

L'activité qui suit a pour but de vérifier si l'enfant comprend que, lorsque l'adulte lit une phrase, le premier mot lu correspond au premier mot écrit sur la ligne. Il ne s'agit pas de voir si l'enfant sait lire les mots, mais s'il comprend ce principe. La démarche est la suivante :

- Écrivez une phrase sur une feuille devant l'enfant, par exemple « Martin joue au ballon avec sa cousine. » ;

- Répétez la phrase et demandez à l'enfant de la répéter lui aussi ;
- Demandez-lui ensuite si le mot « Martin » est écrit et où il l'est ;
- Poursuivez avec les mots « cousine », « ballon » et « joue ».

Une classification des comportements de l'enfant lors de cette tâche est proposée dans le tableau 9.6.

TABLEAU 9.6   La grille d'évaluation de la capacité à repérer un mot dans la phrase

Niveau	Comportement observé
Niveau 1	L'enfant pointe des mots au hasard. Il ne comprend pas que le premier mot dit est aussi le premier mot écrit.
Niveau 2	L'enfant tente de faire correspondre la phrase orale et la phrase écrite mais ses réussites ne sont pas constantes.
Niveau 3	L'enfant indique correctement le premier mot, le dernier mot et un mot situé au milieu de la phrase.

■ Les mots courts et les mots longs

L'objectif de l'activité qui porte sur les mots courts et les mots longs est de vérifier si l'enfant comprend qu'un mot long à l'oral (qui comprend plusieurs syllabes) est aussi un mot long à l'écrit (qui contient plusieurs lettres) et inversement pour les mots courts. La démarche d'évaluation est la suivante :

- Préparez des languettes avec des noms d'animaux courts et longs (*voir les exemples dans l'encadré 9.1*) ;

ENCADRÉ 9.1	Des exemples de mots pour la tâche Mots courts et mots longs
papillon	coq
rat	écureuil
ours	rhinocéros
loup	libellule

- Placez deux mots sur la table. Dites à l'enfant qu'il y a sur la table les mots « coq » et « papillon ». Répétez les mots dans l'ordre inverse : « papillon » et « coq » ;
- Demandez à l'enfant de montrer le mot « coq » ;
- Poursuivez avec les autres séries de mots.

Le tableau 9.7 regroupe les catégories de réponses de cette épreuve.

TABLEAU 9.7   La grille d'évaluation de la distinction entre mot court et mot long

Niveau	Comportement observé
Niveau 1	L'enfant donne des réponses au hasard.
Niveau 2	L'enfant choisit le bon mot en associant la longueur du mot à l'oral (le nombre de syllabes orales) à la longueur du mot à l'écrit.
Niveau 3	L'enfant choisit le bon mot en se servant de sa connaissance des correspondances lettre-son.

9.3 L'évaluation de la connaissance des lettres

À la maternelle, l'évaluation de la connaissance des lettres peut se limiter à celle du nom des lettres majuscules. Il n'est pas nécessaire d'évaluer toutes les lettres, comme on le fera en 1re année. Par exemple, on peut éliminer les lettres « W », « X », « Y », « Z », lesquelles sont moins fréquentes. À partir d'une page de lettres, comme celle que présente la figure 9.1, on demande à l'enfant de nommer les lettres une à une. S'il connaît très peu de lettres, on lui demande de regarder la page et de nommer celles qu'il connaît.

FIGURE 9.1	Les lettres à présenter pour la tâche d'identification des lettres majuscules

M	S	D	A	F
V	I	P	N	T
G	U	H	J	B
O	E	L	R	C

On s'attend à ce qu'à la fin de la maternelle l'enfant connaisse une bonne partie des lettres. C'est habituellement après quelques mois en 1re année que la connaissance des lettres se stabilise.

9.4 L'évaluation de la conscience phonologique

Les tâches de conscience phonologique doivent convenir au développement des enfants de la maternelle. Assez tôt dans l'année, ceux-ci sont capables d'effectuer des tâches « épi » portant sur la syllabe et la rime et, un peu plus tard, des tâches « épi » portant sur le phonème initial. Les enfants de la maternelle sont également capables, surtout dans la seconde partie de l'année, de faire des tâches « méta » sur la syllabe et la rime. Cependant, les tâches « méta » sur le phonème n'ont pas à être évaluées à la maternelle (par exemple, segmenter un mot en phonèmes ou enlever un phonème d'un mot).

1. Les tâches épiphonologiques

- L'évaluation de la sensibilité à la syllabe : Demandez à l'enfant de scander des mots en syllabes.

- L'évaluation de la sensibilité aux rimes : Demandez à l'enfant si des mots riment ou non.

- L'évaluation de la sensibilité au premier phonème : Demandez à l'enfant si deux mots commencent par le même phonème.

2. Les tâches métaphonologiques sur la syllabe et la rime

- L'évaluation de la manipulation des syllabes : Demandez à l'enfant d'enlever la première syllabe d'un mot.

- L'évaluation de la manipulation des rimes : Demandez à l'enfant de produire un mot qui rime avec un mot cible.

9.5 L'évaluation de la découverte du principe alphabétique

Pour savoir si l'enfant a découvert le principe alphabétique, la meilleure façon de procéder est de lui faire écrire des mots nouveaux, c'est-à-dire des mots qu'il n'a pas appris à écrire par cœur, comme il l'a fait pour son prénom. Une liste de quatre ou cinq mots suffit à effectuer une approximation des façons de faire de l'enfant. Il est important de vérifier que les mots ne sont pas affichés dans la classe, car il ne s'agit pas d'une activité de copie. Vous pouvez dresser vous-même votre liste de mots. Les listes de mots comprennent habituellement des mots de différente longueur, par exemple : coq, girafe, éléphant, hippopotame, rat, cheval, papillon et rhinocéros.

Pour exécuter la tâche, dites à l'enfant que vous lui demandez d'écrire quelques mots à sa manière. Mentionnez-lui que vous savez qu'il ne sait pas encore écrire comme les grands, mais que vous voulez qu'il écrive à sa façon. L'idéal est de procéder de façon individuelle afin de poser des questions à l'enfant sur le choix des lettres (à quoi réfère chaque lettre pour lui). Il est toutefois possible de procéder de façon collective : dans ce cas, le recours aux illustrations permet de savoir à quel mot correspond la production des enfants (*voir la figure 8.1, au chapitre 8*).

L'évaluation des productions (*voir le tableau 9.8*) se fait en termes de procédures plutôt que de stades d'écriture. Des études ont révélé que les enfants pouvaient utiliser plus d'une procédure dans la même production selon les mots à écrire, ce qui rend difficile la détermination d'un stade précis (Sprenger-Charolles et autres, 2003 ; Plaza et autres, 2006). L'analyse consistera à classer chacun des mots de l'enfant dans l'une des procédures d'écriture : procédure préphonétique, semi-phonétique, phonétique et orthographique.

TABLEAU 9.8 Les procédures d'écriture

Procédure	Comportement observé
Procédure préphonétique	Il n'y a aucune correspondance phonème-graphème dans la production. Ex. : TESPA pour Girafe
Procédure semi-phonétique	Quelques correspondances phonème-graphème sont présentes, habituellement au début du mot. Ex. : JAOYT pour Girafe
Procédure phonétique	La plupart des phonèmes sont représentés graphiquement. Ex. : JRAF pour Girafe
Procédure orthographique	Le mot écrit n'est pas limité à la transcription des sons, mais inclut également des éléments de morphologie, comme des lettres muettes. Ex. : JRAFE pour Girafe
Écriture conventionnelle	Écriture exacte du mot. Ex. : GIRAFE

L'objectif de cette activité n'est pas de voir si l'enfant est capable d'orthographier correctement les mots, mais de vérifier s'il effectue une relation entre les sons du mot à l'oral et les lettres qu'il écrit pour représenter ce mot. En général, lorsque l'enfant présente une écriture préphonétique, on peut penser qu'il n'a pas découvert le principe alphabétique. S'il présente une écriture semi-phonétique, on peut conclure qu'il a découvert le principe alphabétique mais qu'il ne l'applique que partiellement. S'il présente une écriture phonétique, on peut affirmer qu'il a découvert le principe alphabétique et progressé dans son application.

Conclusion

L'évaluation du lecteur en émergence peut être faite au moyen de l'observation en classe, mais des épreuves plus structurées serviront à préciser ces observations lorsque nécessaire. On ne s'attend pas à ce que les enfants de la maternelle réussissent parfaitement toutes les épreuves, car ils poursuivront leur apprentissage en 1re année. L'évaluation sert surtout à vérifier qu'ils font des progrès dans l'émergence de l'écrit.

Partie

3

La lecture
en 1re et 2e année

Chapitres

Les composantes de l'enseignement de la lecture en 1re et 2e année

L'enfant qui termine la maternelle possède déjà une certaine conception de la lecture. Toutefois, dès son entrée au primaire, il reçoit un enseignement plus formel. Dans ce chapitre, nous traitons des composantes de l'enseignement de la lecture en 1re et 2e année. Nous abordons aussi l'aménagement de la classe, l'évolution du lecteur, les approches de l'enseignement de la lecture ainsi que le rôle que jouent les parents dans l'apprentissage de la lecture.

10.1 Le passage de la maternelle à la 1re année

Le passage de la maternelle à la 1re année marque un profond changement dans le rapport qu'entretiennent les enfants et les parents avec les apprentissages. «En effet, la patience et la tolérance sont deux valeurs fortes de l'école maternelle : il s'agit d'un lieu encore préservé où on n'exerce pas encore de pression trop forte sur les apprentissages scolaires, où l'on accepte que certains élèves ne réussissent pas aussi bien que les autres en se disant que le temps fera son office» (Goigoux et Cèbe, 2006, p. 3). Lors de leur entrée en 1re année, les enfants sentent que la «vraie école» commence et que l'on attend d'eux qu'ils apprennent à lire. Les parents s'inquiètent parfois et se demandent si leur enfant progresse bien en lecture, car cet apprentissage demeure mystérieux pour eux.

Tous les enseignants reconnaissent que la 1re année est cruciale pour le cheminement scolaire des enfants. Des études ont d'ailleurs révélé que ceux d'entre eux qui éprouvent des difficultés en lecture à la fin de la 1re année se situent encore parmi les lecteurs faibles à la fin du primaire. En général, les élèves qui terminent leur 1re année en ayant eu de faibles résultats en lecture ne deviennent que rarement des lecteurs moyens et pratiquement jamais des lecteurs forts. À l'opposé, ceux qui réussissent bien en lecture en 1re année conservent habituellement cette trajectoire tout le long du primaire (Plaza et autres, 2002 ; Landerl et Wimmer, 2008). L'enseignement de qualité en 1re année est la meilleure forme de prévention des difficultés en lecture.

C'est pourquoi le système scolaire aurait avantage à confier les classes de lecteurs débutants aux meilleurs enseignants.

10.2 L'évolution des lecteurs en 1re et 2e année

Au début de la 1re année, les enfants sont des apprentis lecteurs qui ne possèdent pas encore de connaissances précises sur l'utilisation du code alphabétique. Au cours de l'année, ils acquièrent des habiletés en identification de mots et confirment leur conception que la lecture est une recherche de sens. Comme à la maternelle, l'écriture continue à jouer un rôle essentiel dans leurs compétences de lecteur. En cours d'année, les enfants passent du statut d'apprentis lecteurs à celui de lecteurs débutants. Les lecteurs débutants sont capables de comprendre une phrase en même temps qu'ils identifient les mots. Quand les enfants sont capables de lire et de comprendre une phrase comme « La souris a peur quand elle voit arriver le chat Mistigri », ils montrent qu'ils sont des lecteurs débutants. À la fin de la 1re année, on s'attend à ce qu'ils soient autonomes quand ils se trouvent devant des textes conçus pour les jeunes lecteurs.

En 2e année, les enfants sont considérés comme des lecteurs en transition plutôt que comme des lecteurs débutants. Cette année du primaire est marquée du sceau de l'autoapprentissage. Les enfants apprennent chaque fois qu'ils lisent, indépendamment de l'enseignement qu'ils reçoivent. Grâce aux habiletés de lecteur débutant qu'ils ont acquises, ils peuvent lire et relire des centaines de mots, qu'ils reconnaissent de plus en plus rapidement. Ils savent que leur lecture est correcte ou non grâce à cet outil puissant qu'est la compréhension ; celle-ci produit sa propre rétroaction. Par conséquent, il est très important, durant cette période, de donner aux enfants beaucoup de temps pour lire. Cependant, ils doivent aussi progresser dans leur compréhension de texte et leurs habiletés en écriture.

10.3 L'aménagement de la classe

L'aménagement d'une classe destinée aux lecteurs débutants doit révéler que la lecture y est à l'honneur. Si vous voulez vous faire une première idée de l'environnement de votre classe, placez-vous au pupitre d'un élève et regardez ce qu'il voit de sa place. À quoi ressemble une classe dans laquelle la lecture est une priorité ? On y trouve, sur les murs, des affiches, des babillards comportant des commentaires sur les livres et des travaux d'élèves mis bien en évidence. Un coin lecture y est aménagé, comprenant un large éventail de livres. Les élèves réagissent positivement lorsque l'environnement de la classe est bien organisé et invitant.

10.3.1 Les pupitres

Il y a des chances qu'une classe où les pupitres sont disposés en rangées et espacés les uns des autres soit une classe dans laquelle l'enseignement consiste principalement en des directives adressées au groupe, suivies de travail individuel. Si l'on veut que les élèves interagissent entre eux, il faut que l'arrangement de la classe reflète ce choix. Dans une classe où l'enseignant encourage les élèves à discuter, ceux-ci devraient être placés de façon à se voir et s'entendre, et pas seulement placés de façon à voir l'enseignant. Les classes délimitées en petits îlots augmentent les possibilités d'interventions verbales et les activités de coopération. Il existe plusieurs façons d'aménager la classe pour favoriser les interactions entre les pairs : dans certaines, les pupitres sont regroupés par deux ou par quatre, de façon flexible, selon les activités. Dans d'autres classes, ils sont remplacés par des tables de travail occupées par quatre ou cinq élèves (*voir la figure 10.1*).

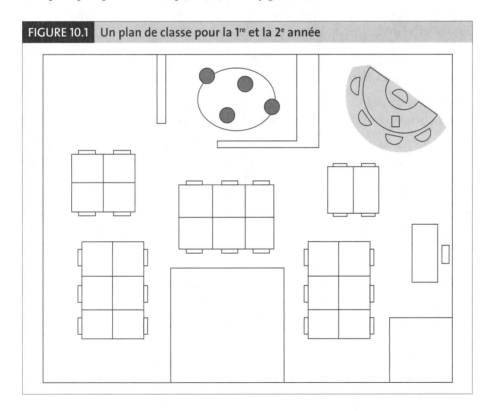

FIGURE 10.1 Un plan de classe pour la 1re et la 2e année

10.3.2 L'aire de rassemblement

L'aménagement de la classe comprend une aire de rassemblement, c'est-à-dire un espace qui permet à tous les élèves de s'asseoir au sol. Cet endroit sert aux activités de groupe comme la lecture aux élèves et les mini leçons. Il sert aussi aux transitions entre les activités : le fait de passer d'un endroit de la classe à l'aire de rassemblement permet aux élèves de bouger. En plus de l'aire de rassemblement, la classe comporte également une aire, légèrement en retrait, où l'enseignant peut rencontrer un sous-groupe lors d'une lecture guidée.

10.3.3 Le coin lecture

Il est essentiel que les lecteurs débutants aient un accès direct aux livres. Le coin lecture est donc une composante importante de l'aménagement de la classe. En plus d'être fréquenté par les enfants qui ont terminé leur travail, tous les enfants, même les plus lents, peuvent y passer du temps. Si le coin lecture est important pour tous les élèves, il l'est particulièrement pour ceux qui proviennent de milieux défavorisés et qui n'ont souvent pas d'autre accès aux livres. Un coin lecture attrayant montre aux enfants l'intérêt que vous portez à la lecture.

■ Le choix des livres

Le coin lecture doit contenir des livres adaptés aux jeunes élèves. On y trouvera essentiellement trois types de livres pour lecteurs débutants.

1. Une partie de la bibliothèque sera consacrée aux collections classées selon le degré de difficulté. Ce type de livres est nécessaire en 1re et 2e année, mais on suggère cependant de limiter leur présence à environ 30 % de l'ensemble de la bibliothèque.

2. Le coin lecture comprendra des albums narratifs portant sur différents thèmes se rapportant aux centres d'intérêt des enfants, comme la peur du noir, la famille, les amis, etc.

3. Il est important de s'assurer que la bibliothèque contienne également des livres documentaires. Pour les élèves du début du primaire, on distingue :

- les textes narratifs-informatifs : L'auteur présente de l'information factuelle à l'intérieur d'un récit comprenant des personnages qui poursuivent un objectif ;
- les textes informatifs : L'auteur présente de l'information sans introduire de personnages ;
- les textes mixtes : L'auteur raconte une histoire mais présente des éléments d'information dans des encadrés.

Tous les types de livres documentaires peuvent être présents dans le coin lecture, mais on recommande d'accorder une place plus importante aux documentaires informatifs, car dans les autres types les enfants ont tendance à s'intéresser à l'histoire au détriment de l'acquisition de connaissances.

■ Le classement des livres

Ce qui caractérise le coin lecture en 1re et 2e année est le classement des livres. Comme les lecteurs débutants ont besoin d'être guidés dans leur choix, les livres doivent être soigneusement classés afin que les enfants trouvent rapidement ceux qui leur conviennent. Certains livres seront classés selon le degré de difficulté, d'autres selon le thème.

Alors qu'à la maternelle les livres sont installés dans un présentoir, la couverture en évidence, en 1re et 2e année, il est avantageux de placer la plupart des livres dans des bacs spécialement conçus pour leur rangement. Ces bacs sont munis de séparateurs et permettent de mettre les livres à la verticale de façon que les élèves puissent facilement les consulter.

10.4 Les profils de lecteurs au début de la 1re année

Les 25 élèves (plus ou moins) qui composent une classe de 1re année sont très différents les uns des autres. Cette diversité, déjà apparente à la maternelle, ne fait que s'accentuer en 1re année. Certains enfants apprendront facilement à lire, alors que d'autres prendront du retard. Dès le début de l'année, vous remarquerez divers profils de lecteurs.

10.4.1 Les lecteurs précoces

Vous aurez peut-être dans votre classe un enfant qu'on appelle « lecteur précoce ». Sur 100 enfants qui entrent en 1re année, on en trouve au moins un qui sait déjà lire (Giasson et autres, 1985). Ces enfants sont une richesse pour votre classe ; ils peuvent servir de modèles de lecteurs et de tuteurs pour leurs pairs et vous aider à stimuler la classe de différentes façons. Il ne faut cependant pas les laisser de côté en attendant que les autres les rattrapent ; au contraire, on doit leur fournir des livres qui correspondent à leurs compétences et des occasions d'écrire. Cependant, bien qu'il semble facile de fournir à ces élèves des livres et des occasions d'écrire, on observe que les enseignants le font malheureusement très peu parce qu'ils offrent surtout un enseignement de groupe qui s'adresse aux élèves moyens de la classe (Connor, 2009).

10.4.2 Les explorateurs

Une bonne proportion des enfants de votre classe ne demanderont qu'à apprendre à lire. Ces enfants auront déjà fait un nombre considérable d'acquisitions avant leur entrée formelle dans l'écrit ; on dit souvent d'eux qu'ils apprendraient à lire peu importe le type d'enseignement. Cela ne signifie pas que votre rôle aura moins d'importance ; vous devrez agir de la même façon avec eux qu'avec les lecteurs précoces, en leur donnant la chance de se développer. Ce type de lecteurs, qu'on pourrait appeler « explorateurs autonomes », arrivent à l'école en ayant un intérêt marqué pour l'écrit ; ils s'attendent à trouver un sens à ce qu'ils lisent. Ils sont actifs dans leur exploration de l'écrit et cherchent à lire tout ce qui peut être lu dans leur environnement. Lors des activités de lecture, ils s'offrent toujours pour lire et, pendant les périodes d'activités libres, choisissent des activités de lecture. Au milieu de la 1re année, ils lisent tant des albums de littérature pour enfants que leur manuel de lecture.

10.4.3 Les lecteurs dépendants

Vous aurez également sans doute dans votre classe quelques enfants qui présenteront un profil de lecteurs dépendants. Ces enfants finissent d'habitude par réussir leur apprentissage grâce à un soutien important de la part des parents et de l'enseignant. Pour eux, lire consiste à énoncer les mots qu'ils connaissent et à attendre que quelqu'un leur dise les autres. Ils peuvent laisser croire qu'ils se consacrent à la tâche, mais s'investissent en fait peu dans leur apprentissage. Ils sont capables de remplir des pages d'exercices, mais ont de la difficulté à coordonner l'ensemble des stratégies de lecture et à les généraliser. Ils s'attendent à ce que l'école leur enseigne à lire sans qu'ils aient à faire d'efforts.

10.4.4 Les lecteurs à risque

Il est aussi fort probable que vous aurez dans votre classe un ou des enfants (dans des proportions variant selon les milieux) véritablement à risque. Ces enfants ont une conception de la lecture très éloignée de ce qui est enseigné en classe et auront besoin de plus d'attention de votre part. Ils pensent que la seule façon d'apprendre les mots consiste à s'en faire une image et à les mémoriser. Comme ils comprennent mal les tâches de lecture, ils répondent au hasard ou copient sur leur voisin. Lors des lectures en groupe, ils peuvent donner l'impression de lire, mais ne regardent pas le texte. Au moment des activités libres, ils ne s'intéressent pas à l'écrit. Ils recherchent constamment de l'aide individuelle et retirent peu de choses de l'enseignement en groupe. Ce ne sont pas pour autant des enfants passifs ; au contraire, ils essaient activement d'utiliser l'information donnée par l'enseignant, mais n'ont pas assez d'expérience pour y arriver. Cette inefficacité des stratégies conduit certains d'entre eux à la frustration et à l'agressivité.

10.5 Les approches de l'enseignement de la lecture

La façon d'enseigner à lire aux enfants de 1re année a donné lieu à une controverse pédagogique tenace qui a fait, et qui fait encore, l'objet de débats passionnés.

Cette controverse est en partie attribuable à une méconnaissance de ce qui se passe dans les classes.

10.5.1 La classification des approches

Le débat sur la lecture se cristallise autour de deux positions opposées. À une extrémité on trouve les approches alphabétiques, dans lesquelles le principe de la hiérarchisation des apprentissages est très important : on forme des mots uniquement à partir des lettres déjà apprises, ce qui réduit, il va sans dire, les possibilités de faire des phrases signifiantes. Par exemple, après avoir enseigné les voyelles a, e, i et o ainsi que les consonnes l et p, on propose aux enfants de lire des phrases comme : « Papa a la pipe » ou « Léa a épelé : pape et opale », ce qui est peu signifiant pour les enfants. À l'autre extrémité se situent les approches idéovisuelles, qui rejettent tout enseignement des correspondances lettre-son et misent sur la reconnaissance directe des mots qui caractérise la lecture de l'adulte. Disons tout de suite que ces positions extrêmes n'existent plus dans les classes.

Entre ces deux extrêmes, on trouve les méthodes mixtes, qui penchent plus ou moins vers l'une de ces deux positions. Parmi ces méthodes, certaines mettent nettement l'accent sur le décodage. D'autres, dites « à départ global », présentent des mots entiers au début de l'apprentissage, mais enseignent par la suite les syllabes. On confond souvent les méthodes idéovisuelles, qui refusent l'enseignement du code, et les méthodes à départ global, qui enseignent le code, mais à partir de l'analyse de mots entiers.

10.5.2 L'historique du choix des approches dans le milieu scolaire

Jusqu'à la fin des années 1970, les approches alphabétiques strictes ont été les plus populaires mais, au début des années 1980, elles ont été remises en question car on leur reprochait de présenter à l'enfant des textes artificiels et de favoriser une lecture syllabique, saccadée et peu naturelle. Elles ont été remplacées par des approches qui mettent l'accent sur la compréhension et accordent une place moins importante à l'enseignement du décodage (les approches à départ global). Dans les années 2000, on a reproché à ces approches de ne pas insister assez sur les relations lettre-son et proposé de revenir aux approches systématiques de l'enseignement du décodage. Déjà, on voit que ce retour vers une systématisation rigide du décodage commence à s'essouffler, car on lui reproche maintenant de négliger la compréhension de la lecture (Burkins et Croft, 2010).

10.5.3 L'effet de balancier

Il est facile d'observer un effet de balancier dans les positions concernant l'enseignement de l'identification de mots en 1re année. Les positions théoriques radicales suscitent des pratiques tout aussi radicales qui, au bout du compte, s'avèrent inefficaces et propulsent le domaine de la lecture dans l'autre direction. Et ce modèle se répète. Cependant, il faut comprendre que cet effet de balancier est amplifié par le débat public. Les médias n'ont retenu que les positions extrêmes et opposé l'approche alphabétique et l'approche idéovisuelle (que certains confondent avec l'approche à départ global). Or, ces positions extrêmes n'existent plus dans les classes. Il demeure certes un effet de balancier en éducation, mais la réalité des classes est plus nuancée que ne le laisse entendre le débat que présentent les médias.

Ce qu'il faut retenir de tout cela est qu'invariablement on suggère de « revenir aux bonnes vieilles méthodes traditionnelles qui ont fait leurs preuves ». On semble oublier, cependant, que si ces méthodes ont été abandonnées, c'est justement parce qu'elles ne donnaient plus satisfaction. La solution ne réside pas dans le dogmatisme, mais dans une approche équilibrée. Il ne faut ni idéaliser la pédagogie actuelle, ni vouloir revenir à un hypothétique âge d'or. Il s'agit plutôt de tirer parti de ce qui a été appris au cours des dernières décennies pour offrir aux enfants le meilleur enseignement possible.

10.6   Un programme équilibré

Un programme d'enseignement de la lecture doit être équilibré. Un programme équilibré est intégrateur, car il permet de développer simultanément, et conjointement, toutes les composantes nécessaires pour apprendre à lire et à écrire. Il présente trois caractéristiques essentielles :

1. Une importance égale accordée à la lecture et à l'écriture ;

2. Un enseignement qui associe l'identification de mots et la compréhension ;

3. Le développement de l'autonomie des élèves.

La figure 10.2 regroupe les composantes d'un programme équilibré. On peut voir dans cette figure que la lecture et l'écriture reçoivent une attention équivalente. On remarque également qu'une partie du programme est consacrée à l'identification de mots et qu'une autre l'est à la compréhension, au moyen d'activités de lecture et d'écriture. Enfin, on constate que les activités guidées par l'enseignant mènent à des activités de lecture et d'écriture individuelles.

10.6.1 Intégrer la lecture et l'écriture

Chez le lecteur débutant, la lecture et l'écriture se renforcent l'une l'autre et se développent simultanément, plutôt que de façon séquentielle. Les programmes les plus efficaces pour les lecteurs débutants s'assurent que la lecture et l'écriture sont bien intégrées, de façon à tirer avantage de leur réciprocité, puisque ces deux activités reposent sur les mêmes mécanismes de base. Traditionnellement, on avait

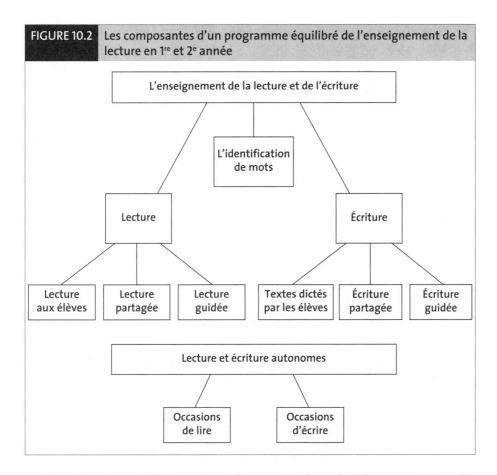

FIGURE 10.2 Les composantes d'un programme équilibré de l'enseignement de la lecture en 1ʳᵉ et 2ᵉ année

tendance à croire que l'écriture devait être enseignée après la lecture en 1ʳᵉ année. L'argument était que les enfants devaient déjà fournir assez d'efforts pour apprendre à lire et qu'il était préférable d'attendre que leurs compétences en lecture soient bien établies avant de les lancer dans l'écriture. D'ailleurs, on voit encore de nombreuses classes de 1ʳᵉ année où l'écriture tient une place beaucoup moins importante que la lecture. Pourtant, les élèves devraient écrire tous les jours, et ce, dès la première journée de la 1ʳᵉ année. Il ne s'agit pas de remplacer la lecture par l'écriture, mais d'établir un équilibre entre les deux.

10.6.2 Intégrer les habiletés d'identification de mots et la compréhension

On s'entend aisément sur le fait que la compréhension est le but de la lecture. Le lecteur débutant doit apprendre à chercher le sens de ce qu'il lit. Cependant, si la recherche de sens est primordiale, les habiletés en identification de mots sont également essentielles au lecteur débutant. Dans un programme équilibré, on s'assure que l'enfant maîtrise bien les stratégies d'identification de mots et, en même temps, qu'il comprenne que le décodage doit être au service de la compréhension.

10.6.3 Développer l'autonomie des lecteurs

Les modèles efficaces d'enseignement de la lecture incluent le développement de l'autonomie des élèves. L'éventail des activités comprend des situations gérées par l'enseignant, des situations de collaboration enseignant-élèves et des situations gérées par l'élève :

- Lors de la lecture aux élèves, l'enseignant a l'entière responsabilité de l'identification de mots, mais les élèves sont actifs sur le plan de la compréhension ;
- Lors de la lecture partagée, les élèves voient le texte et participent en groupe à la lecture de certaines parties du texte ;
- Lors de la lecture guidée en sous-groupe, les élèves lisent le texte, mais reçoivent le soutien de l'enseignant, qui les supervise ;
- Lors de la lecture individuelle, les élèves assument la responsabilité de l'identification de mots et se font une représentation du texte.

Les activités d'écriture suivent ce même processus, menant à l'autonomie : textes dictés, écriture partagée, écriture guidée et écriture personnelle. Soulignons que ces activités ne sont pas linéaires, mais cycliques ; elles varient selon le degré de difficulté du texte et les habiletés des élèves.

10.7 Les manuels de lecture

Doit-on ou non employer un manuel pour enseigner la lecture aux enfants ? Il est facile de constater que la très grande majorité des enseignants le font, même s'ils reconnaissent que ce n'est pas toujours la meilleure façon d'enseigner la lecture.

Les manuels de lecture présentent des avantages et des inconvénients. Parmi les aspects positifs, mentionnons d'abord le fait qu'ils contiennent des textes de différents types : contes, poèmes, textes informatifs, recettes de cuisine ou de bricolage. Ajoutons qu'il en existe pour tous les niveaux scolaires et qu'ils sont accompagnés de guides pédagogiques généralement fidèles au programme de lecture en vigueur. Enfin, leur principal avantage est probablement de donner aux jeunes enseignants une plus grande assurance dans l'enseignement de la lecture.

Du côté des inconvénients, on peut reprocher aux manuels de lecture de ne présenter que des textes courts ou des extraits de textes qui ne sont pas représentatifs des textes véritables. De plus, étant donné que ces manuels sont produits en fonction d'une clientèle générale, ils ne peuvent tenir compte des préférences et connaissances de tous les élèves. Pourtant, le principal inconvénient de ces manuels réside dans la façon de les utiliser. Même si les concepteurs ne prétendent pas que le manuel est le seul matériel à employer, les contraintes de temps font que c'est souvent ce qui se passe en réalité. Or, le fait de suivre à la lettre le manuel réduit souvent le travail de l'enseignant à un contrôle afin de s'assurer que les élèves accomplissent la tâche prescrite. L'enseignant a tendance à se sentir coupable s'il n'adopte pas la démarche du manuel, car il croit qu'il devrait faire ce que les experts ont élaboré pour lui. Il doit, au contraire, être convaincu de son rôle en tant que décideur et se concentrer sur la compréhension des élèves et sur le contenu plutôt que sur la réalisation d'une tâche uniforme. En fait, plusieurs options s'offrent à l'enseignant :

- Ne pas employer de manuel de lecture, mais plutôt structurer son enseignement autour de la littérature jeunesse (Nadon, 2003) ;
- Se servir d'un manuel, mais sans les cahiers d'exercices ;
- Combiner plusieurs manuels ;
- Choisir un manuel et l'accompagner de textes de différentes sources.

En somme, utilisés judicieusement, les manuels peuvent fournir à l'enseignant des pistes intéressantes à explorer avec les élèves, mais ils ne devraient jamais le remplacer.

10.8 Les caractéristiques des activités de lecture et d'écriture

Les activités de lecture proposées au lecteur débutant devraient présenter plusieurs caractéristiques :

1. Elles devraient d'abord amener l'élève à être actif. « L'enfant est un feu à allumer et non pas un vase à remplir », comme le disait si bien Rabelais. Une bonne période de lecture est une période pendant laquelle les élèves sont actifs, sur le plan cognitif, la plus grande partie du temps ;

2. Elles devraient être signifiantes. Une situation est signifiante si l'élève y voit un sens et s'il est disposé à y investir son énergie afin de répondre à son propre besoin de signification. Avant l'entrée à l'école, l'enfant n'a pour ainsi dire jamais vécu de situations dans lesquelles il n'y avait aucun sens : il a connu, certes, des situations complexes ou difficiles, mais ces situations avaient un sens pour lui ;

3. Elles devraient être gratifiantes. L'école a tendance à diviser le programme en deux : la lecture-apprentissage et la lecture-loisir. La lecture-loisir est associée au plaisir, alors que la lecture-apprentissage ne l'est pas. Pourquoi ? Plusieurs facteurs peuvent rendre l'enseignement de la lecture peu agréable, par exemple le manque de variété, l'accent mis sur les questions de compréhension (souvent du type littéral) ou le peu de place accordée aux textes véritables. Or, l'enseignement de la lecture ne peut être efficace que s'il est associé au plaisir de lire ;

4. Elles devraient permettre aux élèves d'utiliser une combinaison de stratégies et non solliciter des habiletés isolées. Ils ne deviendront des lecteurs efficaces que s'ils sont mis dans des situations réelles et complètes de lecture où ils peuvent combiner et intégrer différentes habiletés en lecture ;

5. Elles devraient stimuler la pensée en provoquant, lorsque cela est possible, des conflits cognitifs de manière à favoriser la confrontation des idées. Les élèves sont plus engagés dans la lecture lorsqu'ils ont à trouver une explication à une chose qui les a intrigués, surpris ou dérangés ;

6. Elles devraient refléter une pédagogie différenciée, c'est-à-dire respecter les acquis, le rythme et les centres d'intérêt de chaque élève.

10.9   Le rôle des parents dans l'apprentissage de la lecture

L'une des choses les plus importantes que les enseignants peuvent faire pour accomplir leur tâche est de s'assurer de l'aide des parents. Pourtant, des enquêtes ont démontré que bien des enseignants ne considèrent pas que le soutien des parents fait partie du programme et des objectifs scolaires (Shaw et May, 2007). Bien que les enseignants croient que la communication avec les parents est importante, la plupart la conçoivent à sens unique, c'est-à-dire de l'enseignant vers les parents. Ces derniers sont souvent placés dans une position qui les amène à recevoir de l'information sur leur enfant plutôt qu'à en communiquer. Lorsqu'ils donnent de l'information et que celle-ci entre en contradiction avec la perception des enseignants, leur contribution est souvent rejetée. Les recherches sur les écoles exemplaires révèlent que celles qui réussissent le mieux entretiennent des liens positifs et fréquents avec les parents (Taylor et autres, 2000). Dans ces écoles, les enseignants cherchent à gagner la confiance des parents, à établir un partenariat pour soutenir l'enfant dans son cheminement scolaire et considèrent les parents comme des membres à part entière de la communauté scolaire.

La communication avec les parents peut prendre plusieurs formes : bulletins hebdomadaires d'information sur la lecture en classe, livres envoyés à la maison, appels téléphoniques, rencontres, etc. Les ateliers peuvent également aider les parents à intervenir en lecture auprès de leur enfant (Saint-Laurent, Giasson et Drolet, 2001). Le principal problème des ateliers est de convaincre les parents d'y assister, particulièrement ceux qui en ont le plus besoin. Certains éléments peuvent contribuer à motiver les parents. Par exemple, ils seront plus enclins à prendre part aux ateliers si :

- leur enfant participe à un spectacle ;
- un goûter, des prix de présence et une garderie pour tout-petits sont offerts ;
- leur enfant leur remet une invitation personnalisée ;

- un lien personnel existe entre eux et l'enseignant ou un autre parent ;
- les parents ou les personnes les remplaçant sont consultés pour l'élaboration du programme de la soirée (Trehearne, 2006, p. 733).

Cependant, il faut établir une distinction entre demander la collaboration des parents et demander aux parents d'enseigner à lire à leur enfant.

> L'école ne doit pas « sous-traiter » aux parents une part de l'enseignement de la lecture si elle ne veut pas contribuer à reproduire les inégalités sociales. Cela signifie non pas, bien sûr, qu'elle ne recherche pas les complémentarités et les collaborations de toutes sortes avec les familles, mais qu'elle renonce à employer des méthodes pédagogiques qui abandonnent des pans entiers de l'apprentissage au hasard des conditions éducatives familiales (Goigoux et Cèbe, 2006, p. 5).

Chose certaine, les enseignants et les parents poursuivent le même objectif, celui de voir l'enfant entrer sans heurt dans le monde de l'écrit.

Conclusion

La 1re année est cruciale pour l'apprentissage de la lecture : c'est celle où les enfants deviennent autonomes dans la lecture de textes pour lecteurs débutants. Un programme équilibré d'enseignement de la lecture intègre la lecture et l'écriture, accorde de l'importance à l'identification de mots et à la compréhension et voit au développement de l'autonomie des enfants en tant que lecteurs et scripteurs. Les chapitres suivants porteront sur les composantes d'un programme équilibré : les chapitres 11 et 12 seront consacrés à l'identification de mots, les chapitres 13 et 14, aux activités de lecture et d'écriture axées sur la compréhension. Le chapitre 15 portera sur les lecteurs débutants à risque et le chapitre 16, sur l'évaluation de la lecture.

L'identification de mots

L'un des principaux objectifs de la 1re année est d'enseigner aux enfants à identifier des mots de façon autonome. À la maternelle, ils ont appris à reconnaître la plupart des lettres, développé leur conscience phonologique et, pour bon nombre d'entre eux, découvert le principe alphabétique. En 1re année, les enfants apprennent à appliquer le principe alphabétique, mais la maîtrise complète du code s'étend sur les deux premières années du primaire. Dans ce chapitre, nous voyons comment les enfants apprennent à identifier des mots nouveaux, quels sont les rôles respectifs du décodage et du recours au contexte dans l'identification de mots ainsi que la façon de favoriser cet apprentissage chez les enfants.

11.1 Comment l'enfant apprend-il à identifier des mots nouveaux ?

Comme notre langue est de nature alphabétique, les apprentis lecteurs doivent apprendre à tirer parti de cette caractéristique pour identifier les mots. Il existe des relations prévisibles entre les lettres et les sons et le fait de connaître cet ensemble de relations permet de lire des mots nouveaux. Les enfants doivent d'abord découvrir l'existence du principe qui régit l'écrit avant d'apprendre à l'appliquer. S'ils n'ont pas découvert ce principe à la maternelle, il faut en faire un objectif prioritaire au début de la 1re année.

Toutefois, pour identifier des mots, est-il suffisant pour les apprentis lecteurs d'apprendre à se servir des relations lettre-son ? Non, car la plupart des mots qu'ils rencontrent sont placés dans des phrases. Les apprentis lecteurs apprennent également à se servir du contexte, c'est-à-dire d'éléments comme la syntaxe, le sens ou l'illustration pour compléter leurs habiletés naissantes en identification de mots. Au début de l'apprentissage, les enfants apprennent aussi à reconnaître quelques mots sans les décoder. Ces mots sont habituellement des mots fréquents et des mots utiles à la vie de la classe (*voir le chapitre 12*).

En somme, pour lire une phrase, les enfants ont recours à trois types de connaissances :

1. Ils décodent une bonne partie des mots grâce à leurs connaissances du code alphabétique ;

2. Ils ont recours au contexte pour identifier certains mots;

3. Ils reconnaissent d'emblée quelques mots parce qu'ils les ont appris de façon directe.

Cet assemblage de moyens évolue avec le temps. Plus les lecteurs deviennent habiles, plus ils reconnaissent les mots instantanément: ils ne se servent alors du déchiffrage que pour les mots rares, particulièrement les noms propres. Le contexte ne leur sert plus à identifier des mots, mais seulement à donner un sens aux mots inconnus à l'oral.

11.2   Le décodage

Le décodage est à la fois une connaissance et une habileté: en effet, il comprend la connaissance des correspondances lettre-son et l'habileté à combiner ces correspondances pour prononcer le mot. Même si les termes «déchiffrage» et «décodage» sont souvent employés comme synonymes, il est utile de les distinguer. Le déchiffrage est l'application systématique des correspondances lettre-son et leur fusion pour lire des mots. Le déchiffrage peut donc s'effectuer sur des pseudo-mots. Quant au décodage, il consiste à reconnaître le sens du mot déchiffré et ne concerne donc que les mots réels. Il arrive que les apprentis lecteurs s'en tiennent au déchiffrage du mot sans se rendre au décodage; par exemple, ils liront «to-ma-te» sans faire le lien avec ce que représente ce mot. Cette partie sur le décodage portera sur l'explication de la notion de code alphabétique et les principes d'enseignement du décodage.

11.2.1   Le code alphabétique

Dans une langue alphabétique, on pourrait s'attendre à ce que chaque son soit toujours représenté par la même lettre à l'écrit, or ce n'est pas toujours le cas. Le seul exemple de correspondance pure est l'alphabet phonétique. Certaines langues ont toutefois des correspondances lettre-son très régulières, comme l'espagnol, l'italien et l'allemand, qui s'écrivent de manière presque entièrement prévisible.

La situation est différente en français. Les 36 phonèmes sont représentés par un nombre considérable de graphèmes. Un même phonème peut être représenté de plusieurs façons. Par exemple, le phonème /o/ se traduira, entre autres, par «o», «ot», «au», «eau» et «ôt». C'est pourquoi l'orthographe de la langue française est difficile à maîtriser. L'application des correspondances lettre-son ne permet d'écrire correctement que 50 % des mots. Par contre, la tâche est plus aisée en lecture, car une bonne partie des graphèmes se prononcent toujours de la même façon. Par exemple, le graphème «eau» se prononce de la même manière dans les mots «chapeau», «cadeau» et «râteau». La prononciation de 95 % des mots peut être découverte sans ambiguïté par l'application des correspondances lettre-son.

On parle d'orthographe transparente lorsque les mots s'écrivent comme ils se prononcent et d'orthographe opaque lorsqu'une lettre peut représenter plusieurs phonèmes et qu'un phonème peut s'écrire de différentes façons. Plusieurs études ont démontré que les enfants apprennent plus rapidement à identifier et à écrire des mots lorsque l'orthographe est transparente. En effet, dans les recherches où l'on compare la rapidité d'acquisition du décodage, on obtient les résultats les plus faibles chez les enfants qui apprennent à lire dans une langue dont l'orthographe est opaque, comme l'anglais, et les meilleurs chez les enfants qui apprennent avec une orthographe transparente, comme l'espagnol. Les résultats des élèves francophones se situent entre les deux (Seymour, Aro et Erskine, 2003). Nous abordons maintenant deux concepts liés au code alphabétique : le graphème et les types de syllabes.

■ Le graphème

La notion de graphème a été introduite en linguistique parce qu'elle permet plus de nuances que la notion de lettre : par exemple, le mot « chapeau » compte sept lettres, mais quatre graphèmes (ch-a-p-eau), associés chacun à un phonème. Cette notion permet de traiter comme des unités des suites de plusieurs lettres, comme « an », « on », « ou », « oi », « au », « eau », « gn » et « ch ». L'unité de base de l'écriture alphabétique n'est donc pas la lettre, mais le graphème qui renvoie au phonème. On identifie les graphèmes simples et les graphèmes complexes :

- **Graphème simple :** Le graphème simple est composé d'une seule lettre : le mot « ami » comprend trois graphèmes simples (a-m-i) ;
- **Graphème composé ou complexe :** Le graphème est dit complexe lorsqu'il comporte plusieurs lettres ; par exemple, le mot « chou » comprend deux graphèmes complexes : « ch » et « ou ».

Lorsqu'on associe un graphème avec le phonème qui lui correspond, on parle de correspondance graphème-phonème. On emploie aussi les expressions « correspondance graphophonologique » et « relation lettre-son », qui renvoient à la façon dont se prononce un graphème dans un mot.

■ La syllabe

Pour bien comprendre la complexité du système alphabétique auquel les lecteurs débutants ont à faire face, il faut distinguer les types de syllabes. De façon courante, on a recours à un système de notation standard pour déterminer la composition des syllabes : dans ce système de notation, la lettre « V » correspond à toute voyelle ou son vocalique (p. ex. : « a », « ou », « eau », « an » et « on ») et la lettre « C » renvoie à toute consonne ou son consonantique (p. ex. : « f », « r », « s », « ch » et « ph »). Il existe trois groupes de syllabes :

1. La syllabe simple, qui comprend une consonne suivie d'une voyelle. Les syllabes « ri », « bon » et « peau » sont des syllabes simples ; elles se notent CV ;

2. La syllabe inverse, qui est composée d'une voyelle suivie d'une consonne. Par exemple, « il » et « ouf » sont des syllabes inverses ; elles se notent VC ;

3. La syllabe complexe, qui résulte de diverses combinaisons. Par exemple, les syllabes CCV (« bleu »), CVC (« cour ») et CCVC (« plouf »).

En français, la majorité des syllabes sont de type CV (55 %), CVC (14 %) et CCV (14 %). La structure CV est la plus facile pour les lecteurs débutants, mais la structure CCV (p. ex : « gras ») pose des difficultés à plusieurs enfants. À la fin de la 1re année, la majorité d'entre eux sont encore embarrassés par la structure CCVC. Par contre, en 2e année, les syllabes complexes ne constituent plus pour eux des difficultés majeures.

11.2.2 Les principes d'enseignement du décodage

L'enseignement du décodage a fait l'objet de plusieurs études au cours des dernières années. Toutes arrivent à deux conclusions :

1. Il faut enseigner les correspondances lettre-son aux élèves de 1re année et non les laisser les découvrir seuls. Il existe un large consensus sur le fait que le code qui régit l'écrit doit être enseigné dès le début de la 1re année. Personne ne soutient que les enfants découvriront par eux-mêmes les correspondances lettre-son par une simple exposition à l'écrit (National Reading Panel, 2000) ;

2. Quant à la façon d'enseigner le décodage, les études concluent qu'il n'existe pas de méthode unique, la seule restriction étant que la méthode choisie doit assurer un enseignement complet du code alphabétique (Mathes et autres, 2005).

De l'ensemble des études portant sur les lecteurs débutants, on peut dégager trois caractéristiques d'un enseignement efficace du décodage : cet enseignement est planifié, il est intégré aux habiletés de compréhension et il est différencié selon les besoins des enfants.

■ Un enseignement planifié

L'enseignement planifié du décodage suppose qu'on enseigne aux élèves une séquence de correspondances lettre-son et qu'on leur fournit des textes qui leur donnent des occasions d'utiliser ces correspondances pour lire des mots. L'enseignement planifié est délibéré et procède d'une façon ordonnée. Les enfants ne sont pas laissés à eux-mêmes dans la découverte des relations lettre-son. Cela ne veut pas dire pour autant que la progression est rigide. Même si l'enseignant planifie un certain ordre de présentation des correspondances lettre-son, rien ne l'empêche d'attirer l'attention des enfants sur d'autres correspondances pendant une activité de lecture. L'essentiel est d'explorer le code dans sa totalité.

■ Un équilibre entre la compréhension et le décodage

L'un des dangers de l'apprentissage du décodage est que les enfants soient tellement préoccupés par les lettres et les sons qu'ils en oublient de chercher à comprendre ce qu'ils lisent. C'est le rôle de l'enseignant de faire en sorte qu'ils portent autant attention au décodage qu'à la compréhension. Il s'agit probablement de l'une des tâches les plus difficiles pour l'enseignant, car aucune méthodologie ne peut assurer cet équilibre délicat entre le sens et le code.

■ La différenciation dans l'enseignement du décodage

Plusieurs études ont démontré que les besoins en enseignement du décodage ne sont pas les mêmes selon le niveau d'habileté des élèves à leur entrée en 1re année. Les enfants qui commencent leur 1re année en ayant peu de connaissances en lecture progressent mieux lorsqu'ils bénéficient d'un enseignement structuré du décodage au début de l'année, alors que ceux qui arrivent à l'école en ayant un niveau plus élevé en littératie réussissent mieux lorsqu'ils passent beaucoup de temps à lire et à écrire (Juel et Minden-Cupp, 2000 ; Connor, Morrison et Petrella, 2004). On peut conclure de ces études que l'enseignement du décodage devrait être différencié. Mais que se passe-t-il réellement en classe ? Comme les enseignants sont plus habiles à enseigner aux élèves qui se situent dans la moyenne qu'à ceux qui sont très forts ou très faibles, il s'ensuit que les élèves forts passent souvent trop de temps à faire des activités de décodage, alors que les élèves faibles ne reçoivent pas assez d'enseignement (Connor et autres, 2009).

11.3 Les démarches d'enseignement du décodage

Il existe plusieurs façons de procéder à l'enseignement du décodage. Vous pouvez proposer aux élèves une démarche synthétique, une démarche analytique ou une combinaison de ces deux démarches. Les recherches n'ont pas réussi à prouver que l'une était supérieure à l'autre ; l'essentiel est que l'enseignement permette l'acquisition de l'ensemble des relations lettre-son.

1. La démarche basée sur la synthèse. La démarche basée sur la synthèse part des unités les plus petites de la langue pour aller vers les plus grandes : les enfants identifient des lettres, qu'ils combinent ensuite en syllabes, lesquelles sont assemblées pour former des mots. Pour effectuer le passage d'une étape à l'autre, ils doivent faire la synthèse des éléments, d'où le nom de la démarche.

2. La démarche basée sur l'analyse. La démarche basée sur l'analyse part du mot. Les enfants dégagent certains éléments du mot et les combinent pour former d'autres mots. L'opération cognitive à laquelle ils ont recours est l'analyse, d'où le nom de la démarche.

3. La combinaison des démarches. L'approche idéale consiste à combiner l'analyse et la synthèse. Pour mettre en œuvre un apprentissage équilibré du code, il est pertinent de proposer aux enfants de faire tant des activités de synthèse (utilisation des relations lettre-son) que des activités d'analyse (observation et manipulation).

11.4   La démarche basée sur la synthèse

Selon la démarche basée sur la synthèse, les enfants apprennent à lire des mots en prononçant successivement les sons des lettres ou groupes de lettres. Pour ce faire, ils doivent mémoriser les correspondances lettre-son et apprendre à les fusionner. Nous abordons successivement les principes qui sont liés à l'enseignement des relations lettre-son et ceux qui portent sur l'enseignement de la fusion syllabique.

11.4.1 L'enseignement des correspondances lettre-son

L'enseignement des correspondances lettre-son occupe une place importante au cours de la 1re année. Cet enseignement se poursuit en 2e année, mais concerne alors des correspondances lettre-son moins fréquentes dans les textes. Avant d'enseigner les correspondances lettre-son, il faut d'abord prendre des décisions concernant la planification de cet enseignement. Une fois ces décisions prises, on doit trouver des moyens d'aider les enfants à mémoriser les correspondances lettre-son.

■ Les choix à effectuer

L'enseignement des correspondances lettre-son repose sur plusieurs choix. Doit-on partir des phonèmes ou des graphèmes ? Dans quel ordre faut-il présenter les correspondances lettre-son ? Faut-il commencer par les relations les plus simples ? Faut-il les enseigner de façon isolée ou se servir de textes ? (Goigoux et Cèbe, 2006)

Doit-on partir des phonèmes ou des graphèmes ? À la maternelle, les enfants ont appris que les mots à l'oral pouvaient se diviser en unités plus petites et découvert que la lecture est un prolongement de l'oral. En 1re année, l'enseignement devrait être une suite logique des apprentissages de la maternelle et partir de l'unité qu'est le phonème. Par exemple, après avoir lu aux enfants une historiette ou une comptine dans laquelle un phonème apparaît de façon répétée, on leur fait découvrir ce phonème et on leur présente la façon de l'écrire.

Dans quel ordre faut-il présenter les correspondances lettre-son ? La question de la séquence de présentation des relations lettre-son n'est pas nouvelle et la réponse est toujours la même : il n'y a pas de séquence idéale et unique concernant l'ordre des correspondances lettre-son, parce qu'il faut faire des compromis entre leur fréquence, leur complexité et la possibilité qu'elles offrent de lire un grand nombre de mots. Habituellement, les voyelles sont présentées tôt afin de pouvoir les associer aux consonnes et permettre aux enfants de lire rapidement des syllabes. Pour choisir la séquence des consonnes, on peut miser sur la fréquence des phonèmes (r, l, t, m et p). On peut également choisir les consonnes fricatives, plus faciles à percevoir, comme s, f, l, m et r (*voir la section 7.6.3*). Les correspondances lettre-son peuvent aussi être choisies parce qu'elles sont présentes dans des mots importants pour la classe (p. ex : le nom de la mascotte de la classe ou des personnages du manuel).

Faut-il présenter toutes les graphies d'un phonème en même temps? Le principe de réalité nous amène à présenter d'abord le graphème le plus fréquent pour représenter un phonème, par exemple la lettre «o» pour le phonème /o/. Cependant, on doit assez rapidement inclure d'autres façons de transcrire ce phonème, comme «au» et «eau», parce que ces graphèmes apparaissent dans plusieurs mots des textes s'adressant aux lecteurs débutants. Il semble cependant préférable d'éviter les deux positions extrêmes, lesquelles consistent à s'en tenir trop longtemps à une seule graphie du phonème et à présenter toutes les graphies d'un coup.

Faut-il enseigner le code pendant la lecture de texte ou le faire séparément? Ici encore, on doit opter pour le juste milieu: l'enseignement doit porter à certains moments sur des activités de décodage prenant la forme de mini leçon ou d'activités d'application, mais les habiletés doivent rapidement être intégrées aux activités de lecture et d'écriture.

■ La mémorisation des correspondances lettre-son

L'apprentissage des correspondances lettre-son est surtout une affaire de mémorisation. Il est donc pertinent de fournir aux enfants des repères qui leur permettent d'associer rapidement les graphèmes qu'ils rencontrent dans les mots aux phonèmes correspondants. Nous proposons ici quelques façons de faciliter la mémorisation des correspondances lettre-son.

Associer le graphème à un mot connu. Pour faciliter la mémorisation des correspondances graphème-phonème, particulièrement dans le cas des graphèmes complexes, on peut afficher en classe des cartes représentant ces correspondances. La plupart des manuels de lecture contiennent des «cartes de son» qui mettent en relief la relation existant entre un phonème et sa représentation graphique la plus fréquente dans un mot-vedette. Les cartes présentées dans la figure 11.1 donnent des exemples de ces affiches. Si plusieurs graphèmes sont proposés pour le même phonème, l'affiche doit comprendre plusieurs mots-vedettes, comme le montre la figure 11.2.

Ces affiches sont souvent placées assez haut au mur. Il est préférable de les rendre accessibles aux enfants et de les reproduire en un petit format qu'ils peuvent placer sur leur bureau.

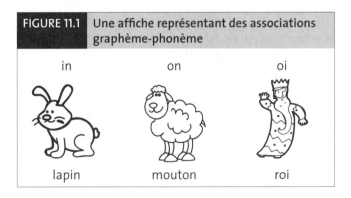

| FIGURE 11.1 | Une affiche représentant des associations graphème-phonème |

in   on   oi

lapin   mouton   roi

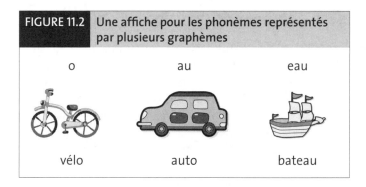

FIGURE 11.2 Une affiche pour les phonèmes représentés par plusieurs graphèmes

Écrire les digrammes et trigrammes en couleur. Pour faciliter la lecture des mots contenant des graphèmes complexes, on peut, aux premières étapes, écrire d'une même couleur les lettres composant un graphème complexe. Par exemple, on peut écrire en rouge des graphèmes comme « ou », « an » et « eau », mais les autres lettres du mot en bleu. De plus, on peut écrire en gris les lettres muettes afin de faciliter le décodage des mots.

Faciliter la distinction des graphèmes ayant plusieurs valeurs. L'une des difficultés qu'éprouvent les enfants est la présence de graphèmes qui se prononcent différemment selon le contexte. Les exemples les plus évidents sont ceux des graphèmes « c » et « g ». La prononciation de ces deux lettres est régie par des règles contextuelles. On parle, par exemple, de « c dur » et de « c doux » selon la voyelle qui suit. La figure 11.3 présente un exemple d'affiche permettant aux enfants de distinguer plus facilement les deux prononciations du « c » et du « g ». À côté du graphème sont écrites les lettres qui peuvent y être associées. Les enfants pourront se rendre compte que devant les lettres « a », « o » et « u » le « c » se prononce /k/, comme dans « coussin », alors que devant « e », « i » et « y » le « c » se prononce /s/, comme dans « citron ».

FIGURE 11.3 Une affiche permettant de faire la distinction entre les valeurs phonémiques du « c » et du « g »

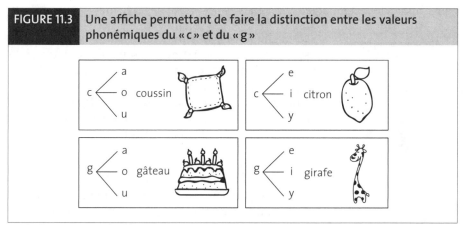

Tiré de Aldeguer-Trotel, J. (2009). *La construction du principe alphabétique de la maternelle au cycle 2*. Paris : Retz, p. 43.

11.4.2 L'enseignement de la fusion syllabique

La fusion syllabique consiste à unir les sons représentés par deux graphèmes (ou plus) pour former une syllabe. Par exemple, pour lire la syllabe « ma », il faut combiner le son représenté par la consonne « m » et la voyelle « a ». Alors que ce procédé semble très simple pour un adulte, l'apprenti lecteur ne comprend pas toujours la façon de procéder. Il n'est pas rare d'entendre un enfant dire, par exemple, « " f " et " a ", ça fait " la " » ou « " s " et " i ", ça fait " souris " ». Il faut donc porter attention à la fusion syllabique dès le début de l'apprentissage de la lecture.

■ La fusion dans les syllabes simples

Lorsque les enfants connaissent quelques correspondances graphème-phonème, ils sont prêts à apprendre à les fusionner. Certaines techniques peuvent leur rendre la fusion plus concrète.

La glissade. À l'aide d'une historiette où figurent des enfants qui jouent dehors, on dessine un enfant assis dans un traîneau en haut d'une pente (il porte le nom d'une consonne, comme « f », « s » ou « m ») et son ami qui l'attend au pied de la pente (il porte le nom d'une voyelle). On fait se réunir les deux enfants en simulant la descente de la pente en traîneau : on prononce le nom de la consonne tout le long de la descente (p. ex. : « fffff ») et on enchaîne avec le nom de l'enfant se trouvant au pied de la pente (p. ex. : « i »), ce qui donne une syllabe (« fi », dans notre exemple). De cette façon, la syllabe est prononcée sans qu'il y ait de coupure entre la consonne et la voyelle, et l'arrimage entre les deux sons est mis en évidence. On suggère de faire la démonstration avec des consonnes qui s'allongent (« f », « m », « s » et « l »).

La décomposition de la tâche. Comme la fusion de syllabes porte à la fois sur l'aspect visuel de la syllabe (les lettres) et sur l'aspect auditif (les phonèmes qui composent la syllabe), il peut être approprié de simplifier la tâche à certains enfants en leur demandant d'abord de fusionner les phonèmes à l'oral avant de les inviter à lire la syllabe.

FIGURE 11.4 Un syllabaire sous forme de carnet

Les syllabaires. On peut également fabriquer un syllabaire qui permet aux enfants de s'exercer à la fusion syllabique. Il existe plusieurs systèmes de syllabaire. Par exemple, un carnet coupé en deux, les consonnes étant placées d'un côté et les voyelles, de l'autre (*voir la figure 11.4*), ou encore deux cubes, l'un contenant des consonnes et l'autre, des voyelles (*voir la figure 11.5*).

Lorsque le mécanisme de fusion est compris, les enfants se servent de cette habileté pour la lecture de mots à l'intérieur de phrases. Les exercices de fusion ne sont alors plus nécessaires.

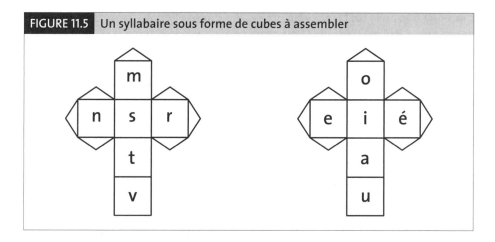

| FIGURE 11.5 | Un syllabaire sous forme de cubes à assembler |

■ La fusion de syllabes complexes

Une fois que les enfants ont acquis l'habileté consistant à unir une consonne et une voyelle (CV), il est tout de même nécessaire de leur enseigner à lire les syllabes inverses (VC) et les syllabes complexes exigeant la fusion de deux consonnes (p. ex.: «br», «pr», «tr», «cl» et «fl»). La structure CCV est difficile pour la plupart des enfants. Dans une séquence syllabique de ce type, les lecteurs débutants ont tendance à faire trois types d'erreurs (Martinez et autres, 2001):

1. Ils ajoutent une voyelle entre la première et la deuxième consonne («cravate» est lu /caravate/);

2. Ils omettent de prononcer la deuxième consonne («cravate» est lu /cavate/);

3. Ils permutent la deuxième consonne et la voyelle («cravate» est lu /carvate/).

Ces comportements s'expliquent par le fait que les lecteurs débutants ont tendance à réduire les structures syllabiques plus complexes pour les faire ressembler à la structure qu'ils maîtrisent le mieux, à savoir la structure CV. Ils créent une distorsion dans le mot en ajoutant, supprimant ou permutant des lettres. Plusieurs interventions peuvent aider les lecteurs débutants à lire ce type de syllabe.

L'intervention axée sur le sens. Le sens peut aider les enfants à s'autocorriger. Par exemple: l'enfant qui dit /carvate/ réalisera que le mot n'a pas de sens et changera pour /cravate/, mot ayant un sens connu.

L'intervention axée sur la démarche. Au lieu de passer par le découpage lettre à lettre, on peut faire prononcer aux élèves le premier phonème consonne en l'isolant du mot. On fait prononcer isolément les deux éléments, puis on augmente la vitesse de répétition. Par exemple:

- b-roche au lieu de bro-che;
- t-riche au lieu de tri-che;
- c-loche au lieu de clo-che.

L'intervention axée sur le mouvement gauche-droite. Certains élèves ne respectent pas l'orientation gauche-droite du mot parce qu'ils cherchent quelque chose de familier et le trouvent en traitant le mot de droite à gauche, par exemple «li» dans «fil». Il faut leur rappeler qu'on doit toujours lire de gauche à droite, sans exception: il n'y a pas de «li» dans «fil» parce qu'on lit de gauche à droite, même dans les parties de mot. Pour ces enfants, il peut être nécessaire de suivre la séquence du mot avec le doigt (Litt, 2007).

11.5   La démarche basée sur l'analyse

Alors que la démarche basée sur la synthèse part des unités plus petites, la démarche basée sur l'analyse part du mot entier. Elle consiste à faire ressortir les ressemblances qu'il y a entre les mots afin d'identifier des morceaux de mots à réutiliser lors de la lecture d'un mot nouveau. La démarche basée sur l'analyse porte donc sur des unités plus larges que le phonème, comme des syllabes, des séquences de lettres que l'on trouve souvent dans la langue (p. ex.: «tion» et «ette»), des éléments qui marquent le pluriel ou qui terminent les formes conjuguées des verbes (p. ex.: les lapin**s**; ils chant**ent**).

Ainsi, selon l'approche basée sur l'analyse, les enfants se servent de parties des mots qu'ils ont appris pour lire d'autres mots. Par exemple, ils emploient «belle» pour lire «Isabelle» et «poubelle» ainsi que «bien» pour lire «combien» et «bientôt». Cependant, pour que les élèves se servent de fragments connus, il faut qu'une proportion importante des mots nouveaux se rapproche des mots déjà connus.

11.5.1   La découverte de la syllabe

La démarche basée sur l'analyse se fait souvent grâce à la découverte de la syllabe. L'activité consiste habituellement à faire écouter et observer aux élèves des listes de mots qui présentent des syllabes communes. Par exemple:

- Demander aux enfants de trouver des mots qui commencent par une syllabe orale, comme «sa», «ba», «ra» ou «ta»;
- Écrire les propositions des enfants au tableau en les plaçant en colonnes;
- Faire remarquer aux élèves ce qui est identique dans les mots;
- Demander à un élève d'encercler ce qui est identique;
- Faire lire les mots aux enfants en insistant sur la syllabe connue (*voir l'encadré 11.1*).

ENCADRÉ 11.1	Un exemple de liste de mots contenant des syllabes identiques		
salade	ballon	tableau	radio
savon	bâton	tapis	radis
samedi	bateau	table	radeau

11.5.2 Le tableau de syllabes

Pour que les enfants puissent classer les syllabes qu'ils ont découvertes, il est approprié de construire un tableau de syllabes, ce qui permet d'offrir un enseignement complet des unités graphiques. Ce tableau est conçu sous forme de matrice. Sur l'axe horizontal, les syllabes d'une même ligne se terminent par la même voyelle. Sur l'axe vertical, celles d'une même colonne commencent par la même consonne (*voir le tableau 11.1*). Le tableau est évolutif et peut être rempli au fur et à mesure des apprentissages.

TABLEAU 11.1   Un exemple de tableau de syllabes

	b	f	l	m	r
a	ba	fa	la	ma	ra
e	be	fe	le	me	re
i	bi	fi	li	mi	ri
o	bo	fo	lo	mo	ro
ou	bou	fou	lou	mou	rou

11.5.3 Des activités à partir des syllabes

Les activités à partir des syllabes portent essentiellement sur la construction de mots. Il est tout indiqué que les enfants disposent de syllabes écrites sur de petits cartons pour faire ces activités de manipulation. Un exemple consiste à leur remettre une série de syllabes (p. ex. : sa-la-me-di-de-pin-ma), puis à leur demander :

- de composer les mots que vous dictez (p. ex. : salade-malade) ;
- de trouver eux-mêmes un mot à partir des syllabes disponibles (p. ex. : sapin-lapin) ;
- de répondre à des devinettes (p. ex. : c'est un jour de la semaine).

Pour effectuer ces activités de composition de mots à partir de syllabes en vrac, les enfants peuvent travailler en dyade et s'aider mutuellement.

11.6   La combinaison de l'analyse et de la synthèse

Pour enseigner les correspondances lettre-son, rien n'interdit de combiner la démarche basée sur la synthèse et la démarche basée sur l'analyse. On peut enseigner certaines correspondances de façon explicite et en faire extraire d'autres de listes de mots connus des élèves. Ceux-ci utilisent alors spontanément toutes leurs connaissances pour lire le mot. Par exemple, pour lire le mot « chien », ils peuvent recourir à leur connaissance de la relation graphème-phonème pour le « ch » puis, parce qu'ils connaissent les mots « bien » et « rien », extraire « ien » pour identifier le mot « chien ».

Les lecteurs débutants peuvent choisir l'une ou l'autre des unités graphiques pour identifier un mot. Cependant, plus l'unité est grande (p. ex. : « tion » au lieu de « t »), plus facile est la lecture. Il n'est donc pas nécessaire de toujours décoder les mots en n'ayant recours qu'aux plus petites unités, c'est-à-dire un graphème traduisant un phonème. On observe qu'après les premiers apprentissages de base les enfants ne font plus de décodage au moyen de la correspondance directe lettre-son, mais en ayant recours à des processus plus économiques, se servant des analogies qu'ils établissent avec d'autres mots qu'ils connaissent.

11.7 L'apport du contexte pour l'identification de mot

L'utilisation du contexte consiste à se servir des indices donnés par la syntaxe (l'ordre des mots dans la phrase), par le sens de la phrase et par les illustrations pour identifier un mot. Par exemple, un enfant qui ne possède pas les connaissances nécessaires pour lire le mot « Noël » peut identifier ce mot dans une phrase comme « Maman a décoré le sapin de Noël » en se servant des autres mots de la phrase. Le recours au contexte fait partie des stratégies du jeune lecteur.

> [...] il joue un rôle positif chez l'apprenti lecteur parce qu'il facilite les premières identifications de mots et favorise la dynamique d'auto-apprentissage. On ne doit donc pas regarder la dépendance contextuelle constatée parfois en début d'apprentissage comme le signe avant-coureur d'une difficulté en lecture : elle concerne tous les élèves, même les meilleurs. Elle n'est en aucun cas un comportement déviant qu'il faudrait faire disparaître au plus vite (Goigoux et Cèbe, 2006, p. 45).

Le contexte peut aussi servir, par exemple, à contrôler la validité de la reconnaissance du mot, à reconnaître les mots irréguliers difficiles à décoder, à faciliter un décodage partiel amorcé à la première syllabe, le nombre de mots acceptables se trouvant considérablement réduit. Cependant, le contexte a des limites qu'il faut bien comprendre.

11.7.1 Le contexte ne remplace pas le décodage

Le recours au contexte ne doit pas devenir une stratégie qui prend le pas sur les autres stratégies d'identification de mots. Il ne doit pas non plus compenser une mauvaise maîtrise du décodage. Si le recours au contexte pour identifier un mot est fréquent et utile au début de l'apprentissage, il disparaît à mesure que les lecteurs peuvent identifier les mots rapidement. Chez les enfants plus âgés, ce sont les élèves en difficulté qui continuent de se servir du contexte pour identifier les mots. Les bons lecteurs ne le font que pour comprendre un mot qui ne fait pas partie de leur vocabulaire. Il importe donc de distinguer les deux rôles du recours au contexte :

- Le contexte peut servir, au début de l'apprentissage, à identifier un mot que l'enfant ne sait pas déchiffrer, par exemple le mot « lait » dans la phrase « Minet boit du lait. » L'enfant connaît le mot « lait » à l'oral mais ne l'a jamais rencontré à l'écrit. Ce premier rôle du contexte est temporaire et disparaît avec l'automatisation de l'identification de mots ;
- Le contexte sert ensuite à comprendre le sens d'un mot nouveau, par exemple le mot « délecte » dans « Minet boit du lait et se délecte. » Le lecteur est capable de décoder facilement le mot « délecte », mais celui-ci ne fait pas partie de son vocabulaire oral ; c'est le contexte de la phrase qui lui permet d'en dégager le sens. Ce second rôle du contexte est permanent et continue de s'exercer chez le lecteur expert.

11.7.2 Se servir du contexte n'est pas synonyme de réciter le texte par cœur

Se servir du contexte est souvent associé à réciter par cœur. Que penser des lecteurs qui, au début de l'année, lisent leur texte en utilisant presque exclusivement leur mémoire ? Il n'y a rien de mal à ce que la mémorisation d'un texte soutienne la lecture des débutants, à condition que cela aboutisse à la prise en considération des indices graphiques. La mémoire est en effet un élément intéressant à exploiter au début de l'apprentissage de la lecture, mais on ne doit pas faire apprendre le texte aux enfants jusqu'à ce qu'ils le récitent sans même regarder le livre. Il faut qu'ils puissent se servir de leur mémoire pour faciliter leurs hypothèses, mais ils doivent en même temps utiliser des stratégies axées davantage sur les mots eux-mêmes. Pour éviter que les enfants ne se fient qu'à leur mémoire, l'enseignant peut ajouter des mots à la phrase connue, en retirer ou en pointer, ce qui amènera les enfants à porter davantage attention à chacun des mots plutôt que d'essayer de se souvenir de la phrase.

11.7.3 Se servir du contexte n'est pas synonyme de deviner

Vous avez probablement déjà rencontré des enfants qui se servent du contexte pour faire des hypothèses mais qui ne les vérifient pas par la suite. Leurs hypothèses sont parfois fort différentes du contenu du texte : on dira de ces enfants qu'ils « devinent » au lieu de lire. Ils doivent mettre en place leurs propres mécanismes d'autocorrection et comprendre que, s'il est légitime de faire des hypothèses, celles-ci doivent être confirmées par ce qu'ils voient dans le texte.

11.8 L'intégration des habiletés en identification de mots

Les lecteurs débutants doivent intégrer les trois sources qui leur permettent d'identifier des mots : leur connaissance du code, les mots qu'ils ont appris de façon directe et le recours au contexte. Les élèves atteignent le stade de lecteur débutant lorsqu'ils arrivent à coordonner ces différentes sources. Ils utilisent alors l'ensemble de leurs connaissances et les mettent en relation dans un processus actif de recherche et de vérification. À la fin de la 1re année, la plupart des enfants en sont à ce niveau de connaissance. Ils arrivent à identifier les mots tout en prêtant attention à la signification.

Le rôle de l'enseignant est d'aider les apprentis lecteurs à apprendre à coordonner le traitement des mots et celui du contexte. Comment arriver à ce que les lecteurs débutants portent attention tant au décodage qu'à la compréhension ? Trop d'accent mis sur le code pousse les enfants à ne pas tenir compte de la compréhension ; trop d'accent mis sur l'utilisation du contexte pour identifier les mots les rend dépendants du contexte et les amène à utiliser des processus inefficaces. La tâche de l'enseignant est délicate et demande une vigilance constante pour déceler quels enfants n'arrivent pas à intégrer l'identification de mots et la compréhension.

11.9 Intervenir pendant la lecture orale

Lorsque les lecteurs débutants commencent à utiliser leurs connaissances pour identifier des mots, il est normal qu'ils fassent des erreurs. Voyons maintenant quelles sont les interventions à privilégier à la suite d'une méprise et d'un blocage dans l'identification de mots.

11.9.1 Les interventions à la suite d'une méprise

On dira qu'il y a méprise lorsque les lecteurs lisent autre chose que ce qui est écrit dans le texte. Contrairement à ce que l'on pense habituellement, les bons lecteurs commettent aussi des méprises, mais celles-ci ne sont pas du même type que celles des lecteurs moins habiles. Les bons lecteurs commettent très peu de méprises qui changent le sens de la phrase et ils les corrigent s'ils en commettent.

Lorsqu'un enfant fait une méprise en lecture orale, il faut savoir quand et comment intervenir. La première règle est de lui laisser la chance de se corriger lui-même. Lorsque vous corrigez un enfant qui peut le faire seul, vous intervenez dans le développement de ses processus d'autorégulation. Lorsque ce type d'intervention se produit de façon répétée, il a pour effet d'amener l'élève à compter sur une supervision extérieure plutôt que d'effectuer lui-même la vérification de sa compréhension. Il devient alors plus passif et plus dépendant de l'adulte.

Les interventions suivantes sont tout indiquées une fois que l'on a laissé la chance à l'enfant de corriger lui-même sa méprise :

- Si l'élève commet une méprise qui modifie le sens du texte (p. ex. : s'il lit « jardin de but » au lieu de « gardien de but »), demandez-lui : « Est-ce que cela a du sens ? » ;
- S'il lit sans tenir compte de la syntaxe (p. ex. : s'il dit « le pomme » au lieu de « la pomme »), demandez-lui : « Est-ce que les gens parlent comme ça ? » ou « Est-ce que ça se dit bien ? » ;
- S'il déchiffre le mot sans se préoccuper du sens et produit un mot sans signification (p. ex. : « jarcon » au lieu de « garçon »), vous pouvez lui dire : « Est-ce un mot réel ? Trouves-tu que c'est un mot curieux ou bizarre ? » ;
- S'il lit en n'utilisant pas suffisamment les indices graphiques et sans vérifier ses hypothèses, amenez-le à constater visuellement la différence existant entre le mot écrit et le mot tel qu'il l'a lu. À cette fin, vous pouvez écrire le mot tel qu'il l'a lu au-dessus du mot du texte et demander à l'enfant de comparer ces mots.

11.9.2 Les interventions à la suite d'un blocage

On parle de blocage lorsque l'élève s'arrête devant un mot sans le lire. Le comportement du jeune lecteur est alors de lever les yeux vers l'adulte et d'attendre de l'aide. Que faire quand un élève vous demande d'identifier un mot à sa place ? Souvent, les lecteurs moins habiles attendent passivement que quelqu'un lise les mots pour eux. Si vous dites toujours à l'élève : « Tu devrais être capable de lire ce mot toi-même », vous risquez à la longue de miner sa confiance en lui-même ; par contre, si vous lui lisez le mot, vous encouragez son comportement de dépendance. La meilleure solution est de l'inciter à faire un essai, puis d'examiner son essai de façon critique :

- Demander à l'enfant s'il connaît une partie du mot ;
- Dire à l'enfant de préparer sa bouche à dire le premier son ;
- Lui demander de relire le début de la phrase ;
- Le renvoyer au même mot ou à un mot semblable dans le texte.

Ces interventions orientent l'enfant vers des stratégies qui pourront lui être utiles au moment de faire d'autres lectures. Cependant, ne lui donnez pas d'indice pris en dehors du texte. Par exemple, si l'enfant bute sur le mot « hamster », la stratégie consistant à lui dire qu'il connaît cet animal puisqu'il y en a un dans la classe ne lui sera d'aucun secours lorsqu'il lira un autre texte.

Signalons ici que pour identifier un mot qui pose problème les jeunes lecteurs ont tendance à relire le début de la phrase plutôt que de continuer à lire. Le fait de revenir au début de la phrase libère leur mémoire des méprises précédentes et aide les enfants à se rappeler les indices du début de la phrase. Même si les lecteurs plus avancés peuvent poursuivre leur lecture pour surmonter une difficulté, la relecture du début de la phrase est un processus plus naturel pour les très jeunes lecteurs. Il est donc important de ne pas considérer ces stratégies (retour en arrière et poursuite de la lecture) comme interchangeables chez les lecteurs débutants.

Conclusion

L'application du principe alphabétique est un passage obligé pour les lecteurs débutants, qui s'approprieront le code au moyen de démarches d'analyse et de synthèse. Cependant, ils n'apprendront pas à lire les mots comme s'ils étaient isolés ; ils se serviront également du contexte pour identifier les mots, mais en vérifiant continuellement leurs hypothèses. L'enseignement de l'identification de mot doit donc être systématique sans être rigide et viser avant tout à rendre les enfants de plus en plus autonomes quand ils se trouvent devant des textes correspondant à leur niveau.

Le lexique orthographique

En 1re année, l'enfant apprend à identifier les mots nouveaux par décodage grapho-phonétique, mais il doit également commencer à reconnaître les mots rapidement. Ce répertoire de mots reconnus instantanément, appelé « lexique orthographique », commence à s'élaborer graduellement en 1re année, mais c'est surtout en 2e année que l'élève élargit le répertoire des mots qu'il reconnaît sans avoir besoin de les analyser à chaque nouvelle rencontre. Même si le lexique orthographique croît rapidement durant cette période, il continue de prendre de l'ampleur aux autres niveaux du primaire. Dans ce chapitre, nous présentons la façon dont est élaboré le lexique orthographique des élèves et proposons des manières de favoriser ce phénomène en lecture et en écriture.

12.1   Les procédures d'identification de mots

Avant de parler du lexique orthographique, il est approprié de présenter les quatre principales procédures d'identification de mots, soit les procédures préalphabétique, semi-alphabétique, alphabétique et orthographique.

1. La procédure préalphabétique. La procédure préalphabétique, ou logographique, est caractéristique des enfants qui n'ont pas encore compris la nature du système alphabétique. Ceux-ci identifient les mots qui sont présents dans leur environnement en choisissant des indices comme la typographie et le dessin qui les accompagnent. Ces indices leur permettent de reconnaître, par exemple, le nom de certains restaurants ou produits, mais ces enfants ne peuvent lire seuls un mot nouveau.

2. La procédure semi-alphabétique. Contrairement à la procédure préalphabétique, dans la procédure semi-alphabétique, les enfants portent attention aux lettres qui composent le mot. Ils comprennent que les différences existant entre les mots écrits ont une base objective. Ils comprennent aussi le principe alphabétique, mais leur utilisation des indices alphabétiques est encore partielle.

3. La procédure alphabétique. La procédure alphabétique consiste à appliquer systématiquement le principe alphabétique. Les enfants identifient les mots nouveaux en établissant des relations lettre-son grâce au décodage séquentiel de gauche à droite. Ils peuvent lire de cette façon tous les mots réguliers. La procédure alphabétique diffère des deux précédentes par sa plus grande efficacité.

4. La procédure orthographique. Dans la procédure orthographique, les enfants ne décodent pas le mot syllabe par syllabe, mais le reconnaissent instantanément parce qu'il fait partie de leur lexique mental. Cette procédure permet de reconnaître les mots irréguliers qui ne sont pas accessibles par la seule procédure alphabétique. La procédure orthographique est utilisée pour la majorité des mots par les lecteurs experts.

De façon générale, on peut dire que la procédure préalphabétique se rencontre principalement chez les enfants de la maternelle avant l'enseignement de la lecture. La procédure semi-alphabétique est fréquente au début de la 1re année, lorsque les enfants commencent à apprendre à lire. La procédure alphabétique est observable chez ceux de 1re année qui possèdent suffisamment de connaissances sur les correspondances lettre-son pour pouvoir décoder des mots nouveaux. La procédure orthographique est davantage utilisée à partir de la 2e année, même si les enfants de 1re année commencent à s'en servir.

12.2 La définition du lexique orthographique

En lecture, le lexique orthographique est composé des mots reconnus avec exactitude et de façon instantanée par le lecteur. On peut dire qu'un élève reconnaît instantanément un mot lorsqu'il peut le lire aussi rapidement qu'il identifierait une lettre. S'il prend plus d'une seconde à identifier un mot ou s'il le décode de façon perceptible, ce mot ne fait pas partie de son lexique orthographique. On peut penser qu'un élève possédera un minimum de 750 mots dans son lexique orthographique à la fin de la 2e année.

En écriture, le lexique orthographique est composé de mots que l'élève peut écrire correctement, mais il s'élargit moins vite que celui qui est lié à la lecture. En effet, les enfants ne savent pas écrire tous les mots qu'ils peuvent lire. Au début de leur apprentissage, ces deux types de lexiques se renforcent mutuellement. On s'attend à ce que les élèves sachent écrire correctement au moins 500 mots à la fin de la 2e année.

12.3 L'importance du lexique orthographique

Reconnaître les mots rapidement est une caractéristique d'un bon lecteur. Lorsque celui-ci ne reconnaît pas instantanément les mots du texte, il doit recourir à des stratégies pour les identifier, ce qui ralentit sa lecture. Plus il y a de mots que le lecteur ne reconnaît pas rapidement dans la phrase, plus celui-ci aura de la difficulté à comprendre cette phrase. Faisons ici un parallèle avec l'oral. Les mots prononcés doivent être entendus à l'intérieur d'un laps de temps donné pour être compris ; si une phrase est dite trop lentement, l'auditeur en perd le fil et ne retient qu'une série de mots n'ayant aucune relation entre eux. Faites-en l'expérience : essayez de comprendre une phrase dont un mot est prononcé toutes les cinq secondes ; vous verrez qu'il est difficile de conserver l'information en mémoire. Cela s'applique aussi à la lecture : si les mots sont lus trop lentement, il y aura trop peu de mots à la fois dans la mémoire à court terme pour permettre à l'enfant de les lier les uns aux autres.

12.4   À quel moment le lexique orthographique est-il élaboré ?

Il n'est pas nécessaire que la procédure alphabétique soit complètement maîtrisée pour que l'enfant commence à élaborer son lexique orthographique. Des études ont démontré que ce lexique commence à être acquis en 1re année, même si la procédure alphabétique est dominante et si l'enfant continue d'apprendre des correspondances lettre-son (Sprenger-Charolles et autres, 2003). En 1re année, le lexique orthographique est cependant limité aux mots fréquents. C'est surtout en 2e année qu'il commence à prendre de l'importance.

12.5   L'acquisition du lexique orthographique en lecture

Le lecteur débutant apprend à reconnaître rapidement les mots de deux façons : par la mémorisation de la séquence des lettres du mot et par un processus d'auto-apprentissage.

12.5.1 Un premier groupe de mots appris sans décodage

Au début de l'apprentissage de la lecture, il est pertinent d'enseigner aux enfants un certain nombre de mots, qu'ils apprendront à reconnaître rapidement sans nécessairement savoir les décoder. Ces mots sont peu nombreux et comprennent généralement les mots fréquents, les prénoms des enfants de la classe et certains mots des textes lus et analysés en groupe. Ce petit groupe de mots remplit deux fonctions principales. La première est de permettre la proposition de phrases cohérentes aux enfants. En effet, il est difficile de composer des phrases sans la présence de mots-outils qu'ils ne peuvent décoder selon les règles habituelles, comme « et », « est », « les », « un », « dans » et « suis ». La seconde est de permettre aux enfants de remarquer les ressemblances et les différences que l'on trouve entre les mots, c'est-à-dire de procéder par analyse. Pour que ces mots soient mémorisés, les enfants doivent s'attarder à la séquence des lettres qui composent le mot. Il n'est pas suffisant que le mot soit affiché pour qu'ils l'apprennent. On doit faire en sorte qu'ils reconnaissent la séquence des lettres et non la silhouette globale du mot.

12.5.2 Le lexique orthographique par auto-apprentissage

L'immense majorité des mots du lexique orthographique s'apprend par auto-apprentissage. La première fois que l'enfant rencontre un mot, il doit résoudre le problème de l'identification de ce mot en le décodant au moyen de ses syllabes. Cette résolution laisse une trace dans sa mémoire. Lorsque l'enfant rencontre le mot par la suite, le décodage se fait plus rapidement. Après quelques reprises, il recherche la solution dans sa mémoire plutôt que de résoudre de nouveau le problème par décodage. C'est la répétition de la lecture qui permet de raffermir la trace du mot conservé en mémoire (Kuhn et autres, 2010). Chaque iden-tification réussie par décodage contribue à la formation des représentations orthographiques.

Trois conditions sont nécessaires pour que le mot en vienne à être reconnu instantanément par auto-apprentissage :

- Le mot doit avoir été décodé correctement lors de sa rencontre ;
- L'élève doit lire le même mot avec exactitude plusieurs fois avant de le reconnaître instantanément. On calcule habituellement qu'il faut de trois à huit rencontres pour qu'un mot soit automatisé, mais on reconnaît qu'il existe des différences interindividuelles très importantes : les élèves à risque ont en effet besoin de beaucoup plus d'essais ;
- Le sens du mot doit être connu : on ne mémorise pas les pseudo-mots. Plus un enfant possède un vocabulaire oral étendu, plus il lui sera facile d'automatiser la reconnaissance des mots.

Amener l'élève à lire davantage est la première intervention à envisager pour élargir son lexique orthographique. De plus, comme celui-ci doit rencontrer souvent un mot pour l'apprendre, il est approprié de lui faire lire plusieurs textes qui portent sur le même thème : les chances sont grandes que les mêmes mots reviennent dans ces différents textes.

12.5.3 La place des mots fréquents dans le lexique orthographique

Les premiers mots à entrer dans le lexique orthographique des enfants sont habituelle-ment les mots les plus fréquents de la langue. Il existe une liste de ces mots fréquents qui composent à peu près 50 % des textes en français, que ce soit des textes qui s'adressent aux enfants ou des textes qui s'adressent aux adultes (*voir l'encadré 12.1*).

Il est bien évident que si le lecteur reconnaît les mots fréquents de façon instantanée, il pourra porter une plus grande attention aux autres mots de la phrase. Toutefois, il faut prendre en considération le fait que la liste des mots fréquents est surtout composée de mots-outils, dont la plupart sont abstraits. Ces mots ne sont pas, de ce fait, les plus faciles à apprendre. Il est donc normal qu'une certaine période d'apprentissage soit nécessaire pour que ces mots se fixent dans la mémoire. Cependant, il ne s'agit pas de s'astreindre à composer des textes qui comprennent des mots fréquents, puisque ceux-ci se présentent déjà de façon naturelle dans les textes.

ENCADRÉ 12.1	Les mots les plus fréquents en français		
à, au, aux	en	où	soi
aller	et	par	son, sa, ses
autre	être*	pas	sur
avec	faire*	plus	te, tu, toi
avoir*	il, ils	pour	ton, ta, tes
bien	je, me, moi	pouvoir*	tout, tous
ce, cet, cette, ces	jour	prendre*	un, une
comme	le, la, les	que	venir*
dans	leur, leurs	qui	voir*
de, du, des	lui	sans	votre, vos
dire*	mais	savoir*	vouloir*
donner*	mon, ma, mes	se	vous
elle, elles	ne	si	y

* Y compris toutes les formes conjuguées du verbe.

12.6 L'acquisition du lexique orthographique en écriture

Même lorsqu'un enfant sait parfaitement décoder un mot, il n'est pas certain qu'il saura l'orthographier correctement. L'acquisition du lexique orthographique en écriture demande de porter une attention minutieuse à la séquence des lettres, ce qui peut être en partie esquivé en lecture. L'orthographe d'un mot se fixe plus facilement dans la mémoire lorsque l'enfant l'écrit que lorsqu'il le lit.

L'application correcte des correspondances lettre-son ne suffit pas pour transcrire un grand nombre de mots qui sont pourtant réguliers du point de vue de la lecture. Par exemple, pour lire le mot « chapeau », il suffit d'appliquer le principe alphabétique, mais pour l'écrire, il faut choisir entre plusieurs façons de transcrire le phonème /o/. On doit donc proposer aux élèves des façons d'apprendre le lexique orthographique.

12.6.1 Les principes d'intervention

L'application de certains principes contribue à l'acquisition du lexique orthographique en écriture :

- La copie de mots peut être un bon moyen de fixer dans la mémoire la forme orthographique des mots. Cependant, écrire plusieurs fois un mot ne suffit pas pour le mémoriser ; il faut l'analyser, le découper en syllabes, reconnaître ses particularités et le comparer à d'autres mots ;

- Présenter des mots de façon à mettre en évidence leur air de famille facilite leur mémorisation ;

- Pour entrer dans le vocabulaire orthographique en écriture, les mots doivent être écrits correctement, d'où l'importance de développer chez les enfants le doute orthographique.

Mais, avant tout, il faut être conscient du fait que le vocabulaire orthographique en écriture s'acquiert grâce à de fréquentes activités de communication écrite.

12.6.2 Des activités pour favoriser l'acquisition du lexique orthographique en écriture

Les activités de mémorisation du lexique orthographique comprennent habituellement trois phases : regarder le mot et l'analyser, écrire le mot de mémoire et vérifier son essai. Plusieurs activités incorporent ces phases d'une façon ou d'une autre.

■ L'écriture du mot dans les airs

L'écriture dans les airs, laquelle demande de larges mouvements moteurs de tout le bras pour former des lettres, est non seulement utile pour l'apprentissage des lettres, mais peut aussi servir aux représentations orthographiques. La technique consiste à demander à l'enfant de regarder un mot et d'en nommer les lettres dans l'ordre. Ensuite, on lui demande de se servir de son doigt pour écrire le mot dans les airs dans son champ visuel, en regardant son doigt. Il lit alors le mot de mémoire et l'enseignant le questionne sur l'ordre de certaines lettres dans le mot. « Quelle est la troisième lettre, quelle est la deuxième lettre ? » Le but est d'amener l'élève à voir la représentation exacte du mot dans sa tête (Hook et Jones, 2002).

■ Le mot caché

Pour stimuler la visualisation mentale du mot, vous pouvez l'écrire sur un carton, laisser aux élèves le temps de l'analyser, puis retourner le carton vers vous. Dites aux enfants : « Je vois le mot " magicien ". Quelles sont les lettres que je vois ? » Ce procédé facilite la représentation du mot, car il semble qu'« il est plus facile d'évoquer une image mentale en essayant de reconstituer la perception d'autrui qu'en sollicitant son propre souvenir » (Ouzoulias, 2004, p. 81).

■ La composition du mot à l'aide de lettres mobiles

Les lettres mobiles permettent de faire un assemblage rapide des mots sans recourir à l'écriture manuelle des lettres, ce qui facilite la tâche au scripteur débutant. L'enfant a en sa possession un tableau magnétique et un ensemble de lettres. Il reçoit pour consigne d'écrire un mot le plus rapidement possible à l'aide des lettres mobiles.

L'enfant mélange ensuite les lettres et recompose le mot à quelques reprises. Les premiers essais se font avec un modèle, les suivants, sans modèle.

■ La dictée sans erreur

La dictée sans erreur, proposée par Ouzoulias (2004), consiste à remettre aux élèves une feuille pour écrire leur dictée, le texte de celle-ci étant imprimé au verso. Pendant la dictée, lorsque les élèves ont un doute sur la façon d'écrire un mot, ils peuvent retourner la feuille, chercher le mot, puis l'écrire de mémoire au recto de la feuille. Pendant le transport du mot du verso au recto, ils doivent se faire une représentation mentale du mot, ce qui favorise l'entrée de ce mot dans leur mémoire à long terme.

■ La technique de *cheerleading*

Le *cheerleading* d'épellation est une activité à effectuer occasionnellement pour remplacer les activités « papier-crayon ». Cette activité combine l'approche visuelle (les enfants voient les mots), l'approche auditive (ils entendent les lettres à mesure qu'ils les chantent) et l'approche kinesthésique (ils participent aux mouvements physiques associés aux lettres).

Les élèves épellent des mots à partir de mouvements rythmés qui se rattachent à la formation des lettres (*voir la figure 12.1*). Ils lèvent leurs mains au-dessus de leur tête pour les lettres qui ont une hampe ascendante (b, d, f, h et l), placent leurs mains sur leurs hanches pour les lettres sans hampe (a, c, e et i) et touchent le plancher de leurs mains pour les lettres ayant des hampes descendantes (p, q, j et g).

Pour donner du rythme à cette activité, un élève est le meneur et donne l'exemple de l'épellation d'un mot. Par exemple, pour la configuration d'un mot comme « long », l'élève épelle le mot en plaçant ses mains au-dessus de sa tête pour le « l »,

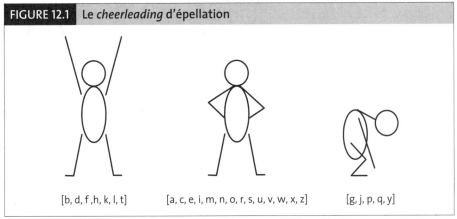

FIGURE 12.1 Le *cheerleading* d'épellation

[b, d, f ,h, k, l, t]   [a, c, e, i, m, n, o, r, s, u, v, w, x, z]   [g, j, p, q, y]

Tiré de Rogers, L. K. (1999). Spelling cheerleading. *The Reading Teacher*, 53 (2), pp. 110-111.

à la taille pour les lettres « o » et « n » et touche ses pieds pour la lettre « g ». Les autres élèves l'imitent en épelant le mot avec énergie. Cette activité n'est pas appropriée pour les mots comme « ici », dont les lettres n'ont pas de hampe.

Conclusion

Pour devenir un bon lecteur, les lecteurs débutants devront reconnaître de plus en plus de mots instantanément. Une grande partie de cette acquisition se fait par auto-apprentissage : les enfants lisent les mots en se souvenant de la façon dont ils les ont lus précédemment. Cela ne veut pas dire qu'ils sont capables d'orthographier tous les mots qu'ils savent lire. Ils doivent également élaborer leur lexique orthographique en écriture. L'objectif de l'enseignement du lexique orthographique est de promouvoir la reconnaissance rapide et flexible des mots fréquents, de sorte que les enfants puissent traiter facilement cette information durant la lecture et l'écriture de textes. Comme le lexique orthographique s'acquiert au moyen d'activités de lecture et d'écriture régulières, la meilleure façon de procéder est donc de motiver les élèves à lire et à écrire de façon fréquente.

Les activités de lecture et d'écriture

Même si les habiletés en identification de mots ont fait l'objet de présentations séparées dans les deux chapitres précédents, leur rôle est évidemment de rendre l'élève capable de lire et d'écrire des textes. Les activités de lecture et d'écriture peuvent prendre différentes formes pour le lecteur et le scripteur débutant. Dans ce chapitre, nous présentons les principales catégories d'activités de lecture et d'écriture et proposons quelques pistes d'application en classe.

13.1 L'équilibre entre les activités de lecture et d'écriture

En classe, les activités destinées au lecteur débutant portent tant sur la lecture que sur l'écriture. Ce qui est appris en lecture sert en écriture et, inversement, les acquis en écriture sont utiles en lecture. La figure 13.1 (*à la page suivante*) met en évidence cet équilibre nécessaire entre les activités de lecture et d'écriture. On peut y voir que le même type de gradation s'applique aux deux domaines. Certaines de ces activités sont sous la responsabilité presque entière de l'enseignant, d'autres sont réalisées lors d'une collaboration enseignant-élève et, enfin, certaines activités sont effectuées de façon autonome par les élèves.

13.2 Les activités de lecture

Les activités de lecture comprennent la lecture par l'enseignant, la lecture partagée, la lecture guidée et la lecture autonome. Ces activités ne se font pas de façon linéaire et hiérarchique. Elles se présentent plutôt sous forme de spirale : elles reviennent régulièrement, mais avec un niveau de profondeur toujours un peu plus élevé.

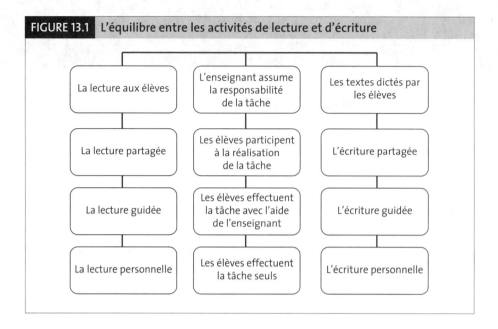

FIGURE 13.1 L'équilibre entre les activités de lecture et d'écriture

La lecture aux élèves	L'enseignant assume la responsabilité de la tâche	Les textes dictés par les élèves
La lecture partagée	Les élèves participent à la réalisation de la tâche	L'écriture partagée
La lecture guidée	Les élèves effectuent la tâche avec l'aide de l'enseignant	L'écriture guidée
La lecture personnelle	Les élèves effectuent la tâche seuls	L'écriture personnelle

13.2.1 La lecture aux élèves

La lecture aux élèves est une période pendant laquelle l'enseignant lit aux élèves un texte qu'ils n'ont pas sous les yeux. Cette activité, qui se déroule avec l'ensemble du groupe, poursuit deux objectifs. Le premier est fondé sur le plaisir de la lecture et consiste à motiver les élèves à lire et à s'ouvrir à la culture littéraire. Le second concerne l'acquisition des habiletés en compréhension. Même si les enfants adorent se faire faire la lecture, la période de lecture aux élèves peut être plus qu'une activité ludique. L'enseignant doit les accompagner dans leur appropriation de l'organisation du récit, l'enrichissement de leur vocabulaire et l'acquisition de connaissances nouvelles. Lorsque les enfants ne sont pas encore autonomes en lecture, il est important qu'ils aient accès à des activités de lecture au cours desquelles la compréhension est approfondie. Les activités de lecture interactive jouent un rôle important dans la compréhension de textes que les enfants liront seuls plus tard durant l'année.

■ Le choix du texte

Si votre objectif est que les élèves vivent une situation de lecture positive, les albums de littérature pour enfants sont irremplaçables pour atteindre cet objectif. Les bons albums ont le pouvoir d'émerveiller les enfants et de leur faire vivre des émotions. Le succès de votre lecture dépendra à la fois de la qualité et de l'intérêt du livre choisi. Un livre insignifiant ne retiendra pas longtemps l'attention des élèves. En plus de stimuler la motivation à lire, la littérature pour enfants est également la porte d'entrée du patrimoine culturel. Pour apprécier un livre humoristique comme

Le petit capuchon rouge, il faut d'abord que les enfants connaissent l'histoire du *Petit chaperon rouge*. Expliquez-leur pourquoi vous avez choisi le livre que vous leur présentez et prenez le temps de leur dire quel chemin vous y a mené. Il est important de faire comprendre aux enfants qu'un «sentier» relie les livres les uns aux autres. Si vous réussissez cela, vous aurez fait beaucoup pour susciter le goût de lire chez les enfants et pour les initier à la culture littéraire.

Si votre objectif est de travailler la compréhension avec les élèves, vous choisirez probablement des textes un peu moins denses. Cependant, il ne s'agira pas de textes simplifiés conçus pour l'apprentissage du déchiffrage. Vous choisirez des textes qui obligent les enfants à réfléchir :

> Renvoyant le plus souvent à un univers familier aux enfants et rédigés dans une langue relativement simple, ils posent des problèmes de compréhension que les élèves apprennent à résoudre avec l'aide de leur maître. Le repérage des personnages de l'histoire, l'explicitation de leurs intentions et de leurs émotions, le déroulement chronologique des différentes actions et la compréhension des relations implicites entre les événements sont des cibles privilégiées des activités menées en classe (Goigoux et Cèbe, 2006, p. 51).

Ces textes proviendront surtout de la littérature pour enfants mais pourront également être extraits de manuels de lecture. Plusieurs auteurs incluent dans leur manuel des textes à lire par l'enseignant et non par les enfants.

■ Les interactions pendant la lecture

La lecture interactive en 1re année s'apparente à celle effectuée à la maternelle (*voir la section 4.3*), à la différence que les élèves peuvent dorénavant comprendre des textes plus sophistiqués. Pendant la lecture, l'enseignant doit inciter les enfants à se représenter les différents personnages, à visualiser l'enchaînement causal des actions et à expliciter ce que le texte ne dit pas. Les discussions pendant la lecture fournissent une plateforme essentielle à l'acquisition des habiletés en compréhension que réinvestiront les enfants pendant la lecture personnelle.

13.2.2 Les activités après la lecture

Plusieurs interventions sont possibles après la lecture. Nous en présentons ici trois exemples : le rappel du récit, le recours à la dramatisation et les réactions personnelles au texte.

■ Le rappel du récit

Le rappel du récit favorise la compréhension, même chez les élèves en difficulté. Puisque l'activité de rappel amène les enfants à concentrer leur attention sur la restructuration du texte, elle est de nature à rendre les lecteurs actifs. Le fait d'avoir à redire l'histoire demande aux élèves d'organiser les faits et les événements pour les rapporter de façon personnelle.

Il existe plusieurs façons de faciliter le rappel du récit. Nous présentons ici la stratégie Quelqu'un/Voulait/Mais/Alors (Macon, Bewell et Vogt, 1991). Employée après la lecture, cette stratégie aide les élèves à faire un rappel de l'ensemble de l'histoire en les amenant vers l'enchaînement causal des événements du récit. Pour employer cette technique :

1. Divisez une grande feuille de papier en quatre carrés et écrivez en haut de chaque carré l'un des quatre mots suivants : Quelqu'un/Voulait/Mais/Alors ;

2. Expliquez aux élèves qu'ils découvriront une façon simple de raconter l'histoire ;

3. Montrez-leur la feuille préparée pour l'activité et dites-leur que ces quatre mots les aideront dans cette tâche ;

4. Remplissez la feuille avec les enfants en les incitant à faire des liens entre les parties de l'histoire :

- Qui était le **Quelqu'un** dans cette histoire,
- Que **voulait** ce Quelqu'un,
- **Mais** qu'est-il arrivé à la place,
- **Alors**, que s'est-il passé à la fin de l'histoire ;

5. Revenez sur l'ensemble de l'activité et montrez aux élèves qu'avec ces quatre mots on peut redire toute l'histoire.

Il est à noter qu'il ne s'agit pas d'employer la terminologie du schéma de récit avec les enfants, mais de leur faire comprendre qu'il y a un enchaînement logique dans le récit. Lorsqu'ils seront plus habiles à effectuer un rappel du récit, ils n'auront plus besoin du soutien qu'offre cette technique.

■ Le recours à la dramatisation

Les enfants qui jouent une histoire qu'ils ont entendu lire améliorent leur compréhension de cette histoire. Cela s'explique par le fait que, pour jouer une histoire, ils doivent porter attention non seulement aux événements, mais également à la séquence de ces événements et aux relations existant entre eux. En ce sens, la dramatisation amène les élèves à affiner et à approfondir leur compréhension. La façon habituelle de procéder consiste à lire une histoire et à demander à des volontaires de la jouer.

Si l'on veut faire mimer une histoire plutôt que de la jouer, on la relira en faisant des pauses pour laisser aux enfants le temps de mimer les actions contenues dans le texte. Soulignons qu'il est important de choisir des textes qui se prêtent bien à la dramatisation, soit des textes courts qui comportent beaucoup d'actions. Ceux qui contiennent de longues descriptions ne sont pas indiqués pour cette activité.

■ Les réactions personnelles au texte

Après la lecture, incitez les élèves à réagir au texte. Vous pouvez choisir vos questions, mais pour rendre les élèves plus actifs, la technique de la roue des réactions représente une option intéressante (Blum et autres, 2010). Cette roue comporte quatre questions à poser après la lecture (*voir la figure 13.2*).

Présentez les questions de réaction une à la fois en choisissant des livres qui conviennent particulièrement bien à chacune des questions. Lorsque les enfants deviennent plus habiles à réagir, affichez la roue accompagnée d'un indicateur mobile contenant les quatre questions. Les enfants viennent à tour de rôle faire tourner l'indicateur de la roue et répondent à la question sur laquelle l'indicateur s'arrête.

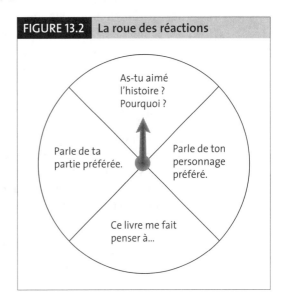

FIGURE 13.2 La roue des réactions

13.2.3 La lecture partagée

Dans la lecture partagée, c'est l'enseignant qui garde l'initiative de la lecture et des interactions, mais les élèves y participent de différentes façons. La lecture partagée est un moment clé de l'enseignement.

■ L'organisation de la lecture partagée

Cette activité se fait avec l'ensemble du groupe. Les enfants sont placés le plus près possible de l'enseignant de façon à voir le texte ou le livre aisément. Il est essentiel qu'ils puissent suivre le texte des yeux. On peut utiliser des textes écrits au tableau, présentés au rétroprojecteur ou sur écran, transcrits sur de grands cartons ou des livres de grand format.

■ Le déroulement de l'activité

Les séances s'amorcent par une discussion sur le titre et les illustrations. Invitez les élèves à prédire ce dont il sera question dans le texte ; ils seront ainsi déjà préparés au vocabulaire et au contenu du texte. Il s'agira ensuite de lire le texte avec eux.

Au début de la 1re année, vous pouvez lire tout le texte aux élèves ; veillez cependant à le suivre avec le doigt pour que les enfants établissent des liens entre les mots lus et les mots écrits. Déjà, à la deuxième lecture du texte, certains reconnaîtront le nom du personnage ou un mot comprenant une lettre familière ; ils commenceront alors à participer à la lecture. Cette participation deviendra de plus en plus grande au cours des semaines.

Pendant la lecture, attirez l'attention des enfants sur certains éléments : des unités graphiques (syllabes et graphèmes), des mots (mots fréquents et mots déjà vus dans un autre texte), des stratégies de lecture (relire et s'autocorriger). Les interventions peuvent porter sur l'identification de mots ou la compréhension. Mais, étant donné que la lecture partagée se fait à partir d'un texte, aussi bien en tirer parti et situer les interventions dans la perspective de l'intégration de l'identification de mot et de la compréhension. Rappelons que la lecture partagée n'est pas le seul moment d'enseignement des stratégies d'identification de mots (*voir les chapitres 11 et 12*).

13.2.4 La lecture guidée

La lecture guidée est une activité planifiée qui se fait avec de petits groupes et au cours de laquelle l'enseignant aide les élèves à devenir des lecteurs autonomes. Elle vise à soutenir l'application des premières stratégies de lecture. L'objectif est de permettre aux élèves de mettre en pratique ce qu'ils ont appris en bénéficiant de la supervision attentive de l'enseignant. La lecture guidée ne sert pas à enseigner de nouvelles stratégies, mais à superviser les élèves qui ont pour tâche de se servir de ce qu'ils ont appris lors de la lecture partagée. Elle se tient habituellement de trois à cinq fois par semaine.

La lecture guidée est une forme d'aide différenciée qui répond aux besoins des élèves, ce qui veut dire que tous n'ont pas besoin du même nombre de périodes de lecture guidée. Ainsi, des élèves très peu avancés auront probablement besoin de plus de lecture partagée que de lecture guidée. Des élèves très avancés auront peut-être davantage besoin de lecture personnelle que de lecture guidée (Burkins et Croft, 2010).

■ Les regroupements

Pour organiser une lecture guidée, il faut, dans un premier temps, former des groupes de trois à cinq élèves qui éprouvent les mêmes besoins. Pour ce faire, on se fonde sur des observations faites dans différentes situations. Il faut déterminer ce que chacun des élèves sait et ce qu'il a besoin d'apprendre (p. ex. : apprendre à confirmer ses hypothèses en vérifiant les lettres du mot ou apprendre à vérifier à l'aide du contexte de la phrase le sens d'un mot identifié par les relations lettre-son). Les regroupements sont flexibles, car le choix des élèves qui forment le sous-groupe dépend de l'objectif de la rencontre. Comme les enfants ne progressent pas au même rythme, il faut reformer périodiquement les groupes d'élèves, ce qui implique une évaluation des progrès des élèves.

■ Le choix du texte

Dans la lecture guidée, le niveau du texte convient au sous-groupe, ce qui n'est pas toujours le cas dans l'enseignement en grand groupe, où tous les élèves lisent le même texte. Le texte choisi doit présenter un défi, mais toutefois être accessible aux élèves. Il vaut mieux choisir un texte trop facile qu'un texte trop difficile ; rappelez-vous que la lecture ne doit jamais devenir un combat. Vous pouvez tirer profit d'une variété de sources, comme des livrets gradués, des poèmes, des textes provenant de manuels ou de magazines. La difficulté des textes doit augmenter en cours d'année.

■ La démarche

Demandez au sous-groupe de vous rejoindre à la table prévue pour l'enseignement en petit groupe. La figure 13.3 présente un modèle d'aménagement pour la lecture guidée pour un sous-groupe de quatre ou cinq élèves. Remettez à chacun un exemplaire du texte choisi ou demandez à deux élèves de partager le même livre.

FIGURE 13.3 Une table pour lecture guidée

Commencez par éveiller l'intérêt des enfants. Avant d'entamer la lecture, ceux-ci doivent savoir si la lecture les amusera ou les informera, avoir certaines questions en tête auxquelles ils chercheront des réponses et avoir envie de lire des textes.

La plus grande partie de la rencontre est consacrée à la lecture autonome ; ce n'est pas l'enseignant qui fait la lecture, mais les élèves. Cependant, l'enseignant aide les élèves à surmonter les obstacles liés à l'identification de mot et à la compréhension. La lecture guidée permet donc aux élèves d'appliquer les stratégies apprises, à l'enseignant de voir de quelle façon ils les intègrent et de savoir de quel type d'aide ils ont besoin.

Durant les premières séances, tout en laissant les élèves lire le texte, offrez-leur un soutien assez important. Pour commencer, lisez une phrase ou deux, puis demandez aux enfants de faire une hypothèse sur la suite du texte, hypothèse qu'ils devront confirmer en lisant silencieusement. Au fur et à mesure de l'année, les élèves seront capables de lire des parties de textes plus longues, puis chaque enfant lira seul le texte au complet.

13.2.5 La lecture jumelée

Il est particulièrement indiqué d'encourager les lecteurs débutants à lire à deux. Les élèves trouvent toujours ces situations motivantes. Un élève peut être jumelé avec un autre élève de la classe ou avec un tuteur plus âgé.

■ La lecture en tandem

Dans la lecture en tandem, il s'agit d'abord de jumeler des élèves de la classe en prenant soin de placer un élève moins habile avec un autre plus habile. Les partenaires se réunissent durant une période de 15 minutes. Ils choisissent un livre et un endroit de la classe où s'installer. Les enfants s'assoient près l'un de l'autre de façon à bien voir le livre et à pouvoir s'entendre en parlant d'un ton de voix modéré (Boushey et Moser, 2009). L'élève qui lit tient le livre. Chacun lit un paragraphe ou une page à tour de rôle, ou encore les élèves lisent à l'unisson la même partie de livre et s'entraident au cours de la lecture.

■ Le tutorat avec un élève plus avancé

ENCADRÉ 13.1	Des questions pour les textes narratifs et informatifs

Questions possibles pour un cube narratif :
- As-tu aimé l'histoire ? Pourquoi ?
- Quel est ton personnage préféré ? Pourquoi ?
- À quel personnage voudrais-tu ressembler ? Pourquoi ?
- Quel est le problème dans cette histoire ? Comment a-t-il été résolu ?
- Comment changerais-tu la fin de ce livre ?
- Aimerais-tu lire un autre livre du même auteur ? Pourquoi ?

Questions pour un cube informatif :
- As-tu aimé ce livre ? Pourquoi ?
- Nomme deux choses que tu as apprises dans ce livre.
- Quelle est la partie la plus intéressante de ce livre ?
- As-tu des questions auxquelles le livre n'a pas répondu ?
- Aimerais-tu lire un autre livre sur le même sujet ? Pourquoi ?
- As-tu appris des mots nouveaux dans ce livre ? Lesquels ?

Les programmes de tutorat sont très appréciés des enseignants de 1re année. Ils consistent à associer une classe de 1re année avec une classe d'élèves plus avancés, par exemple des élèves de 5e année. Ces élèves se rencontrent périodiquement pour des activités de lecture. L'élève plus avancé apporte un livre qu'il lit à l'enfant de 1re année.

Pour stimuler les interactions pendant la rencontre, vous pouvez ajouter des activités axées sur la compréhension du livre lu. Par exemple, lorsque la lecture du livre est terminée, le tuteur peut se servir d'un cube sur lequel sont écrites des questions. Il roule le cube et pose la question affichée lorsque le cube s'immobilise (Theurer et autres, 2008). Nous proposons dans l'encadré 13.1 une liste de questions pour les textes narratifs et informatifs.

13.2.6 La lecture personnelle

La lecture personnelle sert à consolider les habiletés en lecture de l'élève et à développer sa confiance de lecteur. La période de lecture personnelle fait partie des activités habituelles de la classe dès le début de l'année. Une période de 15 minutes peut être trop longue pour les lecteurs débutants. On commencera donc par une période de 5 minutes, qu'on augmentera à 10 ou 12 minutes après quelques semaines.

On ne peut exiger le silence complet des lecteurs débutants, car ils ont tendance à lire à mi-voix lorsqu'on leur demande de lire silencieusement. Les enfants de 1re année aiment lire à voix haute ; en fait, ils éprouvent de la difficulté à lire silencieusement et, lorsqu'ils le font, un murmure accompagne leur lecture. La lecture à voix haute semble leur servir de système de rétroaction : tout se passe comme si le fait d'entendre leurs méprises leur permettait de se corriger. La lecture à voix haute joue donc un rôle de soutien pour les jeunes lecteurs. Chez les enfants de 2ᵉ année, la lecture silencieuse est plus naturelle, mais la vitesse est la même qu'en lecture à voix haute. On peut noter quelques manifestations de subvocalisation, comportement physiologique qui accompagne la lecture, par exemple de légers mouvements des lèvres et au niveau de la gorge.

Pendant la période de lecture personnelle, il faut permettre aux élèves de relire un livre autant de fois qu'ils le veulent. La relecture n'est pas très populaire auprès des enseignants, qui souhaitent que les élèves lisent des livres qu'ils n'ont jamais lus. Le fait de pouvoir relire un livre permet cependant aux enfants de se familiariser avec le texte et d'en découvrir d'autres aspects.

13.3 Les activités d'écriture

Les activités d'écriture suivent la même logique que les activités de lecture : elles progressent vers une autonomie de plus en plus grande des élèves. Elles comprennent des activités au cours desquelles l'enseignant sert de secrétaire au groupe pour l'écriture collective d'une histoire, des activités d'écriture partagée, des activités d'écriture guidée et des situations d'écriture personnelle.

13.3.1 Le texte composé par les élèves et transcrit par l'enseignant

Dans les textes composés par les élèves et transcrits par l'enseignant, le texte est conçu de façon collaborative, mais c'est l'enseignant qui l'écrit au tableau ou sur une grande feuille. À la maternelle, la dictée à l'adulte vise à développer la clarté cognitive (*voir le chapitre 5*), mais chez les lecteurs débutants de 1ʳᵉ année cette activité remplit deux autres objectifs : faire acquérir des stratégies de rédaction sans être ralenti par les aspects mécaniques de l'écriture et fournir des textes que les élèves pourront relire et qui pourront servir de base à des mini leçons.

Enseigner des stratégies de rédaction. Parce que les élèves sont concentrés sur le processus de composition, sans les contraintes de la transcription, ils sont plus attentifs aux stratégies de rédaction proposées durant l'activité, comme rédiger des phrases complètes, faire des liens entre les phrases et tenir compte de la personne qui lit le texte. De plus, l'adulte propose des modifications aux propositions des élèves. Alors qu'avec les enfants de la maternelle on conseille de rester le plus près possible de leurs formulations, en 1ʳᵉ année, il est approprié que l'enseignant suggère des modifications, par exemple en introduisant des connecteurs que les enfants n'emploient pas spontanément (p. ex. : car, alors et hélas) ou en transformant des formes orales en formes syntaxiques qui se rapprochent du langage écrit (p. ex. : remplacer « on est allé » par « nous sommes allés »).

Se servir des textes comme matériel de lecture. Les textes rédigés collectivement sont recopiés et distribués à tous les élèves. Comme ils reflètent le vocabulaire et les connaissances des enfants, ils constituent un outil pertinent que l'on peut exploiter pour la lecture, particulièrement avec les élèves en difficulté. Un autre avantage de ces textes est qu'ils peuvent être très variés : des règles de la classe, des lettres d'invitation, des comptes rendus de sorties ou des histoires.

En guise de variante, vous pouvez proposer aux élèves de concevoir un livre collectif. Après avoir été initiés au fonctionnement d'un appareil photo numérique, ils jouent à tour de rôle au photographe et photographient leurs compagnons dans différentes situations. Une fois les photos obtenues, les élèves dictent une phrase en s'en inspirant et insèrent la page dans l'album de la classe.

13.3.2 L'écriture partagée

Dans l'écriture partagée, les élèves participent à la rédaction du texte en écrivant quelques mots du texte collectif. Il peut s'agir de mots déjà affichés en classe ou de mots que les enfants peuvent écrire en se servant de leur connaissance des relations lettre-son. L'écriture partagée est une période d'enseignement de l'écriture à l'ensemble du groupe.

Au cours de cette période, l'enseignant clarifie le processus d'écriture en expliquant des éléments comme :

- les conventions (l'espace entre les mots, les lettres muettes, l'apostrophe, les majuscules et la ponctuation) ;
- la façon de commencer ou de terminer le texte ;
- le rôle du brouillon ;
- le choix des détails.

Les élèves tenteront d'utiliser ce qu'ils ont appris en écriture partagée lorsqu'ils auront à rédiger des textes personnels.

13.3.3 L'écriture guidée

Dans l'écriture guidée, c'est l'élève qui écrit. Le rôle de l'enseignant est de guider, de suggérer et d'encourager. Le texte appartient à l'élève. L'écriture guidée se fait habituellement en petits groupes et dure environ 20 minutes. Les sous-groupes sont déterminés par les besoins des élèves (p. ex. : l'usage de la ponctuation ou la façon de commencer un texte). L'écriture guidée permet de donner aux élèves une rétroaction immédiate et ciblée pendant qu'ils écrivent leur texte (court mais complet). Elle comprend également des mini leçons sur des éléments particuliers et un partage des textes, comme on peut le voir dans la description des étapes présentée ci-dessous (Gibson, 2008).

1. Une brève discussion sur le thème de l'écriture. Cette discussion sert à éveiller l'intérêt des élèves pour la tâche d'écriture. Elle leur donne également l'occasion d'élargir leur vocabulaire et leur connaissance des structures syntaxiques qu'ils pourront intégrer à leur propre texte.

2. Une mini leçon. L'enseignant explique une stratégie d'écriture sous forme de pensée à voie haute. Par exemple, l'enseignant illustre comment utiliser les guillemets pour séparer le dialogue du reste du texte.

3. L'écriture personnelle des élèves. L'élève écrit son texte et reçoit une rétroaction immédiate de la part de l'enseignant qui le guide vers la résolution de problèmes d'écriture. La rétroaction porte sur ce que l'élève vient d'écrire, mais également sur les stratégies à employer pour décider ce qu'il faut écrire ensuite.

4. Le partage du texte. Les scripteurs ont besoin d'un public ; c'est pourquoi la séance se termine par une brève présentation de leur texte aux autres membres du groupe. Les élèves peuvent lire leur texte à un partenaire ou s'échanger les textes.

L'écriture guidée est essentielle aux scripteurs à risque, car elle leur permet de faire le pont entre l'enseignement donné à l'ensemble du groupe et leur propre engagement dans l'écriture autonome de textes.

13.3.4 L'écriture personnelle

Le but de l'écriture personnelle est d'amener les élèves à acquérir une certaine aisance en écriture et à considérer celle-ci comme une activité naturelle et agréable. Dans l'écriture autonome, les élèves prennent la responsabilité de l'écriture sans l'intervention immédiate de l'enseignant, ce qui ne veut pas dire pour autant que celui-ci ne supervise pas l'activité.

Il est impératif de tenir des périodes d'écriture personnelle tous les jours dès le début de la 1re année (Nadon, 2002, 2007 ; Sirois et autres, 2010). Pour que cette période soit productive, il faut donner des outils aux élèves. Mettez à leur disposition tous les moyens nécessaires pour leur permettre de trouver rapidement la façon d'écrire le mot recherché :

- Fichiers images-mots ;
- Dictionnaires illustrés ;
- Textes références ;
- Listes organisées.

Vous pouvez également fournir aux élèves des outils pour encadrer la planification de leur texte. Par exemple, la technique de l'étoile offre un cadre organisationnel aux élèves qui écrivent une description. Ainsi, pour préparer la rédaction d'un texte descriptif sur un objet ou une personne, ils écrivent le sujet au centre de l'étoile et les éléments descriptifs, à chaque pointe de l'étoile (*voir la figure 13.4 à la page suivante*).

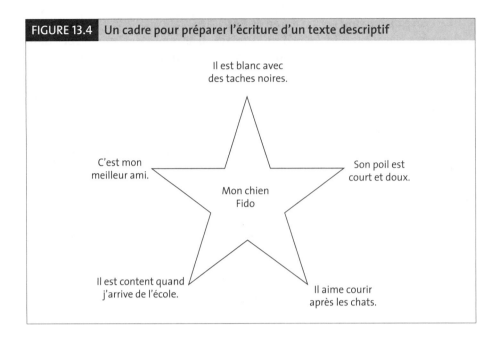

FIGURE 13.4 Un cadre pour préparer l'écriture d'un texte descriptif

Il est blanc avec
des taches noires.

C'est mon
meilleur ami.

Mon chien
Fido

Son poil est
court et doux.

Il est content quand
j'arrive de l'école.

Il aime courir
après les chats.

La période d'écriture personnelle se termine par une séance de partage des textes. Quelques enfants peuvent s'asseoir à la chaise de l'auteur et lire leur texte. Les autres sont invités à faire des commentaires constructifs sur le texte présenté.

Conclusion

Les lecteurs débutants doivent avoir l'occasion de lire et d'écrire chaque jour des textes signifiants. Pour ce faire, le programme comprendra des activités au cours desquelles l'enseignant sert de modèle, des activités de lecture et d'écriture partagée, des activités de lecture et d'écriture guidée. Les enfants auront également à utiliser ce qu'ils ont appris lors de tâches de lecture et d'écriture individuelle. Toutes ces composantes sont essentielles pour qu'ils développent leur autonomie de lecteur et de scripteur.

Les textes pour lecteurs débutants

Les textes proposés aux lecteurs débutants jouent un rôle crucial dans le développement de leur habileté à lire. Les textes que les enfants liront eux-mêmes doivent être conçus pour les aider à intégrer leurs habiletés en identification de mots et en compréhension. Le grand défi consiste à trouver des livres qui sont à la fois intéressants et accessibles. Dans ce chapitre, nous voyons donc les caractéristiques des textes pour lecteurs débutants et la façon de déterminer le niveau de difficulté des textes.

14.1   Des textes à lire et à faire lire

On distingue habituellement deux types de textes pour lecteurs débutants : les textes qui sont lus aux enfants et les textes que les enfants lisent eux-mêmes. Cette distinction est essentielle dans un programme de lecture équilibré.

14.1.1 Les textes lus aux enfants

Au début de la 1re année, le développement langagier des enfants dépasse de beaucoup ce qu'ils peuvent lire de façon autonome. Ils sont assez développés sur le plan cognitif pour comprendre des textes portant sur des thèmes variés. Cependant, ils ne possèdent pas de capacités de lecture suffisantes pour lire des textes longs et complexes. Bon nombre d'albums qui s'adressent aux enfants âgés de six et sept ans sont difficiles à lire pour les lecteurs débutants. La plupart d'entre eux sont d'ailleurs écrits pour être lus aux enfants et non pour être lus par les enfants. C'est pourquoi on constate que les auteurs d'albums cherchent à établir une certaine connivence avec l'adulte afin que celui-ci prenne autant de plaisir à l'histoire que les enfants. La plupart des albums doivent donc être lus par l'enseignant au début de l'apprentissage de la lecture. Comme nous l'avons vu au chapitre précédent, faire la lecture de textes riches et stimulants permet aux enfants d'enrichir leur compréhension et leur culture littéraire.

14.1.2 Les textes lus par les enfants

Les livres de littérature pour enfants, s'ils permettent de travailler la compréhension, ne répondent pas toujours aux besoins des lecteurs qui entrent dans l'écrit. Les jeunes lecteurs ont besoin de textes qui leur permettent d'utiliser leurs connaissances en identification de mots. Les collections pour lecteurs débutants sont plus susceptibles de répondre à ce besoin. Ces collections réunissent des livres écrits spécialement pour les élèves de 1re année. On trouve dans ces livres de courts textes illustrés. Les auteurs tiennent habituellement compte de critères assez précis pour les rédiger. Ils sont répartis en différents niveaux de difficulté, souvent indiqués par une couleur ou un symbole. La plupart des classes de 1re année possèdent une ou plusieurs de ces collections.

14.1.3 Pourquoi deux types de textes ?

Est-il indispensable d'avoir recours à deux types de textes ? Ne pourrait-on pas enseigner à lire uniquement à l'aide de livres de littérature pour enfants ou uniquement au moyen de textes que les enfants peuvent lire ? Il existe un assez large consensus autour du fait qu'il est préférable d'avoir recours aux deux types de textes avec les lecteurs débutants, car ils répondent à deux objectifs différents : déchiffrer le texte et approfondir la compréhension du texte. Essayer de combiner ces objectifs à partir d'un texte unique conduit à des insatisfactions.

> Dès lors, dans le souci de construire sur un même texte le déchiffrage et la compréhension, le support des activités de déchiffrage est trop complexe (mots irréguliers, mots rares, structures syntaxiques complexes) et le support des activités de compréhension trop simple (texte trop court dont le sens a été appréhendé par l'image qui l'accompagne, texte ne présentant aucun véritable problème de compréhension ni au niveau du lexique, ni au niveau de la syntaxe, ni au niveau de l'articulation des phrases successives du texte) (Observatoire national de lecture, 2005, pp. 22-23).

Cela ne veut pas dire que les enfants ne liront pas de livres de littérature pour enfants : ils le feront dès qu'ils auront pris un peu d'autonomie en lecture, ou encore ils liront les albums plus faciles d'accès qu'aura sélectionnés l'enseignant.

14.2 Qu'est-ce qui rend un texte accessible à un lecteur débutant ?

On peut classer en deux catégories l'ensemble des critères proposés pour déterminer le niveau de difficulté des textes pour lecteurs débutants : les critères qui relèvent du texte et ceux qui relèvent des mots.

14.2.1 Les critères qui relèvent du texte

Certains critères qui influencent le niveau de difficulté du texte relèvent de son organisation même, par exemple la structure, la longueur et la complexité des phrases ou la densité du texte.

La structure. Dans les textes pour lecteurs débutants, les structures les plus faciles sont les structures dites « prévisibles ». La présence de thèmes familiers, comme les nombres, les jours de la semaine ou une structure répétitive, permettent à l'enfant d'anticiper certaines phrases ou certains mots. Une structure prévisible diminue la charge cognitive demandée pour la lecture d'un texte.

La longueur des phrases. La longueur des phrases joue un rôle important pour le lecteur débutant. Comme il identifie encore les mots un à un sans faire de regroupements syntaxiques, il ne peut garder que quelques mots en mémoire pour comprendre une phrase. C'est pourquoi les textes pour lecteurs débutants sont composés de phrases ne contenant que quelques mots. Alors qu'à l'oral l'enfant comprend très bien le sens d'une phrase sans réfléchir, en lecture, il doit faire un effort conscient pour, en même temps, identifier les mots, les garder en mémoire et comprendre la phrase.

La complexité de la phrase. La complexité de la phrase peut se mesurer, entre autres, par la présence ou non de subordonnées et par la plus ou moins grande facilité de retrouver les référents des pronoms.

Le vocabulaire et le niveau de langue. Les premiers textes à lire par les élèves n'ont pas pour but d'enseigner un vocabulaire nouveau mais de leur permettre d'identifier à l'écrit des mots qu'ils connaissent à l'oral. Le fait que le vocabulaire leur soit familier facilite la lecture aux lecteurs débutants.

Les illustrations. L'illustration peut apporter un soutien plus ou moins direct à l'identification de mots. Par exemple, elle peut représenter explicitement le mot écrit, comme c'est le cas dans un imagier. Dans les textes plus avancés, l'image sert de soutien au contexte général de l'histoire en présentant les personnages en action.

La densité du texte. La densité du texte se mesure par la proportion de mots uniques dans le texte. On appelle « hapax » un mot qui n'apparaît qu'une seule fois dans la totalité d'un texte. En général, les textes pour enfants comprennent peu d'hapax par comparaison aux textes pour adultes. La répétition des mots dans le texte est un facteur qui facilite l'acquisition des mots chez le lecteur débutant.

La longueur du texte. Le lecteur débutant a besoin de textes signifiants mais courts. De plus, la quantité de texte sur la même page ou le nombre de lignes par page influence l'estimation que le jeune lecteur a de sa capacité à lire ou non le texte.

Lorsqu'on classe les livres à partir de critères qui relèvent du texte, les premiers niveaux sont constitués de livres qui offrent un langage familier, prévisible, répétitif et qui se caractérisent par un lien très fort entre l'image et le texte. Aux niveaux supérieurs, les textes sont moins prévisibles, les structures sont plus complexes, le contenu est plus dense et il y a moins d'illustrations servant d'appui à l'identification de mots. Les textes écrits à l'aide de ces critères présentent l'avantage d'offrir des thèmes, des mots de vocabulaire et des structures de phrases près du langage naturel de l'élève. Par contre, ils présentent plusieurs mots polysyllabiques qui sont plus difficiles à lire pour les lecteurs débutants. De plus, lorsque les enfants commencent à apprendre à décoder, une structure prévisible peut les empêcher de porter attention aux mots.

14.2.2 Les critères qui relèvent des mots

La deuxième catégorie de critères qui servent à déterminer si un texte est facile à lire pour un lecteur débutant concerne les mots. En général, les mots fréquents ont plus de chance d'être reconnus rapidement par les enfants. De plus, certaines caractéristiques des mots les rendent plus ou moins difficiles à décoder.

1. Le type de structure syllabique. Certaines structures syllabiques sont plus difficiles à lire pour les débutants. Par exemple, le mot « moto » (CV-CV) est plus facile à lire que « crac » (CCVC).

2. La régularité des mots. Par exemple, le mot « pou » est plus facile à lire que le mot « porc » parce que ce dernier est irrégulier : le lecteur a tendance à prononcer le « c » final comme dans le mot « parc ».

3. La longueur des mots. Les mots longs sont plus difficiles à décoder car les enfants ont à effectuer un découpage syllabique ; par exemple, le mot « chat » est plus facile à lire que le mot « hippopotame ».

4. La complexité des correspondances lettre-son. La complexité se mesure par le nombre de lettres dans un graphème. Par exemple, le mot « va » est plus facile à lire que le mot « vingt ».

En somme, les mots courts, simples et réguliers sont plus faciles à lire pour le lecteur débutant que les mots longs, complexes et irréguliers qui s'éloignent de la structure basique des mots.

Les textes qui misent essentiellement sur les critères liés aux mots sont appelés « textes déchiffrables ». Ces textes sont composés de mots réguliers qui contiennent des correspondances lettre-son que les enfants ont apprises. Plus les textes sont déchiffrables, moins ils sont complexes. Ils deviennent plus sophistiqués à mesure que les enfants apprennent de nouvelles correspondances lettre-son, mais au début ils sont forcément très limités sur le plan sémantique. L'aspect positif des textes déchiffrables est que les enfants peuvent en identifier tous les mots. Toutefois, ils présentent un désavantage de taille, celui de présenter un contenu artificiel car ils sont composés d'une banque de mots très limitée. Ces textes risquent d'amener les élèves à se concentrer sur l'identification de mots au détriment de la compréhension. De plus, dans ces textes, la plupart des mots n'apparaissent qu'une fois, alors qu'il faut que les mots soient présentés à plusieurs reprises pour qu'il y ait automatisation de la reconnaissance des mots.

14.3   L'historique du choix des textes

Autrefois, les textes pour lecteurs débutants étaient rigidement contrôlés en fonction de critères liés aux mots. Par exemple, dans les méthodes alphabétiques, on présentait une lettre à la fois et les mots qu'on enseignait étaient composés uniquement des lettres déjà vues. Par l'effet du retour de balancier (*voir le chapitre 10*), on a ensuite proposé de donner aux élèves des textes signifiants sans vraiment en contrôler le niveau de difficulté. Ces textes sont plus agréables, mais peu sont à la portée des jeunes lecteurs. Par un nouveau retour du balancier, on voit maintenant réapparaître des textes entièrement déchiffrables. La figure 14.1 présente deux textes déchiffrables : l'un écrit en 1957 et l'autre, en 2004. La similarité entre ces deux textes est assez frappante. Quelle attitude faut-il adopter ? Faut-il revenir aux anciens textes entièrement déchiffrables ? Certainement pas. Il faut plutôt chercher un juste équilibre dans le choix des textes.

FIGURE 14.1   Des textes entièrement déchiffrables

Léo a le bébé.
Bébé Lili a obéi à Léo.
Bébé Lili a bu.

Forest, M. et M. Ouimet. (1957). *Mon premier livre de lecture.* Montréal : Granger, p. 15.

Mamie a lavé Léa.
Léa a vu Milo. Léo a filé.
Léa a avalé. Léo a lu.

Cuche, T. et M. Sommer. (2004). *Lire avec Léo et Léa.* Paris : Belin, p. 14.

14.4   La recherche de l'équilibre

L'équilibre à établir se situe entre la capacité des enfants à déchiffrer le texte et l'intérêt que le texte peut présenter. Les enfants ont besoin d'avoir des occasions d'utiliser leurs habiletés en identification de mots : les textes pour débutants doivent contenir une bonne partie de mots qui peuvent être décodés par les élèves, mais il faut également que le texte ait du sens pour eux.

> L'accès à la lecture prend appui sur des textes dont la plupart des mots sont réguliers ou fréquents. Les textes choisis comme supports de lecture peuvent être composés ou aménagés à cet effet, mais ils doivent présenter un enjeu pour que les élèves aient envie de lire et surtout fassent le lien entre décodage et construction du sens (Observatoire national de lecture, 2005, p. 17).

Le texte et l'enseignement vont de pair. À mesure que l'enfant progresse, l'enseignant change ses interventions ; il devrait en être de même pour le type de textes. Vus sous cet angle, les textes deviennent des instruments d'étayage. Par exemple, un texte à structure prévisible peut aider un enfant à comprendre comment fonctionne la lecture. Lorsque l'enfant a acquis certaines habiletés de décodage, un texte facile à déchiffrer peut lui donner confiance en ses habiletés. Graduellement, ces textes sont remplacés par d'autres moins contrôlés, puis par des livres de littérature pour enfants. On ne devrait pas se demander quel est le meilleur type de texte, mais quel est le meilleur type de texte pour atteindre un objectif particulier chez un enfant à un moment précis de son développement.

14.5   Les niveaux de difficulté d'un texte

Dans les parties précédentes, nous avons abordé les facteurs structurels qui font qu'un texte est plus ou moins difficile. Cependant, le même texte sera lu aisément par un enfant et laborieusement par un autre enfant de la classe. On range habituellement dans trois catégories la situation d'un lecteur face à un texte :

1. La situation d'autonomie. L'élève est en situation d'autonomie par rapport à un texte lorsqu'il peut le lire et le comprendre seul, sans aide. Ce texte est facile pour lui.

2. La situation d'apprentissage. L'élève est en situation d'apprentissage par rapport à un texte lorsqu'il peut le lire et le comprendre, mais avec de l'aide. Ce texte correspond au niveau d'apprentissage de l'enfant.

3. La situation de frustration. L'élève est en situation de frustration par rapport à un texte lorsqu'il ne peut le lire et le comprendre, même avec de l'aide. Ce texte est trop difficile pour l'enfant.

Il est important de saisir que ces trois situations de lecture dépendent du texte à lire. Un lecteur peut donc se trouver dans l'une ou l'autre de ces trois situations selon le texte. Ainsi, devant un texte particulièrement abstrait, même un adulte peut se retrouver en situation de frustration.

14.5.1 Les textes difficiles

En tant qu'adulte, il nous arrive de lire des textes difficiles, par exemple un texte de loi. Dans ce genre de texte, il est quasi impossible de faire le lien avec nos connaissances personnelles ; nous avons presque l'impression de lire un texte en langue étrangère. Après quelques tentatives, nous sommes portés à cesser notre lecture. C'est exactement ce que vit l'enfant qui se trouve devant un texte trop difficile pour lui. Le lecteur débutant manifeste différents comportements devant un texte difficile (Fountas et Pinnel, 1999) :

- Il commence à penser que lire consiste à décoder des mots les uns après les autres et sa lecture ressemble en fait à la lecture d'une liste de mots ;

- Il perd le sens du texte et peut conclure qu'il n'est pas nécessaire d'y trouver un sens ;

- Il trouve difficile d'avoir recours à ses connaissances personnelles et à ses connaissances sur la langue ;
- Il devient frustré et commence à éviter la lecture.

Les élèves à risque sont souvent placés devant des livres trop difficiles pour eux. Dans ce cas, le processus de compréhension est complètement bloqué. On observe ainsi des enfants qui font semblant de lire, des enfants qui essaient de lire sans regarder le texte en ne se fiant qu'à leur mémoire, des enfants qui lisent avec le groupe toujours un pas en arrière comme quelqu'un qui doit chanter dans une chorale mais qui ne connaît pas les paroles de la chanson.

14.5.2 Les textes faciles

Devant un texte facile, la lecture est aisée, rapide et agréable. Le lecteur peut s'attarder aux événements et aux personnages. On peut penser aux lectures de vacances ou de loisir. Les livres faciles sont bénéfiques pour les lecteurs débutants, car :

- ils leur permettent d'apprécier les situations de lecture ;
- ils leur permettent de se centrer sur le sens et de comprendre plus en profondeur ;
- ils leur donnent confiance en eux-mêmes en tant que lecteurs ;
- ils leur permettent de développer leur fluidité en lecture.

Les textes faciles servent lors des périodes de lecture libre, alors que l'objectif est le plaisir de lire plutôt que l'acquisition d'habiletés nouvelles. Il est bien certain, cependant, que si les élèves ne lisent que des textes qui sont faciles pour eux, leurs progrès seront assez lents.

14.5.3 Les textes au bon niveau

Les textes au bon niveau pour l'apprentissage posent un certain défi à l'élève, tout en restant accessibles et assez exigeants pour lui permettre de résoudre des problèmes ou d'apprendre de nouvelles stratégies. Ces textes ne servent pas aux situations de lecture autonome : ils sont introduits par une mise en situation, l'enseignant en guidant la lecture, puis discutés en groupe.

14.5.4 Les barèmes

Les niveaux de lecture sont habituellement déterminés par le pourcentage de mots identifiés correctement par l'enfant pendant la lecture du texte. Un pourcentage élevé de mots bien identifiés correspond à un niveau d'autonomie face au texte, alors qu'un pourcentage plus faible correspond à un niveau de frustration. Plusieurs auteurs ont proposé des barèmes pour déterminer les niveaux de lecture.

Ces barèmes varient quelque peu selon les auteurs; nous présentons dans le tableau 14.1 les barèmes les plus courants.

TABLEAU 14.1   Les barèmes pour déterminer les niveaux de lecture

Niveau	Description
Niveau d'autonomie 96 % et + de mots reconnus	Texte relativement facile pour le lecteur. Pas plus d'un mot difficile sur 20. Texte à choisir pour la lecture personnelle.
Niveau d'apprentissage De 90 à 95 % de mots reconnus	Texte qui pose un défi mais qui est abordable pour le lecteur. Pas plus d'un mot difficile sur 10. Le texte est au bon niveau pour la lecture guidée.
Niveau de frustration Moins de 90 % de mots reconnus	Texte problématique pour le lecteur. Plus d'un mot difficile sur 10. Il y aurait avantage à choisir un autre texte pour l'élève.

À partir de Pinnell, G. S. et I. C. Fountas. (2002). *Leveled books for readers*. Portsmouth, NH: Heinemann.

Certains auteurs proposent d'adapter ces barèmes pour les élèves en difficulté (Allington, 2009; Burkins et Croft, 2010). Ils suggèrent d'augmenter à 98 %, et même à 99 %, le pourcentage de mots reconnus pour la lecture autonome. Cela semble élevé, mais si nous comparons ce barème à un livre pour adulte, cela correspond à lire 3 à 4 mots inconnus par page; pour les 30 premières pages d'un livre, cela équivaut à près de 90 à 120 mots que nous ne pourrions pas lire.

14.6   Le choix des livres pour lecteurs débutants

Au début de l'apprentissage de la lecture, l'enseignant choisit la plus grande partie des livres pour l'enfant, de façon à ce que ces livres soient au bon niveau pour lui. Graduellement, l'enfant apprendra à choisir lui-même ses livres.

14.6.1 Les livres choisis par l'enseignant

Plusieurs enseignants de 1re année remettent à l'enfant un livret de collection gradué chaque jour en demandant aux parents de signer une fiche après la lecture du livret. L'objectif de cette intervention est de s'assurer que l'enfant lise chaque soir à la maison, avec l'aide de ses parents (*voir l'encadré 14.1*). Alors qu'à la maternelle le rôle des parents est de faire la lecture à leur enfant, en 1re année, ils jouent un deuxième rôle, celui d'écouter lire leur enfant et de l'encourager dans ses efforts.

On peut aussi envoyer à la maison plusieurs livres dans un sac de lecture. Certaines écoles fournissent ces sacs au début de l'année et les récupèrent à la fin de l'année (le format proposé est un sac de 30 x 40 cm). Pour stimuler les élèves moins motivés par la lecture, il est possible d'ajouter à ce sac des éléments qui les encouragent à lire, par exemple :

- des crayons de couleur pour que les élèves puissent faire un dessin sur le thème du livre ;

- ajouter une marionnette à doigt représentant un personnage du livre afin que les enfants puissent faire un rappel du récit ;

- fournir une activité de points à relier qui porte sur l'un des personnages du livre : par exemple, si le livre parle de Jeannot Lapin, les points à relier représenteront un lapin.

ENCADRÉ 14.1	Le relevé des lectures de l'enfant		
Date	Livre lu	Signature des parents	Évaluation : - Très facile - Au bon niveau - Difficile
Commentaires des parents :			

14.6.2 Les livres choisis par l'enfant

Les enfants doivent apprendre à choisir leur livre pour la lecture personnelle à l'école ou à la maison. L'un des dangers des collections gradués est que les élèves n'apprennent pas à choisir les livres qui leur conviennent. Pour aider les lecteurs débutants à choisir des livres à leur niveau, la technique des cinq doigts a fait ses preuves. Lorsque les enfants trouvent un livre qu'ils ont envie de lire, demandez-leur de poser leur main à plat, la paume vers le haut. En lisant la première page ou les deux premières pages, montrez-leur à replier un doigt dans la paume de la main pour chaque mot inconnu. Si tous les doigts sont repliés avant de finir les deux premières pages, le livre est probablement trop difficile pour eux.

Conclusion

Au début du primaire, les élèves ne sont pas encore assez autonomes en lecture pour lire seuls des textes consistants. C'est donc l'enseignant qui fait la lecture des textes plus complexes pour favoriser la compréhension et l'intérêt pour la lecture. Les textes que les élèves ont à lire sont adaptés à leurs besoins de lecteurs débutants. Il est primordial de s'assurer qu'ils aient accès à des textes qui leur conviennent afin qu'ils développent leur confiance en eux en tant que lecteurs ainsi que leur goût de lire.

Les lecteurs débutants à risque

Il existe des difficultés inhérentes à l'apprentissage de la lecture. La majorité des enfants surmontent ces difficultés mais, pour certains élèves, les obstacles prévisibles semblent infranchissables et ces élèves passent de lecteur débutant à lecteur en difficulté. Il est indispensable d'intervenir en 1re année auprès de ces enfants et de ne pas attendre qu'ils prennent du retard. Ceux qui ont un mauvais départ en lecture rattrapent rarement leur retard par rapport à leurs pairs. Mais il n'y a pas de raison pour que les choses se passent de cette façon. Dans ce chapitre, nous abordons les caractéristiques des lecteurs débutants à risque, présentons les principes d'interventions et abordons les principaux problèmes qu'éprouvent ces élèves.

15.1   Qui sont les lecteurs débutants à risque?

Les profils des lecteurs débutants à risque changent en cours d'apprentissage. On peut distinguer les lecteurs à risque du début de la 1re année et ceux de la fin de la 1re année.

15.1.1 Les lecteurs à risque au début de la 1re année

La principale caractéristique des lecteurs à risque au début de la 1re année est qu'ils n'ont pas découvert le principe alphabétique. À quoi ressemblent ces enfants qui n'ont pas fait cet apprentissage? Plusieurs semblent entreprendre leur apprentissage de la lecture comme les autres. Ils mémorisent les textes des premières leçons, mais quand les autres enfants commencent à analyser les mots, ils continuent pour leur part à mémoriser les textes. Quand les autres enfants commencent à lire des textes moins prévisibles, eux en sont encore à mémoriser les textes. Quand les autres enfants deviennent à l'aise en lecture et se mettent à dévorer les livres, les lecteurs à risque commencent à éviter la lecture: ils oublient leur livre à la maison, prennent toute la période pour choisir leur livre et ainsi de suite.

On peut, dès les premiers mois de la 1re année, observer deux catégories d'élèves en fonction de leur entrée dans l'écrit:

Un premier groupe, ayant compris l'économie générale du système alphabétique français, est capable de se servir de cette compréhension pour s'engager dans la lecture de mots nouveaux alors même que les connaissances graphophonémiques sont encore peu assurées ; ces enfants surprennent ainsi les enseignants par leur capacité à anticiper les apprentissages des progressions annuelles inscrites dans les manuels. Une deuxième catégorie d'élèves, n'ayant pas compris ce système alphabétique, poursuivant de façon laborieuse l'apprentissage de la lecture en s'efforçant au mieux de mémoriser les nouveaux mots, est capable parfois de les reconnaître dans les textes de la classe, mais incapable de décoder des mots non abordés et non « travaillés » dans le contexte scolaire (Ministère de l'Éducation nationale, 2006, p. 94).

En somme, les lecteurs débutants à risque ne semblent pas être conscients de ce qu'ils doivent apprendre. Ils ne savent pas comment exécuter les tâches qu'on leur propose, ni pourquoi ils doivent le faire.

15.1.2 Les lecteurs à risque à la fin de la 1re année

À la fin de la 1re année, on reconnaît les lecteurs à risque à leur difficulté à trouver un équilibre entre le décodage et la compréhension. Les lecteurs habiles intègrent les deux sources d'information de façon équilibrée : ils se servent du décodage pour identifier les mots et de la compréhension pour confirmer leur identification de mots. Les élèves qui ne réussissent pas à trouver cet équilibre se fient davantage à l'une des deux sources qu'à l'autre (Burkins et Croft, 2010). On peut donc identifier des profils de lecteurs en fonction des sources privilégiées.

1. Les lecteurs qui négligent le sens. Les élèves qui portent plus d'attention au décodage qu'à la compréhension consacrent leur énergie à identifier les mots sans chercher à tirer parti des indices du contexte. Par exemple, ils peuvent tenter désespérément de décoder le mot « bateau » alors qu'il y a une image claire d'un bateau sur la page.

2. Les lecteurs qui négligent le code. Les enfants qui possèdent un bon vocabulaire, beaucoup d'expérience avec les histoires, mais peu d'habileté en identification de mots se servent de l'histoire comme d'un soutien pour identifier les mots. Par exemple, ils lisent les premières lettres d'un mot pour anticiper la suite du mot sans effectuer de vérification.

3. Les lecteurs qui n'intègrent pas le sens et le code. Certains élèves possèdent des habiletés dans les deux domaines mais n'arrivent pas à les intégrer dans le contexte d'un texte écrit. Devant un texte plus difficile, ces élèves lisent, par exemple, incorrectement un mot fréquent qu'ils connaissent très bien de façon isolée. Ces enfants n'ont pas de problème de reconnaissance des mots ou de compréhension, mais d'intégration du sens et du code.

4. Les lecteurs qui négligent le sens et le code. Enfin, il y a des enfants qui ont peu d'habileté en identification de mots et en compréhension. Ce sont évidemment les élèves les plus à risque.

15.2   Les principes d'intervention

Des études ont mis en évidence la pertinence de certains principes pédagogiques dans l'intervention auprès des lecteurs débutants en difficulté (Allington et Walmsley, 2007 ; Slavin et autres, 2009).

1. Améliorer d'abord l'enseignement en classe. L'intervention auprès des lecteurs à risque ne devrait pas être une façon de compenser un enseignement de mauvaise qualité en classe. Le plus grand impact de l'enseignement exemplaire en 1re année est de réduire le nombre d'élèves qui ont des difficultés en lecture et en écriture à la fin de l'année (Allington et Baker, 2007 ; Murray, Woodruff et Vaughn, 2010).

2. Accorder plus de temps à la lecture. Il faut permettre aux élèves débutants à risque de passer plus de temps à faire des activités de lecture que les autres élèves. Les rencontres d'intervention avec ces élèves ne devraient pas avoir lieu pendant les périodes de lecture en classe : les élèves moins performants devraient participer autant que possible aux activités de groupe et être exposés aux mêmes discussions sur les textes que les autres élèves.

3. Intervenir en petit groupe. Travailler en sous-groupe permet de donner aux élèves à risque un soutien qu'ils ne peuvent recevoir lorsqu'ils font des activités en grand groupe. On préférera également le sous-groupe aux rencontres individuelles afin de ne pas habituer les élèves à être dépendants de l'aide personnelle. Très souvent les élèves travaillent bien en tête à tête avec l'adulte, mais retombent dans leurs anciennes stratégies lorsqu'ils sont seuls. Le sous-groupe peut aider à résoudre ce genre de difficulté.

4. Intervenir auprès des élèves à risque avant les temps collectifs. Afin que les élèves à risque puissent profiter des activités de lecture en groupe, il est pertinent de prévoir pour eux une période de préparation. L'enseignant peut par exemple leur présenter les grandes lignes de l'histoire qu'il lira plus tard à toute la classe (événements et personnages) afin de faciliter la participation ultérieure de ces élèves à la discussion. Il peut également travailler avec eux les mots qui pourraient être difficiles à identifier afin qu'ils puissent reconnaître ces mots au moment de l'activité de lecture.

5. Choisir des livres qui correspondent au niveau d'habileté des élèves. Les lecteurs à risque ont besoin de lire des textes qui correspondent à leur niveau d'habileté. Ils ont toutefois souvent à lire des textes qui dépassent leur niveau de compétence. Deux types de textes peuvent rendre service aux élèves à risque. D'une part, il semble que l'utilisation de textes déchiffrables en une courte période permette à ces élèves d'améliorer leurs habiletés en décodage. Ces textes ne doivent cependant pas être employés plus longtemps que nécessaire. D'autre part, les textes dictés par les élèves sont également appropriés pour le travail avec les élèves en difficulté, car ils sont composés de mots, de concepts et de structures de phrases qu'ils connaissent.

6. Encourager la communication avec les parents. Dans tous les programmes efficaces, les enseignants entretiennent une communication suivie avec les parents. Si la collaboration entre l'école et la famille est cruciale pour tous les élèves, elle l'est d'autant plus pour ceux qui éprouvent des difficultés à l'école. Tous les parents sont disposés à aider leur enfant à apprendre à lire, mais plusieurs sont démunis devant les façons de faire de l'école. Il est indispensable que celle-ci leur fasse des suggestions pertinentes et leur offre un soutien approprié.

15.3 Les enfants qui tardent à découvrir le principe alphabétique

La plupart des enfants arrivent en 1re année en ayant au moins une compréhension partielle du principe alphabétique. Ils savent qu'on ne place pas les lettres au hasard pour écrire un mot et qu'il existe un lien entre les sons d'un mot à l'oral et les lettres à l'écrit. Les élèves qui n'ont pas découvert le principe alphabétique avant leur arrivée en 1re année peuvent être à risque, mais il peut aussi s'agir simplement d'un effet du manque d'intervention à la maternelle, car l'enseignement varie beaucoup d'une classe à l'autre. Les élèves qui sont réellement à risque sont ceux qui n'ont pas découvert le principe alphabétique après plusieurs semaines passées en 1re année, bien que l'enseignant leur ait donné de multiples occasions de le découvrir.

Comme nous l'avons vu au chapitre 8, l'écriture est la façon la plus naturelle de faire découvrir le principe alphabétique aux élèves. Les ateliers guidés avec un sous-groupe d'enfants qui n'ont pas découvert le principe alphabétique constituent une bonne façon de leur permettre de progresser. Pour certains, il faudra revenir sur la conscience phonologique primaire avant d'aborder le principe alphabétique.

15.4 Les enfants qui éprouvent de la difficulté avec les lettres

Les interventions proposées ci-dessous concernent les confusions de lettres ainsi que la rapidité dans la reconnaissance et l'écriture des lettres.

15.4.1 Les confusions visuelles

Les confusions de lettres qui se ressemblent sont très fréquentes en 1ʳᵉ année. Elles diminuent jusqu'à la fin de la 2ᵉ année et ne persistent alors que chez quelques enfants en difficulté.

Les études sur le cerveau ont permis de comprendre le phénomène de l'inversion des lettres.

> Les circuits du système visuel de l'enfant, s'ils sont généralement aptes à se recycler afin d'apprendre à lire, possèdent une propriété indésirable pour la lecture : ils symétrisent les objets. C'est pourquoi tous les enfants commettent au début de leur apprentissage des erreurs de lecture et d'écriture en miroir. Pour eux, les lettres « b » et « d » ne sont qu'un seul et même objet vu sous deux angles différents. L'apprentissage de la lecture exige de dépasser ce stade du « miroir » et de « désapprendre » la généralisation par symétrie (Dehaene, 2007, p. 283).

En fait, les enfants n'inversent pas les lettres : ils les confondent. Ils sont habitués à ne pas faire de distinction entre deux objets concrets qui sont placés différemment. Par exemple, pour eux, une chaise orientée vers la gauche et une chaise orientée vers la droite correspondent à un seul et même concept, à savoir une chaise. Les confusions les plus fréquentes sont celles qui concernent les lettres qui ne diffèrent que par l'orientation de leur tracé, comme b et d ou p et q. La stratégie la plus efficace consiste à attirer l'attention des enfants sur le sens du mot. Par exemple, un enfant qui lit « danane » au lieu de « banane » peut s'autocorriger grâce au recours à la signification du mot. Certaines interventions peuvent également faciliter la distinction de ces lettres. Par exemple, pour faire différencier l'orientation du b et du d, on peut faire remarquer aux enfants que le b minuscule est inclus dans le b majuscule (*voir la figure 15.1*).

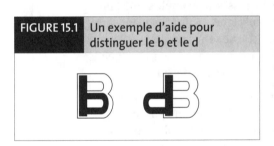

| FIGURE 15.1 | Un exemple d'aide pour distinguer le b et le d |

D'autres confusions de lettres sont attribuables à la similitude de leur tracé : m - n ; a - d ; o - a ; f - t ; a - e. Il sera approprié, dans le cas de ces confusions, d'attirer l'attention des enfants sur les traits distinctifs de ces lettres.

15.4.2 Les confusions auditives

Certaines confusions des lettres sont de nature auditive. Les enfants confondent certaines consonnes sourdes avec des consonnes sonores. Les consonnes sont sonores lorsqu'elles provoquent une vibration des cordes vocales (b – d – v – z – g – m – n), mais sont sourdes si elles n'en entraînent pas (p – t – f – s – k). On remarquera qu'il y a, de manière presque systématique, des « couples » de consonnes sourdes/sonores, ayant la même articulation, sauf en ce qui concerne la vibration. Ce sont ces couples de consonnes qui entraînent le plus de confusion (*voir l'encadré 15.1*). Signalons que la confusion p/b, considérée habituellement comme une confusion visuelle, peut également être vue comme une confusion auditive.

ENCADRÉ 15.1	Les couples de consonnes sourdes et sonores souvent confondues
p/b	pain/bain
t/d	tu/du
k/g	quand/gant
f/v	fois/vois
j/ch	jette/achète
s/z	coussin/cousin

L'intervention à faire pour les confusions auditives consistera essentiellement à amener les enfants à se concentrer sur l'articulation en leur présentant des paires de consonnes contrastées. Par exemple, demandez aux enfants de comparer le /t/ sourd et le /d/ sonore en fermant les yeux. Faites vous-même l'expérience : posez la main sur votre gorge (au niveau de la « pomme d'Adam ») et enchaînez la prononciation de /fff/ et de /vvv/ ; vous sentirez une vibration au moment de la prononciation du /vvv/, car il s'agit d'une consonne sonore.

15.4.3 L'identification rapide des lettres

Il est nécessaire pour les enfants de connaître les lettres, mais également de les traiter rapidement. La rapidité à identifier les lettres au début de la 1re année prédit la rapidité de l'identification de mots (Verhagen et autres, 2009). Il est donc essentiel que les élèves automatisent l'identification de lettres, c'est-à-dire qu'ils puissent les nommer rapidement. La reconnaissance rapide des lettres facilite l'élaboration du lexique orthographique en lecture et en écriture.

Pour améliorer la rapidité à identifier les lettres, on peut proposer quelques activités aux élèves :

- Placer les lettres connues au haut d'un tableau magnétique ; demander aux enfants de faire descendre les lettres au bas du tableau le plus rapidement possible en utilisant les deux mains en même temps qu'ils identifient les lettres ;
- Placer plusieurs lettres connues à l'extérieur d'un cercle ; demander aux enfants de placer rapidement les lettres dans le cercle à mesure qu'ils les nomment.

Comme l'automatisation de la reconnaissance des lettres demande de nombreuses répétitions, les logiciels qui comportent des jeux d'identification de lettres sont des ressources intéressantes, car ils assurent une rétroaction rapide et des possibilités de répétition illimitées sous une forme attrayante.

15.4.4 L'écriture des lettres

L'écriture des lettres n'est pas automatique pour certains enfants en difficulté. Ces derniers écrivent plus lentement que leurs pairs et ce manque d'aisance en écriture manuelle influe sur la quantité et la qualité de leurs productions écrites. Les garçons sont plus nombreux que les filles à se situer parmi les élèves les plus faibles en écriture des lettres et l'écart s'agrandit au cours du primaire (Medwell et autres, 2009). Des études ont démontré que pour les enfants de six et sept ans la rapidité et la qualité de l'écriture des lettres sont associées à la réussite en orthographe et en composition (Lavoie, Morin et Montésinos-Gelet, 2008 ; Medwell et autres, 2009). Lorsque les enfants peinent à écrire les lettres, l'attention qu'ils devraient porter à la signification du message est dirigée vers l'effort demandé pour écrire les lettres. Les enfants qui forment laborieusement les lettres oublient souvent ce qu'ils voulaient communiquer dans leur message. Puisque la vitesse en écriture se développe en écrivant des textes, la conclusion logique est de faire écrire plus souvent les élèves en difficulté pour qu'ils augmentent leur vitesse en écriture et, par ricochet, leur habileté en écriture de textes.

15.5 Les enfants qui ont de la difficulté à découper le mot en syllabes

La lecture de mots comportant plusieurs syllabes est toujours difficile pour les lecteurs débutants, car la limite entre deux syllabes écrites n'est pas toujours évidente. Ces élèves tentent d'abord un découpage en utilisant la structure CV, laquelle est la plus commune. Pour un mot comme « lavabo », la stratégie fonctionne très bien, mais elle est inefficace pour des mots comme « admire » ou « branche ». Chez les lecteurs à risque, le découpage en syllabes reste longtemps arbitraire, particulièrement pour les mots dont la première syllabe est une voyelle isolée ; par exemple, « uni » sera découpé /un/i/. La consigne qui consiste à dire à l'enfant « Découpe ton mot en syllabes » n'est pas efficace car, en fait, il faut avoir lu le mot pour savoir comment le découper. Nous suggérons ci-dessous trois pistes d'intervention pour les élèves à risque.

15.5.1 Découper le mot pour les enfants

Lorsque les enfants font un découpage du mot au hasard, il peut être nécessaire de le découper en syllabes pour eux. Les adultes sont toujours portés à séparer les mots en syllabes écrites ; par exemple, le mot « école » sera découpé « é-co-le », ce qui laissera les enfants avec un mot qui ne correspond pas à un mot connu. Les lecteurs plus faibles ont déjà tendance à prononcer le « e » muet ; il est donc pertinent de les amener à découper le mot de façon à trouver un mot connu à l'oral (é/cole). On peut alors se demander quel est le rôle de la syllabe écrite si elle ne sert pas vraiment au décodage. Essentiellement, savoir découper un mot en syllabes écrites sert à couper les mots en fin de ligne. Les enfants auront donc à apprendre le découpage en syllabes écrites lorsqu'ils feront des activités d'écriture plutôt que des activités de lecture.

15.5.2 Écrire les syllabes en couleur

Pour aider les enfants à percevoir les syllabes d'un mot, on peut les écrire de deux couleurs différentes ; par exemple, la première syllabe en bleu, la suivante en rouge. On peut également écrire les lettres muettes en gris. Les mots outils sont laissés en noir et ne sont pas découpés. Si l'utilisation de la couleur n'est pas possible, on peut alterner les caractères gras et les caractères maigres dans un mot.

15.5.3 Orienter les enfants vers l'ensemble du mot

Il arrive souvent que les enfants n'arrivent pas à découper correctement un mot parce qu'ils ont tendance à l'épeler lettre par lettre. Ils ne voient pas plus loin que la lettre suivante, ce qui les empêche de voir les regroupements de lettres comme « au », « on » et « eau ». Pour les amener à se dégager de la lecture trop séquentielle, la meilleure façon de procéder est de leur demander de regarder le mot dans son ensemble avant de chercher à le découper en syllabes afin de voir s'ils reconnaissent les « morceaux » dans le mot.

15.6   Les enfants qui ne comprennent pas que le décodage est un outil et non une fin

Les enfants doivent comprendre que le déchiffrage est un outil qui ne donne pas automatiquement de réponse correcte. Il faut être attentif au fait que plusieurs élèves ne comprennent pas que les règles de correspondance lettre-son ne leur donnent qu'une approximation du mot et qu'ils doivent eux-mêmes, à partir de cette approximation, trouver la prononciation qui correspond à un mot connu. Autrement dit, il faut que les élèves dépassent l'application mécanique du déchiffrage. Prenons l'exemple d'un enfant qui déchiffre le mot « robe » en le découpant en deux syllabes (ro-be) ; cette façon de lire ne lui permet pas de trouver le sens du mot, car « robe » ne contient à l'oral qu'une seule syllabe : /rob/. Il faut donc encourager cet enfant à poursuivre ses essais jusqu'à ce qu'il trouve la prononciation qui fera écho à un mot connu à l'oral.

15.7 Les enfants qui ont intégré des connaissances et des stratégies inappropriées

Certains enfants font des erreurs systématiques parce qu'ils ont intégré des connaissances et des stratégies inappropriées. S'ils mettent régulièrement en pratique des stratégies mal intégrées, ils les automatiseront et ces stratégies seront par la suite difficiles à modifier. Par exemple, certains enfants croient que lire, c'est dire les mots à voix haute pendant que quelqu'un écoute et trouve les erreurs. Ils pensent que la lecture est réussie quand personne ne les interrompt (parent ou enseignant). D'autres erreurs concernent les règles de correspondance lettre-son, par exemple :

- Devant le mot « chose », un élève lit /cose/, car il dit que le « h » ne se prononce jamais ;
- Un autre élève lit /chiver/ pour « hiver », car il dit que le « h » se prononce toujours /ch/ ;
- Devant le mot « fête », un élève lit « tête » car, explique-t-il, comme il ne connaît pas la première lettre du mot (f), il l'a changée pour une autre ;
- Devant le mot « Patou », un autre élève lit /Paou/, en expliquant que le « t » est une lettre muette.

Les élèves à risque ont tendance à être rigides dans leurs façons de procéder. Il faut intervenir tôt « pour que l'enfant n'essaye pas de compenser ses difficultés en développant des procédures qui butent sur des impasses et sur lesquelles il sera difficile de revenir » (Bressoux et Zorman, 2009). Il est essentiel de modifier ces stratégies inappropriées avant qu'elles ne se cristallisent.

15.8 Les enfants qui ne reconnaissent plus les mots fréquents dans les textes

Parfois, les élèves lisent les mots correctement de façon isolée, mais incorrectement en contexte. Pourquoi ? Parce qu'ils ont pris l'habitude de compter davantage sur le contexte que sur le mot écrit. La démarche qui suit peut aider ces élèves à modifier leurs habitudes (Burkins et Croft, 2010) :

- Écrire le mot mal identifié dans le texte (p. ex. : avec) et demander à l'élève de le lire isolément. Après l'identification correcte du mot par l'élève, lui dire qu'il a lu « avant » et non « avec » dans le texte. Il sera probablement surpris ;
- Dire à l'élève qu'il existe un jeu pouvant l'aider à changer cette habitude afin de devenir un meilleur lecteur. Le nom du jeu est « Oh ! Oh ! » Les règles de ce jeu

sont les suivantes : Si le lecteur lit une phrase sans manifester le comportement à modifier, le tuteur lui dit « Tu l'as eu ! » et le lecteur gagne un point « Tu l'as eu ! » Si le lecteur manifeste le comportement à changer, le tuteur lui dit à la fin de la phrase « Oh ! Oh ! Tu l'as fait ! » et lui donne un point « Oh ! Oh ! » Le but pour le lecteur est d'obtenir plus de points « Tu l'as eu ! » que de points « Oh ! Oh ! » ;

- On peut travailler individuellement avec l'élève ou demander à un pair de lui servir de tuteur.

Une autre technique consiste à demander à l'élève de s'enregistrer puis de suivre sur sa feuille en comptant le nombre de fois où il a manifesté le comportement à modifier. Les enfants voient habituellement leurs erreurs.

15.9 Les enfants qui éprouvent de la difficulté à s'autocorriger

Il faut que l'enfant apprenne à corriger de lui-même les méprises qui changent le sens ou la syntaxe de la phrase. L'autocorrection est un comportement qu'il faut encourager très tôt chez le lecteur. Comme dans toutes choses, il faut trouver un équilibre. Certains enfants ne s'autocorrigent pas, d'autres le font trop.

15.9.1 Les enfants qui ne s'autocorrigent pas

Il faut ancrer très tôt, chez tous les élèves, la conviction que la lecture est synonyme de compréhension. Le message clair à transmettre aux enfants peut être formulé ainsi : Lire, c'est comprendre ce que l'auteur d'un livre a à te dire. Tu dois comprendre ce que tu lis aussi clairement que si l'auteur te parlait. Si tu ne comprends pas ce que quelqu'un te dit, tu lui demandes : « Eh, qu'est-ce que tu dis ? Je ne comprends pas. » Tu ne le laisses pas continuer avant d'avoir compris. Quand tu lis et que tu ne comprends pas, tu dois faire la même chose. Si tu trouves que ce que tu lis n'a pas de sens, arrête-toi et demande-toi pourquoi.

Souvent, les lecteurs à risque se rendent compte que ce qu'ils lisent n'a pas de sens, mais attendent que l'enseignant leur donne la réponse. Ils doivent comprendre que leur tâche, en tant que lecteur, est de trouver ce qui ne va pas et de le corriger.

15.9.2 Les enfants qui s'autocorrigent trop

L'autocorrection est appropriée pourvu qu'elle ne soit pas extrême, auquel cas elle peut entraver les progrès en lecture de l'élève. Pour voir si l'autocorrection est excessive, il faut tenir compte du nombre de méprises. Corriger 80 % de 5 méprises est plus efficace que corriger 80 % de 20 méprises. En effet, l'autocorrection sert à corriger les méprises occasionnelles en cours de lecture. Cependant, certains enfants ont pris l'habitude de procéder à un décodage approximatif et d'attendre que le sens du texte les alerte et leur indique qu'ils ont fait une méprise. Ce comportement risque d'être problématique lorsqu'ils auront à lire des textes plus difficiles. La stratégie « Oh ! Oh ! » présentée précédemment peut être proposée aux enfants qui s'autocorrigent trop (Burkins et Croft, 2010).

Conclusion

Il est normal que les élèves possèdent différents niveaux d'habileté à leur entrée au primaire, mais l'école doit faire en sorte que ces différences ne se transforment pas en échec. L'avenir des élèves en difficulté se joue souvent dans la classe de 1re année. Pour intervenir efficacement, il est essentiel de bien reconnaître les obstacles à l'apprentissage et de proposer sans attendre un soutien au juste niveau de l'enfant. Les lecteurs à risque ont besoin d'un enseignement plus explicite et différencié pour apprendre à maîtriser le code alphabétique. Cependant, l'intervention qui est faite auprès d'eux ne doit pas se limiter au décodage. Il est essentiel que la compréhension devienne le but de tout lecteur.

L'évaluation des lecteurs débutants

L'évaluation du lecteur débutant est la première étape de la prévention et de l'intervention. Il y a lieu d'évaluer les élèves au début de l'année pour mieux les connaître, en cours d'année pour suivre leur évolution, puis en fin d'année pour faire le point sur leurs acquis. Il est toujours bon de se rappeler qu'évaluer consiste à déterminer ce que l'élève sait faire plutôt que ce qu'il ne sait pas faire. L'essentiel de l'évaluation consiste à déterminer les connaissances et les compétences de l'élève afin de planifier les interventions qui pourraient le faire progresser. Nous présentons dans ce chapitre un ensemble d'outils destinés à l'évaluation du lecteur débutant.

16.1   Les types d'évaluation

Au début de la 1re année, comme les élèves sont encore des apprentis lecteurs, la plupart des outils présentés au chapitre 9 pour les enfants de la maternelle sont encore pertinents. Cependant, lorsque l'enseignement de la lecture est commencé, la meilleure façon de suivre les progrès des élèves en identification de mots et en compréhension écrite est d'évaluer directement leurs habiletés. L'évaluation des lecteurs débutants porte sur :

- la lecture orale (analyse des méprises) ;
- la compréhension à l'écrit (rappel de texte) ;
- le lexique orthographique (mots reconnus instantanément) ;
- les habiletés de décodage (lecture de mots) ;
- la connaissance des lettres.

L'évaluation évolue à mesure que l'année avance. Par exemple, l'évaluation de la connaissance des lettres est indispensable en début d'année, mais devient moins utile par la suite avec la plupart des enfants. En contrepartie, l'évaluation de la lecture de texte prend de plus en plus de place au cours de l'année. De plus, toutes les évaluations ne sont pas nécessaires pour tous les enfants. Par exemple, il n'est pas nécessaire d'évaluer en détail les habiletés en identification de mots d'un enfant qui lit couramment.

16.2   L'évaluation de la lecture orale

Évaluer la lecture orale des lecteurs débutants peut révéler certains aspects de leur lecture qui ne sont pas facilement mesurables dans les évaluations écrites et permet de dresser un portrait plus complet de leur habileté à lire. Cette évaluation vise plus précisément deux objectifs :

1. Vérifier si le niveau de difficulté du texte est approprié à l'élève ;
2. Procéder à l'analyse des méprises afin d'observer les stratégies du lecteur débutant.

L'évaluation de la lecture orale se fait habituellement avec un texte de type narratif, mais il est toutefois possible de se servir d'un texte informatif.

16.2.1 Le déroulement de la lecture

Après avoir choisi le texte approprié, il s'agit de procéder à la lecture et au recueil des méprises :

- Faites lire le texte à voix haute par l'élève, en lui demandant d'essayer de comprendre le texte et non de faire la plus belle lecture possible ; dites-lui qu'il aura à raconter l'histoire après sa lecture ;
- À mesure que l'élève lit, écrivez les méprises sur votre feuille ;
- Si l'élève hésite longtemps sur un mot et s'il est évident qu'il ne réussira pas à le lire, dites-lui le mot et prenez note de ce fait sur votre feuille ;
- La séance se termine par une évaluation de la compréhension (rappel ou questions).

Il existe deux façons de procéder à la notation des méprises pendant la lecture. Selon la première méthode (Goodman et Burke, 1972), il s'agit de photocopier le texte choisi et d'indiquer les méprises de l'enfant sur la photocopie. Dans la deuxième méthode (Clay, 2003), soit l'analyse des méprises en route, l'évaluation se fait à partir du livre que l'élève est en train de lire : il n'y a pas de photocopie du texte, il s'agit d'indiquer sur une feuille si le mot a été lu correctement ou, sinon, de quelle façon il a été lu (*voir les figures 16.1 et 16.2*).

16.2.2 La notation des méprises

Au cours de la lecture, on prend en note les éléments suivants :

- **Les substitutions.** Il y a substitution lorsqu'un élève lit un mot différent de celui qui est écrit dans le texte. Les inversions font partie des substitutions.
- **Les omissions.** Il y a omission lorsque l'enfant saute un ou plusieurs mots du texte.

FIGURE 16.1	L'analyse des méprises avec copie du texte
	Sois poli
1	Il tire la langue! Il n'est pas (très) poli!
2	Erreur! Il est très poli. C'est un Maori. Les
3	Maoris tirent la langue pour se dire bonjour. *(se √ au-dessus)*
4	Elle enlève ses souliers au restaurant! *(son au-dessus de ses)*
5	Elle n'est pas très polie!
6	Erreur! Elle est très polie. C'est une Japonaise.
7	Au Japon, on enlève *(élève © au-dessus)*
8	ses souliers en entrant dans un restaurant *(le au-dessus de un)*
9	ou dans une maison. *(sa au-dessus de une)*

Légende des symboles

Substitution : écrire le mot

Omission : ⬭

Ajout : ✓ ajouter le mot

Autocorrection : ©

Tiré de Bureau, S. (1992). *Sois poli!* Boucherville : Graficor, coll. « Menu-Mémo 2 », pp. 3-6..

FIGURE 16.2	L'analyse des méprises en route
1	✔ ✔ ✔ ✔ ✔ ✔ ___ ✔
2	✔ ✔ ✔ ✔ ✔ ✔ ✔ ✔
3	✔ se ✔ ✔ ✔ ✔ ✔ ✔
4	✔ ✔ son/ses ✔ ✔ A/restaurant
5	✔ ✔ ✔ ✔ ✔
6	✔ ✔ ✔ ✔ ✔ ✔ ✔
7	✔ ✔ ✔ élève/enlève AC
8	✔ ✔ ✔ ✔ ✔ le/un ✔
9	✔ ✔ sa/une ✔

Légende des symboles

Mot bien lu : ✔

Mot ajouté : _____ (écrire le mot au-dessus du tiret)

Mot omis : _____

Mot remplacé : $\dfrac{\text{mot lu}}{\text{mot du texte}}$

Autocorrection : AC (à côté de la méprise corrigée)

Aide de l'enseignant : A

- **Les ajouts.** Il y a ajout lorsque l'élève lit la phrase tout en insérant un mot qui n'est pas dans le texte.

- **Les mots fournis par l'enseignant.** Lorsque l'élève ne peut identifier un mot en un temps raisonnable (habituellement cinq secondes), l'enseignant lui dit le mot.

- **Les autocorrections.** Lorsque l'enfant corrige de lui-même une méprise.

16.2.3 Le calcul de la précision de l'identification de mots

Pour calculer la précision de l'identification de mots, il faut en premier lieu déterminer le nombre de mots lus correctement (*voir le tableau 16.1, à la page suivante, pour la façon de procéder*).

La précision de l'identification de mots se calcule en pourcentage. On divise le nombre total de mots lus correctement par le total de mots lus (correctement

TABLEAU 16.1   Les indications pour le calcul de la précision de l'identification de mots

Compter comme méprise	Ne pas compter comme méprise
Substitution/inversion	Autocorrection
Ajout	Répétition de mots
Mot dit par l'enseignant	Erreur de ponctuation
Omission : on compte une méprise lorsque l'élève omet une ligne.	Méprise répétée : compter chaque apparition comme une méprise, sauf pour les noms propres.

et incorrectement). Par exemple, si un élève a lu 175 mots et fait 5 méprises, on divise 170 par 175, ce qui donne un pourcentage de précision en identification de mots de 97 %.

Rappelons qu'un résultat de 96 % et plus signifie que le texte est au niveau d'autonomie de l'élève, qu'un résultat situé entre 90 et 95 % indique que le texte est au niveau d'apprentissage de l'élève et qu'un résultat inférieur à 90 % correspond au niveau de frustration de l'élève.

16.2.4 L'analyse du type de méprise

L'analyse des méprises existe depuis plus de 40 ans (Goodman, 1969). Au cours des dernières années, plusieurs auteurs ont réévalué sa pertinence et ont suggéré d'en simplifier l'utilisation (McKenna et Picard, 2006). Dans les premières analyses, on proposait une évaluation systématique de chacune des méprises à partir des indices syntaxiques, sémantiques et visuels. Aujourd'hui, on suggère plutôt que l'analyse des méprises serve principalement à atteindre trois objectifs :

1. Vérifier si l'élève a acquis des stratégies d'autocorrection. Quel pourcentage de méprises l'élève a-t-il corrigé ? Corrige-t-il les méprises qui changent le sens de la phrase ?

2. Évaluer quelle part le lecteur débutant accorde respectivement au contexte et à l'analyse du mot en tant que moyen d'identification de mots. Plus le lecteur devient habile, moins il se fie au contexte pour identifier le mot.

3. Détecter les types de méprises qui se répètent, par exemple un élève qui prononce /an/ les verbes qui se terminent par « ent » ou un élève qui éprouve de la difficulté avec les mots polysyllabiques.

16.3   Le rappel de texte

Le rappel consiste à demander à l'élève qui a lu un texte de le redire dans ses mots. Alors qu'à la maternelle on évalue le rappel du texte lu par l'adulte, en 1re année on évalue le rappel du texte lu par l'élève lui-même. Le meilleur moyen de savoir ce que celui-ci a compris de sa lecture est probablement de lui demander de raconter l'histoire qu'il a lue. Le rappel oblige l'élève à sélectionner les éléments importants, à les placer dans l'ordre et à faire des inférences pour présenter une version cohérente de l'histoire. Cette méthode d'évaluation nous donne une meilleure vue d'ensemble de la compréhension de l'élève que les questions posées sur le texte. Les questions incitent souvent le lecteur à rapporter des parties de l'histoire, ce qui ne nous renseigne pas sur son habileté à générer une représentation globale du texte.

L'évaluation du rappel se fait à partir d'une grille qualitative. La figure 16.3 présente une échelle simple à trois niveaux qui permet toutefois de situer un lecteur entre deux niveaux.

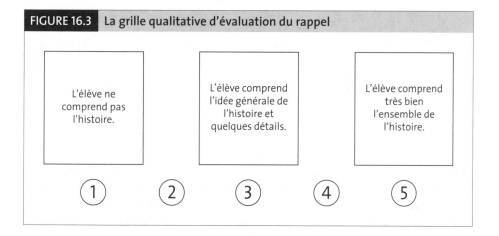

FIGURE 16.3 La grille qualitative d'évaluation du rappel

L'élève ne comprend pas l'histoire.

L'élève comprend l'idée générale de l'histoire et quelques détails.

L'élève comprend très bien l'ensemble de l'histoire.

① ② ③ ④ ⑤

16.4 L'évaluation du lexique orthographique

Le lexique orthographique est composé des mots que le lecteur peut reconnaître rapidement. L'évaluation de ce lexique se fait habituellement au moyen de la lecture des mots les plus fréquents. La figure 16.4, à la page suivante, présente la liste des 45 mots les plus fréquents en français, par ordre décroissant.

16.5 L'évaluation des habiletés de décodage

La lecture de texte donne une première idée des habiletés en identification de mots, mais la lecture de mots est utile pour évaluer la façon dont l'élève applique le principe alphabétique sans le soutien du contexte. Il est possible de se servir d'une liste de mots ou de pseudo-mots. La lecture de pseudo-mots permet d'analyser la capacité de l'élève à appliquer la procédure alphabétique sans interférence avec des mots appris de façon directe. La figure 16.5 présente une épreuve qui propose la lecture de noms fictifs d'animaux, placés par ordre croissant de difficulté.

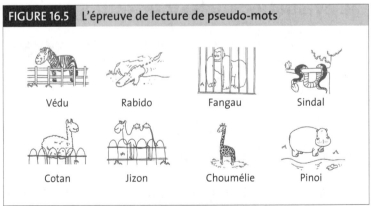

FIGURE 16.5 L'épreuve de lecture de pseudo-mots

Védu — Rabido — Fangau — Sindal

Cotan — Jizon — Choumélie — Pinoi

Tiré de Ouzoulias, A. *Prévelire. Prévenir les difficultés dans l'apprentissage de la lecture.* Paris : Retz, p. 47.

16.6 L'évaluation de la connaissance des lettres

En 1ʳᵉ année, on évalue la connaissance de l'ensemble des lettres. Pour la plupart des enfants, cet apprentissage est habituellement terminé avant le milieu de cette année. La figure 16.6 présente une épreuve d'évaluation des lettres minuscules : remarquez qu'on évalue les deux formes des lettres (a et ɑ ; g et ɡ).

FIGURE 16.6	L'épreuve d'identification des lettres minuscules

e	s	r	u	ɑ	l
h	f	y	i	c	q
g	a	k	j	b	ɡ
p	n	m	w	z	
d	v	o	t	x	

16.7 La synthèse de l'évaluation du lecteur débutant

Cette dernière section du chapitre se présente sous la forme d'une grille qui énumère les différents aspects à prendre en considération lors de l'évaluation d'un lecteur débutant. La liste de questions qui est proposée dans l'encadré 16.1 permet de cibler les interventions susceptibles d'aider le lecteur débutant lors de son entrée dans l'écrit. Il ne s'agit pas de faire passer une épreuve pour chaque habileté. Des observations effectuées dans une situation de lecture-écriture associées à quelques directives plus précises pourront vous aider à répondre aux questions suivantes.

ENCADRÉ 16.1	La synthèse des comportements à observer chez le lecteur débutant

Découverte du principe alphabétique
- L'enfant est-il capable de représenter par écrit quelques phonèmes d'un mot ?
- L'enfant est-il capable de lire un mot court, simple et régulier ?

Reconnaissance des lettres
- Quelles lettres l'élève connaît-il ?
- Confond-il des lettres ?
- Identifie-t-il les lettres rapidement ?

▽

(suite)

Habiletés en décodage

- Connaît-il les principales correspondances lettre-son ?
- Maîtrise-t-il la fusion syllabique ?
- Sait-il lire des mots nouveaux de deux syllabes ?
- Poursuit-il ses essais de décodage jusqu'à l'obtention d'un mot réel ?

Reconnaissance globale des mots

- Reconnaît-il rapidement les mots les plus fréquents ?

Combinaison du sens et du code

- Porte-t-il attention également au sens et au code ?
- Fait-il une surutilisation du contexte aux dépens du décodage ?
- Fait-il une surutilisation du décodage aux dépens du contexte ?

Compréhension de texte

- Conçoit-il la lecture comme une activité de recherche de sens ?
- A-t-il développé des mécanismes d'autocorrection ?

Intérêt pour la lecture

- L'élève est-il intéressé par les livres ?

Conclusion

L'évaluation du lecteur débutant permet de suivre son évolution et d'intervenir si un retard est décelé. L'observation quotidienne permet de voir le cheminement des élèves. Cependant, il est parfois utile d'avoir recours à des évaluations plus élaborées, comme le rappel, l'analyse des méprises ou celle des habiletés en décodage. L'évaluation est nécessaire pour tous les enfants, mais pour les élèves à risque elle devra être plus systématique et plus fréquente.

Partie

4

La lecture de la 3e à la 6e année

Les composantes de l'enseignement de la lecture de la 3ᵉ à la 6ᵉ année

Même si la 3ᵉ année marque le passage entre « apprendre à lire » et « lire pour apprendre », l'apprentissage de la lecture n'est pas pour autant terminé pour les élèves. Ils ont besoin d'acquérir des habiletés en lecture plus complexes, de relever le défi de lire des textes plus denses, d'augmenter leur persévérance à lire des textes plus longs et d'apprendre à être critiques par rapport à ce qu'ils lisent. L'objectif de l'enseignement de la lecture aux élèves de la 3ᵉ à la 6ᵉ année est de former des lecteurs qui non seulement savent lire, mais qui choisissent de lire. Dans ce chapitre, nous abordons l'évolution des lecteurs de la 3ᵉ à la 6ᵉ année, l'environnement physique propice à la lecture et les composantes d'un programme de lecture équilibré.

17.1   L'évolution des lecteurs de 3ᵉ et 4ᵉ année

La majorité des élèves commencent la 3ᵉ année du primaire en ayant une assez bonne maîtrise de l'identification de mots. Les lecteurs moyens sont capables de lire la plupart des mots qu'ils connaissent à l'oral. Cependant, ils ont encore besoin de préciser leur habileté à lire des mots irréguliers (p. ex. : « chlorophylle » et « examen »), de mémoriser des correspondances graphophonologiques pour des formes plus rares (p. ex. : « -gue » et « -ueil ») et d'apprendre à se servir des préfixes et suffixes pour lire des mots polysyllabiques.

Les élèves doivent également élargir leur lexique orthographique. Pour que la compréhension se déroule efficacement, ils doivent traiter rapidement les mots, sans hésiter ni les confondre avec d'autres mots. La reconnaissance de mots doit être automatique et mobiliser peu d'attention. Les élèves font des gains importants dans ce domaine en 3ᵉ et 4ᵉ année.

Ils ont à lire des textes plus denses et plus difficiles que les textes de lecteurs débutants, que ce soit en raison de leur structure ou des sujets dont ils traitent.

Les élèves deviennent plus habiles à comprendre les phrases complexes, à trouver un sens aux mots peu familiers et à interpréter correctement les connecteurs et les mots de substitution. Cependant, il est certain qu'ils ne se limitent pas aux stratégies de compréhension ; ils progressent également dans leur capacité à réagir aux textes littéraires et à exploiter l'information contenue dans les textes informatifs.

17.2 L'évolution des lecteurs de 5ᵉ et 6ᵉ année

Au cours des dernières années du primaire, les élèves continuent d'évoluer en tant que lecteurs. Ils élargissent considérablement le bagage de mots qu'ils peuvent reconnaître instantanément, particulièrement les mots rares et irréguliers, et perfectionnent leurs stratégies de compréhension. Ils deviennent plus aptes à concentrer leur attention sur l'information essentielle d'un texte, à prendre en compte la structure des textes et à mieux tirer parti des tableaux et graphiques de toutes sortes pour approfondir leur compréhension. Ils continuent d'accroître leurs connaissances sur le monde et leur habileté à effectuer des inférences, ce qui leur permet d'avoir une compréhension plus fine du texte.

Vers la fin du primaire, le travail personnel s'accentue et les élèves deviennent de plus en plus responsables de leurs apprentissages. « Savoir lire pour comprendre et apprendre, savoir écrire pour montrer que l'on a compris et appris deviennent des compétences essentielles » (Observatoire national de lecture, 2005, p. 31). L'autonomie est le mot clé de l'enseignement de la lecture aux élèves de 5ᵉ et 6ᵉ année.

17.3 L'aménagement de la classe

Les classes de la 3ᵉ à la 6ᵉ année se distinguent par une grande mobilité et par la participation des élèves à l'aménagement des tables de travail et à l'organisation de la bibliothèque de la classe.

17.3.1 La disposition des tables de travail

Dans une classe où les élèves sont actifs, la disposition des tables de travail doit être assez souple pour :

- évoluer selon les idées et les projets des élèves ;
- permettre des discussions en sous-groupe : les élèves se font face dans des îlots ou des tables rondes ;

- donner le choix aux élèves : certains élèves aiment disposer d'un espace plus grand que leur bureau pour travailler à des projets ; c'est pourquoi une grande table située à l'arrière de la classe permet à des élèves ou des sous-groupes de bénéficier d'espace supplémentaire.

De plus, il est nécessaire de prévoir une table de travail, légèrement en retrait, où l'enseignant peut intervenir auprès des élèves qui ont besoin d'une aide particulière.

17.3.2 La bibliothèque de la classe

La présence d'une bibliothèque dans les classes de la 3ᵉ à la 6ᵉ année est importante. En effet, les élèves qui ont accès à des livres dans la classe manifestent une meilleure attitude envers la lecture, passent plus de temps à lire et ont un meilleur rendement en lecture (Guthrie et Humenick, 2004). De plus, la disponibilité de livres dans la classe est reconnue par les élèves eux-mêmes comme un facteur de motivation (Pachtman et Wilson, 2006). Cependant, il ne faut pas oublier qu'organiser une bibliothèque prend du temps. Il ne s'agit pas de mettre sur pied la bibliothèque durant les deux ou trois premières semaines de septembre, puis de ne plus y toucher de l'année. La bibliothèque doit être modifiée au cours de l'année et demande une attention constante.

■ La variété des livres

À partir de la 3ᵉ année, les collections de livres gradués par niveau de difficulté ne sont plus nécessaires, même si l'on trouve dans la bibliothèque des livres pour tous les niveaux d'habileté des élèves. La variété des types de livres offerts est la principale caractéristique des bibliothèques des classes de la 3ᵉ à la 6ᵉ année.

La bibliothèque de la classe doit comprendre :

- des romans de toutes sortes (historique, fantastique et science-fiction) ;
- des romans graphiques (romans dans lesquels les illustrations font avancer l'histoire autant que le texte) ;
- des textes documentaires ;
- des bandes dessinées ;
- des livres qui reflètent différentes cultures ;
- des magazines (lire un magazine demande un investissement de temps moins grand que lire un roman, d'où l'attrait des magazines pour certains élèves) ;
- des classiques et des livres primés ;
- des nouveautés.

Même si vous vous inspirez des listes proposées par des spécialistes pour choisir les livres, prenez quand même le temps de lire ceux que vous placez dans la bibliothèque de la classe afin de vous assurer qu'ils conviennent bien à vos élèves. Essayez de lire au moins un livre représentatif de chacune des collections de votre bibliothèque. De cette façon, vous serez plus à même de faire des suggestions pertinentes aux élèves.

Le nombre de livres que devrait idéalement contenir la bibliothèque de la classe n'est pas simple à déterminer. Certains auteurs recommandent 7 ou 8 livres par élève, d'autres de 10 à 12 livres. La quantité de livres est importante, mais leur classement l'est tout autant. Un élève devant une tablette de 60 livres cordés les uns à côté des autres prendra plus de temps à choisir son livre qu'à le lire. C'est pourquoi un bon classement des livres s'avère essentiel.

■ Le classement des livres

À la maternelle, les livres sont présentés avec la couverture en évidence et, en 1re année, ils sont répartis dans des bacs par niveau de difficulté. Dans la bibliothèque des classes de la 3e à 6e année, les livres sont avant tout classés de façon à attirer l'attention des élèves et à leur donner envie de lire. Faire participer les élèves au classement des livres est un bon point de départ et favorise par la suite leur désir de les lire (Jones, 2006). La bibliothèque doit appartenir aux élèves.

Voici quelques suggestions pour l'aménagement de la bibliothèque :

- Installez un présentoir tournant qui permet de voir plusieurs titres en un coup d'œil, comme dans les librairies ;
- Instaurez la routine du livre de la semaine : présentez ce livre aux élèves en leur expliquant pourquoi vous pensez qu'il leur plaira et placez-le sur un présentoir spécial dans la bibliothèque ;
- Indiquez aux élèves quelques livres que vous avez particulièrement appréciés en posant sur la couverture une note autocollante portant une mention du style : « Je recommande ce livre parce que... » Les élèves également peuvent indiquer leurs coups de cœur (laissez des notes autocollantes dans la bibliothèque à cet effet).

Vous devez prévoir une rotation des livres afin de maintenir l'intérêt des élèves. La rotation peut fort bien être effectuée en collaboration avec d'autres classes et avec la bibliothèque centrale de l'école. Une partie des livres constitue le fonds permanent de la bibliothèque de la classe, alors que les livres ou les revues, qui sont nécessaires à certains travaux, sont empruntés pour des périodes limitées et varient tout au long de l'année. Vous pouvez également tirer parti des bibliothèques municipales ; empruntez des livres que vous gardez pendant quelques semaines et que vous échangez ensuite contre des livres portant sur un autre thème.

■ L'entretien de la bibliothèque

Il est légitime de vouloir augmenter le nombre de livres de sa bibliothèque en y ajoutant de nouveaux livres chaque année, mais il est souvent difficile de se départir des livres plus anciens. Il peut y avoir, dans votre bibliothèque, des livres que les élèves ne choisissent jamais, des livres désuets ou abîmés. Profitez du ménage de fin d'année de la bibliothèque pour donner aux élèves les livres dont vous voulez vous départir. Si vous leur remettez ces livres quelques jours avant les vacances, vous augmentez les chances que les élèves les lisent durant l'été. Apposez sur le livre un bandeau avec la mention « Bonne lecture d'été » (Gambrell, 2009).

17.4   Un programme de lecture équilibré

Les composantes d'un programme équilibré pour les élèves de la 3e à la 6e année diffèrent de celles des premières années du primaire. En effet, au début du primaire, une bonne partie du temps en lecture est consacré à faire acquérir aux élèves des habiletés en identification de mots. De plus, le travail sur la compréhension passe souvent par l'oral. De la 3e à la 6e année, moins de temps est accordé aux habiletés en identification de mots, et la compréhension se fait de plus en plus à partir des textes écrits. Il est essentiel que les élèves lisent et écrivent chaque jour des textes signifiants de différentes natures.

Un programme équilibré comprend des activités de lecture avec le groupe classe, des activités en sous-groupe et en dyade ainsi que des activités de lecture personnelle. Les enseignants efficaces établissent un équilibre dans les différents regroupements pour les activités de lecture. Trop d'enseignement collectif a tendance à rendre les élèves passifs, mais trop d'enseignement en sous-groupe laisse beaucoup de temps de travail autonome au reste de la classe, ce qui, dans certains cas, devient un travail occupationnel (Taylor, 2007). Les entretiens périodiques de l'enseignant avec chacun des élèves viennent compléter les activités de lecture.

17.4.1 L'équilibre dans les types de textes

Le choix des textes joue un rôle important dans l'enseignement de la lecture. Un programme équilibré comprend la lecture de textes variés qui ont des fonctions différentes : des textes qui racontent (roman, conte, fable, nouvelle littéraire et bande dessinée), des textes qui expliquent (article d'encyclopédie et reportage), des textes qui disent comment faire (recette, mode d'emploi et consignes), des textes qui visent à convaincre ou à faire agir (message publicitaire, affiche promotionnelle et règlements), des textes qui mettent en évidence le choix des mots, des images et des sonorités (poème, chanson et monologue). Il est possible de regrouper ces textes en deux catégories : les textes littéraires et les textes informatifs (ministère de l'Éducation, du Loisir et du Sport, 2001).

17.4.2 La place des textes littéraires

Les textes littéraires occupent une place importante dans l'enseignement au primaire (*voir les chapitres 24 et 25*). Ce sont ces textes qui peuvent donner le goût de la lecture aux élèves. La lecture de textes littéraires comporte de nombreuses facettes, que nous regroupons selon trois dimensions : la compréhension, la réaction et l'appréciation. La **compréhension** consiste à construire le sens du texte en combinant l'information explicite et implicite de celui-ci avec ses propres connaissances. La **réaction** au texte consiste à y donner une réponse personnelle, comme s'identifier à un personnage, préférer une partie à une autre ou éprouver des émotions. Enfin, on parle d'**appréciation** du texte lorsque le lecteur sort du texte pour juger et apprécier l'œuvre de l'auteur, par exemple en relevant une description particulièrement réussie d'un personnage, en notant l'originalité de l'intrigue ou la poésie de l'écriture. Ces trois dimensions sont interreliées. Il faut d'abord comprendre un texte avant de pouvoir y réagir par des réponses personnelles. L'appréciation vient par la suite, lorsque le lecteur peut se dégager du texte pour l'aborder comme un objet d'analyse.

17.4.3 La place des textes informatifs

Les textes informatifs sont très présents dans les classes des dernières années du primaire (*voir les chapitres 26 et 27*). Ces textes prennent tout leur sens quand les élèves se servent de l'information qu'ils ont découverte en réalisant des projets concrets, que ce soit des projets de groupe ou des recherches individuelles.

Les projets de groupe visent un résultat concret : ils peuvent consister, par exemple, à réaliser la maquette d'un environnement, à produire un guide touristique, à mener une enquête, à organiser un concours ou à écrire un roman collectif. Quel que soit le projet choisi, il amène inévitablement les élèves à lire et à écrire des textes variés. Un projet peut s'échelonner sur quelques jours, quelques semaines, quelques mois et même sur toute l'année. On peut fixer la durée approximative du projet, mais il est prudent de se garder la possibilité de revoir l'échéancier en cours de route. Pour ce qui est de la répartition du travail dans la semaine, les enseignants ont constaté que les périodes consacrées au projet ne doivent pas être trop espacées. Par exemple, il est difficile de maintenir l'intérêt des élèves si l'on accorde une seule période par semaine au projet. Idéalement, les élèves doivent travailler de trois à quatre jours par semaine à la réalisation du projet de classe.

Dans les recherches personnelles, par ailleurs, ce sont les élèves qui entreprennent eux-mêmes une démarche pour répondre aux questions qu'ils se posent. Ils sont incités à formuler les questions qu'ils ont en tête, puis à tenter d'y répondre par un ensemble d'expériences qui incluent le langage oral et écrit. Cette démarche se distingue des projets parce que ce sont les élèves qui choisissent les questions de recherche. De plus, la place de la production finale diffère dans les deux cas. Dans une démarche par projets, les élèves savent dès le départ quelle est la production visée, par exemple une pièce de théâtre ou un roman collectif. Tout sera mis en œuvre pour que le projet soit réalisé. Dans les recherches personnelles, les élèves choisissent les questions sur lesquelles se pencher, mais ce n'est qu'en cours de route qu'ils décident de la production concrète qui viendra intégrer ce qu'ils ont appris sur le sujet. Par exemple, dans une classe, un élève dont la grand-mère souffrait de la maladie d'Alzheimer a choisi d'étudier en quoi cette maladie perturbe le quotidien des personnes atteintes. Après avoir collecté de l'information, il a complété sa recherche en préparant un jeu-questionnaire à l'intention des élèves de l'école dans le but de faire connaître la maladie dont souffrait sa grand-mère. En somme, dans les recherches personnelles, les élèves choisissent un sujet qui les intéresse, formulent des questions sur ce sujet, collectent et synthétisent de l'information qu'ils trient et, finalement, l'intègrent dans une réalisation concrète qui leur permet de s'approprier cette information.

17.5   La lecture avec le groupe classe

Une composante importante de l'enseignement de la lecture aux élèves de la 3e à la 6e année est la lecture effectuée avec le groupe classe (*voir les chapitres 20 et 21*). La lecture en groupe poursuit principalement deux objectifs. Le premier est de travailler la compréhension du texte avec les élèves. C'est par la discussion collaborative que les élèves voient comment fonctionnent les processus de lecture et c'est par les démonstrations de l'enseignant qu'ils apprennent des stratégies de lecture qu'ils emploieront par la suite de façon autonome. Le second objectif, tout aussi important, est d'ouvrir les élèves à la dimension culturelle de la lecture. Faire la lecture aux élèves leur permet de découvrir de nouveaux auteurs et de nouveaux genres littéraires et d'affiner leur appréciation des textes.

17.6   Le travail en sous-groupe

Dans la plupart des classes, le rapport élèves/enseignant est d'environ 25/1, ce qui laisse peu de place à l'interaction entre l'enseignant et chacun des élèves. La meilleure façon de donner plus de temps de parole à chaque élève est de favoriser le travail en sous-groupe, que celui-ci soit dirigé par l'enseignant ou par les élèves eux-mêmes.

17.6.1 Le sous-groupe dirigé par l'enseignant

La lecture guidée, qui fait partie des interventions en 1re et 2e année, est remplacée, à partir de la 3e année, par la compréhension guidée. Celle-ci s'adresse à de petits groupes d'élèves qui éprouvent les mêmes besoins en matière de stratégies de compréhension. Les élèves sont regroupés temporairement en fonction d'un objectif particulier. Les activités en sous-groupes peuvent prendre différentes formes, comme les ateliers de questionnement ou l'enseignement réciproque (*voir le chapitre 22*).

17.6.2 Le sous-groupe collaboratif

La coopération que favorise le travail en sous-groupe contribue non seulement au développement de l'habileté en lecture des élèves, mais également à l'acquisition d'habiletés sociales. On ne risque pas de se tromper quand on dit que les élèves qui sont actuellement dans nos classes vivront, en tant qu'adultes, dans un monde où la recherche de solutions aux problèmes se fera par la collaboration. Il est donc important que ces modes de fonctionnement fassent déjà partie de la vie à l'école. On compte un nombre considérable de recherches sur l'apprentissage fait en collaboration. De façon générale, ces recherches montrent que ce type d'apprentissage donne des résultats supérieurs à ceux de l'apprentissage individuel sur les plans de la motivation, du développement social et du développement cognitif. Les programmes de lecture qui, au primaire, misent sur des formes d'apprentissage dans lequel les élèves travaillent en petit groupe pour s'aider les uns les autres obtiennent des résultats positifs (Slavin et autres, 2009).

17.7 La période de lecture personnelle

Bien que la lecture en groupe ou en sous-groupe soit bénéfique, il reste néanmoins que tous les élèves doivent avoir l'occasion d'effectuer des lectures personnelles. La lecture individuelle n'est pas une simple activité complémentaire. Elle tient une place importante dans le programme de lecture : c'est le moment où l'élève peut mettre en application ce qu'il a appris dans les activités de groupe. Tous les enseignants sont habitués à la période de lecture personnelle, période déterminée pendant laquelle les élèves lisent le livre de leur choix sans être interrompus. La période quotidienne de lecture silencieuse en classe est proposée depuis des décennies. Il est temps de faire un retour sur cette intervention afin de l'améliorer en tenant compte des lacunes qui ont été observées.

17.7.1 Les lacunes observées et les modifications suggérées

Plusieurs élèves habiles en lecture tirent parti de la période de lecture personnelle pour se plonger dans la lecture de leur livre préféré. Mais ce n'est pas toujours le cas pour ceux qui ne sont pas motivés à lire. Certains choisissent un livre au hasard et font semblant de lire, d'autres déploient une panoplie de comportements pour éviter cette tâche, par exemple des allers-retours incessants au coin lecture pour changer de livre, se lever pour aller boire (Reutzel et autres, 2008). La façon dont cette période est planifiée présente souvent des lacunes (Kelley et Clausen-Grace, 2009; Moss et Young, 2010). On note particulièrement:

- le peu de soutien de la part de l'enseignant dans le choix des livres par les élèves; ceux-ci font souvent des choix inappropriés, par exemple des livres trop difficiles, trop faciles ou toujours du même genre;
- le manque de rétroaction donnée aux élèves sur la quantité et la qualité de leurs lectures;
- le manque d'objectifs des élèves pour la période passée à lire;
- le peu d'interactions entre l'enseignant et les élèves autour des textes lus pendant la période;
- le peu de valorisation de la période par l'enseignant.

À partir des lacunes relevées dans les études, plusieurs auteurs ont proposé d'apporter les modifications suivantes à la période de lecture personnelle (Gambrell, 2009; Hiebert et Martin, 2009):

- Enseigner aux élèves des stratégies pour mieux choisir leurs livres;
- Amener les élèves à opter graduellement pour des textes qui posent plus de défis et les inviter à explorer différents genres;
- Montrer que l'on porte attention à ce que les élèves lisent;
- Aider les élèves à se fixer un but personnel pour lire un livre dans un temps donné;
- Engager les élèves dans des discussions après la période de lecture.

La période de lecture personnelle en classe doit être conservée, mais on doit l'améliorer si on veut que les élèves en tirent profit. Pour ce faire, l'enseignant se doit d'intervenir sur différents plans.

17.7.2 Le rôle de l'enseignant

L'enseignant a un rôle à jouer avant, pendant et après la période de lecture silencieuse. Il doit la mettre en place, en superviser le déroulement et conclure la période par une discussion avec les élèves.

■ Planifier la période de lecture

Concrètement, il s'agit de réserver à la lecture personnelle un moment propice de la journée. Même s'il est difficile d'établir quelle doit être la proportion de lecture personnelle par rapport aux autres activités de lecture, on peut dire, de façon générale, que la période de lecture personnelle ne doit pas excéder le tiers du temps total consacré à la lecture dans la journée.

Au début de l'année, il est opportun de fixer des règles avec les élèves. Ces règles ressemblent habituellement à celles-ci :

- Choisissez un livre que vous aimez : plutôt que de lire un livre que vous n'aimez pas, relisez un livre que vous avez aimé ;
- Conservez le même livre pendant toute la période (sauf exception) ;
- Ne vous levez pas pendant la période de lecture ; vous pouvez toutefois choisir un endroit où vous asseoir confortablement.

■ Superviser la période de lecture

Durant la période de lecture, l'enseignant doit veiller à réduire les distractions au minimum, mais il est possible d'autoriser certaines activités, comme la lecture jumelée, à condition que des ententes préalables aient été prises par le groupe. Vous pouvez lire vous-même pendant la période de lecture afin de servir de modèle aux élèves, mais une fois qu'ils ont compris que vous valorisez vraiment la lecture, vous pouvez profiter de la période pour rencontrer certains élèves individuellement et vous entretenir avec eux des livres qu'ils sont en train de lire. Inutile de préciser que vous ne devez jamais occuper cette période à exécuter des tâches administratives ou à corriger des travaux.

■ Engager la discussion après la lecture

À la fin de la période de lecture personnelle, il est important de revenir quelques minutes avec les élèves sur ce qu'ils ont lu (Atwell, 2007). Les quelques pistes qui suivent peuvent vous être utiles pour lancer la discussion :

- Commentez votre propre lecture de façon brève, donnez le titre du livre que vous avez lu et votre impression sur celui-ci. De cette façon, les élèves voient qu'ils n'ont pas à faire un long exposé sur leur livre.
- Avant la période de lecture, demandez à quelques élèves s'ils sont d'accord pour faire des commentaires sur leur livre à la fin de la période. Cette façon de faire leur laisse le temps de se préparer et les rend plus attentifs durant la lecture.
- Lancez la discussion en posant des questions générales :
  - Quelqu'un a-t-il un livre dont le personnage principal est une fille ? Un garçon ?
  - Quelqu'un a-t-il un livre documentaire ?
  - Quelqu'un a-t-il appris quelque chose d'intéressant ?
  - Quelqu'un a-t-il un livre qu'il recommande aux autres ?

C'est l'enseignant qui, en définitive, peut rendre la période de lecture personnelle intéressante et bénéfique pour les élèves, grâce à sa façon de la planifier, de la superviser et de la valoriser auprès des élèves.

17.8   Les entretiens élève/enseignant

Les entretiens élève/enseignant sont des moments irremplaçables. Ils permettent de répondre à des questions comme : Qui sont nos élèves en tant que lecteurs ? Que lisent-ils ? Comment font-ils leur choix ? Sont-ils des lecteurs engagés ou des lecteurs réticents ? Quels sont leurs besoins en matière de lecture ?

17.8.1 Le rôle et l'importance des entretiens

Les entretiens individuels sont des rencontres entre l'enseignant et l'élève qui durent de quatre à six minutes et qui ont lieu environ tous les 10 jours. Ces entretiens sont importants pour les élèves, qui aiment que l'enseignant, personne la plus influente dans leur monde scolaire, leur consacre du temps individuellement et partage leur enthousiasme pour le livre qu'ils ont lu. Ces rencontres permettent à l'enseignant d'observer les stratégies qu'utilisent les élèves, de se tenir au courant des livres qu'ils lisent, de voir comment ils conçoivent la lecture et de vérifier s'ils choisissent des livres qui leur conviennent. La rencontre permet de donner de l'attention à chaque élève et de l'encourager. Il est surprenant de constater que les élèves ont en général assez peu l'occasion de rencontrer leur enseignant de façon individuelle et positive.

Pendant cette rencontre, il s'agit non pas de faire de l'enseignement individualisé (on peut cependant y aller d'une brève intervention ou suggérer un livre à lire), mais plutôt de déterminer les besoins des élèves pour pouvoir leur fournir par la suite les situations d'apprentissage appropriées. Les entretiens doivent toutefois être brefs et viser un but précis (Moss et Young, 2010).

17.8.2 La démarche

Habituellement, les rencontres portent sur les livres que les élèves sont en train de lire. Accueillez-les avec une question ou un commentaire qui les mettra à l'aise. Écoutez ensuite ce qu'ils ont à vous dire au sujet de leur livre. Posez-leur quelques questions sur des éléments essentiels du livre (le thème, les personnages, etc.). Ensuite, écoutez les élèves vous lire un passage du livre qu'ils ont choisi de partager avec vous (une ou deux minutes). Encouragez-les et guidez-les pour leurs prochaines lectures. Demandez-leur de se fixer une date pour la fin de la lecture de leur livre. Une rencontre est réussie si les élèves repartent avec un sentiment positif vis-à-vis d'eux-mêmes et le désir de lire d'autres livres.

L'encadré 17.1 suggère des questions à poser aux élèves. Il n'est pas nécessaire de poser toujours les mêmes questions ; au contraire, les questions retenues dépendent des livres que les élèves ont choisis. Il faut éviter de poser trop de questions. Trois ou quatre suffisent par rencontre.

- À la dernière rencontre, tu lisais _____ (consultez les notes de la dernière rencontre). Que lis-tu maintenant ?

Choisir parmi les questions suivantes :

- Pourquoi as-tu choisi ce livre ?
- Quelle sorte de livre est-ce ?
- Est-ce que c'était un bon choix de livre pour toi ? Pourquoi ?
- Est-ce que c'était un livre difficile, facile ou juste comme il faut ? Qu'est-ce qui te permet de dire cela ?
- As-tu aimé ce livre davantage ou moins que le livre que tu as lu précédemment ? Pourquoi ?
- Quelle partie as-tu préférée ? Pourquoi ?
- Quel personnage as-tu préféré ? Pourquoi ?
- Y a-t-il une partie que tu n'as pas aimée ? Pourquoi ?
- Quelles sont les choses les plus importantes que tu as apprises (dans un livre documentaire) ?
- Qu'est-ce que ce livre veut nous enseigner ?
- Qui, d'après toi, aimerait lire ce livre ?
- Si tu pouvais parler à l'auteur, qu'est-ce que tu aimerais lui demander à propos de l'histoire ?

Nous vous suggérons d'utiliser un cahier pour dresser la liste des livres qu'ont lus les élèves et pour prendre des notes pendant et après les rencontres (*voir l'encadré 17.2*). N'hésitez pas à prendre des notes pendant les entretiens ; les élèves interprètent ces notes comme un indice du sérieux de l'activité.

ENCADRÉ 17.2 La grille pour la prise de notes pendant l'entretien avec l'élève

Nom de l'élève _____

Date _____

Titres des livres apportés _____

_____

Commentaires sur la lecture à voix haute _____

_____

Commentaires sur la discussion _____

_____

Progrès ou problèmes notés _____

_____

Livre recommandé _____

17.8.3 La planification des entretiens

La façon habituelle de procéder consiste à rencontrer quelques élèves en entretien individuel pendant que la classe est occupée à des tâches de lecture. Le matin, à l'arrivée, on écrit au tableau le nom des élèves qui devront se présenter en entrevue. On peut laisser quelques espaces libres au tableau. Si un élève veut obtenir une rencontre pour répondre à un besoin particulier, il peut ajouter son nom au bas de la liste. Les rencontres individuelles se font au bureau de l'enseignant, lequel est légèrement à l'écart des pupitres des élèves. L'élève apporte un livre et la liste des livres qu'il a lus depuis la dernière rencontre.

Conclusion

Même si les élèves qui arrivent en 3e année savent bien lire oralement, ils ont encore beaucoup à apprendre sur la lecture, principalement en ce qui concerne la compréhension des textes plus complexes qui leur sont proposés. Un programme de lecture équilibré comprendra des discussions de groupe avec l'enseignant, des interactions entre pairs au cours d'activités de recherche ou d'apprentissage coopératif et de la lecture personnelle. Les prochains chapitres préciseront ces composantes ainsi que la motivation à lire, l'évaluation de la lecture et les interventions à faire dans le cas des lecteurs en difficulté.

Les aspects affectifs de la lecture

Les variables affectives agissent sur le rendement des élèves en lecture. Au cours des dernières décennies, bon nombre d'études ont porté sur les aspects cognitifs de la lecture, mais on s'intéresse aujourd'hui de plus en plus à l'équilibre à établir entre les aspects cognitifs et les aspects affectifs dans l'apprentissage de la lecture. Les bons lecteurs possèdent à la fois la capacité et le désir de lire. Dans ce chapitre, nous voyons quels sont les facteurs qui influencent les élèves dans leur décision de lire ou de ne pas lire et de quelle façon l'enseignant peut favoriser leur motivation à lire.

18.1 Les composantes des aspects affectifs

Les aspects affectifs de la lecture comprennent la motivation à lire, l'attitude envers la lecture, l'image de soi en tant que lecteur et les centres d'intérêts du lecteur (Afflerbach, 2007).

18.1.1 La motivation

Plusieurs études ont mis en évidence la présence d'un lien important entre la motivation et la réussite en lecture (Gambrell et Gillis, 2007). Il n'est pas surprenant de constater que la motivation et la réussite sont liées, car les élèves motivés lisent davantage et deviennent ainsi meilleurs en lecture.

Dans le concept de motivation, il faut distinguer la motivation intrinsèque et la motivation extrinsèque. On parle de motivation intrinsèque lorsqu'une personne s'engage dans une tâche pour la satisfaction qu'elle en retire et de motivation extrinsèque lorsqu'une personne le fait dans le but d'obtenir une récompense externe (p. ex.: approbation de l'enseignant). Les enseignants ont avantage à favoriser la motivation intrinsèque chez les élèves parce qu'elle a tendance à se maintenir dans différentes situations, alors que la motivation extrinsèque est contextuelle et peut s'éteindre si la récompense est éliminée.

18.1.2 L'attitude

L'attitude est liée à la motivation, mais elle n'en est pas le synonyme, renvoyant plutôt au sentiment positif éprouvé en lisant, alors que la motivation est liée à la décision de lire. Par exemple, un élève peut être motivé à lire pour obtenir une bonne note, mais ne pas aimer lire. L'attitude renvoie donc au plaisir de lire et la motivation, au choix de lire. Des études ont démontré que le lien entre l'attitude et la réussite en lecture devient de plus en plus important à mesure que les élèves avancent vers la fin du primaire (Kush, Watkins et Brookhart, 2005).

On distingue habituellement l'attitude envers la lecture scolaire de l'attitude envers la lecture de loisir. Il est important de faire cette distinction pour mieux connaître les élèves. En effet, un élève peut préférer la lecture à l'école parce qu'il reçoit de l'aide s'il éprouve des difficultés ou, à l'inverse, préférer la lecture de loisir parce qu'il a l'occasion de choisir les livres qu'il préfère.

18.1.3 L'image de soi en tant que lecteur

L'image de soi en tant que lecteur est liée aux perceptions que les élèves ont de leurs habiletés en lecture. Plusieurs jeunes enfants ont, au début du primaire, une image très positive d'eux-mêmes en tant que lecteurs, quel que soit leur niveau d'habileté. Ces enfants n'ont pas intériorisé l'importance du succès scolaire et n'ont pas tendance à se dévaluer s'ils ne réussissent pas à l'école. C'est vers la 2e et la 3e année que les enfants commencent habituellement à modifier leur image d'eux-mêmes à la suite de leurs problèmes de lecture. Ils commencent à penser qu'ils ne sont pas intelligents. Que fait habituellement un enfant qui a une image négative de lui-même en tant que lecteur? Il essaie de cacher son problème. Il ne veut pas que les autres pensent qu'il n'est pas intelligent; c'est pourquoi il emploie une panoplie de stratégies, dont:

- éviter le contact des yeux avec l'enseignant, particulièrement lorsque celui-ci pose des questions sur la lecture;
- compter sur un voisin de classe pour le dépanner;
- oublier d'apporter le livre ou le texte nécessaire pour la lecture orale;
- s'engager dans des comportements inappropriés comme se lever sans raison ou lancer des papiers. L'intervention de l'enseignant est alors dirigée vers le comportement et non sur la lecture. Les élèves préfèrent qu'on les considère comme «turbulents» plutôt que comme «stupides».

Une fois qu'elle est formée, l'image de soi tend à rester constante, et les enfants se comportent par la suite de façon à correspondre à cette image. Ceux qui croient qu'ils ne réussiront pas en lecture se comportent, en fait, de façon à ne pas réussir. Ceux qui sentent qu'ils sont capables et compétents ont plus de chance de réussir, car ils mettent plus d'efforts dans les activités de lecture (Gambrell et Gillis, 2007).

Les élèves de la fin du primaire qui éprouvent des difficultés d'apprentissage sont les plus susceptibles d'avoir une image négative d'eux-mêmes. Si vous avez dans votre classe un élève de 6ᵉ année en difficulté, il compte à peu près quatre ans d'expérience d'évitement de la lecture. Ce qu'il doit apprendre est sensiblement la même chose qu'un lecteur débutant. Cependant, il est plus difficile d'enseigner à un élève de 6ᵉ année qui a une image négative de lui-même en tant que lecteur qu'à un élève de 1ʳᵉ année avide d'apprendre (Pressley, 2006).

18.1.4 Les champs d'intérêt du lecteur

Les élèves sont plus motivés à lire lorsque le texte porte sur un sujet qui les intéresse. L'intérêt pour le livre peut faire la différence entre poursuivre la lecture ou abandonner. Trouver un vrai bon livre est souvent l'étincelle qui transformera un lecteur tiède en un lecteur avide (Moss et Young, 2010). Il est pertinent de consulter régulièrement les questionnaires qui portent sur les centres d'intérêt de vos élèves peu motivés à lire. Placez sur leur bureau un livre spécialement choisi pour eux avec une note expliquant pourquoi vous pensez que ce livre leur plaira.

18.2 Les facteurs qui expliquent la motivation

La motivation à lire dépend à la fois des dispositions individuelles des élèves et des facteurs associés au contexte d'apprentissage. Nous avons regroupé ci-dessous les facteurs liés aux élèves et les facteurs liés à l'enseignement.

18.2.1 Les facteurs liés aux élèves

Plusieurs facteurs personnels influencent la motivation à lire des élèves. Les trois facteurs les plus importants sont l'âge, le sexe et l'attribution de la réussite.

◼ La motivation en fonction de l'âge des élèves

Les recherches des dernières décennies ont démontré de façon constante que l'intérêt des élèves pour la lecture décline du début à la fin du primaire. En clair, les élèves de 1ʳᵉ année sont les plus motivés à lire et ceux de 6ᵉ année, les moins motivés (Sainsbury et Schagen, 2004 ; Kush, Watkins et Brookhart, 2005). Cependant, dire que l'intérêt des élèves vis-à-vis de la lecture décline à la fin du primaire peut être réducteur. En effet, certaines études de nature plus qualitative démontrent que la motivation à lire des élèves à la fin du primaire est un phénomène plus complexe qu'il ne paraît. Trois constatations ressortent de ces études. Premièrement, même si en général l'intérêt pour la lecture diminue à mesure que la scolarité augmente, il semble que les élèves qui réussissent bien en lecture conservent une attitude relativement stable. Ce sont surtout les élèves plus faibles en lecture qui perdent leur motivation à lire au cours du primaire. Deuxièmement, chez les élèves en difficulté, le déclin des habitudes de lecture peut être associé à la quantité croissante de textes non accessibles. Plusieurs élèves n'ont pas les habiletés nécessaires pour lire les livres proposés par l'enseignant, ce qui explique en bonne partie leur perte de motivation (Allington, 2009). Troisièmement, certains élèves habiles en lecture ne semblent pas motivés par la lecture à la fin du primaire. En réalité, ces élèves aiment lire, mais seulement lorsqu'ils choisissent les livres eux-mêmes. L'écart entre ce que les élèves aiment lire et ce que l'école leur offre s'accroît au cours de la scolarité (Moss et Young, 2010).

▪ La motivation chez les garçons et les filles

L'ensemble des études démontre que les filles ont une attitude plus positive et lisent plus souvent que les garçons (Chiu et McBride-Chang, 2006 ; Logan et Johnston, 2009). Selon une étude québécoise, 60 % des filles disent aimer beaucoup lire, alors que ce pourcentage est de 34 % chez les garçons (Leblanc, 2005). Contrairement à ce que l'on pourrait penser, il ne semble pas que l'attitude moins positive des garçons provienne du fait que l'enseignement est surtout effectué par des femmes. En effet, une étude a démontré que tous les élèves, garçons et filles, avaient tendance à avoir une attitude plus positive envers l'école lorsqu'ils reçoivent leur enseignement d'une femme plutôt que d'un homme (Carrington, Tymms et Merrell, 2008).

▪ La motivation en fonction de l'attribution de la réussite

Les élèves éprouvent des réactions affectives devant leur succès ou leur échec en lecture et ils essaient de comprendre les raisons de leur performance. À quoi attribuent-ils leur succès et leur échec ? À l'une ou l'autre des quatre raisons suivantes : l'effort, l'habileté innée, la chance et les facteurs externes. Par exemple, si un élève ne réussit pas à un examen, il peut se dire qu'il n'a pas fait assez d'efforts, ce qui est un facteur contrôlable. Il aura tendance à en faire davantage la prochaine fois. Par opposition, si un élève pense qu'il n'a pas réussi parce qu'il est moins doué, ce qui est un facteur incontrôlable, il sera moins enclin à faire des efforts pour réussir. Opter pour une pédagogie qui récompense l'effort constitue une bonne façon de modifier la conception qu'ont certains élèves de l'attribution de la réussite.

18.2.2 Les facteurs liés à l'enseignement

Plusieurs facteurs qui expliquent la motivation à lire des élèves proviennent des stratégies d'enseignement en classe. On trouve parmi ces facteurs la liberté de choisir leur livre, les tâches de lecture signifiantes, les interactions sociales et les interventions positives de l'enseignant.

La possibilité de faire des choix

La possibilité de faire des choix est un outil motivationnel puissant. Dans les enquêtes effectuées auprès des élèves de 4e et 5e année, ceux-ci disent que ce qui les motive le plus à lire est de pouvoir choisir eux-mêmes leur livre. Très souvent, les élèves disent que leur livre préféré est un livre qu'ils ont eux-mêmes choisi (Edmunds et Bauserman, 2006 ; Pachtman et Wilson, 2006). On remarque également que chez les adultes les lecteurs assidus sont des personnes qui ont eu la chance, dans leur vie, de choisir leurs lectures.

Les tâches stimulantes

Les enseignants qui donnent à leurs élèves des tâches stimulantes augmentent leur motivation à lire. Le défi contribue à rendre la tâche signifiante aux yeux des élèves. Souvent, les enseignants ne donnent pas de textes longs à lire à leurs élèves et leur posent peu de questions nécessitant la rédaction de réponses complexes parce qu'ils pensent que les élèves n'aiment pas ces tâches. Cependant, les entrevues réalisées (Wigfield et autres, 2008) avec ceux-ci indiquent qu'ils trouvent ennuyeuses les tâches courtes et simplistes et qu'ils aiment le défi que présentent les tâches plus longues mais signifiantes.

Les activités de collaboration

L'apprentissage collaboratif est une situation dans laquelle deux ou plusieurs élèves apprennent ou cherchent à apprendre quelque chose ensemble. Les enseignants qui proposent des structures d'apprentissage collaboratif entre pairs augmentent la motivation à lire des élèves (Slavin et autres, 2009). Contrairement à la collaboration, la compétition réduit la motivation des élèves, particulièrement celle des élèves en difficulté. Quand ceux-ci cherchent à devenir de « meilleurs lecteurs » plutôt que de devenir « meilleurs que les autres », ils sont plus susceptibles d'aimer la lecture.

Les interventions positives de l'enseignant

Les recherches sur les enseignants exemplaires ont démontré que ces derniers sont très attentifs à la motivation de leurs élèves. Ils font constamment quelque chose pour les stimuler et utilisent tous les mécanismes motivationnels possibles, comme féliciter les élèves de leur réussite ou leur rappeler jusqu'à quel point ils réussissent bien quand ils ont confiance en eux. Par contre, les observations effectuées dans les classes d'enseignants moins engagés montrent que ceux-ci font, en fait, beaucoup pour miner la motivation de leurs élèves, incluant employer un ton négatif en classe, mettre l'accent sur les récompenses extrinsèques, attirer l'attention sur les échecs, donner une rétroaction inefficace et encourager la compétition entre les élèves (Pressley, 2005).

18.3   Les profils des lecteurs en fonction de la motivation

La motivation à lire se reflète dans les comportements observables chez les élèves. Nous décrivons ci-dessous une échelle élaborée à partir de l'observation des comportements des élèves pendant la période de lecture silencieuse. Le but de cette échelle n'est pas d'étiqueter les élèves, mais plutôt de mieux les connaître pour mieux les aider (Kelley et Clausen-Grace, 2009).

1. Les élèves qui font semblant de lire. Certains élèves ne lisent pas pendant la période de lecture silencieuse, même s'ils donnent l'impression de le faire. Leur livre est ouvert, ils tournent les pages, regardent le texte, mais en réalité ils font semblant de lire. Ces élèves ont besoin d'encadrement. La première intervention à faire est de trouver des livres qui les intéressent. Certains prendront plaisir à lire lorsqu'ils auront trouvé un livre qui leur convient, mais pour les autres il faudra de la patience de la part de l'enseignant.

2. Les lecteurs précaires. Ce qui caractérise les lecteurs précaires est qu'ils ont de la difficulté à lire. Il est possible que leurs difficultés durent depuis longtemps et qu'ils aient abandonné l'idée de s'intéresser à la lecture. Ces élèves ont besoin de textes appropriés à leur niveau d'autonomie. De plus, il est pertinent de leur donner des objectifs : par exemple, discuter de leur lecture avec leurs pairs.

3. Les lecteurs irréalistes. Les lecteurs irréalistes choisissent des livres trop difficiles pour eux et ne les terminent jamais. Comme ces livres sont difficiles, ils ne les comprennent pas, même s'ils n'ont pas de problème en identification de mots. Ces élèves ont besoin d'apprendre à choisir leur livre et ont besoin d'encouragement pour en terminer la lecture.

4. Les lecteurs obéissants. Les lecteurs obéissants lisent parce qu'on leur demande de le faire, mais ils prennent un livre au hasard et n'ont pas de plaisir à lire. Ils ne lisent pas à l'extérieur de l'école. Ces élèves ont besoin d'une classe où les livres sont présentés avec beaucoup d'enthousiasme et où l'on discute abondamment des livres que chacun a lus.

5. Les lecteurs de textes documentaires. Certains élèves, particulièrement les garçons, lisent exclusivement des livres documentaires. Ils ne se considèrent pas comme des lecteurs parce qu'ils ont de la difficulté à se concentrer sur certains textes comme les romans. Il faut leur faire comprendre que lire un texte documentaire est aussi une activité de lecture. Pour intéresser ces lecteurs aux textes narratifs, on peut commencer par leur suggérer de lire des biographies.

6. Les lecteurs habiles, mais non zélés. Certains bons lecteurs sont capables de choisir un livre qu'ils aimeront, mais ils ne montrent pas de zèle envers la lecture. Ils prennent beaucoup de temps à terminer leur livre. Trouver des textes vraiment captivants et découvrir un auteur ou une collection sont des pistes susceptibles de permettre à ces élèves de s'engager davantage dans la lecture. Il est important de porter attention à ces élèves, car faute d'exercer leur habileté à lire, certains élèves qui ne présentaient pas de problèmes d'apprentissage au point de départ finissent par perdre pied sur le plan de la lecture.

7. Les lecteurs limités à un genre littéraire. Certains élèves aiment lire et lisent beaucoup, mais ils se limitent au même type de livres, par exemple des romans d'aventures ou des récits de vie. Si un élève lit le même type de livres pendant une longue période, on peut lui suggérer de conserver ces livres pour la maison et d'essayer de lire autre chose à l'école.

8. Les dévoreurs de livres. Certains élèves lisent très souvent et avec grand plaisir. Ils choisissent de lire pendant les activités libres à l'école et lisent quotidiennement à la maison. L'intervention à faire auprès de ces élèves consiste à leur donner des occasions de faire une pause dans leur lecture pour réfléchir et discuter avec leurs pairs. On leur proposera des livres de qualité plus sophistiqués.

18.4 Des interventions qui favorisent la motivation

L'enseignant dispose de plusieurs moyens pour favoriser la motivation à lire chez ses élèves, tels que leur servir de modèle de lecteur, leur offrir des choix, leur donner accès à des livres intéressants, les aider à diversifier leurs lectures, leur enseigner à choisir leur livre et à se créer des habitudes de lecture.

18.4.1 Être un modèle de lecteur passionné

Les élèves doivent sentir dès le début de l'année que la lecture est valorisée dans votre classe et dans l'école. Pour pouvoir leur transmettre le goût de la lecture, il est essentiel que vous vous intéressiez vous-même à la lecture et que vous leur démontriez la place qu'elle occupe dans votre vie. Les élèves constateront alors votre propre motivation, ce qui favorisera la création d'un environnement stimulant. Souvenez-vous qu'une classe ne sera jamais plus motivée à lire que ne l'est son enseignant.

■ Votre profil de lecteur

Afin de déterminer quel genre de lecteur vous êtes, essayez de vous situer personnellement dans l'échelle suivante :

1. Le lecteur insatiable : Celui qui aime lire, se considère comme un lecteur et qui se trouve toujours du temps pour lire.

2. Le lecteur occasionnel : Celui qui aime lire, se considère comme un lecteur, mais qui, souvent, ne trouve pas le temps de lire à cause d'autres occupations.

3. Le lecteur non engagé : Celui qui n'aime pas lire, ne se considère pas comme un lecteur, mais dit qu'il pourrait éventuellement accorder plus de place à la lecture.

4. Le non-lecteur : Celui qui n'aime pas lire, ne se considère pas comme un lecteur et ne prévoit pas lire à l'avenir.

Si vous vous considérez comme un lecteur insatiable, bravo ! Vous avez de bonnes chances de motiver vos élèves à lire. Si vous vous situez dans la catégorie des lecteurs occasionnels, méditez sur l'extrait suivant de Pennac :

> Dès que l'on pose la question du temps de lire, c'est que l'envie n'y est pas. Car, à y regarder de près, personne n'a jamais le temps de lire. Ni les petits, ni les ados, ni les grands. La vie est une entrave perpétuelle à la lecture […] La lecture ne relève pas de l'organisation du temps social, elle est […] une manière d'être. La question n'est pas de savoir si j'ai le temps de lire ou pas (temps que personne d'ailleurs ne me donnera), mais si je m'offre ou non le bonheur d'être lecteur (Pennac, 1992, p. 125).

Enfin, si vous vous classez dans les deux autres catégories (lecteur non engagé ou non-lecteur), vous avez sans doute besoin de stimulation pour vous aider à intégrer la lecture dans votre vie. Une suggestion : informez-vous des livres que vos amis ont lus dernièrement et demandez-leur de vous en parler.

■ Comment montrer votre intérêt pour la lecture

Vous pouvez montrer de diverses manières que vous aimez la lecture, notamment en faisant régulièrement la lecture aux élèves, en partageant avec eux vos livres préférés, en leur expliquant en quoi un texte vous a procuré du plaisir ou vous a permis d'acquérir de nouvelles connaissances. Vous ne pouvez partager toutes vos lectures avec eux, mais il est toujours possible de trouver un paragraphe ou un extrait d'un livre que vous êtes en train de lire dans vos loisirs. Vous pouvez aussi parler de votre bibliothèque personnelle et discuter avec les élèves de leur propre bibliothèque à la maison.

18.4.2 Laisser les élèves choisir certaines tâches

Laisser les élèves choisir des livres et des tâches augmente leur engagement envers la lecture, ce qui est particulièrement vrai pour les élèves en difficulté. Dans certaines situations, les choix seront entièrement libres, à d'autres moments, l'enseignant laissera les élèves choisir une tâche à l'intérieur d'un éventail de propositions. Une façon de procéder toujours appréciée des élèves est la grille de tic-tac-toe (*voir la figure 18.1*). Essentiellement, il s'agit de préparer une gamme de tâches et de les répartir dans une grille de neuf cases, chacune comprenant une activité différente. L'élève choisit trois activités de façon à réussir un tic-tac-toe. Si un élève a une idée d'activité appropriée, on peut lui permettre d'échanger une activité de la grille contre celle qu'il a proposée (Athans et Devine, 2010).

FIGURE 18.1	Le Tic-Tac-Toe d'activités sur un livre choisi par l'élève	
Dessine le personnage principal de ton livre. Assure-toi que ton dessin reflète bien sa personnalité (ajoute une liste de caractéristiques du personnage sous ton dessin).	Nomme et dessine une personne qui te fait penser au personnage principal de ton livre. Écris en quelques phrases en quoi cette personne et ce personnage se ressemblent.	Écris un poème sur l'endroit où se passe ton histoire.
Écris une nouvelle fin pour ton histoire.	Prépare une boîte littéraire mystère *(voir plus bas)* pour présenter ton livre à la classe.	Sers-toi de magazines pour faire un collage sur les émotions de ton personnage préféré. À l'endos de ton collage, écris comment ces émotions sont représentées sur les images.
Confectionne une ligne du temps pour illustrer la séquence des événements de ton histoire.	Fabrique une affiche pour faire la promotion de ton livre.	Enregistre ton rappel de l'histoire. Écoute l'enregistrement, fais au moins un commentaire positif sur ton rappel et nomme un élément à améliorer.

■ Donner accès à des livres intéressants

Pour avoir le goût de lire, les élèves doivent avoir accès à un assortiment généreux de livres attrayants. On ne développe pas le goût de la lecture avec un simple manuel. Chaque élève peut trouver dans le vaste choix de livres pour enfants un texte qui lui conviendra parfaitement. Pour ce faire, il faut faire connaître les livres aux élèves. Nous présentons ci-dessous un éventail d'activités de promotion des livres.

La lecture d'un extrait de livre. L'activité classique sera toujours de lire aux élèves un extrait de livre pour piquer leur curiosité, puis de faire circuler ce livre. Vous pouvez être assuré qu'il sera très populaire dans la classe.

Les babillards. Le babillard vise à permettre aux élèves d'afficher leurs réactions, quelles qu'elles soient, par rapport à leurs lectures. Vous vous rendrez probablement compte qu'un seul babillard est insuffisant et qu'il vous faut en créer d'autres. À cette fin, vous pourrez sans doute utiliser les corridors de l'école, le hall d'entrée, la bibliothèque, etc.

Les affiches. Chaque élève réalise une affiche pour faire connaître un livre ; il rédige également des questions portant sur le livre qu'il a choisi et les écrit sur son affiche. L'affiche comporte deux pochettes : l'une destinée au livre et l'autre servant à recueillir les réponses aux questions.

La présentation d'un livre en une minute. Les élèves peuvent bénéficier grandement de la promotion de livres faite par leurs pairs. Planifiez une activité dans laquelle chaque élève dispose d'une minute pour résumer l'intrigue de son livre.

En plus de faire connaître bon nombre de livres à toute la classe, cette activité amène les élèves à s'exprimer oralement et à améliorer leur capacité à résumer.

Lire des poèmes. Choisissez un court poème à lire chaque jour (un poème pour chaque saison, un poème amusant, touchant ou triste). De temps en temps, adoptez un thème (les saisons, la lune et les étoiles). À l'occasion, consacrez une semaine à un poète. Rassemblez vos poèmes dans un fichier en les classant par thèmes : ils seront alors accessibles aux élèves. Encouragez ces derniers à créer leur propre fichier de poèmes.

Les auteurs. Rendez les auteurs aussi vivants que leurs livres en présentant de l'information sur eux. Incitez les élèves à lire plusieurs livres du même auteur. Vous pouvez même encourager un élève à écrire à un auteur. Cependant, il est préférable que toute la classe n'écrive pas au même auteur car il n'est pas intéressant pour un auteur de recevoir une série de lettres semblables.

L'échange de livres. Vous pouvez essayer l'échange de livres. Les élèves apportent des livres de la maison, avec la permission des parents. Ils reçoivent un coupon pour chacun des livres apportés. La journée de l'échange, les livres sont placés sur les tables de la cafétéria. Les enfants circulent pour faire leur choix.

La promotion d'un livre. Chaque élève fait connaître un livre à la classe. À cette fin, il peut s'habiller comme le personnage principal du livre ou encore créer de petites marionnettes représentant les personnages. Le défi est de faire valoir le livre sans toutefois révéler le dénouement de l'intrigue.

« Si vous avez aimé… vous aimerez… » Lorsque certains livres sont très populaires en classe, préparez un présentoir grâce auquel vous proposerez des livres de même type. Par exemple, votre présentoir pourrait porter un titre comme : « Si vous avez aimé *Harry Potter*, vous aimerez… »

La boîte littéraire mystère. Une boîte littéraire mystère contient des objets dont on parle dans le livre cible. Avant de lire le livre, sortez un à un les objets de la boîte et demandez aux élèves de prédire de quoi parlera l'histoire ; écrivez leurs réponses au tableau après la présentation de chaque objet. Lorsque tous les objets ont été dévoilés, sortez le livre de la boîte.

18.4.3 Diversifier les genres littéraires

Bon nombre d'enseignants du primaire se plaignent que les élèves ne lisent que des bandes dessinées. D'après des sondages menés auprès des élèves, les bandes dessinées sont effectivement le premier choix de lecture de la majorité des garçons de la 3e à la 6e année (63 % des garçons et 30 % des filles, selon Leblanc, 2005). Quel enseignant ou parent peut se vanter d'avoir toujours résisté à l'envie d'interdire les bandes dessinées à certaines occasions ? Cependant, ce n'est pas en interdisant les bandes dessinées que l'on augmentera la variété des lectures chez les élèves. Le problème réside non pas dans la lecture de bandes dessinées elle-même, mais dans le fait de se limiter à un seul type de texte. Que peut-on faire pour amener les élèves à varier leurs lectures ? Nous proposons ici deux interventions : le sondage et la roue des genres littéraires.

■ Un sondage sur les genres préférés

Pour amener vos élèves à élargir leur choix de textes, la première étape consiste à connaître leurs préférences en lecture (Kelley et Clausen-Grace, 2007). Vous pouvez à cet effet leur remettre un questionnaire portant sur les principaux genres littéraires. La deuxième colonne permet de voir quels sont les genres littéraires préférés des élèves, les deux autres colonnes fournissant des pistes sur de nouveaux genres littéraires à présenter en classe (*voir le tableau 18.1*).

TABLEAU 18.1   La grille des genres de textes préférés

Type de texte	J'aime : 1 = pas du tout 2 = moyennement 3 = beaucoup	Je n'en ai jamais lu, mais j'aimerais essayer.	Je ne sais pas ce que c'est.
Bande dessinée			
Biographie			
Conte			
Humour			
Livre documentaire			
Magazine			
Nouvelle			
Poésie			
Roman d'aventures			
Roman fantastique			
Roman historique			
Roman policier			
Roman réaliste			
Roman de science-fiction			

Après le sondage, les élèves se réunissent en petit groupe pour discuter de leurs réponses. Rassemblez-les ensuite en grand groupe pour parler des résultats généraux du sondage. Cette mise en commun permettra aux élèves de découvrir des genres littéraires avec lesquels ils sont moins familiers. Vous pouvez profitez de l'occasion pour faire choisir par les élèves les prochains achats de livres pour la bibliothèque de la classe.

■ La roue des genres

Afin d'inciter les élèves à varier les genres littéraires, vous pouvez leur demander d'écrire dans un graphique le genre des livres qu'ils ont lus pendant une période.

Pour construire ce graphique, dessinez un cercle et divisez-le en huit sections. Écrivez différents types de genres à la périphérie du cercle (*voir la figure 18.2*). Au fur et à mesure de leurs lectures, les élèves colorient la section correspondant au genre qu'ils ont lu. Ils conservent ce graphique dans leur portfolio. Lors des rencontres individuelles avec les élèves, vous pourrez revoir avec eux leur graphique et leur suggérer des livres dans les catégories qu'ils n'ont pas encore abordée.

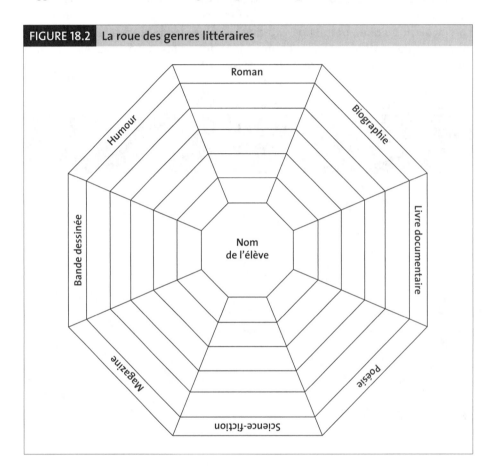

FIGURE 18.2 | La roue des genres littéraires

18.4.4 Enseigner à choisir ses livres

Pour que les élèves soient motivés à lire, il importe qu'ils sachent comment choisir les livres qui leur conviennent, tant par le niveau de difficulté que par le thème abordé. Il y a des élèves qui ne choisissent que les livres mis en évidence sur les présentoirs, d'autres qui prennent tellement de temps à choisir qu'ils sont obligés, à la fin, de prendre n'importe quel livre. Ces élèves ont besoin d'apprendre à choisir leur livre en acquérant une meilleure connaissance des critères utiles pour choisir un livre.

Vous avez intérêt à vous pencher d'abord sur vos propres critères. Avant de discuter avec vos élèves, répondez aux questions suivantes :

- Comment est-ce que je choisis un livre ?
- Quels genres de livres est-ce que j'aime lire ?
- Quels sujets m'intéressent ?
- Est-ce que j'ai des auteurs préférés ?
- Pourquoi est-ce que j'abandonne la lecture d'un livre ?

Le fait de répondre à ces questions honnêtement vous permettra de vous préparer à discuter avec vos élèves (Wedwick et Wutz, 2008).

■ Les critères de choix des livres

Les critères habituellement utilisés pour choisir un livre se répartissent en deux catégories : les facteurs structuraux et les facteurs sociaux. Les facteurs structuraux incluent des éléments comme l'apparence de la page couverture, l'épaisseur du livre, le contenu des premières pages, la grosseur des caractères et le format du livre. Les facteurs sociaux incluent la réputation de l'auteur, le fait que le livre ait gagné un prix et la recommandation du livre par un ami.

Ces deux types de facteurs influencent le choix des livres mais, en général, on constate que les bons lecteurs valorisent davantage les facteurs sociaux que les élèves moins habiles en lecture. En tant qu'adultes, nous lisons des livres qui viennent presque tous de suggestions. Quand nous entendons quelqu'un dire : « C'est le meilleur livre que j'ai lu de ma vie », nous avons envie de le lire. Il faut sensibiliser les élèves à ces deux types de facteurs et veiller à ce que les moins bons lecteurs ne s'en tiennent pas seulement aux facteurs structuraux.

■ Des techniques pour choisir les livres

Diverses techniques sont susceptibles d'aider les élèves à choisir les livres appropriés. Nous en décrivons trois ci-dessous : la discussion sur les critères, la technique en six étapes et la ronde des livres.

La discussion sur les critères. Animez une discussion en classe pour connaître les critères que les élèves privilégient pour choisir leur livre. Il est particulièrement important de discuter avec eux des raisons qui les amènent à abandonner un texte. Ils associent souvent l'abandon au manque d'habileté. Il faut leur faire comprendre qu'il s'agit plutôt d'un mauvais choix de livre. Même les bons lecteurs abandonnent un livre à l'occasion (Wedwick et Wutz, 2008).

Une technique en six étapes. Pour enseigner la méthode en six étapes aux élèves, présentez-leur un livre et expliquez-leur d'abord en quoi le titre, le nom de l'auteur, les illustrations et le résumé vous sont utiles pour vous faire une idée du livre. Ensuite, entreprenez de lire les deux ou trois premières pages du livre, puis une page au milieu du livre. Parallèlement, faites remarquer aux élèves que cette lecture permet de déterminer la densité et la complexité du langage employé. Enfin, il reste à décider, à la lumière des éléments mis en relief, si le livre vous plaît ou non et si vous le lirez. À mesure que vous ferez cette démonstration, il est possible que certains élèves soient de plus en plus intéressés par ce livre, alors que d'autres le rejetteront. C'est le moment de leur rappeler que choisir un livre est une décision très personnelle.

Vous pouvez afficher dans la classe les étapes de cette technique :

1. Regarder le titre.

2. Regarder les illustrations : « Que m'indiquent les illustrations au sujet de l'atmosphère du livre ? »

3. Se questionner sur l'auteur : « Qu'est-ce que je connais de l'auteur ? Cet auteur m'a-t-il été recommandé par l'un de mes amis ? »

4. Lire le résumé à l'endos du livre.

5. Lire les deux ou trois premières pages.

6. Lire une page au milieu du livre.

La ronde des livres. L'activité de la ronde des livres a pour objectif de faire appliquer aux élèves les critères pour choisir un livre enseignés préalablement. Elle sert également à leur faire connaître plusieurs livres en peu de temps (Atwell, 2007). Pour effectuer cette activité, rassemblez d'abord autant de livres qu'il y a d'élèves, puis procédez de la façon suivante :

1. Placez les pupitres ou les chaises des élèves en cercle ;

2. Remettez un livre ainsi qu'une fiche d'évaluation à chaque élève ;

3. Expliquez aux élèves que l'activité consiste à faire circuler les livres et qu'ils auront tous la possibilité de voir chacun des livres ; décidez dans quelle direction se fera le passage des livres, de façon à ce que chacun sache à qui remettre son livre ;

4. Dites aux élèves qu'en recevant un livre ils doivent écrire le titre et le nom de l'auteur sur leur fiche ;

5. Laissez deux minutes aux élèves pour qu'ils prennent connaissance du livre (ils doivent regarder la page couverture, lire le début et quelques extraits au milieu) ;

6. Après deux minutes, demandez aux élèves d'écrire un court commentaire sur le livre et de le passer à leur voisin ;

7. La ronde des livres se poursuit jusqu'à ce que tous les livres aient été notés par les élèves.

À la fin de la période, gardez quelques minutes pour faire un retour sur l'activité en posant aux élèves des questions comme : Quelqu'un a-t-il trouvé un livre qu'il a hâte de lire ? Quelqu'un a-t-il trouvé un livre qui nous apprendra des choses ? Les élèves conservent leur fiche afin de la consulter lorsqu'ils auront à choisir un livre.

18.5 Créer des habitudes de lecture

Tout ce qui a été présenté dans ce chapitre vise un même but : créer des habitudes de lecture chez les élèves. Avoir des habitudes de lecture, c'est :

- lire tous les jours ;
- savoir choisir les livres qui nous conviennent ;
- avoir des auteurs et des livres préférés ;
- être capable de recommander des livres à ses amis ;
- lire plusieurs genres de livres ;
- savoir quel livre on lira ensuite.

Les élèves doivent être incités à tenir un relevé de leurs lectures. Il est important que l'élève écrive le titre du livre sur son relevé, même si, par la suite, il dit qu'il ne l'a pas terminé parce qu'il était trop difficile. En général, le relevé de lecture comprend les éléments suivants : le titre, la date de la lecture (du début et de la fin), une opinion brève sur le livre ou une évaluation du niveau de difficulté. On peut varier le format de ces relevés, mais on doit s'assurer qu'ils puissent être remplis facilement et rapidement. Il ne faut pas demander à l'élève de réagir longuement par écrit à toutes ses lectures ; par contre, on peut l'inciter à noter régulièrement le titre des livres qu'il a lus. Vous prendrez connaissance de ces relevés lors de chaque entretien avec l'élève. Il faut également encourager les élèves à se dresser une liste de livres qu'ils aimeraient lire, à partir des livres lus par l'enseignant, des suggestions des pairs ou des livres consultés dans l'activité de la ronde des livres.

Conclusion

Les variables affectives liées à la lecture comprennent la motivation, l'attitude, les centres d'intérêt des lecteurs et leur image de soi en tant que lecteurs. Toutes ces variables jouent un rôle dans la création des habitudes de lecture chez les élèves. Même si en général la motivation à lire décline vers la fin du primaire, l'enseignant peut contribuer à ce que les élèves développent un désir intrinsèque de lire en mettant en pratique des principes pédagogiques qui le favorisent, comme être soi-même un lecteur passionné, leur offrir un éventail de livres pertinents et leur laisser des choix.

La fluidité en lecture

La fluidité en lecture a longtemps été un sujet négligé en éducation. Aujourd'hui, tous s'entendent pour reconnaître son importance, et les recherches et les publications pédagogiques lui accordent une place considérable. La fluidité en lecture commence à se développer dès la 2e année du primaire, mais c'est surtout à partir de la 3e année que les élèves passent vraiment à la lecture courante. Au cours des dernières années, la fluidité est devenue si populaire qu'il semble y avoir, chez certains enseignants, une tendance à croire qu'améliorer la fluidité des élèves est le principal but de l'enseignement de la lecture. Aider les élèves à acquérir de la fluidité en lecture est primordial, mais cela ne doit pas être fait au détriment de la compréhension. Dans ce chapitre, nous présentons des données relatives à l'acquisition de la fluidité chez les élèves ainsi que des activités de nature à faciliter ce développement.

19.1 La définition de la fluidité

Si auparavant on définissait la fluidité comme le fait de lire un texte rapidement et avec exactitude, on inclut aujourd'hui la prosodie dans la définition de la fluidité. La prosodie renvoie à l'intonation ou à l'expression qui permet de donner un ton naturel à la lecture. Si l'expression a été délaissée dans les premières définitions, c'est qu'elle est moins facile à évaluer que la rapidité de la lecture (Kuhn, Schwanenflugel et Meisinger, 2010). Trois mots clés définissent donc la fluidité : exactitude, rapidité et expression (*voir la figure 19.1*).

FIGURE 19.1 Les composantes de la fluidité

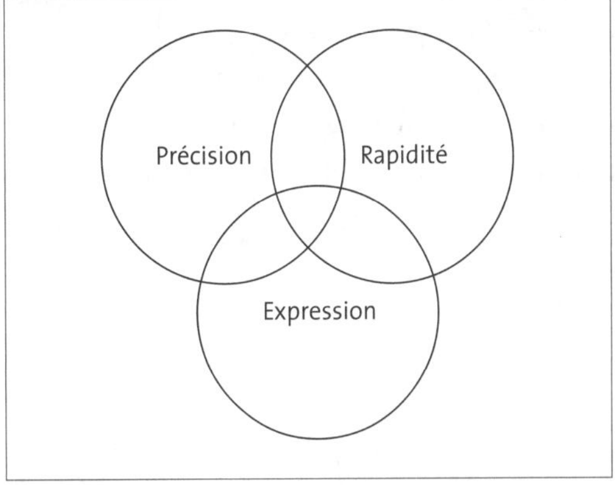

Précision — Rapidité — Expression

La fluidité est plus perceptible en lecture orale, mais elle concerne également la lecture silencieuse, où le lecteur reconnaît les mots automatiquement et les regroupe rapidement de façon à faciliter sa compréhension du texte. À la fin du primaire, les élèves lisent plus vite en silence qu'à voix haute, contrairement aux lecteurs débutants, qui lisent à la même vitesse oralement et silencieusement. La vitesse de la lecture à voix haute plafonnera autour de 150 mots par minute, ce qui correspond au débit normal d'une conversation. Quant à la vitesse de la lecture silencieuse, elle continuera d'évoluer et atteindra, chez l'adulte, de deux à trois fois la vitesse de la lecture orale.

19.2   Les types de lecture orale

Dans la lecture orale, on reconnaît une gradation qui va de la lecture sous-syllabique à la lecture interprétative (*voir le tableau 19.1*).

TABLEAU 19.1   Les types de lecture orale

Types de lecture orale	Caractéristiques
Lecture sous-syllabique	L'élève identifie chaque graphème pour lire une syllabe.
Lecture syllabique	L'élève déchiffre syllabe par syllabe.
Lecture hésitante	L'élève lit mot après mot ; sa parole accompagne exactement le mouvement de ses yeux.
Lecture hésitante courante	L'élève lit par groupes de mots, mais ceux-ci ne respectent pas toujours le sens de la phrase.
Lecture courante	L'élève lit sans hésitation par groupes de mots et s'arrête aux signes de ponctuation. On trouve une émission intonative de base dans la lecture courante, mais celle-ci reste assez monocorde.
Lecture expressive	L'élève lit couramment en mettant le ton, de telle sorte que sa lecture ressemble au langage oral. Il regroupe les mots en unités syntaxiques, fait un usage rapide de la ponctuation, choisit les moments de pause et a la bonne intonation. Ses yeux ont de l'avance sur ce qu'il lit. La lecture expressive se distingue cependant de la véritable lecture interprétative.
Lecture interprétative	L'élève fait un travail d'interprétation du texte à l'intention d'un auditoire. La lecture interprétative suppose une préparation approfondie et une appropriation précise du texte qui rendent possibles des choix d'interprétation (accents d'insistance, variations rythmiques et jeu sur les intensités). La lecture interprétative demande toujours une préparation préalable.

19.3   Le développement de la fluidité

Il n'est pas inhabituel pour un élève de 1re année de lire mot à mot. En 2e année, l'enfant passe à la lecture par groupes de deux ou trois mots. Même lorsque le lecteur débutant lit des textes à une vitesse raisonnable, sa lecture peut sembler peu naturelle. Vers la fin de la 2e année, il commence à ajouter de l'intonation à sa lecture. En 3e année, on s'attend à ce qu'il soit capable de faire une lecture expressive, mais on rencontre en fait toute une gamme de performances. À une extrémité, on trouve les élèves qui font une lecture précise et rapide et qui lisent avec intonation de façon à ce que leur lecture sonne juste. À l'autre extrémité, on trouve les élèves qui lisent le texte comme s'il s'agissait d'une liste de mots, sans prêter attention au sens du texte. La plupart des élèves de la 3e à la 6e année se situent entre ces deux extrêmes.

Savoir lire avec fluidité ne veut pas dire être capable de lire tous les textes sans exception avec fluidité. Par exemple, un élève de 3ᵉ année peut faire une lecture fluide lorsqu'il lit un texte de son niveau, mais retomber dans une lecture hachurée quand il lit un texte de 6ᵉ année. Même un lecteur adulte peut lire de façon laborieuse des textes qui contiennent des termes hautement techniques, comme « érythropoïèse », « pyélonéphrite » et « xérophtalmie ». Divers facteurs influent sur la fluidité, dont la complexité du texte, le but et l'intérêt du lecteur ainsi que sa familiarité avec le sujet.

19.4 Le lien entre fluidité et compréhension

Les lecteurs qui identifient les mots rapidement et lisent avec fluidité disposent de plus d'énergie cognitive à consacrer à la compréhension. À l'inverse, les lecteurs qui lisent mot à mot dépensent la plus grande partie de leur énergie à identifier les mots, ce qui leur en laisse peu pour la compréhension. Cependant, la relation entre la compréhension et la fluidité doit être nuancée. En général, les études montrent qu'il existe des corrélations très fortes entre la fluidité et la compréhension en 1ʳᵉ et 2ᵉ année, c'est-à-dire que les élèves qui comprennent bien les textes sont aussi ceux qui possèdent une bonne rapidité de lecture. La force des corrélations commence à diminuer en 3ᵉ année. En 4ᵉ année, on trouve assez peu de corrélations entre la fluidité et la compréhension (Spear-Swerling, 2006 ; Riedel, 2007 ; Cramer et Rosenfield, 2008).

Pourquoi les corrélations entre la fluidité et la compréhension diminuent-elles avec le temps ? La raison est que la plupart des élèves de la fin du primaire ont acquis une bonne fluidité en lecture et que les différences de compréhension sont alors expliquées par leurs habiletés langagières. Ces résultats de recherche ne veulent pas dire que la fluidité n'est pas nécessaire à la compréhension après la 4ᵉ année, mais que les élèves de la fin du primaire peuvent posséder un bon niveau de fluidité tout en étant faibles en compréhension. Par ailleurs, il est rare que les élèves faibles en fluidité soient forts en compréhension. Ainsi, à la fin du primaire, le manque de fluidité est corrélé à une faible compréhension, mais une bonne fluidité ne l'est pas nécessairement à une bonne compréhension (Paris, 2005).

19.5 Les causes des problèmes de fluidité

Plusieurs raisons peuvent expliquer le manque de fluidité en lecture chez l'élève. Il est important de reconnaître ces causes afin de lui apporter l'aide appropriée. Ces raisons peuvent se classer en trois catégories :

1. Le manque de maîtrise des habiletés de décodage. Si l'élève ne possède pas de stratégies d'identification de mots efficaces, il n'accédera pas à la fluidité. Pour lire avec fluidité, il faut d'abord lire avec précision.

2. La déficience relative du lexique orthographique. Certains élèves ne reconnaissent tout simplement pas assez de mots rapidement pour lire avec fluidité.

3. La faiblesse du vocabulaire oral. Si l'élève ne connaît pas le sens d'un mot, sa lecture sera ralentie et moins fluide.

19.6   L'enseignement de la fluidité

Pour aider les élèves à acquérir une lecture fluide, l'enseignant peut compter sur un ensemble de principes validés par les recherches dans le domaine. Examinons trois de ces principes : favoriser la lecture quotidienne, servir de modèle aux élèves et leur proposer des activités de lecture répétée.

19.6.1 Encourager la lecture quotidienne

Pour la plupart des lecteurs, la fluidité s'acquiert graduellement par l'exercice régulier de la lecture, y compris à l'extérieur de l'école. On ne répétera jamais assez que l'élève doit lire souvent pour lire avec aisance. Le meilleur enseignement de la fluidité en lecture est donc l'enseignement indirect, lequel consiste à amener l'élève à lire fréquemment des textes variés présentant un niveau de difficulté approprié. Le choix des textes est important. Pour permettre le développement de la fluidité, ils ne doivent pas poser de problèmes d'identification de mots ou de compréhension (Samuels et Farstrup, 2006 ; Kuhn & Schwanenflugel, 2009).

19.6.2 Servir de modèle pour la lecture expressive

Les élèves ont besoin d'avoir une idée claire de ce que signifie lire avec expression. La meilleure façon de faire est de modeler la lecture expressive chaque fois que vous avez à lire un texte à haute voix en classe. En plus de servir de modèle, vous donnerez des mini leçons sur les trois composantes de la lecture expressive : la lecture par groupes de souffle, l'expression à l'intérieur de la phrase et l'expression qui tient compte de l'ensemble du texte.

1. Les groupes de souffle. La lecture par groupes de souffle consiste à utiliser la ponctuation et les indices syntaxiques pour regrouper les éléments de la phrase qui sont liés par le sens et qui forment une sous-unité. Par exemple, dans la phrase « Un grand cheval blanc galopait le long de la rivière », il y a 10 mots, 3 groupes de souffle (un grand cheval blanc/galopait/le long de la rivière) et 1 unité de sens (Ouzoulias, 2004). Pour faire comprendre aux élèves l'importance de la lecture par groupes de mots, vous pouvez procéder à une démonstration : lisez un texte comme le ferait une machine à lire, platement, en énumérant les mots les uns à la suite des autres sans les regrouper. Les élèves verront rapidement que cela rend la compréhension du texte bien plus difficile pour les auditeurs.

2. L'expression à l'intérieur de la phrase. La lecture expressive à l'intérieur de la phrase concerne surtout la prise en compte de la ponctuation. Vous pouvez, par exemple, montrer aux élèves comment modifier l'intonation de la voix pour lire des phrases qui contiennent des signes de ponctuation différents : « Tu viens. » « Tu viens ? » « Tu viens ! » Le même exercice peut être fait avec l'alphabet : ABC ! DEF ? HIJ. KLM !

3. L'expression à l'intérieur de l'ensemble du texte. Pour donner vie à un texte, il faut s'imprégner de l'atmosphère qui s'en dégage. Par exemple, dans un texte où règne le mystère, montrez aux élèves à ralentir leur lecture pour marquer la tension et à effectuer des pauses avant certains mots révélateurs de l'intrigue. Dans les textes qui comportent des dialogues, enseignez aux élèves comment changer de voix pour s'adapter à chacun des personnages.

19.6.3 Intégrer les activités de lecture répétée

La lecture répétée consiste à faire lire un texte à plusieurs reprises à un élève dans le but de l'amener à améliorer sa fluidité en lecture. Plusieurs recherches ont démontré que la relecture avait un effet bénéfique sur la fluidité. Grâce à elle, les élèves font moins d'erreurs et lisent avec plus d'assurance (National Reading Panel, 2000).

La lecture répétée a été proposée il y a plus de 30 ans par Samuels (1979), qui avait constaté qu'en classe les élèves avaient souvent à lire un nouveau texte chaque jour et que plusieurs peinaient à lire ces textes oralement. Plutôt que de faire lire continuellement des textes différents, Samuels a suggéré de permettre aux élèves de relire le même texte jusqu'à ce qu'ils atteignent une rapidité satisfaisante. Depuis ce temps, la lecture répétée a fait ses preuves. Mais il faut reconnaître qu'elle n'est pas toujours utilisée à bon escient dans les classes, car on oriente souvent les élèves vers la vitesse de lecture sans tenir compte de la compréhension. Les élèves en viennent à considérer que la lecture compétente est synonyme de lecture rapide. Pour s'assurer qu'ils portent attention à la compréhension, il est nécessaire d'inclure l'expression dans les activités de lecture répétée (Rasinski, 2008).

La relecture de textes peut rebuter certains élèves. Cependant, ils se prêteront volontiers à l'exercice si la situation comporte un objectif pertinent qui exige qu'ils s'exercent à lire un texte. Ainsi, en raison de leur nature, certaines activités requièrent une lecture répétée. Par exemple :

- Faire la lecture à un plus jeune ;
- Faire la lecture aux autres élèves de la classe ;
- Enregistrer un livre-cassette ;
- Participer à un théâtre de lecteurs ;
- Faire la lecture à des personnes âgées ;
- Lire un texte à la radio scolaire ;
- Préparer un récital de poésie.

Certains textes se prêtent particulièrement bien à la lecture répétée devant un auditoire, comme les poèmes, les chansons et les textes rythmés.

19.6.4 Les activités autour de la poésie

Les poèmes sont des textes à privilégier pour la lecture répétée. Contrairement à ce qu'on pourrait penser, les élèves aiment les poèmes : ils sont sensibles à leur sonorité et aux images qu'ils évoquent. Comme ce sont des textes courts, il est possible d'en effectuer plusieurs lectures dans un laps de temps raisonnable. De plus, les poèmes facilitent la lecture par groupes de mots, car plusieurs sont déjà disposés en groupes de souffle. Après quelques lectures, les élèves peuvent faire une belle présentation de leur poème, ce qui est motivant pour ceux qui sont désabusés par la lecture. Nous suggérons ici deux activités de lecture répétée utilisant des poèmes : le concours de poésie et le cycle de poésie.

1. Le concours de poésie. L'objectif du concours de poésie est d'inciter les élèves à lire un poème au plus grand nombre de personnes possible. Les élèves reçoivent une fiche sur laquelle ils recueillent les signatures des personnes qui ont écouté la lecture de leur poème (Pitcher, 2009). Dans son étude, cet auteur rapporte que, dans une classe où l'enseignant avait instauré un concours de poésie, un élève a apporté son poème au restaurant : il a circulé de table en table pour lire son poème et faire signer sa fiche par les clients. Un autre élève s'est installé à côté du brigadier scolaire à l'intersection d'une rue : il a lu son poème aux parents qui attendaient que le brigadier les invite à traverser. Ces enfants ont gagné le prix du concours de poésie de la semaine (un livre), mais leur plus grande satisfaction a été d'avoir rencontré autant de personnes qui ont été heureuses d'entendre leur poème.

2. Le cycle de poésie. Le cycle de poésie consiste à donner des occasions à l'élève de relire le même poème en diminuant graduellement le soutien qui lui est apporté (Wilfong, 2008). Cette activité demande la présence d'un tuteur (enseignant, élève plus âgé ou orthopédagogue). Le tuteur lit d'abord un poème à l'élève en lui servant de modèle. L'élève lit ensuite le poème avec l'aide du tuteur, puis il en fait la lecture seul devant celui-ci. Il apporte le poème à la maison pour le lire à ses parents (ou frères et sœurs) et, le lendemain, il en fait une dernière lecture devant son tuteur pour lui démontrer sa capacité à lire le poème de façon fluide. Ensuite, le cycle recommence (*voir la figure 19.2, à la page suivante*).

19.6.5 Le théâtre de lecteurs

Le théâtre de lecteurs est composé de deux lecteurs ou plus qui lisent, devant un auditoire, un texte de façon expressive et dramatique. Le théâtre de lecteurs est une activité de lecture orale interprétative : les élèves se servent de leur voix et expressions faciales pour interpréter les personnages de leur scénario (Black et Stave, 2007). Contrairement au théâtre véritable, il n'y a pas de texte

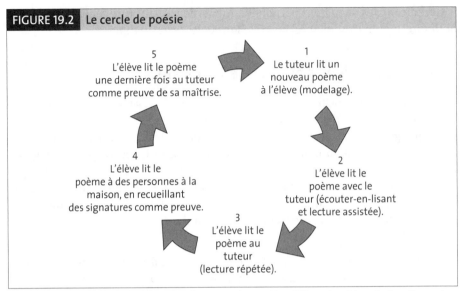

FIGURE 19.2 Le cercle de poésie

5
L'élève lit le poème
une dernière fois au tuteur
comme preuve de sa maîtrise.

1
Le tuteur lit un
nouveau poème
à l'élève (modelage).

4
L'élève lit le
poème à des personnes à la
maison, en recueillant
des signatures comme preuve.

2
L'élève lit le
poème avec le
tuteur (écouter-en-lisant
et lecture assistée).

3
L'élève lit le
poème au
tuteur
(lecture répétée).

Traduction libre de Wilfong, L.G. (2008). Building fluency, word-recognition ability, and confidence in struggling readers : The poetry academy. *The Reading Teacher*, 62(1), pp. 4-13.

à mémoriser. De plus, le théâtre de lecteurs repose sur la capacité du lecteur à capter l'attention de l'auditoire par sa voix, contrairement au théâtre, lequel fait appel aux gestes et aux déplacements. Le théâtre de lecteurs fournit une raison naturelle de répéter la lecture du texte. En effet, les élèves doivent lire leur scénario à plusieurs reprises pour se préparer à en faire une présentation agréable devant l'auditoire.

■ Les composantes

Le théâtre de lecteurs comprend le choix du texte, la répétition du scénario et la présentation devant un public.

Le choix du texte. Plusieurs textes destinés aux pièces de théâtre pour enfants peuvent servir au théâtre de lecteurs. Vous pouvez également rédiger un scénario à partir d'une histoire, en vous aidant des indications qui suivent :

- Choisir une histoire intéressante qui comprend beaucoup de dialogues ;
- Éliminer les « dit-il », les « s'exclama-t-il » ainsi que les passages qui ne sont pas indispensables à l'intrigue ;
- Transformer les passages importants en dialogues ;
- Créer le rôle du narrateur : le texte du narrateur peut décrire une partie essentielle de l'intrigue qui n'est pas contenue dans les dialogues (le temps, le lieu, etc.). Cependant, la narration doit être réduite au minimum pour ne pas dominer dans le scénario.

La répétition du scénario. Les élèves, réunis en sous-groupes, lisent d'abord le texte silencieusement, puis essaient d'interpréter différents personnages. On peut leur suggérer de souligner les mots sur lesquels ils veulent mettre l'accent dans leur lecture. Il est important de faire comprendre aux élèves qu'il s'agit non pas de mémoriser le texte, mais de le lire de façon expressive. Insistez sur l'importance de la voix par rapport aux gestes. Incitez-les à se mettre dans la peau de leur personnage et à se traiter mutuellement comme des personnages. Pour faire prendre conscience aux élèves que tout doit passer par la voix, placez-les derrière un micro fictif pendant qu'ils s'exercent à lire leur scénario.

La représentation. La représentation est le but de tout théâtre de lecteurs. Pour qu'elle soit plus intéressante, on peut enseigner aux élèves comment « placer » leur regard lorsqu'ils lèvent les yeux du texte pendant la lecture. Lorsqu'il s'agit d'une réflexion que le personnage s'adresse à lui-même ou d'une transition entre les scènes, le lecteur regarde l'auditoire ou un point sur le mur au-dessus des têtes. Par contre, lorsqu'un personnage s'adresse à un autre personnage, il doit regarder ce dernier. Même si le recours aux costumes n'est pas prévu dans le théâtre de lecteurs, on peut ajouter des accessoires simples, comme des macarons ou des chapeaux, pour marquer l'identité des personnages. On peut même filmer la représentation pour que les élèves se voient en pleine action. L'important, avant tout, est qu'ils aient du plaisir à faire cette activité.

■ Un exemple de démarche

Nous proposons ici une démarche complète qui commence par la remise des scénarios aux élèves le lundi et se termine par une représentation du théâtre de lecteurs le vendredi. Cette démarche demande des périodes de 30 minutes par jour (Martinez, Roser et Strecker, 1999).

Avant de présenter l'activité, l'enseignant choisit trois histoires qu'il transformera en scénarios. Il est préférable de choisir des textes de niveaux de difficulté différents afin de rejoindre tous les élèves de la classe. L'enseignant prépare ensuite, pour chaque élève, deux copies des scénarios : une copie que l'élève apportera à la maison pour s'exercer et une copie surlignée qui demeurera à l'école.

Jour 1

- L'enseignant sert de modèle de lecture expressive en lisant à voix haute les trois histoires qui ont servi de base à l'écriture des scénarios.
- Après la lecture, il engage avec les élèves une discussion sur chacune des trois histoires.
- Il leur donne ensuite une mini leçon sur quelques aspects de la lecture expressive (par exemple, à quel moment faut-il ralentir ou accélérer la lecture pour traduire les sentiments du personnage).
- Il remet alors à chaque élève le scénario qui correspond à son niveau de lecture ; chacun lit l'ensemble des rôles de son scénario, seul ou avec un ami.

- À la fin de la période, l'enseignant encourage les élèves à apporter leur scénario à la maison pour le relire.

Jour 2

- Les élèves qui ont le même scénario se réunissent pour former un sous-groupe. L'enseignant remet au sous-groupe des copies du scénario ; un rôle différent est surligné sur chaque copie.
- Les élèves procèdent à leur première lecture sous forme de théâtre de lecteurs en lisant chacun, au moment approprié, le rôle qui est surligné sur sa feuille. Lorsque la première lecture est terminée, ils passent leur feuille à leur voisin : chacun a ainsi un nouveau rôle à lire. La lecture se poursuit de cette façon.
- L'enseignant circule parmi les groupes et offre du soutien et des rétroactions aux élèves sur leur façon de lire.
- À la fin de la période, l'enseignant recueille les scénarios surlignés.

Jour 3

- Les élèves répètent la démarche de la veille.
- Pendant les cinq dernières minutes de l'activité, ils procèdent au choix définitif des rôles pour la représentation de vendredi.
- L'enseignant les encourage à prêter une attention particulière au rôle qui leur a été attribué lorsqu'ils s'exerceront à la maison.

Jour 4

- Les élèves, avec leur groupe, s'exercent à lire le rôle qui leur a été attribué.
- Durant les 10 dernières minutes, ils fabriquent des macarons portant le nom de leur personnage et discutent de la façon dont ils se placeront sur la scène pendant la représentation.

Jour 5

- Les trois groupes donnent la représentation de leur théâtre de lecteurs devant un auditoire. Celui-ci peut être composé d'élèves des autres classes, de parents, du directeur et des élèves de la classe eux-mêmes.

◼ Les avantages du théâtre de lecteurs

Le théâtre de lecteurs est une activité qui présente plusieurs avantages sur le plan de la fluidité, de la compréhension et de l'image de soi (Young et Rasinski, 2009).

L'amélioration de l'aisance en lecture. Les élèves doivent lire leur texte à plusieurs reprises pour parvenir à en donner une interprétation intéressante, ce qui a un effet important sur leur aisance en lecture.

L'amélioration de la compréhension. Pendant qu'ils s'exercent à lire, les élèves s'appliquent à rendre les dialogues plus vivants afin de bien faire ressortir le sens du texte ; ils travaillent ainsi à en comprendre toutes les nuances.

L'amélioration de l'image de soi. Le théâtre de lecteurs est également bénéfique pour l'image de soi des élèves en difficulté. Lorsque des élèves moins habiles présentent leur scénario à la classe et voient la réaction positive de l'auditoire, ils se sentent valorisés et sont encouragés à lire davantage.

Conclusion

La fluidité est une composante essentielle de la réussite en lecture. Elle comprend la reconnaissance exacte et rapide des mots ainsi que l'intonation. Elle s'acquiert surtout par la lecture quotidienne à l'école et à la maison. Certaines interventions, comme la lecture répétée, peuvent stimuler l'acquisition de la fluidité chez les élèves. L'intérêt pour la fluidité a connu un essor considérable au cours des dernières années. Cependant, il ne faut pas oublier que, malgré son importance, la fluidité n'est qu'un aspect de la lecture et ne doit pas être isolée de la compréhension.

La compréhension

Si les éducateurs ne s'entendent pas toujours sur certains aspects de la littératie, ils reconnaissent tous sans hésitation que la compréhension est le but de la lecture. On ne peut se satisfaire de bonnes habiletés en identification de mots chez les élèves ; on doit également s'assurer qu'ils perfectionnent leurs habiletés et leurs stratégies de compréhension. De la 3ᵉ à la 6ᵉ année, une grande partie de l'enseignement de la lecture porte sur la compréhension de différents types de textes. Nous présentons dans ce chapitre la définition de la compréhension, les causes des problèmes de compréhension et les approches actuelles dans l'enseignement de la compréhension.

20.1 La définition de la compréhension

Comprendre un texte, c'est s'en faire une représentation mentale cohérente en combinant les informations explicites et implicites qu'il contient à ses propres connaissances. Cette représentation est dynamique et cyclique. Elle se transforme et se complexifie au fur et à mesure de la lecture. Chaque fois que le lecteur rencontre un nouvel élément dans le texte, il doit décider de quelle façon l'intégrer à sa représentation du texte. Se faire une représentation cohérente du texte demande de l'attention et un effort cognitif de la part du lecteur. La compréhension n'est pas une habileté qui peut être maîtrisée rapidement, comme c'est le cas de l'identification de mots. L'ensemble des connaissances et des processus qui contribuent à la compréhension s'acquiert sur une longue période qui va même au-delà du primaire. Les habiletés en compréhension varient selon l'âge du lecteur, son expérience et sa motivation ainsi qu'en fonction de l'enseignement reçu en classe.

20.2 Les niveaux de compréhension

Les enseignants savent d'expérience que les élèves peuvent manifester différents niveaux de compréhension qui vont d'une compréhension de base à une compréhension fine du texte. La classification la plus courante consiste à parler de compréhension littérale, inférentielle et critique. Il faut bien préciser qu'il ne s'agit pas de stades de compréhension, mais de manifestations de la compréhension.

1. La compréhension littérale, ou de surface, provient de l'information donnée précisément dans le texte.

2. La compréhension inférentielle demande au lecteur de faire des liens entre les différentes parties du texte. Ces liens ne sont pas donnés explicitement par l'auteur.

3. La compréhension critique exige que le lecteur tienne compte des propos de l'auteur (explicites et implicites) pour les comparer à sa propre conception du monde ou pour évaluer la pertinence du texte.

Bon nombre d'études démontrent que les élèves réussissent mieux à répondre aux questions de compréhension littérale qu'aux questions de plus haut niveau. Cependant, on constate que la compréhension inférentielle et la compréhension critique sont sensiblement du même niveau de difficulté pour les élèves (Alonzo et autres, 2009).

20.3 Les facteurs qui influent sur la compréhension

La compréhension se situe au carrefour des caractéristiques du texte, des aptitudes et attitudes du lecteur et du contexte dans lequel se déroule la lecture. Pour expliquer l'origine des problèmes de compréhension, nous abordons les facteurs liés à l'élève, aux textes et à l'enseignement.

20.3.1 Les facteurs liés au lecteur

On peut classer en quatre volets les sources des problèmes de compréhension liés au lecteur : des lacunes relatives aux habiletés langagières, des lacunes relatives à l'identification de mots, une conception inappropriée de la lecture et un manque de stratégies de lecture.

■ Les habiletés langagières

La première raison des problèmes de compréhension proviennent des lacunes relatives aux capacités langagières de l'élève. Dans les habiletés langagières, nous incluons les habiletés de compréhension à l'oral, le vocabulaire et les connaissances sur le monde.

La compréhension à l'oral. Les élèves n'ont pas tous les mêmes habiletés en compréhension à l'oral ; cela se répercute sur la lecture. Les élèves ne peuvent comprendre à l'écrit plus qu'ils ne comprennent à l'oral. Certains élèves possèdent de bonnes habiletés en identification de mots, mais ne comprennent pas ce qu'ils lisent. Ils ne comprennent pas davantage si on leur fait la lecture du texte.

Le vocabulaire. Un vocabulaire limité est à la fois cause et effet des difficultés de compréhension. Si l'élève ne connaît pas le vocabulaire employé dans le texte, il aura de la difficulté à comprendre ce texte. S'il ne comprend pas le texte, il ne pourra acquérir de vocabulaire nouveau à la lecture de ce texte. L'effet du vocabulaire sur la compréhension se fait surtout sentir vers le milieu du primaire, au moment où les termes spécialisés commencent à devenir plus nombreux dans les textes. Apparaissent alors des difficultés de compréhension qui ne s'étaient pas manifestées auparavant.

Les connaissances. Le manque de connaissances sur le monde occasionne des difficultés pour la compréhension d'un texte. Lorsque l'élève ne connaît pas les concepts préalables à la lecture d'un texte, il ne peut en comprendre le contenu : par exemple, pour comprendre la fertilisation des plantes, il faut d'abord en connaître les parties. Par ailleurs, un élève peut posséder des connaissances sur le contenu du texte, mais échouer à les intégrer dans sa représentation du texte, ou encore il peut se servir de connaissances antérieures non pertinentes (Duke, Pressley et Hilden, 2004).

■ Les habiletés en identification de mots

Une partie des problèmes de compréhension en lecture relève d'un manque d'habiletés de base en identification de mots. Deux problèmes sont possibles : soit l'élève éprouve de la difficulté à lire les mots de façon exacte et bute sur une bonne partie des mots qu'il lit, soit il identifie les mots correctement, mais trop lentement et sans les regrouper. Le manque d'habileté à identifier correctement les mots et le manque de fluidité nuisent à la compréhension en lecture, car le lecteur qui consacre son énergie à l'identification de mots dispose de moins d'énergie cognitive pour comprendre le texte.

■ La conception de la lecture

Certains élèves n'ont pas une représentation juste de l'acte de lire. Ces lecteurs « pensent qu'il suffit de décoder tous les mots d'un texte pour le comprendre. La plupart du temps, ils mettent en œuvre des procédures inadéquates : ils utilisent massivement des stratégies de lecture mot à mot et traitent chacune des phrases comme autant de phrases isolées » (Cèbe et Goigoux, 2009, p. 8). Ces élèves lisent le texte pour terminer la tâche, non pour le comprendre. Ils ne semblent pas saisir que la compréhension est le fruit d'un effort.

■ Les stratégies de compréhension

Certains élèves ne possèdent pas les stratégies de lecture que maîtrisent les lecteurs efficaces. Ils sont souvent inconscients des stratégies de base qu'utilisent les bons lecteurs. Ils pensent que ceux-ci sont tout simplement « bons » et ne s'imaginent pas qu'ils font quelque chose de particulier en lisant. Généralement, les lecteurs qui possèdent peu de stratégies de lecture commencent à lire sans se fixer d'objectif, ne prennent pas en compte la structure du texte, ne savent pas comment modifier leur lecture selon la tâche ni comment retrouver le fil du texte lorsqu'ils l'ont perdu.

20.3.2 Les facteurs liés au texte

Certains textes sont plus difficiles à comprendre que d'autres. Les élèves doivent être sensibilisés au fait que les problèmes de compréhension ne proviennent pas automatiquement de leur manque de compétence. Deux catégories de facteurs influencent le niveau de difficulté du texte : sa plus ou moins grande cohésion et sa complexité.

■ La cohésion du texte

Le processus d'élaboration d'une représentation mentale cohérente est influencé par la cohésion du texte (la cohérence est dans la tête du lecteur et la cohésion, dans le texte). La cohésion est en partie assurée par des marques linguistiques qui assurent la continuité textuelle. Si les relations entre les idées du texte sont explicites, celui-ci est plus facile à comprendre. S'il y a des trous dans le texte, c'est-à-dire si les idées ne sont pas présentées avec suffisamment de cohésion, les lecteurs possédant de bonnes connaissances antérieures réussiront peut-être à combler ces trous. Mais si ces trous sont importants, même les lecteurs qui possèdent de bonnes connaissances antérieures pourront éprouver des difficultés de compréhension (Corrigan et Surber, 2010).

■ La complexité du texte

Même lorsque le texte présente un bon niveau de cohésion interne, il peut être difficile à comprendre à cause de certaines caractéristiques qui le rendent plus ou moins complexe. La complexité d'un texte dépend de plusieurs facteurs, dont :

- sa longueur ;
- le vocabulaire employé (abstrait/concret, connu/nouveau) ;
- la longueur des phrases ;
- la structure des phrases (nombre de propositions) ;
- la densité de l'information (le nombre de mots d'information par proposition) ;
- sa structure (la façon dont les idées sont organisées et regroupées) ;
- la difficulté intrinsèque au sujet ;
- la capacité de l'auteur à tenir compte de l'auditoire ;
- le degré de traitement du sujet (superficiel ou complet).

Si un texte combine plusieurs facteurs de complexité, il sera plus difficile à lire pour les élèves, même pour les bons lecteurs.

20.3.3 Les facteurs liés à l'enseignement

Les problèmes de compréhension peuvent découler en partie du type d'enseignement. Plusieurs études démontrent que l'enseignement donné en classe influence le niveau de compréhension qu'atteignent les élèves. Par exemple, les chercheurs ont comparé des classes dans lesquelles l'enseignement de la lecture reposait sur le même programme (Tivnan et Hemphill, 2005). Les résultats ont montré que les enseignantes de ces classes ont toutes réussi à enseigner aux élèves les habiletés en identification de mots, mais les résultats en compréhension ont été différents : dans certaines classes, 80 % des enfants ont atteint le seuil de réussite en compréhension, alors que, dans d'autres classes, seuls 20 % ont atteint ce niveau. Il ressort de cette étude que le facteur de réussite le plus important, après les habiletés de l'enfant, est la compétence à enseigner la compréhension.

Cependant, il est rare, dans le milieu scolaire, que l'on remette en question l'enseignement lui-même. Les enseignants ont tendance « à rendre responsable le monde extérieur des difficultés des élèves (langue parlée à la maison ou culture familiale) ; en même temps, ils déclarent manquer de moyens (manuels, programmes, etc.) pour remédier aux difficultés des élèves » (Soussi et autres, 2007, p. 50). Ces raisons sont valables, mais il faut admettre que les enseignants ne possèdent pas tous les mêmes compétences en enseignement de la compréhension. À partir du même texte, certains enseignants posent des questions qui favorisent une compréhension en profondeur chez les élèves, alors que d'autres posent des questions sur les détails et passent à côté des inférences essentielles à la compréhension du texte.

20.4   Les profils de compréhension

Plusieurs auteurs ont dégagé des profils de compréhension en lecture chez les lecteurs du primaire (Applegate, Quin et Applegate, 2008). La classification présentée ci-dessous comporte six profils de lecteurs, qui s'appliquent aux élèves de la 3e à la 6e année (Rogers et autres, 2006).

1. Les élèves qui ont des problèmes sur le plan du traitement des mots. Les élèves de ce profil comprennent peu les textes qu'ils lisent à cause de leurs problèmes importants en identification de mots ou en fluidité.

2. Les bons déchiffreurs qui ne comprennent pas le texte. Ces élèves lisent de manière fluide, mais sans compréhension. Ils répondent parfois aux questions en « empruntant » des expressions provenant du texte, mais ils ne se font pas leur propre représentation du texte.

3. Les lecteurs concentrés sur la compréhension locale. Ces élèves décodent facilement les textes à leur niveau. Ils font des rappels acceptables, mais concentrés sur la signification de chaque phrase. Ils ne se font pas de portrait global du texte.

4. Les lecteurs concentrés sur la compréhension globale. Ces élèves se font une représentation globale du texte, mais ils portent peu attention aux détails et devinent certaines parties du contenu. Ils compensent une certaine faiblesse sur le plan de l'identification de mots par de très bonnes connaissances personnelles, ce qui n'est plus possible pour les textes plus longs et plus complexes.

5. Les lecteurs stratégiques. Ces élèves font un usage approprié de certaines stratégies, mais en délaissent d'autres. Ils sont souvent capables de faire des liens entre les idées, de se faire une représentation globale du texte en portant attention aux détails, contrairement aux lecteurs concentrés sur la compréhension globale. Ils ont cependant souvent besoin d'apprendre à lire de façon plus critique et à faire des liens entre le texte et leurs expériences.

6. Les lecteurs critiques. Ce sont des lecteurs compétents dans toutes les composantes de la compréhension et de la lecture critique. Il leur arrive même de mentionner des faiblesses dans la formulation d'un texte ou dans les questions de l'enseignant.

20.5 Les « mauvais compreneurs »

Dans la liste des profils que nous venons de présenter, il nous apparaît pertinent de revenir sur le profil des « bons déchiffreurs qui ne comprennent pas le texte », ou « mauvais compreneurs », parce que ces lecteurs à risque passent souvent inaperçus en classe et ne reçoivent pas l'aide dont ils ont besoin.

Les « mauvais compreneurs » sont des élèves qui identifient correctement les mots et lisent avec fluidité, mais ne comprennent pas ce qu'ils lisent. On considère que de 10 à 15 % des élèves possèdent de bonnes habiletés en identification de mots, mais sont faibles en compréhension écrite. Les « mauvais compreneurs » apparaissent plus rarement parmi les lecteurs débutants, mais le pourcentage de ces élèves augmente du début à la fin du primaire (Duke, Pressley et Hilden, 2004 ; Alington, 2009).

Des études ont démontré que les enseignants ne sont pas toujours habiles à reconnaître ces élèves. Ils ont souvent tendance à considérer les élèves qui font une bonne lecture orale comme de bons lecteurs (Applegate, Applegate et Modla, 2009). Prenons l'exemple d'une étude dans laquelle les chercheurs ont demandé à des enseignants de la 2e année du primaire à la fin du secondaire d'identifier de très bons lecteurs dans leur classe (Meisinger et autres, 2009). Les élèves nommés par les enseignants ont ensuite été évalués par les chercheurs à l'aide d'épreuves en fluidité et en compréhension. Seuls les élèves ayant eu un score élevé en fluidité ont été retenus. Les résultats de l'étude ont montré qu'un tiers des élèves considérés par les enseignants comme de très bons lecteurs étaient faibles en compréhension (*voir le tableau 20.1, à la page suivante*). Une analyse plus détaillée des résultats a montré que ces élèves réussissaient relativement bien en compréhension littérale, mais avaient des résultats très faibles dans les questions de haut niveau (inférentielle et critique).

Ces résultats révèlent donc que de nombreux enseignants jugent l'habileté en lecture de leurs élèves uniquement à partir de leur fluidité en lecture et de leur compréhension littérale.

TABLEAU 20.1   Les résultats en compréhension d'élèves comparables
                au plan de la fluidité en lecture

Profil de compréhension	Total en compréhension	Questions littérales	Questions de compréhension inférentielle et critique
Très bons compreneurs	91,64 %	96,74 %	88,23 %
Bons compreneurs	71,28 %	82,42 %	63,85 %
Faibles compreneurs	49,46 %	70,75 %	35,31 %

Données tirées de l'étude de Meisinger, E. B., Bradley, B. A., Schwanenflugel, P. J., Kuhn, M. R. et R. D. Morris. (2009). Myth and reality of the word caller : The relation between teacher nominations and prevalence among elementary school children. *School Psychology Quarterly*, 24(3), pp. 147-159.

20.6   L'importance de l'enseignement de la compréhension

Malgré l'abondance des études montrant l'importance de l'enseignement de la compréhension, on constate que cet enseignement ne reçoit pas l'attention qu'il devrait en classe. Tous les 10 ans, des études d'observation montrent qu'il se fait peu d'enseignement de la compréhension en classe (Durkin, 1978 ; Pressley et autres, 1998 ; Klingner et autres, 2010). Les recherches des 30 dernières années ont pourtant prouvé que l'enseignement peut améliorer la compréhension de tous les lecteurs, même des lecteurs en difficulté (National Reading Panel, 2000). L'enseignement de la compréhension aide les élèves à :

- comprendre ce qu'ils lisent ;
- se souvenir de ce qu'ils ont lu ;
- apprécier leurs lectures ;
- communiquer avec les autres au sujet de leurs lectures ;
- vouloir lire davantage.

Cependant, enseigner aux élèves à mieux comprendre les textes est une tâche difficile qui comporte plusieurs défis. Il faut un enseignement à long terme pour noter une amélioration de la compréhension en lecture (Kamhi, 2009). La meilleure façon de prévenir les problèmes de compréhension est de fournir un enseignement adéquat dès le début de l'apprentissage de la lecture. De plus, il faut bien comprendre que les problèmes de compréhension ne se résolvent pas d'eux-mêmes : 78 % des élèves faibles en compréhension à 8 et 9 ans ont encore des problèmes de compréhension à 13 et 14 ans (Nation, 2006). Tous les enseignants désirent apprendre à leurs élèves comment comprendre un texte, mais ils ne savent pas toujours comment y parvenir. Les prochains chapitres portent précisément sur l'enseignement de la compréhension.

20.7 Les approches de l'enseignement de la compréhension

On peut distinguer deux approches de l'enseignement de la compréhension. La première s'intéresse aux stratégies de compréhension et propose un enseignement explicite de certaines de ces stratégies et de leur utilisation pour la lecture. Plusieurs études ont d'ailleurs confirmé l'efficacité d'un enseignement approprié des stratégies de lecture (National Reading Panel, 2000). La seconde approche se concentre sur le contenu du texte et vise la coconstruction de la signification grâce à des discussions ouvertes. Selon cette approche, l'élève apprend à se faire une représentation du texte au moyen de discussions avec l'enseignant et les pairs. Des études ont démontré que cette approche est également pertinente pour l'enseignement de la compréhension (Catts, 2009 ; Cervetti, Jaynes et Hiebert, 2009).

Ces deux approches considèrent que le lecteur doit être activement engagé dans la tâche de lecture. La principale différence entre elles est que la première encourage l'élève à penser à ses processus mentaux et à utiliser certaines stratégies pour comprendre le texte, alors que la seconde est axée sur le contenu et encourage l'élève à se concentrer sur les idées et les liens qui existent entre elles pour se faire une représentation mentale du texte.

Doit-on favoriser une approche plutôt que l'autre ? En fait, les recherches ont démontré qu'elles peuvent toutes deux contribuer à l'acquisition d'habiletés en compréhension de la lecture chez les élèves. Au lieu de considérer que ces approches sont opposées, il est plus productif de les considérer comme complémentaires (McKeown, Beck et Blake, 2009). Il faut faire comprendre aux élèves qu'une stratégie de lecture est un moyen et non une fin en soi et que le but de la lecture est de comprendre le texte. Il faut donc trouver un équilibre entre le travail sur les processus (la façon dont les élèves apprennent) et sur le contenu (ce qu'ils apprennent).

Conclusion

Pour se faire une représentation mentale du texte, le lecteur doit identifier les mots aisément, comprendre le vocabulaire employé dans le texte, faire des inférences et lier les idées du texte à ses connaissances et expériences personnelles. Pour plusieurs élèves, une bonne compréhension en lecture semble aisée. Pour d'autres, par contre, la compréhension est difficile et marquée par la confusion. Les difficultés de compréhension peuvent provenir de facteurs liés au lecteur, au texte et à l'enseignement. On a longtemps supposé que les élèves apprenaient à comprendre en lisant. Aujourd'hui, on pense plutôt qu'il faut les aider à se faire une représentation du texte et qu'il existe plus d'une manière d'y arriver.

Les inférences

L'inférence est au cœur de la compréhension en lecture. Toute lecture donne lieu à des inférences : les auteurs ne décrivent pas les situations dans les moindres détails, mais laissent des blancs que les lecteurs doivent combler. À défaut de cette capacité d'inférer chez le lecteur, les messages seraient saturés de détails mineurs. Les lecteurs experts sont habiles à produire des inférences, mais les élèves du primaire ont besoin d'être guidés pour ce qui est de la façon de générer des inférences sur le contenu des textes. Dans ce chapitre, nous présentons une classification des types d'inférences ainsi que les principes d'enseignement des inférences au primaire.

21.1 La définition de l'inférence

L'inférence concerne l'information que le lecteur ajoute au contenu explicite du texte pour le comprendre. Il y a inférence lorsque le lecteur établit un lien entre deux éléments pour créer une information nouvelle. « L'inférence est une information qui n'est pas explicitée, mais que le lecteur doit produire afin de rendre cohérente la représentation qu'il élabore » (Rossi et Campion, 2008, p. 48). L'inférence agit de deux façons : d'une part, elle sert à établir des liens entre les parties du texte pour que la compréhension soit cohérente, d'autre part, elle permet d'effectuer des liens entre le texte et les connaissances du lecteur pour combler les blancs laissés par l'auteur. Le concept d'inférence est complexe, car il renvoie à la fois à un processus et à un produit. Le verbe « inférer » ainsi que les expressions « générer des inférences » et « produire des inférences » désignent le processus qui permet d'effectuer les mises en relation. Le terme « inférence » désigne l'information qui est générée.

21.2 Le développement de la capacité à inférer

La capacité à générer des inférences augmente avec l'âge, mais elle apparaît très tôt. En fait, la plupart des connaissances acquises par les enfants sont le fruit des inférences qu'ils ont faites sur le monde qui les entoure. Les jeunes enfants sont capables de produire des inférences lorsque les éléments sur lesquels celles-ci portent sont près les uns des autres. Prenons l'exemple suivant :

La mère de Mireille écouta le bulletin de météo à la radio. Elle décida de sortir les bottes et le parapluie de Mireille.

Si vous demandez à des élèves du début du primaire : « Que croyez-vous que la mère de Mireille a entendu au bulletin de météo ? », la plupart sauront répondre à la question. Mais si les deux phrases sont séparées par une autre information, peu d'élèves pourront faire le lien. Ils auront besoin qu'on les oriente vers l'inférence. En fait, les jeunes lecteurs sont capables de faire des inférences, mais leur démarche n'est pas suffisamment organisée.

Il ne faut pas confondre le développement normal de la capacité à inférer avec les difficultés à faire des inférences qu'éprouvent les élèves plus âgés. Au primaire, on parle de difficulté lorsqu'un élève n'arrive pas à générer les inférences nécessaires à la compréhension d'un texte de son niveau. Les lecteurs en difficulté se comportent comme les lecteurs plus jeunes : ils ont tendance à répondre « Je ne sais pas » devant une question qui demande de produire une inférence. Ils n'arrivent à générer l'inférence qu'à condition qu'on les guide dans leur démarche.

21.3   La classification des inférences

Plusieurs classifications rendent compte de la diversité des inférences. Les catégories d'inférences sont habituellement présentées de façon dichotomique :

- Les inférences nécessaires et les inférences optionnelles ;
- Les inférences logiques et les inférences pragmatiques ;
- Les inférences de cohérence et les inférences d'élaboration.

Ces catégories ne sont pas mutuellement exclusives, une inférence pouvant faire partie de plus d'une catégorie. Par exemple, une inférence de cohérence peut être à la fois nécessaire et logique. Tous les types d'inférences font partie du répertoire du bon lecteur, mais il faut cependant privilégier les inférences essentielles à la compréhension.

21.3.1 Les inférences nécessaires et les inférences optionnelles

◼ Les inférences nécessaires

Les inférences nécessaires sont celles qui sont indispensables à la compréhension du texte. Parmi les inférences nécessaires, on compte les inférences causales, les inférences référentielles et les inférences lexicales.

Les inférences causales. Les inférences causales permettent d'établir un lien de cause à effet entre deux éléments du texte. Dans les textes narratifs, ces inférences assurent les liens entre la situation initiale et le problème, entre les motivations des personnages et leurs actions ou entre les tentatives de résolution du problème et la solution. Dans les textes informatifs, les inférences causales servent à faire des liens entre un phénomène et ses effets ou entre un problème et ses solutions.

Les inférences référentielles. Les inférences référentielles consistent à identifier les mots auxquels renvoient les pronoms, les synonymes et autres substituts. Par exemple :

- les pronoms personnels (« Marie/elle » ; « Alice et Catherine/elles ») ;
- les pronoms relatifs (« Pierre/qui ») ;
- les pronoms démonstratifs (« Jean/celui-ci ») ;
- les adverbes de temps (« Elle a fait/avant ») ;
- les adverbes de lieu (« En Russie/là-bas ») ;
- les synonymes (« petite fille/fillette ») ;
- les périphrases (« Jean/celui qu'elle aime ») ;
- les termes génériques (« un chien/l'animal ») ;
- l'indéfini et le défini (« Un lion/le lion »).

Les inférences lexicales. Les inférences lexicales servent à trouver le sens d'un mot inconnu en se servant des éléments du contexte. Par exemple, dans le texte qui suit, le lecteur peut facilement inférer le sens du mot « bollard » à partir du contexte : « Lorsque le navire accosta, les marins lancèrent par-dessus bord de gros câbles qu'ils attachèrent aux bollards. Les bollards étaient solidement implantés dans le quai et pouvaient facilement retenir le navire. » Précisons toutefois que ce ne sont pas toutes les inférences lexicales qui sont nécessaires à la compréhension générale du texte.

■ Les inférences optionnelles

On nomme inférences optionnelles toutes celles qui ne sont pas essentielles à la compréhension. Par exemple, dans la phrase : « La sorcière se pencha sur le berceau de la petite princesse », le fait d'inférer l'allure et les vêtements de la sorcière constitue une inférence optionnelle.

21.3.2 Les inférences logiques et les inférences pragmatiques

■ Les inférences logiques

Ce qui caractérise les inférences logiques est le fait qu'elles découlent nécessairement du texte. Si le raisonnement est adéquat, le résultat n'est pas simplement probable, mais certain. Par exemple, si l'on dit : « J'avais deux poissons dans mon aquarium, Castor et Pollux. Castor est mort ce matin », l'inférence logique consiste à dire qu'il ne reste que Pollux.

Les inférences pragmatiques

Les inférences pragmatiques sont générées à partir des connaissances sur le monde que possède le lecteur. Elles se rapportent à une information qui est sous-entendue dans la phrase, mais qui n'est pas nécessairement vraie, contrairement aux inférences logiques. Par exemple, dans la phrase : « Sophie se rendit chez son amie », une inférence pragmatique consiste à dire que Sophie s'est rendue chez son amie à pied, ce qui est probable, mais pas nécessairement vrai (elle pourrait s'être déplacée à vélo). Il existe différentes catégories d'inférences pragmatiques (lieu, temps, agent, action et instrument, notamment). Le tableau 21.1 en présente les principaux types.

TABLEAU 21.1   Les catégories d'inférences pragmatiques

Objet de l'inférence	Exemples	Question menant à l'inférence
Lieu	Après l'inscription, le garçon nous aida à transporter nos bagages dans la chambre.	Où sommes-nous ?
Agent	Le peigne dans une main et les ciseaux dans l'autre, Christian s'approcha de la chaise.	Qui est Christian ?
Temps	Lorsque la lumière du portique s'éteignit, la noirceur fut complète.	À quel moment se déroule la scène ?
Action	Bernard arqua son corps et fendit l'eau de façon absolument impeccable.	Que fait Bernard ?
Instrument	D'une main sûre, le docteur Grenon mit l'instrument bruyant dans ma bouche.	Quel instrument le docteur Grenon utilise-t-il ?
Objet	Le géant rutilant, avec ses 18 roues, surplombait les véhicules plus petits sur l'autoroute.	Qui est ce géant rutilant ?
Cause-effet	Le matin, nous avons constaté que plusieurs arbres étaient déracinés et que d'autres avaient perdu des branches.	Qu'est-ce qui a provoqué cette situation ?
Problème-solution	Pierre a le côté de la figure tout enflé et sa dent le fait terriblement souffrir.	Comment Pierre peut-il régler son problème ?
Sentiment, attitude	Pendant que je montais sur l'estrade pour recevoir mon diplôme, mon père applaudissait, les larmes aux yeux.	Quel sentiment éprouve le père ?

21.3.3 Les inférences de cohérence et les inférences d'élaboration

Les inférences de cohérence

Les inférences de cohérence se divisent en deux catégories : locales et globales. Les inférences locales renvoient à la relation existant entre deux segments de texte contigus (mots, groupes de mots, propositions ou phrases). Les inférences globales renvoient au lien qu'il y a entre des renseignements situés à différents endroits du texte : ils assurent la cohérence de l'ensemble du texte.

■ Les inférences d'élaboration

Les inférences d'élaboration enrichissent la représentation mentale du texte, mais elles ne contribuent pas à en établir la cohérence dans la tête du lecteur. Par exemple, dans la phrase : « Marie est allée à la fête d'anniversaire de son amie », le lecteur peut inférer que Marie a apporté un cadeau. Cette inférence complète la représentation que se fait le lecteur de cette scène, mais le fait d'apporter un cadeau peut n'avoir aucun rôle à jouer dans la compréhension de l'ensemble du texte.

21.4　Les causes des problèmes liés aux inférences

Les causes des problèmes liés aux inférences sont sensiblement les mêmes que celles qui expliquent les problèmes de compréhension en général, mais elles présentent toutefois quelques particularités.

1. Les causes liées au lecteur. Certains élèves ne réalisent pas que les inférences sont nécessaires, ni même permises ; ils se concentrent exclusivement sur la compréhension littérale du texte. D'autres ne possèdent pas les habiletés langagières ou les connaissances nécessaires pour générer des inférences sur un texte. Enfin, certains élèves produisent des inférences, mais ont tendance à tenir fermement à leur hypothèse de départ même en présence de données contradictoires.

2. Les causes liées au texte. Certains textes demandent que le lecteur fasse plus d'inférences : par exemple, plus il y a de synonymes dans le texte, plus il doit faire d'inférences. Il est possible également que le texte manque de cohésion, ce qui rend plus difficile la production d'inférences. Enfin, le texte peut tout simplement être trop difficile pour l'élève, ce qui l'empêche de produire des inférences (Allington, 2009).

3. Les causes liées à l'enseignement. Une autre cause des difficultés des élèves à inférer est que l'on enseigne peu l'inférence en classe (Maisonneuve, 2010). Les enseignants du troisième cycle se plaignent souvent que les élèves éprouvent de la difficulté à faire des inférences, mais, paradoxalement, on demande très peu aux élèves du début du primaire d'en produire parce qu'on considère que cette tâche est trop difficile. La prévention des problèmes d'inférence commence dès la maternelle, lorsqu'on aide les jeunes enfants à faire des inférences, surtout causales, pendant la lecture d'histoires (van Kleeck, 2008).

21.5 Le travail sur les inférences

En classe, le travail sur les inférences peut prendre différentes formes. Nous proposons ici 10 façons d'aborder les inférences en lecture avec les élèves de la 3ᵉ à la 6ᵉ année.

1. Faire prendre conscience aux élèves de l'utilité des inférences. Pour enseigner aux élèves à faire des inférences en lecture, il faut d'abord leur faire comprendre l'utilité de celles-ci. Ils doivent savoir que les textes peuvent parfois être source de difficultés, que l'on peut résoudre en adoptant une attitude de résolution de problèmes. Si certaines inférences sont générées de façon spontanée, les lecteurs doivent cependant, dans la plupart des cas, chercher activement à faire des liens pour comprendre le texte.

2. Commencer par les inférences à l'oral. La capacité à générer des inférences à l'oral est la variable qui permet le plus de prédire les résultats concernant les inférences en lecture (Lavigne, 2008 ; Kispal, 2008). Les activités orales servent d'introduction au concept d'inférence : elles donnent aux élèves une idée concrète de ce que l'on attend d'eux lors d'une tâche d'inférence à l'écrit. De plus, les élèves en difficulté s'engagent plus facilement dans une tâche d'inférence s'ils n'ont pas à lire eux-mêmes le texte. Les activités orales sont donc la porte d'entrée du travail sur l'inférence en lecture.

3. Servir de modèle. La lecture avec le groupe classe est un moment privilégié pour vous permettre de servir de modèle relativement à votre façon de procéder pour générer une inférence. En cours de lecture, mettez en évidence les indices qui vous ont servi à faire une inférence (les indices tirés du texte et ceux qui proviennent de vos connaissances). Parallèlement, soutenez les élèves dans leur tentative de faire des inférences en utilisant une démarche de coconstruction de la compréhension du texte grâce à la discussion.

4. Poser souvent des questions d'inférence. Il est essentiel de poser souvent aux élèves des questions requérant qu'ils produisent une inférence. Si l'on veut qu'ils acquièrent l'habileté à générer des inférences, on doit leur donner l'occasion de le faire régulièrement. Les questions du type «Pourquoi» sont particulièrement pertinentes, parce qu'elles amènent les élèves à établir des liens entre les éléments essentiels du texte. Lorsqu'un élève répond à une question d'inférence, il est approprié de lui demander «Comment le sais-tu ?» Si les élèves éprouvent de la difficulté à expliquer leurs inférences, on peut leur demander si les réponses étaient mentionnées dans le paragraphe, les inviter à nommer les indices du texte dont ils se sont servi pour trouver les réponses ou quelles expériences personnelles leur ont été utiles pour trouver les réponses.

5. Regrouper les questions pour favoriser la production d'inférences. Pour faciliter la production d'inférences chez vos élèves, vous pouvez modifier la formulation des questions de manière à modeler la façon dont les lecteurs habiles procèdent pour générer une inférence. Pour ce faire, effectuez un regroupement de questions (Walpole et McKenna, 2007).

Il y a deux façons de regrouper les questions, soit de bas en haut ou de haut en bas :

- De bas en haut : Les premières questions que vous posez sont des questions littérales auxquelles l'élève sait répondre ; la dernière question est une question d'inférence. C'est l'enchaînement des questions qui permet à l'élève de faire pas à pas le chemin qui le conduit à la production d'inférences. Plus facile, cette méthode peut convenir aux élèves en difficulté.

- De haut en bas : Commencez par une question d'inférence ; si l'élève n'arrive pas à y répondre, posez-lui des questions littérales. Lorsqu'il a répondu aux questions plus simples, revenez à la question d'inférence.

Pour effectuer un regroupement de questions, lisez le texte attentivement en portant attention aux passages où une information explicite peut aider le lecteur à comprendre une information implicite, donc à faire une inférence. Préparez une série de questions et décidez, au moment de la lecture, si vous les présenterez de bas en haut ou de haut en bas. Il s'agit des mêmes questions pour les deux procédures ; seul l'ordre change.

6. Intervenir à tous les niveaux du texte. Les interventions concernant les inférences doivent porter sur tous les niveaux du texte, c'est-à-dire sur le mot, la phrase et le texte.

Le mot. L'inférence peut servir au lecteur à formuler une hypothèse sur le sens d'un mot nouveau (inférence lexicale). Elle peut également lui permettre de choisir entre plusieurs significations d'un mot : l'élève doit comprendre que les mots peuvent avoir plus d'un sens et que la compréhension de la phrase dépend du choix de la signification du mot. Enfin, les inférences peuvent porter sur l'importance particulière d'un mot dans la phrase. Par exemple, dans « Tom était encore en retard pour l'école », le mot « encore » amène à faire l'inférence que Tom est souvent en retard, ce qui a probablement une incidence sur la suite de l'histoire.

La phrase. Certaines inférences permettent d'effectuer des liens entre des éléments rapprochés du texte (cohérence locale). On aborde ces inférences, entre autres, par le travail que l'on fait sur les mots de substitution et sur les marqueurs de relation.

Le texte. On doit également inciter les élèves à porter attention aux inférences qui leur permettent d'effectuer des liens entre des éléments provenant de différentes parties du texte (cohérence globale). Les élèves s'en tiennent trop souvent au sens de chaque phrase et n'effectuent pas les inférences qui leur permettraient de comprendre l'essentiel du texte.

7. Exploiter les histoires drôles. La compréhension des histoires drôles implique toujours la production d'inférences. Ces histoires constituent en ce sens des textes intéressants à exploiter pour l'enseignement de l'inférence (Zipke, Ehri et Cairns, 2009). La plupart des enfants rient lorsqu'on leur lit une devinette ou une histoire drôle, mais il y a lieu de se demander s'ils le font parce que tout le monde rit ou parce qu'ils ont compris l'histoire. D'abord, répétez l'histoire et modelez votre façon de générer l'inférence nécessaire pour comprendre l'histoire. Ensuite, présentez d'autres histoires aux élèves et demandez-leur comment ils expliqueraient cette histoire à un élève plus jeune.

8. Employer des illustrations. Les élèves réussissent mieux les tâches d'inférence lorsque le texte est accompagné d'illustrations. Vous pouvez favoriser la production d'inférences en dessinant schématiquement ce qui crée de la confusion pour eux, par exemple esquisser une carte pour leur montrer où se situent les personnages par rapport à l'action qui est décrite.

9. Faire effectuer des manipulations concrètes aux élèves. Certains élèves ne détectent pas les incohérences que comporte leur compréhension du texte ; cependant, ils en sont capables lorsqu'on leur demande de faire la démonstration de ce qu'ils ont lu. Le fait de manipuler des objets pendant la lecture du texte peut faciliter la production d'inférences et la compréhension du texte. Une étude a comparé la manipulation de figurines et la relecture du texte chez des élèves de 3e année (Glenberg, Brown et Levin, 2007). Dans le premier groupe, l'enfant lit le texte et chaque fois qu'il voit un point vert, c'est l'indice qu'il doit manipuler les figurines pour effectuer les actions qui y sont décrites. Dans le deuxième groupe, la situation est la même, sauf que lorsque l'enfant voit un point vert, c'est l'indice qu'il doit relire la phrase. Les résultats de cette étude ont démontré que les enfants qui avaient manipulé des figurines pendant leur lecture du texte ont obtenu un meilleur résultat aux questions d'inférence sur le texte.

10. Recourir à l'imagerie mentale. L'imagerie mentale est l'habileté du lecteur à visualiser une scène afin de comprendre les événements de l'histoire. Lorsque le lecteur se sert de l'imagerie mentale, il peut plus facilement générer les inférences nécessaires à sa compréhension. L'imagerie est particulièrement utile dans le cas des textes narratifs, mais elle peut également servir à la lecture de textes informatifs.

Conclusion

L'inférence concerne toute information non explicite que génère mentalement le lecteur afin de bien comprendre le texte. Pour qu'il y ait inférence, le lecteur doit dépasser la compréhension littérale du texte, c'est-à-dire qu'il doit aller plus loin que ce qui est écrit. L'intervention concernant les inférences doit commencer dès la maternelle et occuper une place importante dans l'enseignement de la compréhension à tous les niveaux du primaire.

Le rôle de la discussion collaborative dans la compréhension de texte

L'enseignant dispose d'un outil puissant pour travailler la compréhension en lecture : la discussion collaborative, laquelle se caractérise par des questions ouvertes et une place plus importante laissée aux élèves lors des échanges. Les interactions entre les élèves et l'enseignant au cours de la lecture collaborative fournissent un environnement dans lequel les élèves peuvent apprendre à se faire une représentation cohérente du texte. Nous présentons dans ce chapitre les caractéristiques de la discussion collaborative ainsi que quelques activités qui illustrent ce type de discussion.

22.1   La discussion collaborative

Le modèle d'interaction le plus courant en classe est du type « Question-Réponse-Évaluation » (Q-R-E) : l'enseignant pose une question, l'élève répond, puis l'enseignant évalue la réponse. Par exemple, l'enseignant demande : « Qu'a fait le garçon ? », l'élève répond : « Il est parti en courant », puis l'enseignant évalue la réponse : « Oui. Très bien. »

La discussion collaborative va au-delà du format habituel Q-R-E. C'est une discussion menée conjointement entre l'enseignant et les élèves. L'enseignant ne la domine pas : il interagit avec les élèves de façon à bonifier leurs apports plutôt que de s'en tenir à évaluer leurs réponses aux questions. Les contributions de chacun sont prises en considération. Les élèves discutent de ce qu'ils viennent de lire alors que le contenu du texte est encore frais dans leur mémoire. Ils cherchent à résoudre leurs problèmes de compréhension à mesure qu'ils se font une représentation du texte. Ici, la discussion n'est pas un but en soi, mais un moyen mis au service de la construction du sens du texte (Appelbee et autres, 2003).

Pendant la discussion collaborative, l'enseignant poursuit trois objectifs :

1. Aider les élèves à comprendre le texte. Le rôle de l'enseignant consiste à aider les élèves, dans une démarche de coconstruction, à se faire une représentation cohérente du texte qu'ils sont en train de lire (Hampton et Resnick, 2008).

2. Rendre observables les processus de compréhension. La discussion collaborative permet aux élèves de discerner les processus qui sont à l'œuvre pendant la lecture. Elle leur fournit un modèle externe du processus de compréhension en leur donnant accès à la pensée de l'enseignant et à celle de leurs pairs (Almasi et Garas-York, 2009).

3. Observer les élèves pour de futures interventions. La discussion collaborative permet à l'enseignant de voir quelles sont les confusions qui se produisent en cours de lecture et quelles en sont les sources. Il peut observer les différences individuelles et voir quels élèves bénéficieraient d'un enseignement supplémentaire (McKeown, Beck et Blake, 2009).

Plusieurs activités sont issues de cette approche de discussion collaborative comme l'activité « Questionner l'auteur », les ateliers de questionnement et la méthode du « Raisonnement collaboratif ».

22.2 L'activité « Questionner l'auteur »

L'activité « Questionner l'auteur » vise à rendre les élèves actifs en leur donnant pour tâches de relever les ambiguïtés dans un texte et de proposer des solutions pour rendre celui-ci plus clair. En d'autres mots, on leur demande d'exercer leur « œil de réviseur » (Beck et McKeown, 2006). La difficulté à comprendre les textes, particulièrement les textes informatifs, est en partie attribuable au fait que certains textes destinés aux enfants manquent de cohésion et d'explications ou ne tiennent pas compte du niveau de connaissances antérieures des élèves. L'autorité du manuel porte les élèves à mettre leur incompréhension sur le compte de leur propre incompétence, mais le problème provient parfois du texte lui-même.

Dans cette activité, il faut d'abord amener les élèves à comprendre que le texte a été écrit par une personne qui n'est pas infaillible. En conséquence, il faut faire un effort pour découvrir ce que l'auteur veut dire. Il s'agit ainsi de transformer cette faillibilité de l'auteur en un objectif de lecture, autrement dit d'inciter les élèves à lire le texte pour comprendre ce que l'auteur veut dire et déterminer s'il a réussi à le dire clairement. Cette activité est très motivante pour les élèves, car ils sont séduits par l'idée qu'il peut exister un écart entre ce que l'auteur a écrit et ce qu'il a voulu dire. Dans les classes où cette méthode est employée, les élèves sont plus actifs lors des discussions, leurs réponses incluent des inférences et des liens avec leur expérience et ils sont davantage portés à poser eux-mêmes des questions (McKeown et Beck, 2004).

22.2.1 La préparation de l'activité

Pour préparer une activité à l'aide de la méthode « Questionner l'auteur », l'enseignant doit lire attentivement le texte afin de pouvoir :

- déterminer ce que les élèves doivent comprendre du texte et anticiper les problèmes de compréhension;
- segmenter le texte et choisir les moments propices à l'amorce d'une discussion;
- formuler des questions qui aideront les élèves à préciser leur représentation du texte.

Mentionnons que les élèves ne lisent pas le texte avant la discussion. Le questionnement sur le texte se fait pendant la première lecture, ce qui représente la situation habituelle de lecture. Ajoutons qu'une façon de leur montrer que leur participation est essentielle est de placer les bureaux en cercle d'une manière qui facilite la discussion.

22.2.2 Des outils pour l'enseignant

Puisque la discussion est dynamique et, en ce sens, imprévisible, l'enseignant a besoin d'outils pour orchestrer les idées des élèves. Deux types d'outils accompagnent cette méthode : ceux qui permettent à l'enseignant d'entrer dans la discussion et ceux qui lui permettent de rendre productifs les apports des élèves (Beck et McKeown, 2006).

1. Les outils qui permettent d'entrer dans la discussion :

- Modeler : rendre observable (par la pensée à voix haute) le processus dans lequel le lecteur s'engage lorsqu'il cherche à comprendre un texte.
- Commenter : donner de l'information pour combler une lacune dans la cohésion du texte ou pointer des sources de confusion dans le texte.
- Récapituler : résumer les éléments importants qui ont été trouvés jusque-là dans le texte.

2. Les outils qui permettent de bonifier les apports des élèves :

- Signaler : répondre aux commentaires des élèves de façon à attirer leur attention sur certaines idées particulièrement importantes pour la discussion.
- Rediriger : rediriger vers les élèves la responsabilité de réfléchir sur les idées du texte pour clarifier certaines idées.
- Reformuler : interpréter ce que les élèves ont de la difficulté à formuler de façon à ce que toutes les idées soient incluses dans la discussion.

22.2.3 Les questions

Le choix des questions est central dans la méthode « Questionner l'auteur ». Les questions de l'enseignant ne visent pas à évaluer la compréhension des élèves après la lecture, mais à les aider à comprendre les idées importantes du texte. Le tableau 22.1

TABLEAU 22.1   Des exemples de questions pour l'activité « Questionner l'auteur »

Objectifs	Questions possibles
Lancer la discussion	• Qu'est-ce que l'auteur essaie de nous dire ? • De quoi parle l'auteur ?
Aider les élèves à se concentrer sur le message de l'auteur	• C'est ce que l'auteur dit, mais qu'est-ce que cela veut dire ? • Quel est le message de l'auteur ? • Pourquoi l'auteur veut-il nous dire cela ?
Aider les élèves à faire des liens entre les informations	• Comment cela est-il lié à ce que l'auteur a déjà dit ? • Quelle information l'auteur a-t-il ajoutée ici pour faire le lien avec... ? • Est-ce que cela a un lien avec ce que l'auteur a dit avant ? Comment ? • L'auteur explique-t-il pourquoi ?
Faire ressortir les difficultés liées à la façon dont l'auteur a présenté ses idées	• Est-ce que cela a du sens ? • Est-ce que l'auteur a expliqué cela clairement ? • Que manque-t-il ? • Que devons-nous imaginer pour trouver ce qui manque ? • Comment l'auteur aurait-il pu dire les choses plus clairement ? • Que diriez-vous à la place de l'auteur ?

présente des exemples de questions classées selon quatre objectifs : lancer la discussion, aider les élèves à se concentrer sur le message de l'auteur, les aider à faire des liens entre les informations et repérer les difficultés liées à la façon dont l'auteur a présenté ses idées.

22.3   Les ateliers de questionnement de texte

Les ateliers de questionnement de texte (AQT), conçus par Jean Mesnager dans le cadre des ROLL (Réseau des observatoires locaux de la lecture), ont pour objectif de rendre transparentes les opérations nécessaires à la compréhension de texte dans une situation réelle de lecture. Le but est que les élèves deviennent plus efficaces dans les lectures qu'ils feront. La particularité de cette activité est qu'ils discutent de leur compréhension du texte, d'abord en son absence, puis en y ayant recours.

22.3.1 La préparation de l'activité

Pour préparer un atelier de questionnement de texte, il faut choisir un texte et l'analyser, puis constituer des sous-groupes d'élèves.

1. Le choix du texte. Le texte peut contenir de 200 à 300 mots pour les élèves de 3ᵉ année et jusqu'à 600 mots pour les élèves de 6ᵉ année. Un texte plus court (150 mots) convient mieux aux élèves en difficulté. Le texte peut être narratif, informatif ou il peut s'agir d'un extrait d'un texte plus long. Il doit correspondre au niveau d'apprentissage des élèves (ni trop facile, ni trop difficile).

2. Les constituants du texte. Avant de rencontrer les élèves, l'enseignant effectue une analyse du texte afin d'en déterminer les principaux constituants.

- Texte narratif : les personnages, les éléments de l'intrigue, les liens entre les événements, les liens entre les émotions des personnages et leurs actions.
- Texte informatif : les concepts clés, les liens entre les concepts, les explications, les comparaisons et les enchaînements.

3. Les modalités. Cette activité est conçue pour des sous-groupes modérément hétérogènes de trois à huit élèves. Ceux-ci disposent chacun d'un exemplaire du texte, dont les lignes sont numérotées pour faciliter la discussion. Pour les élèves de 3ᵉ année, le texte peut être agrandi (format papier, rétroprojecteur ou ordinateur).

22.3.2 Les étapes de l'activité

Cette activité comporte trois étapes : la lecture individuelle du texte (5 minutes), les échanges sur le texte (20 minutes) et le retour sur le texte à des fins de vérification (15 minutes).

▪ La lecture du texte

Le texte est distribué caché. Les élèves commencent tous la lecture du texte en même temps. L'enseignant donne pour consigne aux élèves de le lire silencieusement, une seule fois, attentivement et à leur rythme habituel. À la fin de la lecture, les élèves cachent le texte à nouveau.

▪ Les échanges sur le texte

La deuxième étape vise la construction collective de la signification du texte. Les élèves rapportent ce qu'ils en ont compris et en débattent. « Pendant cette phase centrale, les enfants n'ont plus le texte sous les yeux. Devoir s'en écarter pour confronter ce qu'on en a retenu, puis y revenir dans la phase 3 fait l'originalité et l'efficacité de cette démarche » (Les ateliers de questionnement de texte, 2008, p. 2).

L'échange comprend deux phases :

1. La première phase consiste en un échange très large et débute par des questions comme : « Qu'est-ce qui se passe dans cette histoire ? » pour les textes narratifs et « Qu'est-ce que ce texte nous apprend ? » pour les textes informatifs.

2. Dans la deuxième phase, l'enseignant oriente les élèves vers les constituants qui n'ont pas été mentionnés lors du premier échange. Il relance la discussion et suscite des interprétations. Si des divergences de points de vue apparaissent entre les élèves, l'enseignant ne tranche pas. Il écrit au tableau les constituants à mesure que les élèves les proposent. Pour ce faire, le tableau est divisé en trois zones (*voir le tableau 22.2*).

TABLEAU 22.2   Le tableau pour l'atelier de questionnement

Zone 1	Zone 2	Zone 3
Les constituants sur lesquels il y a consensus.	Les constituants qui sont matière à controverse.	Les constituants essentiels qui n'ont pas été remarqués par les élèves.

Le tableau ne doit pas être surchargé. L'enseignant se limite à des formulations claires et brèves portant sur les constituants fondamentaux. Avant de noter la proposition d'un élève, il demande d'abord aux autres élèves s'ils sont d'accord. Après discussion sur le sujet, il note le résultat de celle-ci dans la zone 1 ou 2 du tableau, selon le cas. Il récapitule en fin de phase les renseignements (à l'aide du tableau), en rappelant les interprétations contradictoires et en faisant remarquer aux élèves les constituants qu'ils n'ont pas relevés.

■ La vérification

Les élèves relisent le texte individuellement, puis font le point avec l'enseignant sur les renseignements figurant dans le tableau. Pour chaque élément, ou constituant, l'enseignant leur demande de chercher ce que le texte dit à son sujet. C'est pendant l'étape de vérification que les élèves apprennent ce qu'il faut faire pour comprendre.

C'est le moment pour le maître, sans utiliser de termes techniques, de mettre en valeur et d'expliciter les opérations nécessaires à la compréhension. Il le fait avec modération (deux ou trois fois au maximum pendant cette phase 3), dans le fil des échanges, lorsqu'il le juge propice. Pour chaque point abordé, il résumera ce dont il fallait tenir compte pour aboutir à l'information juste (Les ateliers de questionnement de texte, 2008, p. 5).

Cette activité se termine par une lecture orale de l'enseignant, lecture qui favorise la compréhension définitive du texte.

22.4   La méthode du « Raisonnement collaboratif »

Dans la méthode du « Raisonnement collaboratif », les élèves sont réunis en sous-groupes pour discuter d'une question soulevée par le texte (Clark et autres, 2003 ; Reznitskaya et autres, 2009).

22.4.1 La formation des groupes

Cette méthode est conçue pour des sous-groupes de cinq à huit élèves possédant différents niveaux d'habileté en lecture. On choisira autant d'élèves qui s'expriment facilement que d'élèves plus silencieux.

1. Le texte. Il importe de choisir des histoires qui contiennent un dilemme moral, social ou scientifique, ce qui est stimulant pour les enfants et peut conduire à un dialogue productif. Les questions authentiques donnent lieu à des échanges plus longs et plus structurés de la part des élèves (Murphy et autres, 2009). Par exemple, dans une histoire, une jeune fille soigne un oiseau sauvage blessé et veut le garder avec elle plutôt que de le laisser partir avec les siens à l'automne. La question est de savoir si la jeune fille devrait ou non laisser partir l'oiseau. Le texte doit comporter des arguments qui peuvent soutenir des opinions différentes.

2. La démarche. Le contenu des rencontres variera selon l'histoire, la composition du groupe et l'importance du désaccord dans le groupe, mais les activités ont plusieurs éléments en commun (Clark et autres, 2003) :

- Tous les élèves lisent l'histoire individuellement et un petit groupe rejoint l'enseignant pour discussion.
- L'enseignant pose une question centrale qui concerne un dilemme auquel fait face un personnage de l'histoire.
- Les élèves expriment librement leur point de vue sur cette question.
- Ils précisent leurs idées, puis ajoutent des arguments en s'appuyant sur le texte et sur leurs expériences.
- Ils se questionnent les uns les autres sur leurs points de vue respectifs.
- À la fin de la discussion, un vote a lieu pour voir où chacun se situe dans le débat. Il est important de préciser que le but n'est pas d'atteindre le consensus sur le problème posé, mais d'amener les élèves à discuter à l'aide de jugements rationnels et d'arguments.

Les élèves apprennent graduellement à entrer dans la discussion de façon naturelle, sans avoir à lever la main pour intervenir. Ils évitent de s'interrompre les uns les autres et apprennent à s'aider à demeurer concentrés sur la question à débattre.

22.4.2 Le rôle de l'enseignant

Le rôle de l'enseignant dans la méthode du « Raisonnement collaboratif » est d'encourager la participation libre des élèves et de les aider à développer leur habilité à réfléchir sur le texte en leur demandant, par exemple, de clarifier leur pensée ou de justifier leurs arguments. Si un élève ne considère qu'un seul point de vue, l'enseignant peut lui dire : «Oui, mais que penses-tu de...» pour suggérer un contre-argument et stimuler la discussion. À l'occasion, l'enseignant modèle son propre processus de pensée. Il peut intervenir si la discussion s'éloigne trop du sujet. Il peut par exemple répéter la question centrale ou résumer les arguments apportés par les élèves.

Conclusion

La discussion collaborative est un outil pédagogique qui a pour objectif d'aider les élèves à se faire une juste représentation du texte. Ces derniers doivent être conscients du fait que si la compréhension du texte semble parfois facile, il n'en va pas de même pour tous les textes. Dans la plupart des cas, il faut fournir un effort conscient pour se faire une représentation de ce qui se passe dans l'histoire. De plus, la discussion collaborative met les élèves en contact avec les processus de pensée nécessaires à une compréhension fine du texte et, de ce fait, favorise le développement de leurs habiletés de compréhension en lecture.

Le rôle des stratégies dans la compréhension de texte

Les stratégies de compréhension en lecture font partie du paysage pédagogique depuis longtemps. On peut tirer avantage de ce que les recherches des dernières décennies nous ont appris pour améliorer notre enseignement de ces stratégies. Dans ce chapitre, nous faisons l'historique de l'enseignement des stratégies de compréhension et présentons les conditions nécessaires pour que cet enseignement soit utile aux élèves.

23.1 Pourquoi enseigner des stratégies ?

L'enseignement des stratégies de compréhension aide les élèves à devenir des lecteurs qui sont actifs et en contrôle de leur propre compréhension en lecture (Block et Lacina, 2008). Si les élèves habiles découvrent d'eux-mêmes des stratégies de lecture efficaces, ce n'est pas le cas de plusieurs autres élèves, qui semblent ignorer comment le bon lecteur s'y prend pour comprendre un texte. Les stratégies de lecture ne sont pas directement observables par les élèves, et plusieurs ne les découvrent pas spontanément s'ils n'en voient pas l'application concrète (par exemple, un élève essaie toujours de trouver la réponse à une question mot à mot dans un texte parce qu'il n'a pas compris que la réponse pouvait exiger la production d'une inférence ou l'utilisation de connaissances). Si on laisse ces découvertes sous la seule responsabilité des élèves, on risque d'agrandir l'écart existant entre les élèves forts et les élèves faibles.

23.2 La différence entre les habiletés et les stratégies de compréhension

Les termes « habileté » et « stratégie » de compréhension ne sont pas synonymes. En éducation, le mot « stratégie » est apparu après celui d'habileté. On parle de stratégie lorsque le lecteur décide consciemment d'utiliser un moyen ou une combinaison de moyens pour comprendre un texte, soit parce qu'il prévoit les difficultés du texte, soit parce qu'il éprouve effectivement une difficulté ou encore qu'il veuille retenir plus d'informations du texte.

Contrairement aux stratégies, les habiletés ne sont pas des processus contrôlés, mais des processus automatisés (Afflerbach, Pearson et Paris, 2008). L'analogie avec la conduite automobile est ici éclairante. Une personne qui a appris à conduire une voiture n'a plus à porter attention aux nombreuses habiletés qu'exige la conduite automobile, comme garder la voiture du bon côté de la route, activer le clignotant au moment approprié ou s'arrêter au feu rouge. Ces habiletés sont automatisées. De la même façon, le lecteur habile n'a pas à coordonner de façon consciente les habiletés nécessaires à la lecture, comme reconnaître les référents des pronoms, faire des liens entre les parties du texte ou en prévoir la suite.

Les stratégies ne sont appelées à la rescousse que lorsque quelque chose entrave le processus automatique. Le lecteur qui éprouve des difficultés en cours de lecture doit recourir à des stratégies pour résoudre ses problèmes avant de continuer à lire le texte. Il peut, par exemple, en relire une partie, s'en faire une image mentale ou récapituler ce qu'il vient de lire.

L'acquisition d'une habileté est souvent précédée d'une période pendant laquelle le lecteur doit agir de façon stratégique. Par exemple, le lecteur débutant doit apprendre les stratégies de décodage avant de pouvoir identifier les mots automatiquement. De même, lire aisément par groupes de mots n'est plus une stratégie chez le lecteur habile, mais une habileté. On constate chez le lecteur efficace un équilibre entre les habiletés et les stratégies : ce lecteur passe de l'application automatique d'habiletés à l'emploi intentionnel de stratégies, et ce, d'une façon flexible et appropriée aux circonstances.

23.3 La différence entre les stratégies d'enseignement et de compréhension

On confond souvent stratégies d'enseignement et stratégies de compréhension. Cette confusion provient probablement du fait que le terme « stratégie » est employé dans les deux cas. La meilleure façon d'éviter cette confusion est de regarder qui utilise la stratégie. Ce sont les enseignants qui se servent des stratégies d'enseignement pour favoriser l'apprentissage chez leurs élèves, alors que ce sont les élèves qui choisissent des stratégies de compréhension pour atteindre le but qu'ils se sont fixé pour leur lecture.

Prenons l'exemple d'un enseignant qui emploie un organisateur graphique avec ses élèves. Dans un premier cas, il se sert de l'organisateur pour aider ses élèves à structurer les nouveaux concepts enseignés, mais il ne s'attend pas à ce que les élèves l'emploient quand ils feront seuls la lecture d'un autre texte informatif. Il s'agit ici d'une stratégie d'enseignement. Dans un second cas, l'enseignant présente à ses élèves l'organisateur graphique comme un outil cognitif qui leur servira à rassembler et à organiser l'information dans leurs prochaines lectures. Il s'agit ici d'une stratégie de compréhension à l'usage des élèves (Conley, 2008).

23.4 L'historique de l'enseignement des stratégies de compréhension

Dans les années 1970, l'enseignement de la compréhension consistait surtout à dire aux élèves de «lire attentivement le texte» et à leur poser des questions pour vérifier leur compréhension. L'intérêt pour les stratégies de lecture est apparu dans les années 1980 et a provoqué un changement important dans l'enseignement de la compréhension. La conception des stratégies de compréhension a subi des modifications au fur et à mesure des recherches et des applications en classe. Trois vagues sont perceptibles dans le domaine des stratégies de lecture (Raphael et autres, 2009).

23.4.1 La première vague : les stratégies isolées

La première vague de recherches sur les stratégies de compréhension a consisté à mettre au jour les stratégies que le lecteur efficace utilise pour comprendre un texte. Il est ressorti de ces études que les bons lecteurs sont actifs cognitivement avant, pendant et après la lecture (Tierney et Cunningham, 1984). La figure 23.1 illustre les principales stratégies du lecteur efficace.

On peut résumer de la façon suivante l'ensemble des stratégies du bon lecteur. Avant la lecture, il se fixe un objectif, active ses connaissances et se pose des questions,

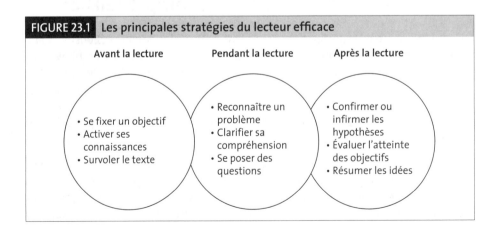

FIGURE 23.1 Les principales stratégies du lecteur efficace

Avant la lecture

Pendant la lecture

Après la lecture

- Se fixer un objectif
- Activer ses connaissances
- Survoler le texte

- Reconnaître un problème
- Clarifier sa compréhension
- Se poser des questions

- Confirmer ou infirmer les hypothèses
- Évaluer l'atteinte des objectifs
- Résumer les idées

il survole le texte et en note l'organisation pour décider si le texte correspond à son but. Pendant la lecture, ce lecteur gère activement sa compréhension. Lorsqu'il rencontre quelque chose d'incongru ou d'ambigu, il essaie de clarifier sa compréhension ; il peut aussi s'arrêter par moment pour résumer ce qu'il vient de lire ; il se sert de ses connaissances antérieures et du contexte pour clarifier le sens des mots ou des phrases ; il se fait une image mentale et visualise les personnages et les événements ; il lit de façon sélective en s'attardant davantage aux parties qui sont liées à son objectif de lecture ; il se pose des questions sur le texte et réfléchit aux idées exprimées. Après la lecture, ce lecteur repense à ce qu'il a lu afin de vérifier s'il a atteint son objectif ; il résume mentalement les principales idées ou principaux événements du texte ; il a recours à des stratégies pour mieux retenir et organiser les informations tirées du texte ; il peut même chercher d'autres sources d'information sur le sujet.

Cette première vague de recherches sur les stratégies de compréhension a permis de clarifier les stratégies importantes en lecture et d'étudier leur rôle dans la compréhension (Duffy et autres, 1987). C'est aussi durant cette période que les chercheurs ont mis en évidence l'importance d'étayer l'apprentissage des stratégies en transférant graduellement la responsabilité de l'enseignant à l'élève (*voir la figure 23.2*).

Dans ce modèle, l'enseignant commence par expliquer aux élèves ce qu'est la stratégie cible et pourquoi elle est importante. Il leur montre ensuite quand et comment l'utiliser en servant lui-même de modèle. Enfin, il les guide dans l'application de la stratégie et leur donne de nombreuses occasions de l'utiliser de façon autonome.

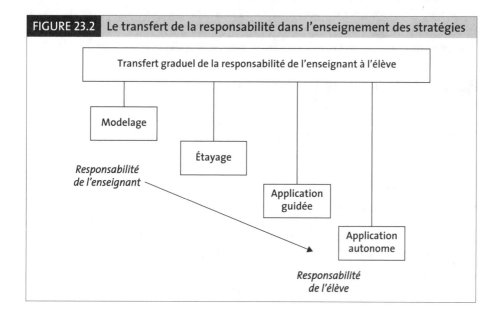

FIGURE 23.2 Le transfert de la responsabilité dans l'enseignement des stratégies

Transfert graduel de la responsabilité de l'enseignant à l'élève

Modelage

Étayage

Responsabilité de l'enseignant

Application guidée

Application autonome

Responsabilité de l'élève

23.4.2 La deuxième vague : les stratégies intégrées

Dans la deuxième vague de recherches sur les stratégies de compréhension, on a délaissé l'étude des stratégies isolées pour s'orienter vers la coordination de multiples stratégies, ce qui représente mieux le comportement du lecteur efficace (Pressley et autres, 1992 ; Reutzel, Smith et Fawson, 2005). Pendant cette période, plusieurs façons d'intégrer les stratégies ont été proposées et expérimentées en classe. L'enseignement réciproque est probablement le modèle le plus représentatif de cette deuxième vague (Palincsar et Herrenkohl, 2002). Dans le but d'améliorer la compréhension des élèves, les auteurs de cette approche ont choisi de cibler quatre stratégies de compréhension importantes : poser des questions, résumer les parties du texte, clarifier les parties du texte et faire des prédictions (*voir la figure 23.3*).

L'originalité de cette méthode tient à ce que chaque membre du sous-groupe (enseignant ou élève) a, à tour de rôle, la responsabilité de guider la discussion portant sur la portion du texte lu en utilisant ces quatre stratégies. Avant la lecture du texte, le groupe fait des prédictions sur le contenu à venir. Après la lecture de la première portion du texte, le meneur pose des questions sur le contenu. Les membres du groupe discutent des questions, en soulèvent d'autres et, en cas de désaccord, relisent le texte. Le meneur résume le texte et les autres membres apportent leur contribution en complétant le résumé. Il demande ensuite au groupe s'il y a des clarifications à apporter au texte, puis celles-ci sont analysées en groupe. Enfin, le meneur fait des prédictions sur la suite du texte et invite les membres du groupe à faire leurs propres prédictions, lesquelles se fondent sur leurs connaissances ou sur des indices tirés du texte. On change ensuite de meneur pour la portion suivante du texte.

L'enseignement réciproque encourage la communication interactive, c'est-à-dire la circulation de l'information parmi tous les membres du groupe. La compréhension du texte se construit grâce au consensus du groupe, par l'intégration flexible des quatre stratégies de compréhension (Sporer, Brunstein et Kieschke, 2009 ; Oczkus, 2010).

FIGURE 23.3 Les quatre stratégies de l'enseignement réciproque	
Question	**Résumé**
Poser des questions sur le texte : la réponse aux questions est parfois dans le texte, mais d'autres fois il faut l'inférer.	Rapporter dans ses mots l'essentiel du texte.
Je me demande...	Le texte parle de...
Où, quand, quoi, pourquoi, comment ?	L'histoire commence... puis... à la fin...
Clarification	**Prédiction**
Reconnaître qu'une partie du texte pose problème et chercher à le résoudre.	Se servir d'indices du texte et des illustrations pour anticiper la suite du texte.
Je ne comprends pas ce mot...	Je pense que... parce que...
Je ne sais pas ce que l'auteur veut dire...	Je suppose que... parce que...
	Je pense que j'apprendrai... parce que...

23.4.3 La troisième vague : la réflexion sur les stratégies

La troisième vague se caractérise par une réflexion sur l'enseignement des stratégies tel qu'il est effectué dans les classes. D'une part, plusieurs études ont démontré que l'enseignement des stratégies, particulièrement aux élèves moyens et faibles, améliore leur compréhension de la lecture. D'autre part, l'application ne semble pas se faire de façon aisée en classe (Connor, Morrison et Petrella, 2004 ; Atwell, 2007). Nous classons en quatre volets les principaux problèmes soulevés par l'enseignement actuel des stratégies :

1. Le premier problème est celui du surenseignement des stratégies. On constate en effet que les guides pédagogiques proposent plus de stratégies que celles que reconnaît la recherche. Il arrive que leur enseignement rende la lecture plus complexe que nécessaire (Dewitz, Jones et Leahy, 2009).

2. Le deuxième problème provient du fait que les stratégies sont souvent enseignées de façon isolée. Chacune devient une composante du programme de lecture. Par exemple, les élèves peuvent passer trois semaines sur la prédiction, deux semaines sur la clarification, cinq semaines sur le résumé et ainsi de suite.

3. Le troisième problème concerne le fait que les stratégies sont rarement enseignées dans des situations authentiques. Par exemple, on voit souvent l'enseignant interrompre la lecture des élèves pour les interroger sur l'application d'une stratégie sans que son utilisation ne soit vraiment nécessaire dans cette situation. Cette intervention risque de distraire les élèves de leur lecture plutôt que de les aider à comprendre le texte.

4. Le quatrième problème est qu'il est rare que l'enseignement dépasse le stade de l'application supervisée pour se rendre à l'utilisation autonome de la stratégie par l'élève (*voir la figure 23.2, à la page 263*).

Comme dans toutes les propositions pédagogiques, l'effet de balancier est apparent dans l'enseignement des stratégies de lecture. L'enseignement de la compréhension est passé de l'absence d'enseignement des stratégies de compréhension à leur enseignement systématique et artificiel. On peut donc prévoir que le balancier se dirigera vers un recul de l'enseignement des stratégies. S'il ne faut pas surenseigner les stratégies, il n'est pas plus pertinent d'en rejeter l'enseignement. Nous devons plutôt nous servir de ce que nous avons appris au cours des dernières années à leur sujet pour améliorer notre enseignement.

23.5 Les principes de l'enseignement des stratégies

Enseigner les stratégies de compréhension n'est pas une tâche facile. Les enseignants qui réussissent à en implanter un enseignement efficace possèdent une bonne capacité à prendre des décisions pertinentes tout au long de la démarche d'enseignement. Malgré l'abondance des guides pédagogiques détaillant pas à pas l'enseignement des stratégies, c'est l'enseignant qui, en dernier ressort, effectue les choix pour leur utilisation concrète en classe. Cependant, certains principes sont de nature à guider notre enseignement : présenter les stratégies comme des outils, les enseigner dans des situations authentiques et le faire de façon intégrée.

23.5.1 Présenter les stratégies comme des outils

L'enseignant doit faire en sorte que les élèves comprennent que les stratégies sont des outils qui servent à faciliter la compréhension du texte. Le message doit donc être clair : on n'utilise une stratégie que si, et seulement si, cela est nécessaire pour atteindre notre objectif de lecture. Il ne faut pas que les élèves soient plus préoccupés par l'application des stratégies que par la compréhension même du texte. Les lecteurs efficaces emploient certaines stratégies, mais seulement celles qui leur sont les plus utiles. Par exemple, ils ne font pas de prédiction chaque fois qu'ils lisent un texte ; ils le font si le texte s'y prête. De plus, ils sont flexibles, passent d'une stratégie à l'autre pour lire un texte et utilisent des stratégies différentes pour des textes différents. Les élèves doivent concevoir la lecture comme une activité de résolution de problèmes qui peut être abordée en employant une variété de stratégies. S'ils conçoivent les stratégies comme des outils permettant de comprendre un contenu, alors les stratégies les aideront à devenir de meilleurs lecteurs. Ils seront ainsi moins démunis devant un texte qui leur pose problème, car ils auront à leur disposition des moyens pour y faire face.

23.5.2 Enseigner les stratégies dans des situations authentiques

Idéalement, on présente les stratégies dans un contexte naturel d'utilisation pour que les élèves voient comment elles les aident à comprendre le texte qu'ils sont en train de lire. Autrement, ils seront moins portés à s'en servir dans une autre situation de lecture. On profite donc de l'occasion que fournit le texte pour enseigner une stratégie donnée. Par contre, il peut également être profitable de choisir, à l'occasion, un texte qui convient parfaitement à l'enseignement d'une stratégie. Des études ont montré que les enseignants exemplaires présentent les stratégies aux élèves principalement dans le contexte de la lecture, mais qu'il leur arrive d'isoler une stratégie tout en expliquant aux élèves à quoi elle leur servira plus tard (Langer, 2001). En somme, il faut user de flexibilité pour décider si l'on enseignera une stratégie au cours d'une lecture ou si l'on en fera une mini leçon en se servant d'un texte présélectionné, en accordant toutefois une plus grande part aux situations authentiques de lecture.

23.5.3 Enseigner les stratégies de façon intégrée

Le bon lecteur ne se limite pas à utiliser une seule stratégie pour lire un texte, mais en combine plusieurs, selon les objectifs qu'il poursuit. L'enseignement a donc avantage à miser sur l'intégration des stratégies pour respecter la démarche naturelle du lecteur. Quel assemblage de stratégies faut-il choisir ? Plusieurs études ont démontré que différents agencements conduisent à des résultats positifs pour ce qui est de la compréhension des élèves. En d'autres mots, l'enseignement des stratégies n'a pas à être uniforme dans toutes les classes pour donner de bons résultats (Davis, 2010). Il est préférable d'enseigner moins de stratégies, mais de le faire en profondeur et d'insister sur leur utilité. Ce qui est fondamental, ce n'est pas que les enseignants ont choisi les bonnes stratégies à enseigner, mais que les élèves, particulièrement les élèves à risque, se sont fait une idée claire de ce que veut dire être stratégique. Être stratégique signifie beaucoup plus que connaître les stratégies. Il faut savoir les combiner et les adapter à un plan global. Voilà pourquoi la liste fermée de stratégies n'est pas la solution : chacune d'elles peut être associée à d'autres de différentes façons. Le but n'est pas de créer des lecteurs qui sont capables de définir les stratégies, ni de remplir des pages d'exercice sur celles-ci. L'objectif est que les élèves soient actifs et se fassent une représentation cohérente du texte et, en cas d'échec, qu'ils aient recours à des stratégies pour mieux le comprendre.

23.6 La démarche d'enseignement

Que ce soit au cours d'une lecture ou d'une mini leçon, l'enseignement des stratégies repose essentiellement sur le fait que l'enseignant, en tant que lecteur efficace, dit à voix haute ce qui se passe dans sa tête au moment où il utilise une stratégie de lecture. Vous pouvez donc expliciter pour vos élèves la façon dont vous utilisez la stratégie que vous voulez enseigner. Par exemple, vous pouvez, devant un mot inconnu, dire aux élèves : « Je ne connais pas le sens exact de ce mot. Je pense qu'il veut dire… mais allons voir si le reste du texte peut nous éclairer sur sa signification. » Vous poursuivez la lecture et mentionnez au fur et à mesure les éléments qui viennent confirmer, préciser ou infirmer votre hypothèse. Ou encore vous pouvez dire : « Je ne suis pas certain de la séquence des événements de l'histoire. Je devrais peut-être essayer de me les représenter mentalement » ; « C'est une histoire compliquée. J'ai besoin de résumer ce qui s'y est passé jusqu'à présent avant de continuer. »

Avec les élèves en difficulté, il peut être nécessaire de clarifier la raison de votre explicitation. Avant de procéder, vous pouvez préciser : « Aujourd'hui, je vais lire à voix haute une partie d'un texte pour vous. En lisant, je vais m'arrêter de temps en temps pour vous dire comment je fais pour essayer de comprendre le texte. En particulier, je voudrais que vous écoutiez ce que je fais pour prévoir ce qui arrivera dans le texte (pour visualiser la scène ou clarifier ce qui n'est pas clair). » Cette précaution est importante, parce que des observations effectuées en classe ont révélé que les élèves en difficulté ne comprennent pas toujours l'objectif de l'explicitation de l'enseignant (Beers, 2003).

23.7 Une stratégie métacognitive : l'autorégulation de la compréhension

Apprendre à gérer sa compréhension est certainement au cœur des stratégies que doivent connaître les élèves. Ceux qui gèrent bien leur compréhension savent quand ils comprennent ce qu'ils lisent et quand ils ne le comprennent pas ; ils savent quelles stratégies utiliser pour résoudre leurs problèmes de compréhension. C'est ce qui fait souvent défaut aux lecteurs en difficulté. Ces derniers continuent souvent à lire longtemps après avoir perdu le fil du texte. Ils doivent apprendre à déterminer régulièrement s'ils ont compris ou non la partie du texte qu'ils viennent de lire et savoir comment réagir quand ils éprouvent un problème. « Le pilotage de la compréhension implique deux composantes : une composante évaluation qui consiste à prendre conscience que l'information qu'on est en train de lire n'est pas comprise, et une composante régulation qui consiste à mettre en œuvre des stratégies pour pallier ces ruptures dans la compréhension » (Golder et Gaonac'h, 2004, p. 149).

Les stratégies de gestion de la compréhension sont des stratégies métacognitives. La métacognition est définie comme la connaissance et le contrôle qu'une personne a sur ses stratégies cognitives. Une étude récente a révélé que les stratégies métacognitives ne sont pas très présentes dans les pratiques des enseignants (Martel et Lévesque, 2010). Pourtant, l'enseignement de ces stratégies est nécessaire : « [...] faire le point sur ce que l'on a compris et déceler ce que l'on ne comprend pas ne sont pas des attitudes spontanées. Il convient donc de guider les élèves en les sollicitant régulièrement pour cette réflexion » (Ministère de l'Éducation nationale, 2003, p. 11).

En somme, pour que les élèves acquièrent la capacité à gérer leur compréhension du texte, vous devez avoir en tête les deux composantes d'un bon comportement de gestion de la compréhension, à savoir : 1) détecter la perte de compréhension et évaluer l'importance du problème ; 2) choisir une stratégie susceptible d'aider à régler le problème et en vérifier l'efficacité.

23.7.1 Détecter la perte de compréhension

Il faut d'abord que les élèves apprennent à déterminer s'ils comprennent ou non. Essentiellement, il s'agit de les amener à réagir aux sonnettes d'alarme qui les avertissent qu'ils ont perdu le fil du texte. En effet, il est indispensable que les lecteurs constatent que quelque chose ne va pas avant de décider de recourir à une stratégie de dépannage. Comment savons-nous si nous comprenons ou non ? Nous avons plus ou moins consciemment recours à certains critères d'évaluation, que nous pouvons classer en quatre catégories : le lexique (vocabulaire), la cohérence interne du texte (logique des idées du texte), la cohérence externe du texte (lien entre le texte et la réalité) et la complétude de l'information. Les questions qui suivent aident les élèves à évaluer leur compréhension :

1. Est-ce que je comprends le sens de ce mot ?

2. Comment cette phrase va-t-elle avec les autres ? Est-ce que je comprends de qui ou de quoi on parle ? Est-ce que je fais le lien entre les idées ? Est-ce que les idées se contredisent ?

3. Y a-t-il des informations qui ne concordent pas avec ce que je sais déjà ?

4. Manque-t-il des informations dans le texte ?

Pour clarifier l'origine des pertes de compréhension, vous pouvez, dans un premier temps, simplifier le travail des élèves en regroupant les critères dans deux grandes catégories : « J'ai de la difficulté à comprendre le mot » et « J'ai de la difficulté à comprendre l'idée ». Certains élèves ne considèrent que le critère des mots pour évaluer leur compréhension. Ils pensent qu'ils ont compris le paragraphe parce qu'ils en ont compris tous les mots. Il est important de les amener à se rendre compte que les problèmes peuvent également concerner la compréhension des idées du texte, c'est-à-dire ce que l'auteur a voulu dire.

Il faut aussi que les élèves apprennent à évaluer la gravité de la perte de compréhension en fonction du but poursuivi au moment de la lecture. Le lecteur habile peut être conscient d'une certaine perte de compréhension et décider qu'il ne vaut pas la peine de s'engager dans la recherche d'une solution. Cela se produit souvent lorsque nous rencontrons un mot inconnu qui ne nous empêche toutefois pas de comprendre le sens du texte. En revanche, le sens précis d'un mot peut être indispensable dans un autre texte ; nous faisons alors la démarche nécessaire pour le trouver. Pour montrer aux élèves à évaluer la gravité des pertes de compréhension, la meilleure façon de procéder est de décrire à haute voix ce qui se passe dans votre tête quand vous avez à prendre ce genre de décision en cours de lecture. Discutez ensuite avec eux de leur propre évaluation d'un problème particulier.

23.7.2 Choisir la stratégie de récupération

Une fois la perte de compréhension détectée, le lecteur doit choisir, parmi les différents moyens qu'il connaît, ceux qui sont le plus susceptibles de l'aider à retrouver le sens du texte. Après avoir explicité à voix haute votre façon de résoudre un problème en cours de lecture, demandez aux élèves de nommer les stratégies que vous avez utilisées. Acceptez les formulations qu'ils proposent et écrivez-les au tableau. Révisez cette liste au fur et à mesure que des stratégies seront précisées ou ajoutées, jusqu'à ce que la classe soit satisfaite de sa banque de stratégies de base. L'encadré 23.1 propose une liste des stratégies de dépannage les plus courantes.

ENCADRÉ 23.1 | **La liste des stratégies de récupération du sens du texte**

Relire
Relis la partie difficile du texte, peut-être à voix haute. Si tu te sers de la relecture comme stratégie, ne relis pas tout le texte.

Continuer à lire, puis revenir en arrière
Parfois, relire ne permet pas de résoudre le problème. L'auteur n'a peut-être pas donné assez d'informations. Tu peux continuer ta lecture pour en trouver d'autres, puis revenir en arrière pour voir si tu as résolu ton problème.

Se redire ce qu'on vient de lire
Redis-toi dans tes mots ce que tu viens de lire pour vérifier si tu as compris ou non cette partie de texte.

Repenser au but de la lecture
Quand les textes sont assez longs, il peut nous arriver d'oublier notre objectif de lecture. Dans un tel cas, arrête-toi et demande-toi quel est ton but. Est-ce que tu dois trouver des informations particulières ? Répondre à une question précise ?

Se poser des questions
Pour t'aider à comprendre le texte, pendant ta lecture, pose-toi des questions du type « Pourquoi », « Comment », « Qui », « Quoi », « Quand » et « Où ».

Se faire une image mentale
L'image mentale peut t'aider à te faire un film dans la tête. Voir aide à comprendre.

Revenir au titre
Le titre donne des indications sur l'idée générale du texte. Reviens au titre en cas de besoin.

Regarder les graphiques
Les textes informatifs contiennent beaucoup d'informations graphiques, c'est-à-dire des images, des dessins, des tableaux, des tables ou des diagrammes. Examiner les graphiques t'aidera à mieux comprendre le texte.

Conclusion

L'objectif de l'enseignement des stratégies de lecture est de doter les élèves d'un répertoire d'outils qui faciliteront leur compréhension des textes. Même un bon lecteur peut être en difficulté devant un texte. La différence entre le bon lecteur et le lecteur en difficulté est que le bon lecteur peut s'en sortir parce qu'il possède des stratégies de compréhension qu'il peut employer de façon flexible et efficace.

Comprendre les textes narratifs plus longs

Les élèves ont commencé à lire des récits dès la 1re année du primaire, mais ils doivent maintenant aborder des textes plus longs et plus complexes. Il faut les amener à se familiariser avec différentes structures narratives, à mieux comprendre les motivations des personnages et à dégager le thème ou la morale d'une histoire. Dans ce chapitre, nous proposons des activités qui portent sur la structure narrative des récits et la compréhension des personnages.

24.1 Le texte narratif

Le texte narratif représente, par l'intermédiaire d'un narrateur, des actions, des événements ou des transformations qui se développent dans le temps. Le récit n'est pas seulement une suite chronologique, mais aussi un enchaînement causal. Le texte narratif est habituellement considéré comme plus facile à comprendre que le texte informatif, parce que son contenu est plus familier aux élèves et sa structure, plus près du langage oral. Cependant, bien que les textes narratifs puissent sembler plus accessibles, les élèves ne comprennent pas toujours les aspects plus subtils des histoires et ne décèlent pas toujours les motivations cachées des personnages ni la portée de l'histoire. De plus, au début du primaire, les élèves ont surtout lu des contes et des récits simples. À partir de la 3e année, ils doivent élargir leurs connaissances pour y inclure d'autres types de textes narratifs, comme les fables, les légendes, les romans et les biographies.

24.2 Le passage aux textes narratifs plus longs

Le passage des récits relativement simples aux romans plus longs demande un autre type d'enseignement. Joole (2006) propose un dispositif pour amener tous les élèves de la classe, y compris les élèves en difficulté et ceux qui n'aiment pas la lecture, à lire en entier une œuvre de fiction. Sa proposition repose sur le concept d'itinéraires de lecture différents. « Ces itinéraires différenciés permettent à chaque élève d'aller jusqu'au bout du livre, mais en ne lisant pas le même nombre de pages ou la même quantité de texte » (Joole, 2006, p. 30).

Pour différencier les itinéraires, l'enseignant peut résumer certains passages du livre ou les lire lui-même à haute voix aux lecteurs précaires. La démarche prend donc en compte trois paramètres : les passages lus par l'élève, les résumés lus par l'élève et les passages lus par l'enseignant.

> Il suffit donc de faire varier ces trois paramètres pour différencier la lecture longue. Des élèves au rythme de lecture plus lent que celui des autres liront plus de résumés et moins de pages du livre ; des élèves éprouvant des difficultés de lecture entendront davantage l'enseignant leur lire certains passages du roman. Tous les élèves liront donc en classe en même temps et arriveront à la fin du livre en un même nombre de séances (Joole, 2006, p. 31).

La lecture d'une œuvre en classe doit s'effectuer en une période d'environ deux semaines. Une période plus longue peut provoquer le désintérêt des élèves. Les interventions sur le texte narratif se font essentiellement autour de deux axes : celui de la structure du récit et celui des personnages.

24.3 La structure du récit

Le récit peut se présenter sous une forme simple (ou canonique) qui décrit, dans l'ordre, les événements. Cependant, chacun de ces éléments peut faire l'objet de modifications qui rendent le récit à la fois plus complexe et plus intéressant. Après avoir décrit la structure canonique du récit, nous en présentons les variations possibles.

24.3.1 La structure canonique

Dans la civilisation occidentale, les récits sont construits selon le même modèle ou le même schéma : ils gravitent tous autour d'un personnage qui fait face à un problème qu'il veut résoudre ou qui poursuit un but qu'il veut atteindre. La structure du récit varie selon les cultures, par exemple un récit issu de la culture orientale ne sera pas axé sur le rôle du héros. Les récits que vos élèves liront comportent habituellement les cinq éléments suivants :

1. La situation de départ, ou situation initiale, qui correspond à la condition, habituellement stable, dans laquelle se trouvent les personnages avant de faire face à une crise. Ceux-ci sont décrits et situés dans le temps et l'espace. Dans les contes, la situation initiale est souvent amenée par la formule « Il était une fois... » ;

2. L'élément déclencheur, qui correspond à l'événement qui vient bouleverser la stabilité de départ. Un problème ou une difficulté apparaît qui engendre une crise et pousse le personnage principal à agir. L'élément déclencheur est souvent amené par un adverbe (soudain, brusquement, etc.) ou un indicateur de temps (ce jour-là, un jour, etc.);

3. Les péripéties, qui correspondent aux efforts et aux actions du personnage principal en vue de résoudre le problème et de trouver un nouvel équilibre. Le héros avance vers la résolution de la crise en rencontrant divers obstacles;

4. Le dénouement, qui correspond au résultat, heureux ou malheureux, des actions du personnage principal en vue de résoudre le problème. Le personnage est sorti de la crise et le problème est résolu;

5. La situation finale, qui montre le personnage dans le nouvel ordre des choses. L'histoire est terminée. Une nouvelle situation stable a été créée, différente de la situation initiale. C'est ce qu'indiquent les phrases comme: «Ils se marièrent et eurent beaucoup d'enfants» ou «Et depuis ce temps, tous les rhinocéros ont la peau qui plisse.» Le récit se termine aussi parfois par une morale explicitement formulée.

Pour mieux cerner les différentes composantes du récit, examinez l'analyse présentée dans le tableau 24.1. Vous y remarquerez que cette histoire ne contient qu'un épisode. Cependant, bon nombre d'histoires comportent plusieurs épisodes

TABLEAU 24.1 L'analyse à l'aide du schéma du récit

Composante du schéma du récit	Répartition du récit selon les composantes
La situation de départ	Un vieillard avait trois petits-fils*. C'étaient des jeunes gens qui ne s'entendaient pas. Ils se querellaient souvent. Leur grand-père s'attristait de leur désaccord.
L'élément déclencheur	Un jour, il leur dit: «Voyez ces trois bâtons attachés ensemble par une corde solide. Je parie que vous ne pourrez pas les casser.»
Les péripéties	Les petits-fils se mettent à rire: «Voyons, grand-père, tu te moques de nous. Tu sais bien que nous sommes les plus forts du village. – Eh bien! essayez!» L'un après l'autre, ils prennent les bâtons. Ils essaient de les casser, grâce à la force de leurs poignets. Les bâtons résistent. Alors ils les plient sur leurs genoux. Ils se fatiguent inutilement. Ils ne réussissent pas à les briser.
Le dénouement	Le vieillard rit à son tour. Il leur dit: «Vous êtes beaucoup plus forts que moi. Moi, je suis affaibli par l'âge. Eh bien! je vais briser ces bâtons. – Ce n'est pas possible! – Voyez!» Le vieillard dénoue la corde et casse facilement les bâtons l'un après l'autre. Puis il dit à ses petits-fils: «Comme ces bâtons, si vous vous séparez, vos ennemis vous briseront. Si vous restez unis, personne ne pourra vous vaincre.»
La situation finale	Les jeunes gens comprennent la leçon. Désormais, ils ne se disputent plus. Ils restent en bon accord et tout le monde les respecte.

* Adaptation de la fable *Le vieillard et ses enfants* de Jean de la Fontaine.

qui mènent au dénouement de l'intrigue. Dans ces récits, à chaque épisode correspond une action du personnage pour résoudre le problème, ainsi que le résultat de cette action. L'histoire bien connue de *Boucle d'or et les trois ours* est un exemple de récit comportant plusieurs épisodes.

Il est pertinent de sensibiliser les élèves au schéma du récit, mais il faut bien comprendre que cette sensibilisation ne consiste pas à leur demander de classer systématiquement les parties du récit. Il faut plutôt les rendre conscients du fait que leur connaissance du schéma du récit permet de mieux comprendre les histoires et en facilite la rédaction.

24.3.2 Les structures plus complexes

Les élèves apprennent graduellement à percevoir les différences dans la façon dont les auteurs s'y prennent pour agencer les composantes des récits. Ce sont ces variations qui font que les récits sont plus ou moins complexes. Les élèves apprennent également à porter attention à la séquence des événements, à l'intrigue, au point de vue et au thème de l'histoire.

■ La séquence des événements

La plupart des récits suivent un ordre chronologique. L'auteur présente d'abord la situation initiale, puis le problème, les tentatives de résolution et la résolution. Mais, dans les récits plus complexes, cet ordre est bouleversé et les élèves doivent apprendre à en tenir compte pour arriver à saisir le sens de l'histoire. Par exemple, dans certains récits, l'ordre chronologique est interrompu par des retours en arrière. D'autres récits présentent des structures par emboîtement constituées d'une histoire dans l'histoire. D'autres encore proposent des récits parallèles. Enfin, certains présentent une structure cumulative dans laquelle les événements s'additionnent jusqu'au dénouement.

■ L'intrigue

L'intrigue réside dans l'enchaînement des faits, des événements et des actions formant la trame du récit. Elle est construite autour d'un conflit que le personnage doit résoudre et qui peut être de quatre ordres :

- Un conflit avec lui-même ;
- Un conflit avec un autre personnage ;
- Un conflit avec la société ;
- Un conflit avec la nature.

Les élèves découvrent que, dans le même récit, les personnages peuvent vivre des conflits différents. Le type de dénouement de l'histoire fait également partie de l'intrigue. On distingue les histoires fermées et les histoires ouvertes. Dans le premier cas, à la fin du récit, les lecteurs savent que l'histoire est terminée et qu'une nouvelle situation a été créée, laquelle se perpétuera. Dans le second, ils doivent tirer leurs propres conclusions sur la fin de l'histoire. En plus des fins ouvertes et fermées, on trouve aussi des histoires qui ont une fin inattendue.

■ Le point de vue

L'auteur adopte un point de vue sur le monde imaginaire qu'il construit et ce point de vue détermine la façon dont il raconte l'histoire. De façon générale, on peut distinguer deux catégories de points de vue : celui à la première personne et celui à la troisième personne. L'auteur peut décider de raconter l'histoire en utilisant le « je ». Ainsi, le lecteur vit l'histoire telle que la raconte le narrateur. L'histoire peut également être racontée à la troisième personne. Dans ce cas, trois situations sont possibles :

- Le narrateur est omniscient : il sait tout, voit tout et a accès aux pensées de tous les personnages ;
- Le narrateur raconte l'histoire de façon objective à partir des apparences. Le lecteur apprend ce qui est visible et audible, mais n'a pas accès aux pensées des personnages ;
- Le narrateur adopte le point de vue d'un personnage pour décrire la réalité.

Les élèves découvrent également qu'il existe plusieurs points de vue possibles dans le même récit et que la même histoire peut être racontée par plusieurs voix.

■ Le thème

Le thème est l'idée centrale qui unit l'intrigue et les personnages en un tout significatif. Il est souvent associé au message de l'auteur ou à la morale de l'histoire. Dans les récits simples, le thème peut être relativement explicite, mais, en général, il est difficile à comprendre pour les élèves. Même lorsque la morale est exprimée clairement, comme dans les fables, certains élèves s'attardent aux actions des personnages sans comprendre la véritable portée du récit. Ils doivent apprendre à se demander : « De quoi parle réellement l'histoire ? »

24.4   Le personnage

Le personnage est l'élément clé du récit : il n'y a pas de récit sans personnage. C'est lui qui, par ses actions, relie les situations et leur donne un sens. En classe, il est important d'établir un équilibre entre le travail sur la structure du récit et celui sur le personnage. De plus, le fait de se pencher sur le personnage facilite le passage à l'écriture. En effet, les élèves sensibilisés à cette composante créent des personnages plus cohérents et plus complexes que s'ils se concentraient uniquement sur la structure du récit.

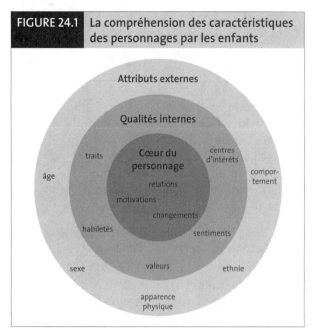

FIGURE 24.1 La compréhension des caractéristiques des personnages par les enfants

Attributs externes

Qualités internes

Cœur du personnage

traits
âge
centres d'intérêts
comportement
relations
motivations
changements
habiletés
sentiments
sexe
valeurs
ethnie
apparence physique

Traduction libre d'une figure tirée de Roser, N., Martinez, M., Fuhrken, C., et K. McDonnold. (2007). Characters as guides to meaning. *The Reading Teacher*, 60(6), p. 551.

24.4.1 L'évolution de la compréhension du personnage

Le personnage peut être décrit au moyen de ses aspects physiques ou de ses aspects psychologiques. Dans leur description du personnage, les élèves du primaire évoluent graduellement des aspects extérieurs vers les aspects intérieurs. Les jeunes lecteurs de 1re et 2e année, lorsqu'ils parlent d'un personnage, s'attardent surtout à son aspect physique, c'est-à-dire à son âge, à son allure et à la couleur de sa peau, mais plus rarement à ses qualités. Les lecteurs plus âgés sont plus enclins à parler des qualités et des sentiments d'un personnage que de ses caractéristiques physiques. Plusieurs auteurs ont constaté cette évolution dans la compréhension du personnage (Graves, 2005 ; Hancok, 2005). La figure 24.1 illustre les différents aspects que les élèves prennent en considération lorsqu'ils décrivent les personnages.

Même si la compréhension des personnages des élèves évolue, passant des caractéristiques visibles aux attributs moins visibles, cette logique n'est toutefois pas immuable. Même de jeunes élèves peuvent s'intéresser aux motivations des personnages s'ils sont placés dans une situation qui les incite à le faire. De plus, il existe des différences individuelles dans ce cheminement (Martinez et Roser, 2005). Cependant, l'évolution de la compréhension des personnages reste assez prévisible au primaire.

24.4.2 Les activités sur la compréhension du personnage

Certaines activités peuvent aider les élèves à mieux comprendre les personnages. Elles consistent essentiellement à attirer leur attention sur l'ensemble des caractéristiques qui distinguent un personnage d'un autre et à voir le personnage dans sa globalité.

■ Le portrait du personnage

Dans les récits, les caractéristiques des personnages et les relations qu'ils entretiennent les uns avec les autres ne sont pas toujours explicites. Les lecteurs doivent inférer ces caractéristiques à l'aide des indices que leur fournit le texte. Il est donc nécessaire d'enseigner aux élèves à se servir des éléments du texte pour mieux cerner les caractéristiques des personnages d'un récit. À cette fin, expliquez-leur d'abord la façon dont vous utilisez certains indices pour vous faire une idée plus précise d'un personnage, comme :

- les faits mentionnés par l'auteur au sujet du personnage ;

- les comportements du personnage ;

- les conversations du personnage (les dialogues) ;

- ses pensées (son journal intime, des lettres, des descriptions faites par l'auteur, les commentaires du personnage).

FIGURE 24.2 Le portrait du personnage

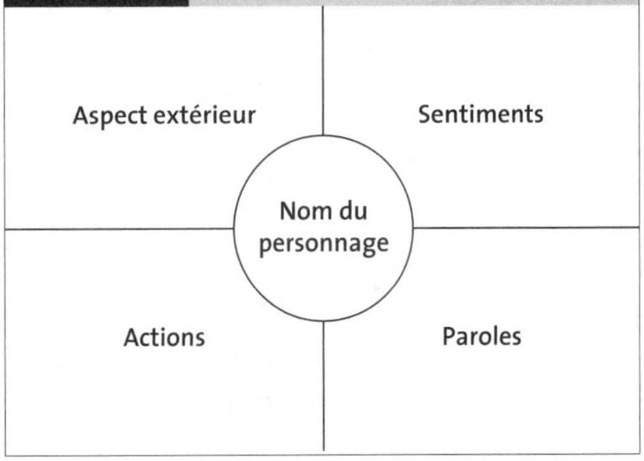

Invitez ensuite les élèves à choisir un personnage et à établir une fiche résumant ses caractéristiques (*voir la figure 24.2*). Profitez de l'occasion pour leur rappeler qu'ils peuvent recourir à ce genre d'esquisse pour planifier la façon dont ils présenteront les personnages d'un récit qu'ils écriront.

■ La rencontre des personnages

Demandez aux élèves de dessiner un personnage de leur choix et d'établir sa fiche d'identité : son nom, son âge, le lieu où il vit, ses caractéristiques, etc. Les élèves forment des équipes de quatre ; chaque élève épingle sur lui le dessin qu'il a fait de son personnage. Les élèves parlent de leur personnage en s'exprimant à la première personne. Les autres membres du groupe peuvent poser des questions pour obtenir des précisions sur le personnage et son histoire. Une variante de cette activité pourrait être que les personnages répondent à la question suivante : « Pensez-vous que votre problème est pire que celui des autres personnages ? Pourquoi ? »

■ L'interview

Un élève tient le rôle d'intervieweur et quelques élèves incarnent des personnages ; chacun peut s'habiller comme le personnage qu'il représente. L'intervieweur pose des questions telles que :

- Quelle est votre plus belle qualité ?

- Quel est votre plus grave défaut ?

- Si vous pouviez réaliser un souhait, quel serait-il ?

Pour répondre aux questions, les élèves doivent se représenter leur personnage dans toute sa complexité, en tenant compte de son passé, de son présent, de son avenir, de sa famille et de ses rêves.

24.4.3 Les activités sur les relations entre les personnages

Les personnages des récits entretiennent des relations les uns avec les autres : ils se définissent par opposition ou par ressemblance par rapport aux autres personnages. Comprendre ces relations est essentiel pour saisir les ramifications du récit. En classe, les activités portent sur les relations existant entre deux personnages ou entre plusieurs personnages de l'histoire.

■ Les profils

Pour amener les élèves à comparer deux personnages, l'activité des profils est un bon point de départ. Elle consiste à comparer deux personnages en indiquant dans un graphique du type Venn ce qui les distingue et ce qui leur est commun (*voir la figure 24.3*). Par exemple, dans une histoire, Pierre est timide et Rémi est fantasque, mais tous les deux sont généreux : les caractéristiques de chacun seront écrites dans les profils respectifs et les caractéristiques communes, à l'intersection des deux profils.

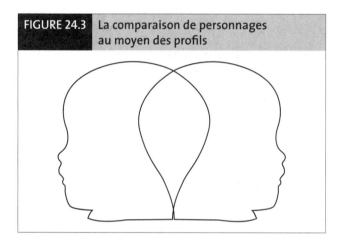

FIGURE 24.3 La comparaison de personnages au moyen des profils

■ Les échelles

Les échelles d'évaluation permettent aux élèves d'exprimer de façon nuancée leur compréhension des caractéristiques des personnages de l'histoire. Ils doivent situer les personnages sur l'échelle en évaluant leurs comportements (*voir la figure 24.4*). Cette stratégie

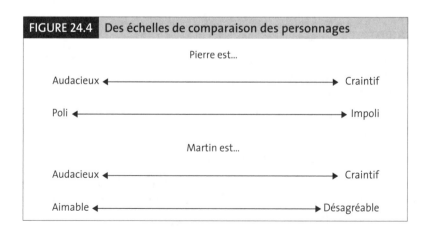

FIGURE 24.4 Des échelles de comparaison des personnages

Pierre est...

Audacieux ⟷ Craintif

Poli ⟷ Impoli

Martin est...

Audacieux ⟷ Craintif

Aimable ⟷ Désagréable

les oblige à réfléchir sur les personnages en se demandant jusqu'à quel point ceux-ci possèdent telles qualités ou tels défauts. Le fait de travailler en équipe pour élaborer les échelles suscitera des discussions animées chez les élèves (Beers, 2003).

■ Les cartes

Lorsque le nombre de personnages est important, il peut être pertinent de créer des schémas qui permettent de préciser les relations existant entre eux (*voir la figure 24.5*). On procède alors de la façon suivante :

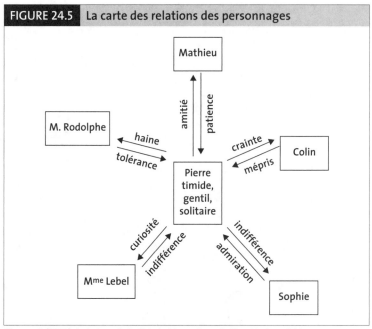

FIGURE 24.5 La carte des relations des personnages

Giasson, J. (2003). *La lecture. De la théorie à la pratique.* Gaëtan Morin, p. 294.

- Demandez aux élèves de nommer les caractéristiques du personnage principal et écrivez-les au centre du tableau ;
- Demandez-leur ensuite quels sont les autres personnages et écrivez leurs noms autour de celui du personnage principal, en laissant suffisamment d'espace pour noter d'autres informations ;
- Demandez-leur quels sont les sentiments du personnage principal envers les personnages secondaires et écrivez-les sur les flèches qui partent du personnage principal et vont vers chacun des personnages secondaires ;
- Demandez-leur quels sentiments éprouvent les personnages secondaires envers le personnage principal et écrivez-les sur les flèches qui partent des personnages secondaires et vont vers le centre.

Conclusion

La compréhension du récit se développe tôt chez l'enfant, mais elle continue d'évoluer tout le long du primaire. Les élèves de la 3e à la 6e année apprennent à reconnaître différents types de textes narratifs, abordent des structures du récit plus complexes et comprennent mieux les motivations des personnages. Les interventions effectuées en classe portent en grande partie sur la capacité des élèves à lire des récits plus longs et des œuvres entières.

Les textes littéraires : y réagir et les apprécier

Faire découvrir aux élèves le plaisir des livres est un objectif important de tout programme de lecture. Ce sont les textes littéraires, et non les textes courants, qui permettent de vivre cette expérience si précieuse où l'on est complètement captivé par un texte et où l'on goûte le plaisir de lire. La pédagogie des textes littéraires exige de la part de l'enseignant des interventions diversifiées. En plus de favoriser la compréhension du texte (*voir le chapitre 24*), il doit amener les élèves à réagir aux textes littéraires et à affiner leur capacité de les apprécier. Dans ce chapitre, nous abordons le rôle des textes littéraires, puis nous présentons un éventail d'activités à faire en classe autour de la réaction aux textes littéraires et de leur appréciation.

25.1   Le rôle des textes littéraires

Pourquoi des écrivains consacrent-ils leur vie à écrire des romans ? Pourquoi passons-nous des heures à lire ces textes ? Votre réaction spontanée sera peut-être de répondre : « Nous lisons pour nous détendre, pour nous évader. » Nous faire vivre une expérience agréable est certes un aspect non négligeable de la lecture. Mais si nous nous arrêtons à la question, nous constatons immanquablement qu'au-delà du plaisir nous lisons pour donner un sens à notre univers, pour comprendre la vie et le monde qui nous entoure, pour nous comprendre nous-mêmes. Pourquoi les textes littéraires ont-ils ce pouvoir ? La littérature est un art qui fait appel à l'intégralité de l'expérience humaine ; elle transcende les divisions artificielles de la connaissance et montre la vie dans sa totalité, dans sa complexité. Cette ouverture invite à voir les choses au-delà de ce qu'elles sont. Ni la philosophie, ni la psychologie, ni les sciences humaines ne peuvent fournir cette connaissance particulière sur l'existence qu'apporte le texte littéraire. La littérature permet au lecteur de s'engager, par personnages interposés, dans des expériences qu'il n'aurait autrement pas vécues, de voir le monde sous un angle qui lui aurait autrement échappé. La lecture est donc un moyen de comprendre l'expérience humaine, de définir ce que nous sommes et ce que nous pourrions être, de considérer des nouvelles possibilités et d'envisager des voies inédites. La littérature sert non seulement à informer sur la vie, mais aussi à transformer la vie. Toutes ces raisons justifient que les textes littéraires occupent une place importante dans toutes les classes du primaire.

25.2 L'importance de la diversité et de la qualité des textes

Les élèves ont besoin d'être en contact avec des textes variés pour apprendre à apprécier la littérature. Chaque type de texte apporte une contribution qui lui est propre. Par exemple, les contes sont intéressants parce qu'ils favorisent la compréhension de ce qu'est l'intrigue. Les histoires réalistes permettent aux élèves de s'identifier aux personnages. Les récits fantastiques contribuent à maintenir l'imagination en éveil et les histoires amusantes développent le sens de l'humour. En plus de la diversité des textes à présenter aux élèves, il faut s'assurer de leur qualité. On doit proposer des livres dont le thème est pertinent et les intrigues, captivantes, mais qui présentent aussi des personnages possédant une certaine consistance. On peut difficilement faire aimer la lecture aux élèves si on ne leur propose pas de bons livres.

25.3 Réagir aux textes littéraires

Un aspect essentiel de la lecture de textes littéraires réside sans contredit dans l'expérience esthétique particulière à ce type de textes et dans la réaction personnelle du lecteur. Lorsqu'un lecteur réagit au texte, il s'identifie au héros, exprime ses sentiments sur les événements et établit des liens avec son expérience personnelle. Il ne sert à rien de lire un texte littéraire si l'on ne se met pas d'entrée de jeu dans une disposition qui nous permet de vivre une expérience « subjective ».

Pour planifier vos interventions, pensez à vos propres comportements en tant que lecteur. Que faites-vous après avoir lu un roman ? Prenez quelques secondes pour penser à votre comportement le plus fréquent. Il y a de fortes chances pour que votre réponse se rapproche des réactions suivantes : y réfléchir, en parler, le prêter, le relire, le recommander à un ami, lire un autre livre du même auteur ou d'autres livres du même genre. Les réponses peuvent varier, mais aucune n'est : « Répondre à 10 questions de compréhension. » Pourtant, n'avons-nous pas tendance à poser des questions aux élèves pour vérifier s'ils ont vraiment lu le livre ? Quand un enfant nous dit qu'il a vu un film, la première question que nous lui posons est : « As-tu aimé le film ? » Pourquoi ne pas faire la même chose dans le cas d'un livre ?

Nous présentons ci-dessous un ensemble d'activités qui visent à inciter les élèves à réagir aux textes. Les élèves peuvent exprimer leurs réactions de diverses manières :

lors de discussions de groupe, au moyen de l'écriture, du dessin et d'une combinaison de ces moyens.

25.3.1 Les discussions de groupe

Les discussions qui incitent les élèves à réagir aux textes se tiennent habituellement après la lecture plutôt que durant celle-ci. Les questions proposées dans l'encadré 25.1 peuvent vous servir à lancer la discussion. Il ne s'agit nullement de poser toutes ces questions aux élèves, mais de choisir celles qui conviennent au livre qui fait l'objet de la discussion. Soulignons qu'il est habituellement plus facile pour les filles de répondre à la question : « Comment te serais-tu sentie à la place du personnage ? », alors qu'il est plus facile pour les garçons de répondre à la question : « Qu'aurais-tu fait à la place du personnage ? »

ENCADRÉ 25.1	Les questions de nature à susciter des réactions aux textes

Prendre conscience des sentiments que suscitent les personnages et les événements d'un récit
- Quelle est votre première réaction au texte ?
- Quelles émotions avez-vous ressenties en entendant (ou en lisant) ce texte ?
- Quelles images ce texte a-t-il suscitées chez vous ?
- Comment imaginez-vous tel personnage, tel lieu, tel événement ?
- Quel est votre personnage préféré ? Pourquoi ?
- Quel personnage avez-vous le moins aimé ? Pourquoi ?
- Y a-t-il des personnages du livre que vous aimeriez avoir pour ami ?

Établir des liens entre l'univers créé par l'auteur et le sien
- Y a-t-il quelque chose dans ce livre qui vous rappelle vos propres expériences ?
- Avez-vous déjà expérimenté ce que vivent les personnages de cette histoire ?
- Ressemblez-vous à l'un de ces personnages ? Lequel ?
- Partagez-vous les sentiments de l'un d'entre eux ? Comment ?
- Si vous pouviez être l'un des personnages de cette histoire, lequel seriez-vous ? Pourquoi ?
- Ce personnage vous rappelle-t-il quelqu'un que vous connaissez ? De quelle façon ?

S'identifier au personnage
- Comment ce personnage se sent-il durant (nommer un événement) ?
- Comment vous seriez-vous senti à la place de ce personnage ?
- Qu'auriez-vous fait si vous aviez été à sa place ?

N'hésitez pas à faire part à vos élèves de vos propres réactions au texte. Pour qu'ils en viennent à réagir, il faut que vous donniez vous-même l'exemple. De plus, si vous demandez à vos élèves de réagir au texte sans leur faire connaître vos propres impressions, ils considéreront qu'il s'agit non d'une situation de discussion, mais d'une situation d'évaluation. Si, par contre, vous vous engagez dans la discussion en exprimant les réactions que vous inspire le texte, votre participation contribuera à leur faire sentir que le groupe forme une communauté.

25.3.2 La lecture du sous-texte

L'activité de lecture du sous-texte a pour objectif d'aider les élèves à se mettre à la place de différents personnages de l'histoire. Dans cette activité, les élèves jouent les personnages en exprimant à haute voix leur interprétation de ce que ceux-ci pensent et ressentent. Pour ce faire, ils se servent des indices visuels tirés des illustrations et de l'information du texte (Clyde, 2003).

Cette activité se déroule de la façon suivante :

- Expliquez aux élèves qu'ils joueront à imaginer ce qu'un personnage pense et ressent, en dehors de ce qui est écrit dans le texte. C'est ce qu'on appelle « sous-texte » ;

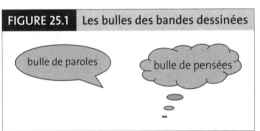

FIGURE 25.1 Les bulles des bandes dessinées

bulle de paroles

bulle de pensées

- Faites le lien avec ce que les élèves connaissent de la bande dessinée. Dans celle-ci, les bulles qui rapportent les paroles des personnages sont différentes de celles qui révèlent leurs pensées (*voir la figure 25.1*) ;

- Insistez pour que les élèves comprennent que, lorsqu'on joue le sous-texte, on « devient » le personnage. Par exemple, on ne dit pas : « Je pense qu'Alexandre se dit… », mais on parle plutôt comme si l'on était le personnage ;

- Modelez la stratégie en vous servant d'un texte. Lisez le texte et décrivez les parties importantes de l'illustration. Donnez des exemples de sous-texte à partir d'indices tirés de l'histoire et des illustrations ;

- Faites ensuite la lecture d'un autre texte, tout en montrant les illustrations aux élèves, puis demandez-leur ce que le personnage pourrait penser ou ressentir ;

- Lorsque le fonctionnement de la technique est bien compris, choisissez deux ou trois élèves, selon le nombre de personnages de l'illustration d'une page. Remettez à chacun une fiche sur laquelle est écrit le nom de l'un des personnages. Après la lecture de la partie du texte en lien avec l'illustration, les élèves choisis vont devant la classe. Ils montrent leur fiche aux autres élèves pour qu'ils sachent de quel personnage il s'agit et font part, à tour de rôle, du sous-texte de leur personnage.

25.3.3 Le journal dialogué

Le journal dialogué est une conversation qui s'établit par écrit entre deux élèves autour d'un roman, sur une base régulière, soit chaque jour ou, au minimum, chaque semaine. L'objectif de cette activité est de permettre aux élèves de réagir par écrit à chacun des chapitres d'un roman et, en même temps, d'exprimer leur avis sur les réactions de leur partenaire. La démarche du journal dialogué comprend les étapes suivantes :

- Les élèves se rendent à la bibliothèque et choisissent un roman à deux. Si la bibliothèque ne possède pas deux exemplaires du livre, l'un des deux élèves peut se le procurer à la bibliothèque municipale. Certains élèves préfèrent cependant partager le même livre ;

- Au cours de la première période de travail en commun, les élèves conçoivent la couverture de leur journal. Cette rencontre permet aux deux élèves de mieux se connaître avant de commencer à échanger par écrit. Pendant cette période, ils décident qui commencera à écrire et à quel moment ils échangeront leur journal ;

- Pendant la semaine, l'élève qui a le journal en main écrit un commentaire sur le premier chapitre du roman, puis remet le journal à son partenaire. Celui-ci réagit à ce commentaire et écrit ses réactions sur le deuxième chapitre avant de remettre le journal à son partenaire. L'échange se poursuit ainsi jusqu'à la fin du livre.

On peut remettre aux élèves une liste de suggestions pour démarrer les entrées dans le journal dialogué (*voir l'encadré 25.2*).

ENCADRÉ 25.2   **Des suggestions pour le journal dialogué**

- Je pense que _____
- À mon avis, _____
- Cela (identifier l'événement) me fait penser à _____
- Je suis d'accord (pas d'accord) avec _____
- Je prévois que _____
- Je me sens (triste/heureux/désappointé) _____
- Je remarque que _____
- Je me demande si _____
- Si _____, alors _____
- J'ai de la difficulté à croire que _____
- J'ai remarqué que _____
- J'espère que _____

25.3.4 La réaction en couleurs

Après avoir lu une histoire et en avoir discuté avec les élèves, vous pouvez leur suggérer de poursuivre la discussion au moyen du dessin. Demandez-leur de nommer un sentiment qu'ils ont ressenti durant la lecture, comme la solitude, la tristesse, la peur ou la joie. Procédez ensuite à un remue-méninges sur les couleurs que leur suggère ce sentiment. Par exemple, un élève peut dire que le texte évoque la solitude, que représente le noir pour lui, «parce que le noir est une couleur froide comme la solitude». Demandez également aux élèves comment ils pourraient illustrer ce sentiment au moyen de lignes abstraites. Un élève peut dire que la forme qu'il choisirait pour illustrer la solitude serait un demi-cercle avec une ligne droite en dessous, comme un coucher de soleil, «parce qu'on peut se sentir seul le soir». Lorsque les élèves ont compris l'objectif et la démarche de l'activité, chacun illustre le sentiment qu'il a choisi et écrit une phrase qui décrit son dessin. Les élèves se réunissent ensuite dans le coin lecture pour partager leur dessin.

25.4   Le cercle de lecture

La formule pédagogique du cercle de lecture consiste essentiellement à regrouper des élèves qui discutent les uns avec les autres d'un livre qu'ils sont en train de lire. Toutes les activités dans lesquelles les élèves discutent en sous-groupe ne méritent pas d'être appelées «cercle de lecture». Dans les cercles de lecture, le texte et les sujets de discussion sont choisis par les élèves, les groupes se rencontrent selon un horaire prévisible et régulier, les réactions écrites ou dessinées servent de guide à la discussion et, enfin, celle-ci est aussi naturelle que le serait une conversation.

25.4.1 La formation des sous-groupes

Pour amorcer cette activité, il s'agit de former des équipes de quatre ou cinq élèves qui lisent le même livre. Il faut cependant veiller à ce que les groupes soient hétérogènes et que les élèves faibles soient répartis parmi les différents sous-groupes. Parce que les regroupements ne sont pas déterminés d'après les affinités des élèves mais bien d'après le choix du livre, ils donnent l'occasion à des élèves qui se connaissent moins de communiquer les uns avec les autres. Pour faciliter la cohésion des sous-groupes, on peut suggérer aux élèves de remplir une fiche en y notant quelques renseignements à leur sujet, tels leur émission de télévision préférée, leur groupe de musique favori ou ce qu'ils aiment faire durant leurs temps libres, puis de présenter leur fiche aux autres membres du sous-groupe afin de trouver les points qu'ils ont en commun (Daniels et Steineke, 2004).

25.4.2 La démarche

Les activités durent de deux à trois semaines et se divisent de la façon suivante : la période de lecture, la période d'écriture et la période de discussion. Ces trois étapes se répètent de façon cyclique jusqu'à la fin de la lecture du roman.

La période de lecture

En règle générale, on alloue de 15 à 20 minutes à la période de lecture. Tous les élèves lisent individuellement et n'ont pas besoin de se regrouper à cette étape. Par contre, ceux qui éprouvent plus de difficulté en lecture peuvent lire avec un camarade ou même bénéficier de l'aide de l'enseignant. On comptera habituellement de 6 à 10 périodes de lecture, en tenant compte du fait que les élèves liront un ou deux chapitres par période, selon leur longueur. Il est important que tous les sous-groupes arrivent au dernier chapitre en même temps. Il n'est pas interdit aux élèves de poursuivre la lecture de leur livre entre les périodes de lecture en classe, mais ils doivent accepter que la discussion ne porte que sur les chapitres désignés.

La période d'écriture

En vue de la discussion, les élèves notent leurs réactions dans un carnet prévu à cet effet. Ce carnet peut comporter des pages sur lesquelles on trouve une partie lignée, servant à écrire des commentaires, des questions et des jugements, ainsi qu'une partie non lignée, réservée aux dessins. Il est utile de présenter une liste de pistes de réflexion ou de questions, au début ou à la fin du carnet. L'enseignant peut également afficher des suggestions au tableau de la classe. Les élèves s'y reportent pour noter leurs commentaires et leurs impressions après la lecture d'un chapitre. Par exemple :

- Quel est ton personnage préféré ? Pourquoi ?
- Quel personnage as-tu le moins aimé ? Pourquoi ?
- Parle des personnages et de leurs qualités.
- Décris le problème d'un personnage et prédis comment il le réglera.
- Ressembles-tu à l'un des personnages de l'histoire ? Lequel ?
- Si tu pouvais être l'un des personnages de l'histoire, lequel serais-tu ? Pourquoi ?
- Partages-tu les sentiments de l'un des personnages ? Explique-toi.
- Y a-t-il quelque chose dans ce livre qui te rappelle tes propres expériences ?
- Selon toi, pourquoi l'auteur a-t-il écrit ce livre ?
- Écris une question que tu aimerais poser à l'auteur.

On peut laisser le choix aux élèves d'écrire leurs réactions dans un carnet ou sur des notes autocollantes, qu'ils placeront sur la partie du texte associée à leur commentaire.

La période de discussion

Les membres du cercle de lecture se rencontrent après la lecture de chacun des chapitres du roman. Il y a donc un va-et-vient entre la lecture et la discussion. Celle-ci dure environ 20 minutes et se fait à l'aide des carnets personnels. Les équipes peuvent agir avec ou sans responsable qui anime la discussion ; s'il y en a un, les élèves assument cette fonction à tour de rôle.

25.4.3 Le rôle de l'enseignant dans les cercles de lecture

Il ne faut pas penser qu'il suffit d'organiser les cercles de lecture pour que l'apprentissage se fasse automatiquement : vous avez un rôle important à jouer. La façon dont vous orientez les groupes influence le type de participation des élèves aux discussions. Par exemple, si vos suggestions sont du type « Parle de ton livre dans ton carnet », les élèves feront surtout des résumés. Cependant, si vos suggestions portent sur les réactions du type « De quelle partie du livre aimerais-tu parler avec ton groupe ? », leurs réponses seront davantage empreintes de réflexion (Maloch, 2002). Vous pouvez participer à certaines rencontres des cercles, surtout au début, mais votre rôle est essentiellement d'aider les élèves à mener des discussions fructueuses en intervenant auprès de toute la classe, avant ou après les rencontres des élèves avec leur sous-groupe.

25.5   Apprécier les textes littéraires

Imaginons un lecteur qui a lu une histoire, qui en a bien compris l'intrigue et qui a réagi de façon affective aux personnages et aux événements. Peut-il aller plus loin ? Oui. Il peut apprécier le texte, c'est-à-dire se faire une opinion sur celui-ci, formuler des commentaires critiques et esthétiques ou comparer ce texte à une autre œuvre littéraire. L'appréciation des textes littéraires n'est pas fondée sur le seul plaisir de lire ; elle repose également sur la connaissance des procédés littéraires auxquels recourt l'auteur. Le réel plaisir de lire survient lorsque le lecteur est capable d'apprécier l'art de l'auteur et lorsqu'il est sensible aux procédés littéraires utilisés. L'appréciation des textes dépend aussi de la capacité du lecteur à établir des liens entre les différentes œuvres, ce qui exige, il va de soi, de connaître un éventail de textes de différents auteurs. Nous précisons ci-dessous les deux composantes de l'appréciation des textes littéraires : reconnaître l'art de l'auteur et tisser des liens entre les livres (intertextualité).

25.5.1 Reconnaître l'art de l'auteur et de l'illustrateur

Les élèves sont peu sensibles aux différentes dimensions de l'art de l'auteur, à moins de recevoir un enseignement à cet effet. Il appartient à l'enseignant d'attirer leur attention sur les éléments littéraires qui fondent l'appréciation du texte. Soulignons que le fait d'apprécier un texte n'est pas synonyme d'analyser un texte ; la connaissance des éléments littéraires n'est pas une fin en soi, mais bien un outil grâce auquel il est possible d'apprécier des écrits.

Il est important que les élèves apprennent graduellement à reconnaître les moyens mis en œuvre par l'auteur pour créer certains effets dans son texte. Ces moyens sont variés : mystère, suspense, surprise, choix du narrateur, changement de point de vue, variation de la cadence, interpellation du lecteur, allusions à d'autres œuvres, ironie, jeu sur les mots, etc. (Dumontier, 2010). Certains procédés font intervenir la sonorité (rime, allitération, assonance et onomatopée), d'autres touchent à la structure de la phrase (répétition et inversion), d'autres encore font appel aux images (comparaison et métaphore). Les illustrations participent également au plaisir de la lecture. Outre leur qualité artistique, elles contribuent souvent à la compréhension et à l'appréciation de la trame narrative.

Les questions qui orientent les élèves dans leur appréciation de l'art de l'auteur ressemblent aux suivantes :

- Pensez-vous que c'est un bon livre ? Pourquoi ?
- Comment l'auteur nous fait-il rire (ou autres sentiments) dans son livre ?
- Avez-vous trouvé, dans cette histoire, quelque chose de particulièrement intéressant ? Ennuyant ? Surprenant ? Amusant ? Triste ?
- Changeriez-vous la fin de l'histoire ? Pourquoi ?
- Si vous étiez enseignant, feriez-vous lire cette histoire à vos élèves ? Pourquoi ?

De façon à aller plus loin que « J'ai aimé le livre », les élèves doivent connaître certains termes descriptifs pour qualifier les personnages, les illustrations et l'intrigue (*voir le tableau 25.1, à la page suivante*). Ces termes leur sont présentés pendant les discussions de groupe et peuvent être affichés en classe pour faciliter leur rédaction de commentaires sur les livres (pour plus de termes descriptifs, voir également *Le Petit Criticus* [Beaulieu et Côté, 2008], ainsi que le *Dictionnaire des cooccurrences* [Beauchesne, 2004]).

25.5.2 Tisser des liens entre les livres

Il est essentiel que les élèves réalisent que ce qui donne tout son sens à la littérature, c'est fondamentalement le réseau de relations qui unit les écrits. Les rapprochements que les élèves font entre les livres enrichissent et structurent leur mémoire littéraire. Il s'agit de créer chez eux l'habitude de faire des comparaisons et de trouver des ressemblances et des différences entre les textes. Pour ce faire, l'un des outils à privilégier est la constellation de livres, outil qui repose sur la culture littéraire de l'enseignant lui-même.

25.6   La constellation de livres

La constellation de livres est un regroupement de livres liés par un certain critère de sélection. Ces livres sont présentés aux élèves au moment d'une activité d'une certaine durée.

TABLEAU 25.1   Un tableau descriptif pour l'appréciation d'un texte

L'intrigue			
Positif		**Négatif**	
Amusante	Émouvante	Aberrante	Ennuyeuse
Bouleversante	Étonnante	Absurde	Invraisemblable
Captivante	Palpitante	Banale	Irréaliste
Cocasse	Passionnante	Compliquée	Monotone
Crédible	Réaliste	Confuse	Prévisible
Drôle		Décousue	

Le personnage			
Positif		**Négatif**	
Actif	Fiable	Agressif	Gaffeur
Aimable	Généreux	Antipathique	Impatient
Combatif	Habile	Arrogant	Insensible
Compréhensif	Honnête	Bizarre	Insignifiant
Curieux	Idéaliste	Brusque	Méchant
Démonstratif	Ingénieux	Buté	Prétentieux
Discret	Intelligent	Catégorique	Sournois
Drôle	Passionné	Colérique	Superficiel
Énergique	Persévérant	Cruel	Violent

L'illustration			
Positif		**Négatif**	
Amusante	Originale	Affreuse	Irréaliste
Détaillée	Réaliste	Banale	Médiocre
Éclatante	Ressemblante	Fade	Ridicule
Époustouflante	Riche	Floue	Sommaire
Fidèle	Séduisante	Imprécise	Terne

Avoir un thème unificateur pour choisir des œuvres de littérature de jeunesse présente plusieurs avantages. D'abord, au moment du choix des textes, le thème délimite les œuvres à sélectionner. La littérature de jeunesse de qualité est abondante ; réduire le nombre de candidats par un thème spécifique facilite nettement la sélection. De plus, l'adoption d'un thème oriente les lecteurs vers la comparaison des textes. Or, comparer des textes est un excellent moyen de faire ressortir leurs caractéristiques respectives (Morin et Montésinos-Gelet, 2007, p. 5).

La constellation de livres, en plus de favoriser le lien entre les expériences culturelles, constitue sans contredit un facteur de motivation important pour les élèves grâce à la variété des livres offerts et aux activités stimulantes qui en découlent.

25.6.1 Les modes de regroupement de livres

Les modes de regroupement de livres varient selon les besoins des élèves et les objectifs d'enseignement. Voici les principaux critères de sélection qui servent à l'élaboration d'une constellation de livres :

1. Le genre littéraire. On peut regrouper les livres par genre littéraire, par exemple le roman policier, la légende ou la fable.

2. Les personnages. Le regroupement peut se faire sur la base d'un personnage stéréotypé, par exemple les sorcières. Cependant, il faut veiller à ce que les livres aient un lien entre eux : on ne doit pas mettre sur un même pied d'égalité toutes les histoires qui portent, par exemple, sur le loup ou le renard.

3. Le thème. Le regroupement de livres peut servir à faire découvrir un même thème (l'amitié, la séparation, etc.) dans des albums, des romans ou des contes.

4. L'auteur et l'illustrateur. Présenter des livres du même auteur ou illustrateur permet de comparer et de caractériser une production. Les élèves découvrent leur auteur favori et apprennent à dire pourquoi ils le préfèrent à d'autres auteurs.

5. Les différentes versions d'un même récit. Le dernier critère de regroupement concerne les différentes versions d'un même récit, en général un conte traditionnel comme *Cendrillon* ou *Le petit chaperon rouge*.

25.6.2 La démarche

Pour amorcer une activité autour d'une constellation de livres, il s'agit d'apporter en classe un ensemble de textes (une dizaine de livres) liés conceptuellement. À mesure que l'enseignant trouve des livres qui correspondent au thème en cours, il les place dans la bibliothèque de la classe pour la lecture personnelle des élèves. Pour simplifier cette tâche, il est préférable de créer avec des collègues des constellations de livres qui circuleront d'une classe à l'autre. Une activité complète dure de deux à trois semaines et comprend la plupart des éléments suivants (Leblanc, 2000) :

- La lecture à voix haute par l'enseignant de certains livres (ou chapitres) ;
- La discussion en groupe-classe et en sous-groupe ;
- Les réactions écrites des élèves ;
- La lecture personnelle (tous les élèves ne lisent pas les mêmes livres sur le thème choisi) ;
- Un projet lié au thème (danse, théâtre, murale, etc.).

Chaque jour, l'enseignant lit l'un des livres de la constellation, puis anime une discussion qui porte essentiellement sur la comparaison des livres. Pendant les périodes de lecture libre, les élèves lisent un livre de leur choix portant sur le thème établi et notent leurs réactions dans un carnet; ils en discutent ensuite avec les autres élèves qui ont lu le même livre. Enfin, ils terminent cette activité en réalisant un projet, individuellement ou en équipe.

La comparaison est au cœur de la lecture par constellation de livres. Les élèves font toujours des découvertes lorsqu'ils comparent les œuvres. Afin de faciliter la comparaison, il est important de regrouper les éléments qu'ont dégagés les élèves. Une méthode simple consiste à confectionner, à l'aide d'une grande feuille de papier d'emballage, un tableau que l'on divise en cases. À gauche, on écrit les éléments à comparer (par exemple les livres de Tibo, les versions de l'histoire de Cendrillon ou les personnages de Ginette Anfousse) et, en haut, les éléments précis sur lesquels porte la comparaison. Ces éléments peuvent prendre la forme de questions ou de pistes de réflexion visant à amener les élèves à faire le lien entre les textes de la constellation, par exemple : « Comment le personnage montre-t-il son courage ? » Les cases sont remplies pendant la discussion du groupe. Le tableau représente un témoignage de l'importance de la littérature pour la classe. Comme il prend beaucoup d'espace, il attire l'attention de tous les visiteurs et suscite des discussions et des explications. De plus, si le tableau reste en place après chaque activité, les élèves peuvent établir des liens entre les différentes constellations de livres.

25.6.3 La culture littéraire des enseignants

Pour amener vos élèves à se frayer un chemin dans le monde de la littérature, votre première tâche est de vous familiariser avec les livres de littérature pour enfants, d'élargir et de consolider votre propre culture littéraire. Comme ces livres ne participent pas tous de la même façon à l'enrichissement de la culture littéraire des élèves, vous avez à effectuer des choix judicieux parmi ceux qui sont offerts. Vous devez également élargir vos connaissances sur les éléments littéraires à mettre en relief auprès des élèves pour développer leur compétence à apprécier les textes. Les enseignants du primaire se sentent souvent démunis devant cette tâche, car ils ne sont pas certains de la valeur de leur jugement esthétique. Pour vous engager dans la voie de l'enseignement de l'appréciation des textes littéraires, faites d'abord confiance aux livres de qualité, puis faites-vous confiance. Les bons livres offrent d'innombrables occasions de parler de l'art d'écrire. S'il y a une chose vraiment importante dans un livre, vous le remarquerez si vous l'abordez en ayant l'esprit ouvert. Les élèves le remarqueront aussi, peut-être à l'occasion d'une deuxième lecture, et vous serez surpris de vos connaissances mutuelles.

Conclusion

L'univers particulier des textes littéraires en appelle, tant chez l'élève que chez l'enseignant, à un investissement personnel. L'enseignant est d'abord un lecteur qui fait des choix, qui a des préférences et des avis à communiquer lors des discussions en classe. Il joue aussi un rôle de médiateur entre les œuvres littéraires et les élèves. Ceux-ci apprennent à réagir de façon personnelle aux textes littéraires, mais également à porter un jugement sur les œuvres et à établir des liens entre elles. Tout cela n'est possible que si la littérature occupe une place de choix dans la classe.

Comprendre les textes informatifs

Une grande partie des textes que les élèves liront durant leur scolarité, et même plus tard, est composée de textes informatifs. Un programme de lecture doit donc inclure l'enseignement des attitudes, des habiletés et des compétences qui permettront aux élèves de devenir des apprenants autonomes capables de se servir de la lecture à des fins utilitaires. Dans ce chapitre, nous précisons les caractéristiques du texte informatif et explorons des pistes d'intervention orientées vers l'acquisition de connaissances grâce au texte. Au chapitre suivant, nous aborderons les stratégies utiles à la compréhension du texte informatif.

26.1   Les caractéristiques du texte informatif

Le texte informatif transmet des données organisées et hiérarchisées dans le but de faire comprendre un phénomène. L'une des principales différences entre le texte narratif et le texte informatif réside dans le fait que la signification d'une histoire prend souvent forme vers la fin du texte, tandis que la signification du texte informatif se construit tout le long de la lecture. « La façon même de traiter l'information ne serait pas la même pour ces deux types de textes. Le récit donnerait lieu à une approche prospective, le lecteur anticipant la suite de l'histoire. En revanche, les textes expositifs seraient abordés avec une démarche rétrospective où chaque information nouvelle est mise en relation avec celles déjà lues » (Gombert, 2003, p. 8).

Plusieurs caractéristiques font que le texte informatif est plus difficile à lire que le texte narratif (McCormick, 2007 ; Jennings, Caldwell et Lerner, 2006) :

- La présence de termes techniques et de concepts plus abstraits ;
- Une plus grande densité conceptuelle ;
- Une structure de texte moins familière aux élèves ;
- La présence d'information nouvelle ;
- Un recours plus important aux connaissances antérieures.

Les textes informatifs peuvent provenir de différentes sources, comme les manuels, les magazines pour jeunes, les journaux quotidiens (dossiers) et les sites Internet, mais les livres documentaires exercent un attrait particulier sur les élèves.

26.2   L'intérêt des élèves pour les livres documentaires

Même si le texte informatif est plus difficile à lire que le texte narratif, le livre documentaire est pourtant le type de texte préféré de bon nombre d'élèves, particulièrement des garçons. Il faut reconnaître que ce genre littéraire s'est complètement renouvelé au cours des dernières années. Plusieurs caractéristiques expliquent ce succès auprès des élèves :

1. L'organisation. Contrairement aux textes narratifs, les livres documentaires ne sont pas structurés de façon linéaire. Cette organisation est un atout pour les lecteurs, car ils ne sont pas obligés de procéder à une lecture de la première à la dernière page ; au contraire, ils peuvent s'attarder sur les pages qui les intéressent. Les lecteurs en difficulté, particulièrement, aiment les livres qui leur donnent beaucoup d'informations en peu de pages.

2. Les éléments graphiques. Les lecteurs sont stimulés par la présentation visuelle des livres documentaires récents (les illustrations soignées, les photographies de grande qualité, la typographie lisible et la page couverture intrigante). Dans les bons livres documentaires, les illustrations ne servent pas à enjoliver la page, mais font partie intégrante de l'information. Les lecteurs se servent des caractéristiques visuelles du texte pour se faire une meilleure représentation de son contenu.

3. Le ton. Dans les livres documentaires bien écrits, le ton n'est pas celui d'une autorité qui détient l'information, mais celui d'une personne qui veut partager une information avec des lecteurs déjà passionnés par le sujet. Le format est souvent interactif, en ce sens que l'auteur pose des questions aux lecteurs et leur demande d'élaborer des hypothèses. Le ton les invite à chercher et à explorer.

En plus d'être attrayants, les textes documentaires répondent à la grande curiosité des enfants envers le monde.

26.3   Les approches pédagogiques pour l'enseignement des textes informatifs

Deux approches pédagogiques existent pour le travail sur le texte informatif :

1. L'approche basée sur le contenu. Dans cette approche, on se concentre sur les idées présentées dans le texte et sur les liens qui existent entre elles pour que les élèves acquièrent de nouvelles connaissances.

2. L'approche basée sur les stratégies. Dans cette approche, on enseigne aux élèves des stratégies cognitives (p. ex. : résumer ou représenter graphiquement l'information) qu'ils mettent en œuvre pour apprendre de l'information à partir du texte.

Plusieurs recherches ont validé chacune de ces approches (Gajria et autres, 2007). Il ne s'agit donc pas de choisir l'une d'elles, mais plutôt de les considérer comme complémentaires.

26.4 La relation entre la compréhension et les connaissances

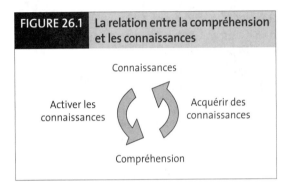

FIGURE 26.1 La relation entre la compréhension et les connaissances

On connaît depuis longtemps la relation réciproque qui existe entre les connaissances et la compréhension. On sait que, d'une part, les connaissances antérieures permettent de mieux comprendre le texte et, d'autre part, que la lecture permet d'acquérir de nouvelles connaissances (*voir la figure 26.1*). La quantité de connaissances acquises à la lecture d'un texte est déterminée par la quantité de connaissances que le lecteur possède déjà sur le sujet du texte. La compréhension ne peut survenir que si le lecteur peut rattacher à ses connaissances antérieures la nouvelle information fournie par le texte.

Deux types de connaissances interviennent donc dans la lecture d'un texte informatif : celles qui sont antérieures et celles que le lecteur acquiert. Au cours des dernières années, le monde de l'enseignement a beaucoup mis l'accent sur les connaissances antérieures des élèves, mais assez peu sur l'acquisition de connaissances nouvelles grâce au texte. Un réajustement est donc nécessaire : il faut s'intéresser davantage au fait que la lecture permet d'enrichir les connaissances. Il est important de conserver les activités de stimulation des connaissances, mais il faut aussi penser aux interventions qui visent l'acquisition de connaissances nouvelles (Cervetti, Jaynes et Hiebert, 2009).

26.5 L'activation des connaissances antérieures

Les élèves possèdent certaines connaissances sur le contenu du texte. La tâche de préparation consiste à jeter un pont entre le texte et ces connaissances. Il s'agit de vous demander ce que les élèves savent déjà des concepts qui sont contenus dans le texte et comment vous pourriez utiliser ce savoir comme point d'ancrage pour leur présenter l'information qui est nouvelle pour eux.

26.5.1 Des principes d'intervention

Certains principes peuvent vous guider dans l'activation des connaissances des élèves avant la lecture du texte.

1. Stimuler activement les connaissances. Il ne suffit pas de posséder des connaissances pour que celles-ci interviennent automatiquement dans la compréhension du texte ; il faut qu'elles soient stimulées et deviennent accessibles à l'esprit du lecteur. C'est pourquoi, avant la lecture, il est important d'aider les élèves à activer leurs connaissances sur le sujet du texte. Cette activation leur permet de prendre conscience de ce qu'ils savent déjà et les prépare à la lecture.

2. Choisir les connaissances à stimuler. Pour que l'activation des connaissances soit efficace, elle doit surtout porter sur les concepts clés ou l'information essentielle du texte à lire. Il ne faut pas tout aborder dans la mise en situation, mais uniquement ce qui est nécessaire à la compréhension du texte. Vous devez en fait éviter deux pièges : le premier est d'activer des connaissances trop générales ayant peu de lien avec le contenu et le deuxième, d'activer des connaissances qui concernent des concepts secondaires non essentiels à la compréhension du texte. Ce dernier type de préparation lance les élèves sur une fausse piste en suscitant des attentes que le texte ne viendra pas combler.

3. Organiser les connaissances. Une fois que vous avez stimulé les connaissances des élèves, vous devez leur en faciliter l'organisation, c'est-à-dire les aider à établir des liens entre les différents concepts mentionnés lors de l'activation. Il est plus facile de rattacher une connaissance à un tout organisé qu'à un ensemble de données éparses. L'organisation des connaissances peut se faire de façon verbale ou sous forme visuelle, au moyen de « cartes sémantiques » qui servent à représenter graphiquement les connaissances que possèdent les élèves sur un thème avant la lecture.

26.5.2 Des activités pour la stimulation des connaissances antérieures

La stimulation des connaissances antérieures peut prendre différentes formes. Dans toutes les activités proposées ci-dessous, les élèves sont actifs et participent individuellement, puis collectivement, à l'activation de leurs connaissances antérieures sur le thème du texte à lire.

■ L'activité « Tout ce que je peux écrire en une minute »

L'écriture rapide est une façon de rendre les élèves actifs lors de l'activation des connaissances. Demandez-leur d'écrire pendant une minute tout ce qu'ils savent du sujet que vous leur soumettez. Si un élève ne connaît rien de ce sujet, il peut écrire ce qu'il aimerait apprendre. Le fait d'imposer un temps limité motive les élèves, mais surtout les incite à écrire spontanément (Luse, 2002). Lorsque la minute d'écriture est terminée, ils se communiquent leurs réponses en petit groupe, puis en grand groupe.

■ Le cercle des questions

Après avoir réparti les élèves en sous-groupes, annoncez le thème du texte à lire et demandez-leur d'écrire des questions sur ce thème pendant un laps de temps déterminé. Dessinez ensuite un cercle au tableau et écrivez les questions des élèves autour du cercle (*voir la figure 26.2*). Demandez aux élèves de vous aider à placer les questions par catégories. Pour ce faire, soulignez les questions en utilisant des craies de couleurs différentes (Buss et Karnowski, 2002).

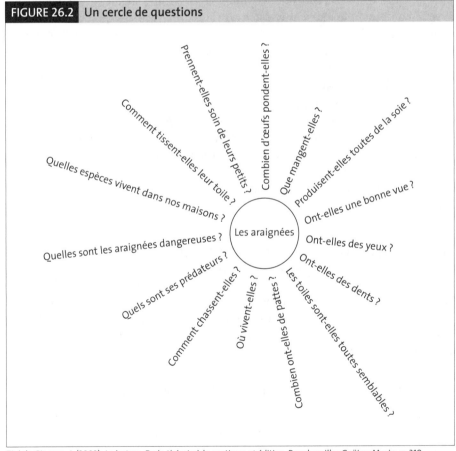

FIGURE 26.2 Un cercle de questions

Tiré de Giasson, J. (2003). *La lecture. De la théorie à la pratique*, 2e édition. Boucherville : Gaëtan Morin, p. 319.

■ La carte sémantique

La carte sémantique consiste à organiser de façon visuelle les connaissances activées par les élèves. Cette technique présente l'avantage d'associer les élèves à l'organisation de leurs idées en les amenant à déterminer et à expliquer les relations qu'il y a entre les différents concepts. Il existe plusieurs façons de procéder à la création de cartes sémantiques ; nous proposons ici une démarche qui permet de créer une constellation grâce au regroupement de mots par catégories :

1. Choisissez un concept central du texte à lire.

2. Écrivez le mot au tableau.

3. Faites un remue-méninges en groupe sur le concept et noter les mots énoncés au tableau. On pourrait regrouper les mots par catégories dès cette étape mais, dans la pratique, il s'avère difficile d'écouter les élèves, d'écrire les mots et de les regrouper en même temps.

4. Laissez les élèves travailler individuellement ou en équipe quelques minutes pour trouver d'autres mots et les ajouter à la liste.

5. Pour classer les mots par catégories, récrivez les mots recueillis dans une autre partie du tableau en demandant aux élèves de faire des suggestions de noms de catégories. Lorsqu'ils connaissent bien la technique, vous pouvez leur demander de déterminer eux-mêmes les éléments à regrouper (*voir la figure 26.3*).

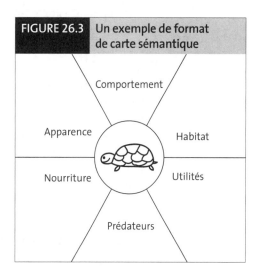

FIGURE 26.3 Un exemple de format de carte sémantique

Comportement
Apparence
Habitat
Nourriture
Utilités
Prédateurs

26.6 L'acquisition de nouvelles connaissances

Le but de la lecture du texte informatif est évidemment que les élèves acquièrent de nouvelles connaissances. Comprendre ce type de texte ne veut pas simplement dire que l'on retient ce qui y est présenté, mais plutôt que l'on combine ce contenu avec ses connaissances antérieures pour se faire une représentation durable qui peut influencer ses comportements et apprentissages futurs (Catts, 2009).

26.6.1 Des principes d'intervention

Certains principes contribuent à ce que les élèves s'engagent réellement dans la lecture des textes informatifs.

1. Fournir des textes et des tâches authentiques. Les élèves tirent plus de connaissances d'un texte lorsque leur intention de lecture est authentique. Lire un texte pour une raison authentique, c'est lire dans un but autre que celui de faire un exercice de lecture. Les élèves doivent sentir qu'on s'attend à ce qu'ils maîtrisent réellement les concepts présentés dans le texte et non qu'ils effectuent une simple tâche scolaire. Lorsqu'ils ont vraiment envie d'acquérir des connaissances grâce au texte, ils s'engagent davantage dans leur lecture et utilisent plus de stratégies de haut niveau. Les élèves aiment acquérir des connaissances sur un sujet, en connaître toujours davantage et pouvoir en parler avec les autres.

2. Préparer la lecture. Avant la lecture, il est pertinent d'acclimater les élèves aux idées du texte en en faisant une introduction qui présente les grandes lignes du contenu et précise l'intention de lecture. L'introduction sert à créer une structure mentale qui permet aux élèves de mieux intégrer le contenu du texte.

3. La discussion collaborative. La discussion collaborative (*voir le chapitre 22*) convient tant au texte informatif qu'au texte narratif. Pendant cette discussion, l'enseignant et les élèves cherchent ensemble à se faire une représentation structurée des idées du texte et de leurs relations. De plus, dans la discussion collaborative, l'enseignant fait souvent la lecture à haute voix du texte informatif, ce qui est bon pour les élèves en difficulté qui n'auraient pas accès autrement au contenu de textes trop difficiles pour eux (McRae et Guthrie, 2009).

26.6.2 Des activités pour l'acquisition de nouvelles connaissances

Nous présentons ici trois activités qui ont pour objectif l'acquisition de connaissances nouvelles grâce au texte : le guide d'anticipation, le dessin après la lecture et le théâtre de lecteurs à l'aide de textes informatifs.

■ Le guide d'anticipation

Le guide d'anticipation consiste en une série de questions préparées par l'enseignant et auxquelles les élèves répondent avant de lire le texte. Les réponses attendues sont habituellement du type « d'accord » ou « pas d'accord ». Les élèves lisent ensuite le texte pour vérifier si les réponses qu'ils ont données aux questions correspondent à l'information du texte. Le guide d'anticipation vise donc à les amener à percevoir les différences existant entre leurs connaissances et celles qui sont présentées dans le texte dans le but de les amener à modifier celles qui sont erronées. Ce guide donne également un but à la lecture en éveillant la curiosité des élèves ; en effet, ceux-ci sont vivement intéressés à vérifier dans le texte l'exactitude de leurs connaissances (*voir la figure 26.4*).

FIGURE 26.4 Un guide d'anticipation

Choisis		Réévalue			
D'accord	Pas d'accord	Énoncé	D'accord	Pas d'accord	Justifie ta réponse
		1.			
		2.			
		3.			
		4.			
		5.			

Traduction libre de Wood, K. D., Lapp, D., Flood, J. et D. B. Taylor. (2008). *Guiding readers through text. Strategy guides for New Times. Second Edition*. Newark, DE : International Reading Association, p. 186.

Pour préparer un guide d'anticipation, déterminez les principaux concepts ou faits que doivent apprendre les élèves en lisant le texte et imaginez leurs conceptions probables. Rédigez ensuite de trois à cinq énoncés qui sont susceptibles de correspondre aux conceptions actuelles des élèves et qui sont incompatibles avec l'information contenue dans le texte. Par exemple : 1) Tous les mammifères ont de la fourrure ; 2) Aucun mammifère ne peut voler ; 3) La baleine est un mammifère ; 4) Tous les mammifères ont quatre pattes.

Une fois le guide préparé, il s'agit de le présenter aux élèves. Nous suggérons de suivre les étapes suivantes pour l'exploitation d'un guide d'anticipation (McCormick, 2007 ; Wood et autres, 2008) :

Présentez le guide d'anticipation à la classe et remettez-en une copie à chaque élève.

1. Les élèves, regroupés en dyade, remplissent le guide. À tour de rôle, ils lisent l'énoncé à leur partenaire, puis discutent de leur réponse en expliquant pourquoi ils sont d'accord ou non avec l'affirmation.

2. La tâche terminée, animez une brève discussion sur chaque affirmation en demandant aux élèves de dire s'ils sont d'accord ou non avec celle-ci. Invitez un élève qui est d'accord avec l'affirmation à justifier son point de vue, puis demandez la même chose à un élève qui n'est pas d'accord.

3. Demandez ensuite aux élèves de lire le texte individuellement et de remplir la deuxième partie du guide. Ce questionnaire invite chacun à comparer ses connaissances initiales à l'information du texte.

4. Enfin, animez une nouvelle discussion de groupe qui servira à déterminer quelles conceptions des élèves ont été modifiées grâce à la lecture et à poursuivre le travail dans le cas des élèves qui n'ont pas modifié leurs connaissances.

Il est important de souligner que les conceptions erronées ne sont pas toujours faciles à modifier. Il ne suffit pas que les élèves lisent le texte ; on doit aussi les amener à débattre de leurs idées après la lecture. Dans certains cas, la discussion sur les conceptions erronées devra être accompagnée d'expériences concrètes.

■ Dessiner ce qui a été compris

En classe, on fait souvent appel au dessin après la lecture d'une histoire, mais celui-ci peut également suivre la lecture d'un texte informatif. Une façon concrète d'employer le dessin après la lecture d'un texte informatif est la réalisation de graphiques créatifs. Ces graphiques recourent à l'image pour transmettre et organiser les idées du texte. Ainsi, les élèves « dessinent » le texte. Plusieurs élèves ont de la difficulté à percevoir les relations qui existent entre les idées et à se souvenir de l'information. Les graphiques créatifs jouent sur ces deux plans : d'une part, ils aident les élèves à organiser leurs idées et à faire des liens entre elles et, d'autre part, ils les aident à retenir l'information. Un autre effet de ces graphiques est d'inciter les élèves à relire le texte : ils ont le goût de terminer leurs graphiques et relisent donc le texte pour y trouver de l'information pertinente. Ce type d'activité stimule également la discussion, car les élèves sont désireux de voir comment les autres ont créé leurs graphiques à partir du même texte. Ainsi, ils deviennent habiles à reconnaître les graphiques qui reflètent bien l'idée générale du texte. De plus, les graphiques créatifs constituent pour l'enseignant un bon moyen de voir ce que les élèves ont compris (les parties omises, les fausses conceptions, etc.).

■ Le théâtre de lecteurs

Bien que le théâtre de lecteurs soit surtout employé avec le texte narratif, il peut fort bien être adapté pour le texte informatif. Les élèves créent leurs propres scénarios en équipe à partir d'un texte informatif. Pour ce faire, ils en discutent afin d'en dégager les idées importantes, puis ils organisent les éléments retenus dans un scénario cohérent. Les élèves poursuivent en fait un double objectif : comprendre le texte et faire en sorte que leur auditoire comprenne leur scénario. Une variante intéressante consiste à combiner le théâtre de lecteurs avec le théâtre d'ombres (Peck et Virkler, 2006).

- Les élèves écrivent un scénario à partir d'un texte informatif.
- Ils se partagent les parties de texte à lire et s'exercent à lire de façon fluide.
- Ils préparent des marottes en carton qui servent à illustrer leur présentation.

- Ils présentent leur scénario à un auditoire en créant un théâtre d'ombres. Les élèves qui lisent leur texte sont séparés de l'auditoire par un écran, ce qui peut avantager les élèves plus timides.

Dans cette activité, l'acquisition de connaissances s'effectue au moment de la création du scénario, mais est complétée par la lecture répétée du texte et, éventuellement, par les questions de l'auditoire à la suite de la présentation du théâtre de lecteurs.

Conclusion

Élargir les connaissances des élèves doit être considéré comme une priorité si l'on veut améliorer leur rendement scolaire. Une bonne partie des connaissances nouvelles des élèves provient de leurs lectures. Pour favoriser cette acquisition, l'enseignant active les connaissances des élèves avant la lecture, mais veille également à ce que la lecture même du texte informatif devienne une occasion de faire l'apprentissage de nouvelles connaissances.

Des outils au service du texte informatif

Le texte informatif se prête bien à certaines stratégies de lecture que les élèves ont avantage à connaître. Ces stratégies sont des outils au service de l'acquisition de connaissances par le texte. Dans ce chapitre, nous abordons certaines de ces stratégies, telles que tirer parti des caractéristiques visuelles du texte informatif, survoler le texte, se servir de sa structure et synthétiser l'information qu'il contient.

27.1 Tirer parti des éléments visuels du texte informatif

Les manuels d'aujourd'hui contiennent de nombreux éléments visuels qui servent à attirer l'attention des lecteurs sur l'information importante. Les élèves doivent apprendre le fonctionnement de ces indices afin d'en tirer le meilleur parti. Cette connaissance leur est utile à la fois pour se préparer à lire un texte et pour mieux le comprendre. Les indices visuels que contient le texte informatif remplissent cinq fonctions : structurer l'information, en faciliter le repérage, l'expliquer, l'illustrer et la mettre en évidence (*voir le tableau 27.1*).

Pour sensibiliser les élèves aux caractéristiques visuelles du texte informatif, démontrez leur utilité au moment de la lecture de livres documentaires à l'ensemble de la classe. Regroupez ensuite les élèves en tandem et remettez à chaque équipe deux livres documentaires et une grille contenant les principales caractéristiques du texte informatif. Invitez les élèves à vérifier si ces caractéristiques sont présentes dans les livres documentaires qu'ils ont en main. Lors d'une discussion de groupe, demandez aux équipes d'expliquer en quoi les caractéristiques visuelles de leurs livres peuvent les aider à mieux comprendre le texte. Il est important que les élèves n'en restent pas à l'étape du repérage des indices, mais qu'ils comprennent également de quelle façon ceux-ci contribuent à leur compréhension du texte informatif.

TABLEAU 27.1   Les éléments visuels du texte informatif

Fonction	Éléments
Éléments qui organisent l'information	• Chapitres • Titres • Sous-titres • Intertitres
Éléments qui facilitent le repérage de l'information	• Table des matières • Index • Pagination
Éléments qui expliquent l'information	• Diagrammes • Tableaux • Graphiques • Glossaire
Éléments qui illustrent l'information	• Photographies • Illustrations
Éléments qui mettent en évidence l'information	• Caractères gras • Caractères en italique et autres changements de caractères

Traduction libre de Fisher, D., Frey, N. et D. Lapp. (2008). *In a reading state of mind*. Newark, DE: International Reading Association, p. 102.

27.2   Survoler le texte

Avant d'entamer la lecture d'un texte informatif, le lecteur efficace en fait un survol. Cette stratégie lui permet de se créer un premier schéma mental de l'organisation du texte et de prévoir les connaissances qu'il pourra en retirer. Survoler le texte consiste à en repérer les éléments porteurs d'information : le titre, les intertitres, l'introduction, les illustrations, les graphiques, les tableaux et les mots en caractères gras (Neufeld, 2005). Avec les élèves, on insistera en particulier sur l'utilisation des intertitres. Il faut sensibiliser les élèves au fait que les intertitres peuvent leur être utiles pour plusieurs raisons :

• Ils organisent l'information ;
• Ils motivent les lecteurs à lire le texte, surtout lorsque celui-ci est long et difficile ;
• Ils fournissent des indices pour se souvenir de l'information ;
• Ils aident à trouver l'information permettant de répondre aux questions.

Pour faire comprendre aux élèves que survoler le texte permet de se représenter effectivement l'organisation du contenu, vous pouvez leur présenter une affiche sur laquelle vous aurez placé un texte agrandi dans lequel vous n'aurez mis en évidence que les éléments pertinents pour le survol (titre, intertitres, mots en caractères gras et illustrations). Le texte lui-même est hachuré de façon à être illisible. Si vous demandez aux élèves de quoi parle ce texte, ils réaliseront rapidement qu'ils peuvent déjà se faire une idée de son contenu et de son organisation à partir de quelques éléments de surface.

27.3   Se servir de la structure du texte

La structure du texte correspond à la manière dont les idées y sont organisées. Si la plupart des enfants arrivent à l'école avec une bonne connaissance du schéma de récit, il n'en est pas de même pour la structure du texte informatif. Les lecteurs efficaces abordent le texte informatif en ayant une certaine connaissance de son organisation. Ils choisissent dans leur répertoire de structures celle qui correspond le mieux à la structure du texte à lire. Certains aspects et indices de surface comme les mots clés leur indiquent le type de structure adopté par l'auteur. Par exemple, si un lecteur discerne une structure de comparaison dans le texte, il recherchera les deux points de vue, les confrontera et essaiera de voir lequel est favorisé par l'auteur. Ce procédé est plus efficace que celui qui consiste à tenter de se rappeler une série de descriptions isolées. Des recherches ont démontré que les lecteurs qui possèdent une bonne habileté à reconnaître et à tirer parti de la structure du texte informatif le comprennent mieux et en retiennent plus d'informations (Kletzien et Dreher, 2004 ; Meyer et autres, 2010). Cela est probablement attribuable au fait que l'utilisation des structures du texte libère la mémoire de travail, ce qui permet aux lecteurs de se concentrer sur la compréhension du texte (Fisher, Frey et Lapp, 2008).

27.3.1 La structure du texte informatif

Plusieurs auteurs ont proposé des classifications du texte informatif, mais la plus connue est certainement celle de Meyer (Meyer, 1985 ; Meyer et autres, 2010), qui répartit les textes informatifs selon les relations de base qui y sont contenues. Les textes sont ainsi classés selon qu'ils sont centrés sur : 1) la description ; 2) l'énumération ; 3) la séquence ; 4) la comparaison ; 5) la relation entre la cause et l'effet ; 6) la relation entre le problème et la solution.

La description. Dans un texte descriptif, l'auteur donne de l'information sur un sujet en en précisant certains attributs ou certaines caractéristiques. L'objet de la description est d'ordinaire présenté dans un premier temps, puis sont donnés les détails qui le caractérisent, notamment la couleur, la forme, etc. (par exemple un texte décrivant les caractéristiques de l'ours polaire).

L'énumération (ou collection). Dans un texte utilisant l'énumération, l'auteur présente une liste d'éléments liés les uns aux autres par un point commun (par exemple un texte portant sur les différents groupes alimentaires).

La séquence. Le texte construit selon une structure du type séquentiel présente les éléments en suivant leur ordre d'enchaînement temporel (par exemple un texte qui décrit les étapes de la transformation du têtard en grenouille).

La comparaison. Le texte orienté vers la comparaison met en relief les ressemblances et les différences qui existent entre des objets, des êtres vivants, des situations ou des événements (par exemple un texte qui compare le loup et le chien selon différents aspects).

La cause et l'effet. Dans un texte du type cause et effet, il est possible de dégager une relation causale entre les idées. Une idée est l'antécédent ou la cause et l'autre idée, sa conséquence ou son effet (par exemple un texte traitant de l'effet de la pollution du fleuve Saint-Laurent sur la vie du béluga).

Le problème et la solution (la question et la réponse). La structure problème et solution ressemble à la structure cause et effet, en ce sens que le problème est l'antécédent de la solution. Toutefois, cette structure comporte aussi une certaine juxtaposition du problème et de la solution (par exemple un texte proposant une ou des solutions possibles au réchauffement de la planète).

27.3.2 L'enseignement de la structure du texte informatif

Les élèves doivent apprendre à aborder le texte informatif avec l'idée que les auteurs disposent d'un certain nombre de structures de texte et organisent celui-ci de façon prévisible. Une fois qu'ils ont compris cela, ils peuvent tirer parti de la structure du texte de façon logique. Les interventions présentées ci-après ont pour objectif de sensibiliser les élèves aux structures textuelles à l'aide d'arrangements visuels, de questions sur la structure du texte et de la conception de graphiques.

■ Présenter les structures textuelles à l'aide d'arrangements visuels

Pour initier les élèves aux différentes structures du texte, vous pouvez leur présenter des arrangements visuels qui illustrent ces structures. Pour créer ces arrangements, il s'agit de découper des images dans des magazines ou d'utiliser vos propres dessins. Ces illustrations sont collées sur une grande feuille et accompagnées du nom de la structure représentée (*voir la figure 27.1 à la page suivante*). Cette façon très concrète d'imager les structures du texte informatif mobilise l'attention des élèves et leur sert de rappel des différentes structures.

■ Agencer les questions pour faire découvrir la structure du texte

Vous pouvez sensibiliser les élèves à la structure du texte en leur présentant un enchaînement de questions visant à les aider à en cerner les concepts clés et à établir des relations entre les concepts. Par exemple, dans un texte du type cause et effet, les questions porteront sur l'identification de la cause et de l'effet ainsi que sur la relation existant entre eux. Dans un texte utilisant la comparaison, vous pouvez demander : « Quels éléments l'auteur compare-t-il dans ce texte ? » ou « Pourquoi fait-il cette comparaison ? » Même si certaines questions sont factuelles, elles sont posées dans un tout autre but que l'évaluation des connaissances : elles visent plutôt la reconnaissance de la structure du texte.

FIGURE 27.1 Une représentation imagée des structures du texte

La description

La description d'un insecte

L'énumération

La famille des instruments à cordes

La séquence

La fabrication d'un avion en papier

La comparaison

Jean qui pleure et Jean qui rit

La cause et l'effet

L'effet d'une bourrasque de vent

Le problème et la solution

Une solution au problème de l'averse

■ Représenter schématiquement les structures du texte

Les structures du texte informatif se prêtent bien à l'emploi de graphiques. En effet, il est possible de représenter schématiquement chaque structure de texte (*voir la figure 27.2*). Créer des graphiques amène les élèves à réfléchir sur le texte et à organiser leurs idées. Les graphiques doivent leur être présentés comme des outils à employer lors de leur lecture de textes informatifs, lorsqu'ils ont besoin de clarifier leur compréhension.

FIGURE 27.2	Les représentations schématiques des différentes structures de texte

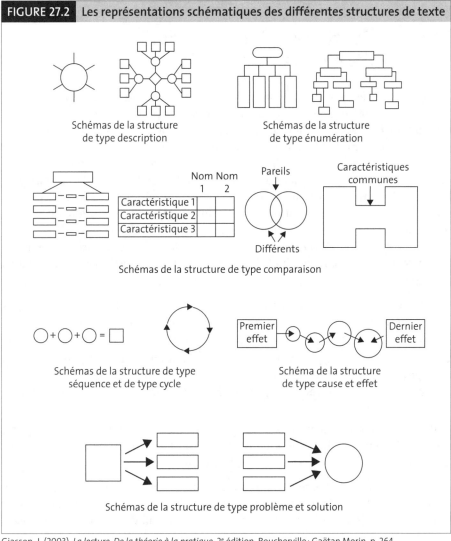

Schémas de la structure de type description

Schémas de la structure de type énumération

Schémas de la structure de type comparaison

Schémas de la structure de type séquence et de type cycle

Schéma de la structure de type cause et effet

Schémas de la structure de type problème et solution

Giasson, J. (2003). *La lecture. De la théorie à la pratique*, 2ᵉ édition. Boucherville : Gaëtan Morin, p. 264.

D'abord, concevez vous-même les graphiques pour montrer aux élèves que les schémas de texte permettent de mettre des idées en relation. En pratique, il s'agit de choisir le schéma qui convient le mieux au texte lu ou d'en concevoir un nouveau qui met en évidence sa structure. Il faut ensuite remplir les espaces vides du schéma avec des mots ou des expressions tirés du texte. À l'étape suivante, fournissez un graphique aux élèves et demandez-leur d'y noter l'information pertinente. À la fin, les élèves créeront leur propre graphique. Les recherches ont confirmé que le fait d'enseigner aux élèves à créer des graphiques améliore leur compréhension du texte informatif (National Reading Panel, 2000).

27.4   Synthétiser l'information d'un texte informatif

Toutes les formes de résumé sont associées à la capacité de cerner l'information importante du texte. Si vous avez déjà fait l'expérience de demander à des élèves du primaire ce qu'ils avaient trouvé le plus important dans le texte qu'ils venaient de lire, vous avez probablement eu la surprise de constater que, bien souvent, leurs réponses ne concordaient pas du tout avec ce à quoi vous vous attendiez. En fait, ce n'est pas que les élèves manquent de sensibilité par rapport à l'importance de l'information, mais plutôt qu'ils ont une conception différente de ce qu'est une information importante. Ils estiment importante une idée qui les intéresse personnellement, non ce que l'auteur a lui-même indiqué comme étant central ou essentiel. Il est donc nécessaire d'amener les élèves à apprendre à se concentrer sur les idées clés du texte en acquérant graduellement trois habiletés : paraphraser, trouver l'idée principale et résumer.

1. Paraphraser consiste à redire le texte dans ses mots. Cette activité ne requiert pas nécessairement que les élèves fassent la distinction entre les idées importantes et les idées secondaires, mais elle est un précurseur de l'habileté à écrire un résumé.

2. Trouver l'idée principale s'applique habituellement à un paragraphe ou à un passage (plutôt qu'à un texte entier) et consiste à reconnaître ce que l'auteur y a dit de plus important. Trouver l'idée principale d'un paragraphe est plus facile que de résumer un texte.

3. Résumer consiste à synthétiser des passages du texte (plusieurs paragraphes, une section d'une page ou un chapitre). Trouver l'idée principale et résumer se différencient donc en partie par la longueur du texte à traiter.

L'enseignement des habiletés liées aux notions de paraphrase, d'idée principale et de résumé se fait à long terme. Le message qu'il faut transmettre aux élèves est que l'on doit toujours se demander ce que l'auteur voulait vraiment dire en écrivant son texte.

27.4.1 Paraphraser le texte

Les bons lecteurs paraphrasent le texte lorsqu'un obstacle nuit à leur compréhension. S'ils ne sont pas capables de redire le texte dans leurs mots, ils retournent le lire. « La reformulation permet de contrôler la qualité de sa propre compréhension, c'est-à-dire d'évaluer si on a bien compris l'histoire » (Cèbe et Goigoux, 2009, p. 43). La tâche de l'enseignant consiste essentiellement à montrer aux élèves qu'il s'agit d'une bonne stratégie pour vérifier sa compréhension. Lorsque les élèves comprennent bien à quoi sert cette stratégie, ils l'utilisent plus spontanément (Kletzien, 2009). Cette habileté à paraphraser évolue vers l'habileté à reformuler le texte en se concentrant davantage sur les idées importantes.

27.4.2 Trouver l'idée principale

Il faut distinguer l'idée principale explicite de l'idée principale implicite. L'idée principale explicite est écrite textuellement par l'auteur et résume l'essentiel d'un paragraphe ou d'une partie du texte. Lorsque l'auteur n'a pas exprimé d'idée principale explicite, le lecteur doit en produire une : on parle alors d'idée principale implicite.

■ L'idée principale explicite

Pour apprendre aux élèves à dégager l'idée principale d'un paragraphe, il s'agit de leur expliquer d'abord que, s'il y a une idée principale explicite dans un paragraphe, elle est habituellement exprimée au début du texte. Elle l'est généralement en une seule phrase, mais elle peut parfois se trouver dans deux phrases juxtaposées. Pour illustrer la façon de dégager l'idée principale, prenez un texte qui contient une idée principale explicite. Pour chaque phrase qui ne renferme pas l'idée principale du paragraphe, expliquez aux élèves pourquoi le contenu de cette phrase ne correspond pas à l'idée principale du paragraphe. Par exemple, dans un texte portant sur les différents services que nous rendent les animaux, vous pouvez dire aux élèves : « La phrase deux ne peut résumer l'idée principale du paragraphe, parce qu'elle ne mentionne que l'un des services que nous rendent les animaux. Seule la phrase quatre nous parle du paragraphe en entier, à savoir que les animaux nous rendent différents services. »

■ L'idée principale implicite

Pour enseigner la recherche de l'idée principale implicite d'un paragraphe, nous proposons ici quatre pistes : une technique en trois étapes, le squelette de poisson, le retour au titre et le soulignement d'information dans le texte.

Une technique en trois étapes. Dans cette technique, qui vise à faire trouver l'idée principale implicite d'un paragraphe, on propose aux élèves la démarche suivante (Klingner, 2007) :

- Déterminer quel est le sujet du paragraphe en se demandant sur qui ou sur quoi il porte ;
- Écrire l'information la plus importante que l'auteur a écrite au sujet du « Qui » ou du « Quoi » ;
- Rédiger l'idée principale en 10 mots ou moins.

Si cette stratégie est employée en tandem, un élève lit le paragraphe, l'autre nomme le sujet et l'idée principale. Les rôles sont ensuite inversés. Le fait de travailler avec un partenaire encourage l'engagement actif et la persévérance des élèves.

Le squelette de poisson. Après la lecture d'un court texte informatif, les élèves sont invités à remplir un graphique avec un partenaire pour résumer ce qu'ils viennent de lire. Ce graphique comprend les questions factuelles habituelles : qui, quoi, quand, où, comment et pourquoi. Ces questions sont disposées sous forme de chevrons, ce qui donne au graphique l'allure d'un squelette de poisson, d'où le nom de cette activité. Après avoir répondu aux questions, les élèves combinent leurs réponses pour formuler une idée principale qui résume l'ensemble du texte (*voir la figure 27.3*). Une suggestion : remettez des autocollants aux élèves, demandez-leur d'y écrire leurs réponses aux questions, puis de coller ces réponses sur le squelette de poisson pour les aider à rédiger leur idée principale.

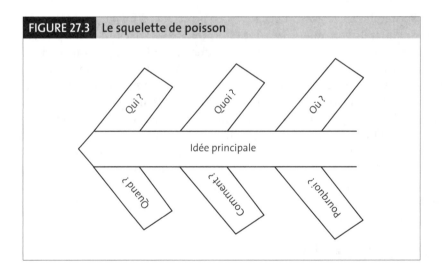

FIGURE 27.3 Le squelette de poisson

Qui ?

Quoi ?

Où ?

Idée principale

Quand ?

Comment ?

Pourquoi ?

Le retour au titre. Le titre contient souvent l'idée principale du texte, ou du moins son thème. Il fournit donc un cadre pour la lecture. On peut sensibiliser les élèves à son utilité en leur lisant un texte avec titre et un texte sans titre. Cette démarche leur montre jusqu'à quel point on comprend mieux un texte quand on sait à l'avance sur quoi doit porter notre attention en cours de lecture (Kispal, 2008).

Le soulignement d'information. Souligner certains éléments du texte peut être une technique pertinente pour dégager les idées importantes d'un paragraphe. On observe que les élèves ont tendance à tout souligner quand ils essaient d'employer cette technique. Il faut leur apprendre à ne souligner que les éléments importants du texte. Pour leur en faire la démonstration, vous avez besoin d'un texte agrandi et d'un marqueur. Cette démarche comprend plusieurs étapes :

- Expliquez d'abord aux élèves la raison pour laquelle il est utile de souligner (organiser l'information et se souvenir de ce qu'on a lu) ;
- Soulignez les éléments essentiels du premier paragraphe, en explicitant à voix haute pour quelle raison vous choisissez ces éléments. Il est important de ne pas souligner des phrases entières, mais plutôt les mots clés de la phrase ;
- Relisez les mots soulignés et résumez le paragraphe ;
- Lisez la première phrase du deuxième paragraphe et demandez aux élèves ce qu'ils souligneraient. Continuez avec la suite du paragraphe. Relisez les mots soulignés et résumez le paragraphe ;
- Placez ensuite les élèves en tandem : ils doivent décider quels mots souligner, relire les mots soulignés et résumer le paragraphe.

27.4.3 Résumer

L'habileté à résumer l'information est essentielle au lecteur adulte. Elle s'acquiert au cours du primaire, mais continue de faire l'objet d'un enseignement au secondaire et même au-delà. Résumer demande de repérer ce qui est important dans le texte et de condenser l'information en suivant certaines règles :

- Le résumé est plus court que le texte d'origine ;
- Il est fidèle au texte d'origine ;
- Le nombre de mots y est réduit, mais non le sens ;
- Le résumé est un texte personnel.

Résumer est une tâche difficile à exécuter et à enseigner. Il faut insister auprès des élèves sur le fait qu'une seule lecture n'est pas suffisante pour faire un bon résumé. Ceux qui sont habiles à résumer passent plus de temps à lire qu'à écrire, alors que c'est l'inverse chez ceux qui réussissent moins bien dans cette tâche. Les élèves ont souvent tendance à utiliser la stratégie « copier-éliminer » : ils copient de larges extraits, puis en éliminent certaines parties. La méthode décrite ci-dessous les aidera à découvrir d'autres façons de procéder :

1. Demandez aux élèves de lire une partie du texte, puis de fermer leur livre ;

2. Invitez-les à dire ce dont ils se rappellent du texte. Dessinez un tableau que vous divisez en deux parties et écrivez, dans la partie de gauche, l'information sous une forme abrégée (si un élève dit qu'il n'est pas certain d'avoir bien retenu l'information, c'est une porte ouverte vers l'étape suivante);

3. Invitez les élèves à retourner au texte pour clarifier l'information ou en ajouter. L'objectif est de les habituer à ne pas se satisfaire d'une information vague ou incomplète;

4. Écrivez, dans la partie de droite du tableau, la nouvelle information, c'est-à-dire les ajouts et les modifications;

5. Regroupez les éléments qui vont ensemble et donnez un nom à chacune des catégories. Expliquez aux élèves la façon dont vous vous y prenez pour organiser l'information de manière logique (cette étape est la plus exigeante);

6. Rédigez un résumé à partir des regroupements effectués au tableau, après y avoir ajouté les liens nécessaires et en avoir éliminé l'information secondaire.

Par la suite, les élèves résument un autre texte en équipe en employant la stratégie enseignée. Il est important qu'ils aient un objectif pertinent pour résumer leur texte, par exemple la rédaction d'un texte dans le cadre d'un projet de recherche.

27.5   Varier la vitesse de lecture

Les bons lecteurs ne lisent pas tous les textes à la même vitesse. Les élèves doivent être capables de lire vite s'ils le désirent, mais ils doivent aussi savoir que tous les textes ne demandent pas une lecture rapide. Varier la vitesse de lecture est particulièrement important dans le cas du texte informatif. Il faut sensibiliser les élèves au fait qu'il est pertinent d'ajuster son mode de lecture selon le type de texte et son niveau de difficulté. Le tableau 27.2 met en relation les objectifs de lecture et la vitesse qui convient le mieux à chacun.

TABLEAU 27.2   La vitesse de lecture selon l'objectif poursuivi

Type de lecture	Vitesse	Objectif
Repérage	Très rapide	Situer un fait précis (p. ex.: un numéro de téléphone dans un annuaire)
Survol	Rapide	Trouver ce dont parle le texte
Lecture de loisir	Modérée	Lire pour le plaisir
Étude	Lente	Retenir de l'information en vue d'un examen
Lecture analytique	Très lente	Lire un texte difficile ou suivre une directive précise (p. ex.: un problème de mathématique ou une recette de cuisine)

Conclusion

Certaines stratégies sont particulièrement efficaces pour l'acquisition de connaissances à partir du texte informatif. Les élèves qui maîtrisent ces stratégies comprennent mieux le texte et en retiennent plus facilement l'information. Il est pertinent de leur enseigner la façon de survoler le texte, de se servir de ses structures et de résumer l'information qui s'y trouve. Il ne faut cependant pas que l'enseignement consiste à faire remplir des pages d'activités : les élèves doivent plutôt voir en quoi ces stratégies leur sont utiles lors de leurs lectures personnelles.

Le vocabulaire

Le vocabulaire a toujours été le parent pauvre de l'enseignement de la lecture. Pourtant, il s'agit d'un élément clé de la réussite des élèves. Trop souvent, l'enseignement du vocabulaire en classe se limite à faire chercher les mots dans le dictionnaire. Mais l'apprentissage du vocabulaire, on s'en doute, est beaucoup plus complexe. L'école est le lieu privilégié pour en faire un enseignement plus planifié et approfondi. L'objectif est que les élèves acquièrent un vocabulaire juste et précis, connaissent le sens propre et figuré des expressions et sachent différencier les mots de signification voisine. Dans ce chapitre, nous définissons les différentes composantes de l'enseignement du vocabulaire et présentons des interventions pour chacune d'elles.

28.1   L'importance du vocabulaire pour la lecture

Le vocabulaire entretient une relation réciproque avec la compréhension de la lecture. D'une part, il influe sur la compréhension : plus les élèves possèdent un vocabulaire étendu, mieux ils comprennent les textes. Les différences individuelles dans le vocabulaire expliquent une part importante des écarts de compréhension à la fin du primaire (Farkas et Beron, 2004). D'autre part, la lecture peut aider les élèves à enrichir leur vocabulaire. Il existe une corrélation positive entre la fréquence des lectures et l'augmentation du vocabulaire. Les enfants qui lisent beaucoup apprennent plus de mots nouveaux que ceux qui lisent peu. La contribution des lectures personnelles est le facteur le plus susceptible d'expliquer la disparité dans l'acquisition du vocabulaire chez les élèves de la 3e à la 6e année (Hiebert et Martin, 2009).

28.2   Que veut dire « connaître un mot » ?

La connaissance d'un mot s'évalue en degrés et peut être représentée sur une échelle qui va de l'ignorance à la connaissance approfondie (*voir le tableau 28.1*).

Le vocabulaire se définit donc à la fois par son étendue, c'est-à-dire le nombre de mots qui ont une signification pour l'élève, et par sa profondeur, c'est-à-dire la connaissance des sens multiples d'un mot et l'aisance avec laquelle l'élève peut y accéder (Walpole et McKenna, 2007 ; Wagner, Muse et Tannenbaum, 2007).

TABLEAU 28.1   L'échelle de la connaissance du mot

Degré	Niveau de connaissance
1	Aucune connaissance du mot
2	Connaissance vague
3	Connaissance partielle
4	Connaissance acceptable
5	Connaissance approfondie

28.3   Les composantes de l'enseignement du vocabulaire

On distingue habituellement trois grandes composantes dans l'enseignement du vocabulaire : 1) Donner le goût des mots aux élèves ; 2) Enseigner des stratégies pour rendre les élèves autonomes dans l'acquisition de mots nouveaux ; et 3) Enseigner des mots de façon explicite (Blachowicz et autres, 2006 ; Graves, 2009). Cet enseignement peut être en combinant deux approches :

1. Saisir l'instant propice, c'est-à-dire enseigner des mots nouveaux au moment de la lecture d'un texte ou lorsqu'ils se présentent en classe. Par exemple, quand les élèves étudient l'invention du téléphone, ils peuvent trouver des mots qui contiennent la racine « phone » (phonographe, symphonie, cacophonie, interphone, magnétophone, xylophone et francophone) ;

2. Déterminer une période pour l'enseignement approfondi de certains mots (quelques minutes par jour ou une période par semaine). Ces périodes peuvent conserver un caractère ludique et créer un intérêt pour le vocabulaire.

28.3.1 Développer la sensibilité aux mots

Pour que les élèves enrichissent leur vocabulaire, il faut d'abord qu'ils soient sensibles à la place qu'occupe la langue dans leur vie. On ne peut compter sur le fait qu'ils s'intéresseront spontanément aux mots ; ils le feront cependant si l'enseignement qui leur est offert est riche et vivant. L'un des objectifs de l'école est que les élèves soient suffisamment motivés à découvrir des mots nouveaux pour continuer à élaborer leur répertoire personnel à l'extérieur de la classe.

▧ La définition de la sensibilité aux mots

La sensibilité aux mots est une disposition envers les mots qui est à la fois affective et cognitive. Elle renvoie à un intérêt profond et durable pour les mots et leur signification ainsi qu'à la motivation à en apprendre de nouveaux. Elle inclut également un aspect métalinguistique, c'est-à-dire le fait d'être conscient de la façon dont les mots sont construits. Les élèves sensibles aux mots sont toujours prêts à en apprendre de nouveaux, trouvent du plaisir et de la satisfaction à les employer correctement et saisissent les nuances dans le choix des mots tant à l'oral qu'à l'écrit (Baumann, 2009 ; Graves, 2009).

■ Les interventions

L'intérêt que vous portez vous-même au vocabulaire est une variable déterminante de la motivation des élèves à s'approprier le sens des mots. Les élèves se souviennent des enseignants qui leur ont donné le goût des mots en leur proposant des activités de nature à stimuler leur créativité langagière. Les activités de sensibilisation aux mots sont toujours agréables et stimulantes. De plus, la plupart d'entre elles prendront peu de votre temps et de celui des élèves.

- **Créer un environnement riche en mots.** Les murs de votre classe sont l'endroit idéal pour afficher des mots regroupés selon les thèmes abordés avec les élèves. Placez également dans la bibliothèque de votre classe plusieurs livres qui portent sur le vocabulaire et les jeux de mots.

- **Reconnaître l'emploi du mot juste.** Au moment où vous faites la lecture aux élèves, faites-leur observer la façon dont l'auteur choisit le mot juste pour exprimer ce qu'il veut dire.

- **Promouvoir les jeux de mots.** Exploitez les jeux de mots avec les élèves. Jouez à inventer des mots pour des choses qui n'ont pas de nom, mais qui pourraient en avoir un. Faites créer aux élèves des mots-valises au moyen de la contraction de deux mots.

- **Constituer des banques de mots.** Demandez aux élèves de noter dans un carnet les mots nouveaux qu'ils entendent ou lisent et qu'ils trouvent intéressants. Ou encore recueillez des « mots merveilleux » dans un bocal, puis affichez-les au tableau.

- **Profiter des situations d'écriture.** Favorisez la sensibilité aux mots durant les tâches d'écriture. Vous pouvez procéder de deux façons : 1) Avant l'écriture d'un texte portant sur un sujet particulier, proposez et expliquez aux élèves des mots qui seraient appropriés au sujet choisi ; 2) Encouragez les élèves à revoir le choix des mots durant le processus de révision. Ils peuvent se demander : Est-ce le meilleur mot pour exprimer ce que je veux dire ? Est-ce que j'ai employé ce mot trop souvent ? Devrai-je trouver un synonyme ?

- **Engager les élèves dans des travaux de recherche personnels.** Encouragez les élèves à effectuer des recherches sur des thèmes qui touchent le vocabulaire, comme les mots techniques employés dans certaines professions ou les noms des habitations de différents pays.

- **Parler avec les élèves des caractéristiques des mots.** Présentez aux élèves les mots nouveaux introduits dans le dictionnaire. Expliquez-leur le changement de sens de certains mots avec le temps. Encouragez les élèves de langue seconde à proposer des mots dans leur langue et à les comparer au français.

- **Expliquer l'origine des mots.** L'une des activités les plus profitables est de parler aux élèves de l'origine de certains mots et de certaines expressions. Ils seront curieux de savoir d'où viennent certains mots de leur quotidien, comme «poubelle», «Barbie» ou «sandwich».

28.3.2 Enseigner des stratégies d'apprentissage du vocabulaire

Comme il est impossible d'enseigner tous les mots aux élèves, il est essentiel de rendre ces derniers le plus autonomes possible dans l'acquisition de mots nouveaux. Les élèves voient régulièrement au cours de leurs lectures des mots dont ils ne connaissent pas le sens. Il est primordial qu'ils acquièrent des stratégies pour faire face à ce problème puisqu'ils rencontreront toute leur vie des mots nouveaux dans les textes qu'ils liront. Les stratégies d'apprentissage du vocabulaire comportent trois volets :

1. Se servir des indices du contexte pour déterminer le sens des mots nouveaux ;

2. Utiliser la morphologie (affixes et racines) pour formuler une hypothèse sur le sens du mot ;

3. Recourir au dictionnaire ou à d'autres ouvrages de référence pour trouver le sens des mots nouveaux.

■ Tirer parti du contexte

Les lecteurs habiles se servent des différents indices du texte pour dégager le sens d'un mot nouveau, comme les définitions, les mots de résumé, les comparaisons ou les synonymes. Il est donc justifié d'enseigner aux élèves la manière de se servir des indices du contexte pour élargir leur vocabulaire de façon autonome.

Les types de contexte. Même si l'examen du contexte favorise l'acquisition de mots nouveaux, il faut reconnaître que son utilité varie sensiblement d'un contexte à l'autre. On peut, en fait, distinguer quatre types de contexte :

1. Le contexte explicite, qui indique clairement le sens du mot nouveau ;

2. Le contexte général, qui permet d'attribuer un sens global au mot ;

3. Le contexte vague, qui ne donne aucune indication sur la signification du mot ;

4. Le contexte trompeur, qui oriente le lecteur vers une fausse conception du mot.

Il faut donc garder à l'esprit que les contextes naturels n'agissent pas de façon logique et systématique, mais varient grandement dans leur apport d'information. Les auteurs n'écrivent pas pour enseigner le vocabulaire mais pour raconter une histoire. Dans des situations naturelles, les élèves dégagent et apprennent spontanément le sens d'environ 15 % des mots inconnus qu'ils lisent. Il faut donc les sensibiliser au fait que, si le contexte est utile pour trouver le sens d'un mot, ce n'est pas pour autant un outil miracle, d'où l'importance de le combiner à d'autres moyens.

L'enseignement. Pour inciter les élèves à se servir du contexte, on a souvent tendance à leur dire simplement : « Utilisez les autres mots du texte. » Mais bien des élèves ne savent pas ce que l'on entend par là et ont besoin de recevoir un enseignement plus explicite à ce sujet. La meilleure façon de procéder consiste à profiter de la lecture d'un texte au groupe pour mettre en évidence la démarche des lecteurs efficaces. La séquence présentée ici a pour objectif de guider les élèves dans la façon de tirer profit du contexte (Beck, McKeown et Kucan, 2002).

1. Lire et reformuler. Lisez la phrase où apparaît le mot nouveau. Reformulez-la de manière à mettre en évidence le mot non familier.

2. Porter attention à la signification du contexte. Amenez les élèves à porter attention à l'ensemble du contexte et non uniquement au mot. Demandez-leur : Qu'est-ce qui se passe ? De quoi parle-t-on ici ?

3. Formuler une hypothèse de départ. Demandez aux élèves ce que le mot pourrait vouloir dire et incitez-les à justifier leur choix en se basant sur le contexte. S'ils ne trouvent pas la signification ou ne se servent pas du contexte, attirez leur attention sur les indices pertinents (p. ex. : les oppositions, les synonymes et les mots de résumé).

4. Considérer d'autres possibilités. Examinez d'autres choix de mots afin de ne pas laisser entendre aux élèves qu'il n'y a qu'une seule possibilité correcte pour le mot.

5. Résumer. Résumez la discussion afin que les élèves tirent une conclusion sur le sens du mot nouveau. Il est également important qu'ils comprennent que le contexte n'est pas toujours facilitant et qu'il faut savoir arrêter le processus de recherche quand il devient évident qu'il n'est pas possible de trouver le sens du mot à partir du contexte.

En résumé, trouver le sens d'un mot à l'aide du contexte doit être présenté comme un processus de résolution de problème. L'essentiel est que les élèves réfléchissent pendant la discussion et remarquent quelle information du texte est liée au mot nouveau. Il est important de commencer par se pencher sur le sens de l'extrait avant de leur demander ce que le mot pourrait signifier. Ensuite, il s'agit de procéder par essai et erreur pour vérifier si le mot qui nous vient à l'esprit concorde avec l'ensemble du contexte, sinon il faut formuler une nouvelle hypothèse.

Ajoutons qu'il est risqué de tabler uniquement sur l'utilisation du contexte pour élargir le vocabulaire des élèves en difficulté, et ce, pour plusieurs raisons : ils lisent peu, ils lisent peu de livres présentant du vocabulaire nouveau, ils ont souvent à faire face à des textes trop difficiles pour eux et ils sont moins habiles à tirer profit du contexte que les bons lecteurs. Cependant, on doit se rappeler que, lorsqu'un élève en difficulté possède de bonnes connaissances sur un sujet, comme le baseball ou le hockey, il a plus de facilité à inférer le sens de mots nouveaux quand il lit un texte portant sur ces sujets.

■ Se servir de la morphologie

Pour attribuer un sens aux mots nouveaux, il est parfois utile de recourir à la morphologie, c'est-à-dire de se servir des renseignements qui proviennent des préfixes, des suffixes et du radical des mots. Les élèves n'ont pas tendance à effectuer spontanément l'analyse des mots à l'aide de la morphologie ; c'est pourquoi un enseignement plus explicite peut être nécessaire (Baumann et autres, 2005). Les activités utilisant la morphologie consistent habituellement à regrouper les mots en séries pour montrer aux élèves en quoi la morphologie peut être utile. Idéalement, cela se fait dans une situation de résolution de problème plutôt que dans un cahier d'exercice.

Les préfixes. Plusieurs éléments jouent en faveur de l'enseignement des préfixes : ceux-ci sont présents dans bon nombre de mots, il y en a relativement peu, ils sont assez réguliers et ils facilitent la compréhension de plusieurs mots. Il n'est pas nécessaire d'aborder tous les préfixes. On insistera sur ceux que les élèves voient le plus souvent (*voir le tableau 28.2*). Les trois préfixes qui produisent le plus de mots sont « dé », « in » et « re ».

TABLEAU 28.2   Les premiers préfixes à enseigner

Préfixe	Sens	Formes	Exemples
Dé	Négation ou privation	dé dés des	défaire déshabiller desserrer
In	Négation ou privation	in il im ir	incroyable illogique impossible irresponsable
Re	Répétition ou retour (à un état antérieur)	re ré r	redire réécrire ou récrire rhabiller

Lorsque les élèves sont à l'aise avec les préfixes les plus courants, on passe aux préfixes un peu moins fréquents, comme « extra », « hyper », « super », « sur », « ultra », « sous », « pré », « post », « inter », « pro » et « anti ».

Les suffixes. Il est bon d'attirer l'attention des élèves sur les suffixes, même s'ils sont plus difficiles à apprendre et contribuent moins que les préfixes à la compréhension des mots nouveaux. Certains suffixes ont toutefois un sens clair, comme le diminutif « ette », ou ceux qui comprennent une connotation péjorative comme « ard », « aud » ou « asse » (vantard, noiraud et molasse). Les élèves découvriront que les suffixes peuvent former des noms, des adjectifs, des verbes et des adverbes (*voir le tableau 28.3, à la page suivante*).

TABLEAU 28.3   Les mots formés à partir de suffixes

	Nom	Adjectif	Verbe	Adverbe
Radical	violon	peur	chant	énorme
Nouveau mot	violoniste	peureux	chantonner	énormément

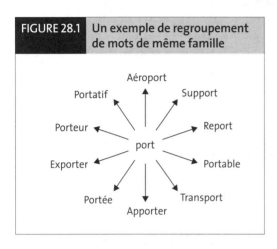

FIGURE 28.1   Un exemple de regroupement de mots de même famille

Aéroport · Portatif · Support · Porteur · Report · port · Exporter · Portable · Portée · Transport · Apporter

Le radical. Les élèves apprennent graduellement à porter attention au radical des mots. Ils comprennent que ceux qui ont le même radical sont liés et forment une famille de mots. Plusieurs radicaux ont une origine savante (grecque ou latine). Ces éléments peuvent se trouver au début ou à la fin d'un mot. Par exemple, l'élément «phone», qui signifie «son», se trouve au début du mot dans «phonologie» et à la fin dans «téléphone». Pour initier les élèves à l'observation du radical, commencez à dresser une liste de mots et demandez aux élèves de trouver, au cours de leur lecture, d'autres mots qui possèdent le même radical. Vous pouvez également leur présenter les regroupements de mots de même famille sous forme graphique (*voir la figure 28.1*).

■ Trouver le sens des mots dans le dictionnaire

Comme le contexte et la morphologie ne sont pas toujours suffisants pour trouver le sens des mots, le recours au dictionnaire est parfois indiqué. Les élèves doivent posséder plusieurs habiletés préalables avant de se servir adéquatement du dictionnaire pour trouver le sens des mots nouveaux:

- Ils doivent apprendre la façon de chercher un mot dont ils ne connaissent pas l'orthographe (p. ex.: humanité);
- Ils doivent apprendre à traiter les verbes conjugués: ils doivent comprendre qu'il est inutile de chercher «constatait» dans le dictionnaire ou «s'interrompre» sous la lettre «s»;
- Ils doivent apprendre à ne pas s'arrêter à la première définition, mais à chercher celle qui correspond au contexte.

Pour enseigner aux élèves à se servir du dictionnaire, votre première intervention consiste à leur montrer votre curiosité pour les mots, ce qui les conduira à consulter le dictionnaire de façon autonome. Si, chaque fois qu'un élève vous demande la définition d'un mot, vous répondez: «Cherche dans le dictionnaire», il apprendra non pas à recourir au dictionnaire, mais à ne plus vous demander le sens d'un mot. Si un élève vous demande la signification d'un mot, donnez-lui-en le sens, mais si vous ne le connaissez pas, cherchez-le de façon enthousiaste dans le dictionnaire.

Vous verrez que les élèves ne vous demanderont plus le sens des mots, mais le chercheront spontanément dans le dictionnaire.

Votre seconde intervention consiste à enseigner de façon explicite les différentes étapes de la consultation du dictionnaire. Par exemple, pour l'étape du choix de la bonne définition, lisez chacune des définitions du dictionnaire et discutez-en avec les élèves pour vérifier laquelle pourrait convenir à la phrase d'où provient le mot. Lorsqu'ils ont trouvé la bonne définition, demandez-leur de remplacer le mot par la définition choisie pour vérifier si la phrase a un sens.

28.3.3 Enseigner les mots nouveaux de façon explicite

Si les lectures personnelles sont indispensables pour assurer l'étendue du vocabulaire, l'enseignement des mots en classe a toujours sa place pour en arriver à la connaissance approfondie de leur signification. Au cours d'une année scolaire, un certain nombre de mots font l'objet d'un enseignement particulier. On considère qu'on peut enseigner en profondeur de 200 à 300 mots de vocabulaire en une année scolaire.

■ Le choix des mots à enseigner

Étant donné que le temps disponible en classe pour l'enseignement approfondi du vocabulaire est relativement restreint, il est important de bien choisir les mots à enseigner. Nous présentons ici deux façons de les choisir.

La première méthode. La première façon de choisir les mots à enseigner consiste à classer les mots en trois catégories afin de cibler ceux qui sont ni trop simples ni trop complexes pour les élèves (Beck, McKeown et Kucan, 2002).

- **Les mots usuels.** Ce sont les mots de base qu'ont acquis la plupart des enfants qui entrent à l'école. Ils servent aux conversations quotidiennes et ne requièrent habituellement pas d'enseignement à l'école (p. ex. : bébé, content et fleur).

- **Les mots qui caractérisent la langue écrite ou le langage scolaire.** Les enfants n'apprennent habituellement pas ces mots au cours de conversations, mais plutôt à l'école et dans les livres (p. ex. : analyse, coïncidence et absurde). Les mots à enseigner proviennent en majorité de cette banque de mots.

- **Les mots peu fréquents liés à un domaine précis.** Ces mots ne sont pas enseignés en dehors du contexte auquel ils appartiennent, habituellement celui des sciences (p. ex. : isotope et photosynthèse).

La seconde méthode. L'autre source d'information pour le choix des mots à enseigner est l'élève lui-même. Habituellement, l'évaluation que font les élèves de leur connaissance des mots est assez juste. Vous pouvez écrire les mots que vous avez choisis au tableau, puis les pointer un à un en demandant aux élèves de lever la main s'ils ne connaissent pas le mot pointé. Vous pouvez également écrire ces mots dans une grille d'autoévaluation (*voir l'encadré 28.1*). Il est important de bien indiquer aux élèves qu'ils ne sont pas évalués pour cette tâche et que le résultat vous sert à choisir les mots à leur enseigner.

ENCADRÉ 28.1	Un exemple de grille d'autoévaluation du vocabulaire			
	Je connais bien ce mot et je peux l'expliquer.	J'ai une certaine idée de ce que ce mot veut dire.	J'ai déjà vu ou entendu ce mot, mais je ne sais pas ce qu'il veut dire.	Je ne connais pas ce mot.
Fortifications				
Remparts				
Créneaux				
Remblais				

Si vous voulez évaluer votre propre habileté à prévoir les connaissances des élèves, concevez un test dans lequel vous choisissez cinq mots que, selon vous, la plupart de vos élèves connaissent et cinq autres que la plupart ne connaissent pas. Si vos prédictions concordent avec les résultats des élèves, bravo, sinon vous aurez à travailler à mieux connaître le niveau de vocabulaire de vos élèves.

■ Le choix du type d'enseignement

Une fois les mots sélectionnés, il s'agit de déterminer quel type d'enseignement est nécessaire.

Enseigner un mot nouveau représentant un concept inconnu des élèves. Il s'agit du type d'enseignement le plus difficile, car il faut enseigner un nouveau concept, ce qui demande d'enseigner en se servant d'exemples, de contre-exemples et idéalement d'une expérimentation concrète (p. ex. : le concept de démocratie ou de photosynthèse).

Enseigner un mot nouveau pour désigner un concept connu. Si un élève connaît les mots « batailleur » et « querelleur », et s'il possède une expérience concrète des concepts auxquels ils renvoient, enseigner le mot « belliqueux » sera une affaire d'association et de nuance.

Clarifier le sens d'un mot connu. Le sens premier que les élèves attribuent à un mot est souvent imprécis. Par exemple, ils savent que le mot « cadence » se rapporte au mouvement, mais ils ne savent pas comment l'employer dans une phrase. Le sens du mot se précise quand on le présente dans différents contextes.

Enseigner un nouveau sens pour un mot connu. Enseigner un nouveau sens pour un mot connu peut être particulièrement important en mathématiques ou en sciences. Par exemple, les élèves peuvent connaître le sens courant du mot « produit » (substance), mais non le sens du mot « produit » en mathématiques (résultat d'une multiplication). Pour ce mot, il s'agit de rappeler le sens déjà connu, de donner la nouvelle signification en fournissant une définition accessible, de discuter de la ressemblance entre les deux définitions ou, au contraire, de montrer qu'il n'y a pas de ressemblance entre les mots.

Faire passer le mot du vocabulaire passif au vocabulaire actif. Les élèves connaissent certains mots qu'ils n'utilisent pas spontanément lorsqu'ils parlent ou écrivent. Il faut les encourager à effectuer ce transfert du vocabulaire passif au vocabulaire actif. Discuter en petit groupe des travaux effectués dans différentes matières leur permet d'employer des mots de vocabulaire à l'oral avant de les inclure dans leurs textes.

28.4   La démarche de l'enseignement du vocabulaire

La démarche de l'enseignement du vocabulaire inclut l'explication directe du sens des mots, suivie d'activités d'approfondissement interactives et stimulantes. Un départ bien marqué est nécessaire pour que le processus s'enclenche bien, mais il faut ensuite offrir aux élèves un enseignement riche et de multiples occasions de lire et d'entendre les mots (Beck et McKeown, 2007 ; Graves, 2009).

28.4.1 La première présentation du mot

La première présentation d'un mot nouveau ne consiste pas simplement à en donner un synonyme ou une définition. Cette présentation comporte plusieurs composantes (Graves, 2009 ; Beck et McKeown, 2007).

Donner une définition accessible. Commencez par donner une définition accessible du mot, c'est-à-dire une définition précise que les élèves peuvent comprendre. Il ne s'agit pas de la définition du dictionnaire, mais d'une définition explicative. Ce type de définition emploie des mots plus simples que le mot à définir, une syntaxe facile à comprendre et évite l'effet circulaire. Créer une définition de ce type n'est pas toujours une tâche aisée.

Donner le sens le plus courant. Il est préférable de commencer par donner le sens le plus courant du mot plutôt que d'en préciser immédiatement toutes les significations. Les sens multiples viennent à mesure que les élèves font usage du mot.

Présenter plusieurs exemples. Les élèves ont besoin de deux ou trois exemples pour comprendre le sens du mot et pour ne pas s'en tenir à un seul contexte.

Procéder à une brève activité d'application. Il est approprié de procéder à une courte activité d'application tout de suite après avoir donné la définition. Par exemple, pour expliquer le mot « réticent » après en avoir donné une définition accessible, présentez aux élèves une série d'actions et demandez-leur de dire s'ils seraient réticents ou non à exécuter cette action, par exemple tenir une tarentule, caresser un chaton ou sauter du haut d'un grand arbre. Vous pouvez leur dire : «Pensez au mot " réticent ". Si je vous dis que c'est le temps d'aller au cours d'éducation physique mais que vous êtes réticent à y aller, à quoi ressembleriez-vous ? Faites comme si vous étiez réticent à aller au cours d'éducation physique.»

Faire prononcer le mot. Trop souvent, l'enseignant est la seule personne de la classe à prononcer le mot de vocabulaire enseigné. Le fait d'amener les élèves à prononcer le mot correctement les aide à s'en faire une représentation phonétique et à exercer leur mémoire auditive et musculaire.

Présenter le mot par écrit. Les élèves retiennent mieux un mot lorsqu'ils le voient en même temps qu'il est prononcé par l'enseignant (Ehri et Rosenthal, 2007). Il est également bon de faire écrire le mot par les élèves : en connaître l'orthographe contribue à la rétention du vocabulaire.

28.4.2 La poursuite de l'enseignement

Une fois le mot présenté aux élèves, il faut s'assurer qu'ils l'intègrent à leurs connaissances et peuvent l'employer tant à l'oral qu'à l'écrit. La poursuite de l'enseignement comprend différentes composantes : présenter le mot à plusieurs reprises, donner aux élèves des occasions de l'employer, en explorer les facettes et établir des liens avec d'autres mots.

■ Présenter le mot à plusieurs reprises

L'exposition répétée au vocabulaire dans différents contextes favorise l'apprentissage des mots. Avec les élèves de la 3e à la 6e année, on suggère de présenter 10 mots par semaine et d'effectuer des activités sur ces mots chaque jour. Chaque mot aura ainsi fait l'objet d'attention de 8 à 10 fois à la fin de la semaine (Beck, McKeown et Kucan, 2002).

■ Donner des occasions d'employer le mot

Il est essentiel que les élèves aient de nombreuses occasions d'employer les mots nouveaux dans de multiples contextes. Vous pouvez leur demander d'associer un mot nouvellement appris à leur expérience personnelle (p. ex. : dites-leur de décrire une situation dans laquelle ils pourraient «louanger» quelqu'un). Vous pouvez aussi leur demander de dessiner certains mots qu'ils viennent d'apprendre ou rendre les connaissances facilement disponibles en faisant des activités de type jeu-questionnaire qui obligent les élèves à réagir rapidement.

■ Explorer les facettes du mot

La plupart des mots ont plusieurs significations. Généralement, les mots monosémiques appartiennent à la langue spécialisée, technique ou scientifique, alors que les mots polysémiques sont employés dans la langue courante. Ce ne sont pas toujours les mots complexes et rares qui causent le plus de problème à la compréhension d'un texte, mais plutôt les mots connus des élèves, mais employés dans un sens qui n'est pas habituel pour eux. Les élèves croient à tort que ces mots sont transparents. Ils peuvent avoir de la difficulté à comprendre pourquoi des mots qui s'écrivent ou se prononcent de la même façon n'ont pas le même sens dans deux contextes différents.

Explorer les facettes des mots ne concerne pas uniquement les mots isolés, mais également les expressions de toutes sortes. Par exemple :

- les proverbes (p. ex. : chat échaudé craint l'eau froide) ;
- les expressions figées (p. ex. : poule mouillée) ;
- les allusions littéraires (p. ex : tire la chevillette, la bobinette cherra).

Parmi les activités qui portent sur les expressions, la préférée des élèves est celle qui consiste à interpréter au pied de la lettre des expressions figurées, comme « monter sur ses grands chevaux », « se noyer dans un verre d'eau », « tomber dans les pommes », « chercher une aiguille dans une botte de foin », « passer l'éponge » et « se mettre les pieds dans les plats ». Chaque élève choisit une expression et en illustre le sens littéral. On regroupe par la suite les dessins sous forme de murale et chacun explique au groupe le sens figuré de son expression.

■ Considérer les relations entre les mots

Les mots de la langue sont interreliés. Faire ressortir les relations qui existent entre eux permet de les enregistrer en réseau. Prenons les mots suivants : arbre, érable, bouleau, pin, forêt boréale, forêt tropicale et déforestation. La connaissance de chacun de ces mots est liée à celle d'un autre mot de l'ensemble par similarité ou par contraste. Deux activités sont particulièrement intéressantes pour établir des relations entre les mots : la matrice sémantique et l'échelle sémantique.

1. La matrice sémantique. La matrice sémantique est une technique qui fonctionne à partir de la notion de champ lexical, lequel regroupe des mots qui ont des rapports de sens ou qui proviennent du même domaine. La technique de la matrice sémantique consiste à comparer plusieurs mots les uns aux autres en fonction d'une certaine caractéristique et à compiler ensuite les résultats de ces comparaisons dans une matrice (*voir le tableau 28.4, à la page suivante*).

Cette méthode fonctionne bien avec les mots qui désignent des objets appartenant à une catégorie bien circonscrite, comme les habitations (maison, château, cabane, tente, bungalow, hutte, igloo, hôtel, gratte-ciel, etc.), les formes géométriques (carré, triangle, rectangle et parallélogramme), les planètes (Mercure, Vénus, Terre, Mars, Jupiter, Saturne, Uranus et Neptune) ou les instruments à cordes (violon, alto, violoncelle et contrebasse).

La démarche de la matrice sémantique comprend les étapes suivantes (Graves, 2009) :

- Présentez aux élèves une matrice et expliquez-leur la signification des symboles : le signe « + » indique la présence de la caractéristique et le signe « – », son absence. À certaines occasions, il est préférable d'utiliser une échelle à trois niveaux (1 : parfois ; 2 : souvent ; 3 : toujours) afin d'éviter les discussions interminables sur les cas d'exception.

- Discutez avec les élèves de leurs observations concernant la matrice.

- Lorsqu'ils comprennent bien la technique, présentez-leur une matrice ne contenant que les concepts et les caractéristiques. Faites-leur remplir cette matrice en sous-groupe.

- Par la suite, proposez aux élèves des matrices présentant quelques concepts et quelques caractéristiques et demandez-leur de prolonger la liste des concepts et des caractéristiques.

- Une fois qu'ils sont habiles, ils peuvent proposer leur propre matrice sémantique.

TABLEAU 28.4   Une matrice sémantique

Polygones	Côtés égaux	Côtés parallèles	Angle droit	Angle aigu	Angle obtus	Nombre de côtés
Carré	+	+	+	-	-	4
Rectangle	-	+	+	-	-	4
Parallélogramme	-	+	-	+	+	4
Triangle équilatéral	+	-	-	+	-	3
Triangle rectangle	-	-	+	+	-	3
Triangle isocèle	-	-	-	+	-	3
Octogone	±	-	-	-	+	8
Hexagone	+	-	-	-	+	6
Pentagone	±	-	-	-	+	5

La matrice sémantique permet de mettre en évidence les ressemblances et les différences parfois subtiles qu'il y a entre les mots d'un même champ sémantique.

2. L'échelle sémantique. Pour enseigner les mots qui diffèrent les uns des autres essentiellement par leur degré d'intensité, une présentation sous forme linéaire peut être appropriée. On peut penser aux listes de mots qui se rapportent à la température (congelé, froid, tiède, chaud et bouillant), au ton de la voix (chuchoter, murmurer, parler, crier et hurler) ou au temps (seconde, minute, heure, jour, semaine, mois, année, décennie, siècle et millénaire).

Il existe deux formes d'échelles sémantiques (Greenwood et Flanigan, 2007). Dans la première forme, l'enseignant fournit les mots à classer. Par exemple, demandez aux élèves de tracer une ligne horizontale sur une feuille et de placer un X au milieu de cette ligne. Le segment à gauche du X est réservé aux mots qui expriment le moins la qualité dont il est question, alors que le segment de droite est attribué aux mots qui expriment le mieux cette qualité. Le X constitue un territoire neutre.

Remettez aux élèves une liste de mots liés à la qualité en question et demandez-leur de les ordonner. Poursuivez l'activité en leur demandant de présenter leurs échelles et discutez avec eux de la façon dont ils perçoivent les nuances entre les différents mots.

La seconde forme d'échelle sémantique exige une production de la part des élèves et est, de ce fait, considérée comme plus difficile. Pour utiliser cette version, fournissez aux élèves les deux mots extrêmes de la liste (p. ex. : congelé et bouillant) et demandez-leur de la terminer, en équipe, puis de justifier leur choix.

Conclusion

L'enseignement du vocabulaire est un processus complexe. D'abord, l'enseignant doit être passionné et offrir un environnement langagier riche, car son enthousiasme joue le rôle de catalyseur pour les élèves. Il doit également encourager ceux-ci à élargir leur vocabulaire de façon autonome. De plus, il choisit les mots qu'il juge indispensables et les présente aux élèves dans un certain ordre. Il leur donne de nombreuses occasions de lier les mots nouveaux aux mots connus, d'en analyser la structure, d'en découvrir les différents sens et de les utiliser activement dans des situations authentiques. Rappelons-nous que les limites du vocabulaire sont celles de l'esprit : on ne connaît bien que ce qu'on peut nommer.

Les élèves en retard

Les lecteurs en retard sont des élèves qui n'arrivent pas à répondre aux exigences de leur niveau scolaire. Ils ont cessé de progresser et sont de plus en plus loin derrière leurs pairs. Ils ont souvent éprouvé des difficultés lors de l'entrée dans l'écrit et n'ont pas reçu l'aide appropriée. Cependant, plusieurs enfants qui n'éprouvaient pas de difficultés au début du primaire en connaissent par la suite. Dans ce chapitre, nous abordons les principes d'intervention pour les élèves en retard et proposons des pistes d'intervention pour l'identification de mots, la fluidité, la compréhension et la motivation.

29.1   Le portrait des élèves en retard

Les lecteurs en retard ne sont pas tous identiques mais, en général, ils présentent une ou plusieurs des caractéristiques suivantes :

- Ils ne décodent pas les mots avec précision, parce que leurs habiletés en identification de mots sont fragiles ;
- Ils ne lisent pas de façon fluide, parce que leur lexique orthographique est restreint ;
- Ils ont un vocabulaire limité, parce qu'ils ont fait peu de lectures personnelles au cours des années précédentes ;
- Ils peinent à comprendre les textes, parce qu'ils sont presque toujours placés devant des textes trop difficiles ;
- Ils ont souvent abandonné l'idée de devenir de bons lecteurs.

Le décrochage des lecteurs précaires est progressif et leurs difficultés passent souvent inaperçues pendant une période assez longue, ce qui finit par créer de la frustration et des obstacles plus difficiles à surmonter.

29.2   Les principes d'intervention

Le problème posé par les élèves en retard réside dans la difficulté de combler l'écart qui les sépare de leurs pairs. On ne peut supposer que cet écart se comblera de lui-même. Les élèves en retard doivent accroître leur habileté en lecture à un rythme plus rapide que celui des autres élèves s'ils veulent réduire l'écart qui les sépare de ces derniers. Pour y parvenir, ils ont besoin d'interactions pédagogiques positives plus nombreuses au cours d'une journée à l'école. Pour accroître le nombre de ces interactions, on peut procéder de deux façons : augmenter le temps d'enseignement et réduire la taille du groupe. Il faut ajouter à ces deux interventions la possibilité, pour les élèves, d'avoir accès à des textes à leur niveau.

29.2.1 Augmenter le temps de lecture

Il existe une donnée de recherche connue depuis longtemps, mais que l'on semble oublier lorsqu'on intervient auprès des élèves en difficulté : il s'agit de la corrélation qui existe entre la quantité de textes lus et la réussite en lecture (Spear-Swerling, Brucker et Alfano, 2010). Les recherches ont démontré que les élèves à risque lisent nettement moins que les autres. Le tableau 29.1 présente les résultats d'une étude classique portant sur le lien entre le nombre de mots lus dans une année et la réussite en lecture (Anderson et autres, 1988). On peut voir dans ce tableau qu'un élève de 5ᵉ année au 10ᵉ rang centile (très faible) lit environ 60 000 mots par année, alors qu'un élève au 50ᵉ rang centile (élève moyen) en lit environ 900 000, ce qui est 15 fois plus.

Tous les chercheurs s'entendent pour dire que les élèves en difficulté ont besoin de

TABLEAU 29.1 La réussite en lecture et la quantité de mots lus par les élèves de 5ᵉ année

Rang centile	Mots lus dans l'année
98	9 091 000
90	4 180 000
80	2 843 000
70	1 790 000
60	1 154 000
50	883 000
40	621 000
30	357 000
20	155 000
10	59 000
2	8 000

À partir de Anderson, R. C., Wilson, P. T. et L. G. Fielding. (1988). Growth in reading and how children spend their time outside of school. *Reading Research Quarterly*, 23(3), pp. 285-303.

consacrer plus de temps à la lecture (Allington, 2009 ; Strickland, Ganske et Monroe, 2009). Mais comment trouver du temps supplémentaire pour ces élèves ? Nous suggérons trois possibilités : mieux profiter du temps disponible en classe, intervenir en dehors des heures de classe et favoriser la lecture pendant les vacances estivales.

■ Profiter de tout le temps disponible à l'école

Si l'école commence à 8 h 30, il faudrait que l'enseignement commence à 8 h 30. Dans plusieurs écoles, les 20 premières minutes sont consacrées à faire entrer les élèves, les faire se mettre en rang, prendre les présences et recueillir les billets d'excuse. Imaginez un magasin qui annonce 8 h 30 comme heure d'ouverture, mais qui en fait n'ouvre qu'à 8 h 50 parce que les employés sont en train de se préparer... De plus, dans les écoles où la journée se termine à 15 h 30, les élèves commencent à ranger leurs livres à 15 h 15. Ainsi, en modifiant l'organisation du début et de la fin de la journée, il est possible de récupérer une demi-heure de lecture par jour (Allington, 2001).

Les interruptions fréquentes au cours de la journée grugent également du temps d'enseignement : l'orthopédagogue qui vient chercher des enfants, une visite du directeur, un message diffusé dans l'école, etc. On peut considérer qu'il y a environ 10 interruptions par jour, lesquelles prennent en moyenne 3 minutes chacune : ce sont donc 30 minutes de lecture qui disparaissent. Enfin, en plus de mieux gérer le temps passé en classe, l'enseignant peut augmenter le temps consacré à la lecture en l'intégrant de façon plus systématique à toutes les matières scolaires.

■ Offrir des séances en dehors des heures de classe

Il est possible d'augmenter le temps consacré à la lecture en ajoutant des séances en dehors des heures de classe. Il existe d'ailleurs déjà de nombreux programmes d'aide aux devoirs qui sont fort utiles, particulièrement en milieu défavorisé. Cependant, les devoirs sont souvent trop difficiles et trop longs pour les élèves en difficulté ; c'est pourquoi l'enseignant doit les adapter à ces élèves pour que l'aide du tuteur soit efficace. En plus de l'aide aux devoirs, on peut offrir à ces élèves des ateliers de lecture. Toutefois, si on leur demande d'assister à des séances en dehors des heures de classe, celles-ci doivent être motivantes et efficaces : d'une part, il ne faut pas que les élèves perdent leur temps et, d'autre part, il faut qu'ils y trouvent du plaisir et soient motivés à s'engager dans les activités (Allington, 2009).

■ Favoriser la lecture pendant les vacances estivales

Plusieurs études ont montré que les élèves en difficulté perdent de leurs habiletés en lecture entre le début et la fin des vacances d'été, particulièrement les élèves provenant de milieux défavorisés. On calcule que chaque période de vacances occasionne un écart d'environ trois mois entre les élèves de milieu moyen et les élèves de milieu défavorisé. Cet écart annuel est cumulatif et peut atteindre un écart de un an et demi à la fin du primaire (Allington et McGill-Franzen, 2003). Ces pertes expliquent la moitié de l'écart dans le rendement des élèves au secondaire (Alexander, Entwisle et Olson, 2007).

La lecture pendant les vacances est l'une des clés pour réduire l'écart de rendement entre les élèves. La plupart des élèves de milieux défavorisés ne lisent pas durant les vacances, souvent faute de livres à la maison. Il faut trouver des moyens de mettre des livres dans les mains de ces élèves pendant les vacances. Ce que l'enseignant fait en classe durant le dernier mois peut augmenter les probabilités que les élèves choisissent de lire pendant l'été. Par exemple, durant les dernières semaines d'école, vous pouvez suggérer chaque jour des livres susceptibles d'intéresser les élèves. Ces derniers peuvent dresser une liste des livres qu'ils aimeraient lire durant les vacances. Une stratégie intéressante est celle des « trois-par-jour », qui consiste à présenter chaque jour trois livres de genres différents, par exemple un roman, un livre documentaire et un recueil de poésie (Gambrell, 2009).

29.2.2 Intervenir en sous-groupe

Il est impératif d'ajouter des séances d'enseignement en petit groupe pour les élèves en retard. Les sous-groupes sont temporaires pour ce qui est des membres et des objectifs, étant donné qu'on espère que les élèves évolueront grâce aux interventions. Les regroupements peuvent être effectués avec des élèves provenant de la même classe ou de différentes classes. La composition de certains sous-groupes sera homogène, comme dans les activités de compréhension guidée, alors qu'elle sera hétérogène pendant d'autres activités, comme les cercles de lecture et les théâtres de lecteurs (D'Agostino et Murphy, 2004).

29.2.3 Fournir des textes appropriés

On ne saurait trop insister sur l'importance pour les élèves en difficulté d'avoir accès à des livres qui correspondent à leur niveau d'habileté (Allington, 2009 ; Hiebert et Martin, 2009). Les textes trop difficiles ont un effet sur le comportement des élèves. Observez-les pendant la lecture silencieuse. Y a-t-il un élève qui montre des signes de frustration, qui semble dans la lune, qui ne tourne pas les pages aussi souvent que les autres ? Demandez à cet élève de vous lire un court passage de son livre et écoutez sa lecture. Il y a fort à parier qu'il ait dans les mains un texte trop difficile pour lui. Plusieurs élèves sont placés quotidiennement, et ce, pendant plusieurs années, devant des textes trop difficiles. L'effet cumulatif de cette pratique entraîne chez eux une perte de confiance en leur habileté à lire.

L'intervention efficace auprès des élèves en difficulté commence donc par le choix des textes qui correspondent à leur niveau d'habileté en lecture. De plus, il est important que ces textes soient intéressants, liés à la vie personnelle des élèves et appropriés culturellement.

■ Déterminer le niveau de difficulté des textes

Comment déterminer le niveau de difficulté d'un texte ? Trois moyens sont à votre disposition. Premièrement, vous pouvez compter sur votre propre expérience. Deuxièmement, vous pouvez écouter la lecture de l'élève et évaluer quel est son pourcentage de précision en identification de mots (rappelons qu'un résultat de moins de 90 % de mots correctement identifiés indique que le texte est trop difficile pour l'élève). Troisièmement, vous pouvez recourir aux formules de lisibilité. Celles-ci prennent habituellement en compte la longueur des phrases et des mots ainsi que la présence de mots peu usuels. Ces formules sont précises et objectives et peuvent rendre service, par exemple lorsqu'on veut choisir un texte approprié pour faire une évaluation. Pour la langue française, le logiciel LISI permet de déterminer rapidement le niveau scolaire auquel un texte convient (Mesnager et Bres, 2008).

■ Trouver des textes qui intéressent les élèves

Les élèves en difficulté ont besoin de textes à leur niveau, mais également de livres qu'ils trouvent attrayants. Ils sont sensibles à certaines caractéristiques :

- Livres minces et chapitres courts ;
- Texte aéré ;
- Présence d'au moins quelques illustrations, surtout des personnages ;
- Personnages bien définis ;
- Intrigue comportant beaucoup d'action et commençant rapidement ;
- Langage réaliste ;
- Mystère et humour.

La plupart des élèves aiment les livres dont le personnage principal a le même âge qu'eux ou est un peu plus âgé qu'eux. Habituellement, quand les élèves en difficulté disent qu'on leur donne des livres de bébé, ils ne font pas allusion à la longueur du livre ou aux illustrations, mais à l'âge des personnages. Un élève de 12 ans ne veut pas lire une histoire qui porte sur un garçon de 8 ans.

Chose curieuse, même si, en principe, le texte informatif est plus difficile que le texte narratif, les élèves moins habiles en lecture le préfèrent souvent (Spear-Swerling, Brucker et Alfano, 2010). Deux raisons expliquent cela : d'abord, le texte documentaire permet de grappiller de l'information sans avoir à s'engager dans une lecture à long terme ; ensuite, certains enfants (principalement des garçons) sont intéressés par les faits et n'ont pas d'intérêt pour la fiction. Choisir un texte informatif qui porte sur des sujets qui intéressent les élèves peut être une bonne façon de nourrir leur motivation à lire.

29.3 Les principaux problèmes des lecteurs en retard

Les problèmes de lecture des élèves sont multiples et ont plusieurs causes. Les lecteurs en retard peuvent éprouver des difficultés en identification de mots, par rapport à la fluidité ou à la compréhension. Ces difficultés sont évidemment en interrelation. De plus, les élèves en difficulté manifestent souvent un manque de motivation. Nous abordons séparément chacune de ces grandes catégories de difficultés.

29.4 Les problèmes en identification de mots

Les élèves en retard qui éprouvent des difficultés en identification de mots connaissent les bases de la lecture, mais trébuchent souvent sur les mots en cours de lecture.

Si un élève fait plus d'une méprise tous les 10 mots dans un texte de son niveau scolaire, il a probablement besoin de travailler ses habiletés en identification de mots. Pour dresser un portrait des habiletés d'un élève, vérifiez les quatre éléments suivants :

1. Quelles connaissances l'élève possède-t-il au sujet des correspondances lettre-son ?

2. Éprouve-t-il de la difficulté avec les mots polysyllabiques ?

3. Essaie-t-il de deviner certains mots parce qu'il surutilise le contexte ?

4. Quelle est l'étendue de son lexique orthographique ?

Il importe de s'assurer que les élèves en difficulté terminent au plus tôt leur apprentissage des habiletés en identification de mots.

29.4.1 Une connaissance incomplète des relations lettre-son

À partir de la 3e année, les problèmes de décodage sont rarement attribuables à un manque de connaissances des relations lettre-son. Cependant, certains élèves peuvent montrer une faiblesse dans le cas des correspondances moins fréquentes et de certaines structures syllabiques. Des ateliers en sous-groupe avec des élèves qui éprouvent les mêmes difficultés leur sont donc profitables. Ces ateliers peuvent ressembler à ceux qui sont faits avec les élèves plus jeunes, mais le choix des syllabes et des correspondances lettre-son est différent.

29.4.2 La difficulté avec les mots polysyllabiques

L'une des principales difficultés des élèves en retard est la lecture de mots polysyllabiques. Chez les lecteurs débutants, cette difficulté est normale, mais elle persiste chez plusieurs élèves plus âgés. Ouzoulias (2004) suggère une séquence de trois activités pour apprendre aux élèves à lire les mots polysyllabiques :

1. La prise de conscience. Amenez les élèves à constater qu'en français les syllabes peuvent être composées de deux lettres (le «pa» de patin), de trois lettres (le «son» de chanson), de quatre lettres (le «vail» de travail) ou de cinq lettres (le «cheur» de blancheur). Préparez des cartons collectifs sur lesquels sont écrites les syllabes isolées et travaillez la lecture de ces syllabes afin de provoquer une prise de conscience chez les élèves : «On conclut que, pour savoir jusqu'où va une syllabe en français, ce n'est pas très facile : tantôt une syllabe a deux lettres, tantôt trois, etc. Il faut toujours aller voir plus à droite s'il ne faut pas prendre plus de deux lettres» (Ouzoulias, 2004, p. 75).

2. Les cartons éclair de syllabes. À partir des cartons collectifs confectionnés pour l'activité précédente, indiquez aux élèves qu'ils devront lire rapidement les syllabes en se servant souvent de plus de deux lettres. Montrez-leur chaque carton pendant une seconde, de façon qu'ils ne puissent décoder les syllabes lettre à lettre, mais qu'ils mémorisent plutôt des séquences plus longues de lettres.

3. L'utilisation de textes présegmentés en syllabes. Segmentez un texte en syllabes en alternant les caractères gras et les caractères maigres. Présentez sur une feuille deux versions du texte : en haut de la page, la version originale, et en bas de la page, la version segmentée. Les élèves lisent la version originale du texte et, s'ils éprouvent de la difficulté à identifier un mot, ils peuvent s'aider de la version segmentée en syllabes.

29.4.3 La surutilisation du contexte

Chez le lecteur débutant, le contexte sert à complémenter des habiletés naissantes en identification de mots ; cette utilisation est normale. Cependant, lorsque le lecteur maîtrise bien les habiletés de décodage, il n'utilise plus le contexte pour identifier les mots. Il se sert essentiellement du contexte pour trouver le sens de mots nouveaux. Chez le lecteur en difficulté, par contre, le contexte sert à compenser la connaissance parcellaire du code. Ce lecteur surutilise le contexte pour pallier ses habiletés déficientes en identification de mots. Il lit le début du mot et en devine le reste. La dépendance au contexte entrave ses habiletés de compréhension. On constate un déclin de la compréhension en lecture vers la 3e ou la 4e année chez les enfants qui surutilisent le contexte.

Ce n'est pas l'utilisation du contexte comme telle qui a une influence causale négative sur l'acquisition de la lecture, c'est le fait qu'elle serve à compenser des habiletés mal acquises en identification de mots qui, elles, sont une cause des difficultés en lecture. On peut conclure en disant que ce sont les élèves faibles ou plus jeunes qui utilisent le contexte pour identifier les mots.

Nous proposons ici une technique qui convient aux élèves qui surutilisent le contexte au détriment de l'identification précise de mots. Ces élèves sont capables d'identifier les mots lorsque vous les leur présentez de façon isolée et que vous les encouragez à porter attention aux détails des mots. Cependant, pendant la lecture d'un texte, ils lisent sans s'autocorriger et font des méprises qui révèlent un réel manque d'attention portée aux mots (p. ex. : « jusqu'à la fermeture » est lu « jusqu'à la fenêtre »). La technique « lecture phrase par phrase » permet à ces élèves de porter davantage attention aux mots et d'apprendre à s'autocorriger (Buettner, 2002).

1. Choisissez un texte (un paragraphe ou une page de livre) correspondant au niveau d'apprentissage de l'élève. Activez les connaissances de l'élève sur le texte, encouragez-le à faire des prédictions et, au besoin, expliquez-lui les concepts clés qui ne lui sont pas familiers.

2. Demandez-lui de compter le nombre de phrases que contient le texte et d'indiquer la fin d'une phrase au moyen d'une barre oblique.

3. Dites-lui ensuite de lire une phrase à la fois et de prendre tout le temps nécessaire pour préparer sa lecture. Il peut demander de l'aide au besoin. La préparation n'est pas nécessairement silencieuse ; on entend parfois l'élève se préparer à voix basse. À un signal prédéterminé (p. ex. : une clochette), il vous indique qu'il est prêt à lire sa phrase à haute voix.

4. Pendant la lecture, notez toutes les méprises, corrigées ou non. Si vous jugez que la lecture n'est pas congruente avec le texte, faites un retour sur les méprises.

5. Rappelez à l'élève qu'il est normal, et même souhaitable, de demander de l'aide au besoin. La demande d'aide constitue un moment privilégié pour enseigner, parce que l'élève a lui-même situé ses difficultés. On doit idéalement l'aider à utiliser les stratégies d'identification de mots déjà enseignées. De façon exceptionnelle, donnez-lui un mot qu'il n'arrive pas à lire. Si vous avez à lui donner plusieurs mots, c'est qu'il n'est pas prêt pour cette stratégie ou que le texte est trop difficile pour lui.

Cette technique doit être utilisée pendant une courte période. Il ne serait pas profitable de s'en servir à long terme. On l'abandonne lorsque l'élève montre qu'il est capable de préparer adéquatement sa lecture, ce qui se manifeste par moins de méprises, plus d'autocorrections et un sentiment de confiance chez l'élève.

29.4.4 Des lacunes dans le lexique orthographique

Pour qu'un mot entre dans le lexique orthographique des élèves, il doit d'abord être bien décodé, puis la séquence des lettres doit être mémorisée. Les élèves ont surtout de la difficulté à reconnaître rapidement et à écrire correctement les mots plus longs. La technique proposée ici sert tant à lire les mots qu'à les écrire (Powell et Aram, 2008) :

- Faites séparer le mot en syllabes orales par l'élève (p. ex. : hi-ron-delle).
- Demandez-lui de lire et de souligner chaque syllabe du mot.
- Dites-lui ensuite de lire et d'épeler chaque syllabe.
- Invitez-le à encercler les parties problématiques du mot : « À quel endroit penses-tu que tu auras des problèmes à te souvenir de l'orthographe de ce mot ? » La plupart des élèves sont capables de dire ce qui leur posera problème.
- Dites à l'élève d'étudier les syllabes encerclées et encouragez-le à chercher un moyen de se souvenir de la façon de les écrire.
- Remettez une feuille à l'élève et demandez-lui d'écrire le mot sans modèle : « Dis la première syllabe et écris-la, fais la même chose pour la deuxième, etc. »
- Faites vérifier le mot à l'élève et répétez le processus si nécessaire.
- Par la suite, l'élève utilise la technique seul.

Il est important de ne pas employer de barres obliques pour séparer les mots en syllabes, car celles-ci modifient la représentation visuelle du mot (p. ex. : ma/nu/fac/ture).

29.5   Les problèmes de fluidité

À la fin du primaire, la plupart des lecteurs en retard sont capables de faire une lecture assez précise, mais plusieurs lisent lentement. Certains prennent tant de temps à lire qu'ils ne peuvent porter attention au message. Il est essentiel d'apporter une aide appropriée à ces élèves.

29.5.1   La démarche d'intervention globale

L'enseignement de la fluidité aux lecteurs en retard doit s'inscrire dans une démarche d'intervention globale (Allington, 2006).

- La première étape consiste à faire vivre aux élèves des expériences de réussite en lecture tout le long de la journée en leur fournissant des livres qu'ils peuvent lire de façon adéquate (précision, fluidité et compréhension). Chaque jour, on leur donnera également un texte légèrement plus difficile dans une situation de lecture guidée.

- La deuxième étape consiste à ajouter des séances de lecture répétée durant une durée déterminée (par exemple, trois semaines). L'objectif de ces activités est de permettre aux élèves qui lisent mot à mot depuis longtemps de voir ce que veut dire « lire de façon fluide ». Ces activités de lecture répétée doivent aussi inclure la compréhension.

- La troisième étape consiste à s'assurer que les lecteurs en retard lisent une plus grande quantité de mots par jour que les élèves qui évoluent normalement. Cette condition est essentielle si l'on veut combler leur retard.

29.5.2   Des activités pour améliorer la fluidité

Nous présentons ici quelques activités pour aider le lecteur en difficulté à améliorer sa fluidité en lecture : la lecture assistée, la lecture répétée et la lecture par groupes de mots.

■ La lecture assistée

La lecture assistée consiste pour l'élève à lire avec un lecteur compétent qui lui sert de modèle et l'aide au besoin. Elle peut prendre deux formes :

1. La lecture assistée en tandem. La lecture assistée en tandem consiste à réunir un élève peu habile en lecture et un élève habile qui lui sert de tuteur. Ce dernier peut être différent chaque semaine. On choisit les textes parmi tout ceux que peut lire le tuteur et qui intéressent les deux élèves. Ceux-ci s'assoient côte à côte et lisent à voix haute le même livre. Le tuteur suit le texte du doigt en lisant à un rythme normal et en évitant le mot à mot. Son compagnon regarde les mots au fur et à mesure de la lecture et essaie d'en lire autant qu'il peut.

2. La lecture assistée avec un adulte. L'adulte lit le texte d'abord, pendant que l'élève suit celui-ci des yeux. Le fait d'être exposé à un bon modèle de lecture orale l'aide à voir comment l'intonation peut faciliter la compréhension du texte. Ensuite, l'élève lit le même texte à l'adulte, qui le guide dans l'identification de mots et dans l'expression et lui prodigue des encouragements. L'élève relit le passage jusqu'à ce que sa lecture soit fluide.

■ La lecture répétée

La lecture répétée est considérée comme un moyen efficace d'améliorer la fluidité en lecture (*voir le chapitre 19*). Pour montrer aux élèves en difficulté l'efficacité de la lecture répétée, vous pouvez leur en faire une brève démonstration. Remettez un texte aux élèves et donnez le signal du début de la lecture. Après deux minutes, donnez le signal de la fin de la lecture. Les élèves marquent l'endroit où ils sont rendus dans le texte. Répétez deux fois la démarche. Ils se rendront compte qu'ils ont lu plus de mots la troisième fois que la première. Lorsqu'ils auront compris l'utilité de la lecture répétée, il s'agira de leur fournir des occasions qui amènent de façon naturelle la relecture de texte. Par exemple, des élèves en difficulté de 5e ou 6e année peuvent se préparer à faire la lecture à des sous-groupes d'élèves de la maternelle.

■ La lecture par groupes de mots

Une autre façon de favoriser la lecture fluide consiste à découper le texte en unités de sens. Si l'élève éprouve de la difficulté à regrouper les mots qui forment une unité de sens, la présentation de textes qui marquent graphiquement cette structure à l'écrit devrait faciliter la lecture. Un exemple de ce type d'activité est la marche rythmique, activité qui ajoute le mouvement à la lecture par groupes de mots (Peebles, 2007). Pour faire cette activité, il s'agit de choisir un texte court, intéressant et au niveau des élèves du sous-groupe (poème, récit ou texte informatif), puis de procéder de la façon suivante :

- Découpez le texte en groupes de mots.
- Écrivez chaque segment sur une bande de carton rectangulaire (les lettres auront de trois à quatre centimètres).
- Placez les bandes dans l'ordre de façon à former un sentier autour de la classe. Assurez-vous qu'elles sont à un pas de distance les unes des autres.
- Les élèves se placent en file au départ de la marche.
- Le premier élève lit la première bande à voix haute, puis saute à la bande suivante, qu'il lit aussi. Il continue ainsi jusqu'à la fin du texte.
- Le deuxième élève commence quand l'élève précédent a lu les trois premières bandes.
- Quand un élève a terminé, il se met de nouveau dans la file et reprend le processus.

- Intégrez la marche et profitez de l'occasion pour donner l'exemple d'une lecture comprenant rythme et intonation.
- Après la marche rythmique, les élèves lisent le passage original en entier pour transférer leur apprentissage au texte non découpé.

Il faut bien comprendre que découper les textes en groupes de mots pour les élèves n'est qu'une première étape. L'objectif est évidemment qu'ils apprennent eux-mêmes à le faire.

29.6   Les problèmes de compréhension

Le milieu scolaire est depuis longtemps conscient de la baisse de compréhension en lecture chez certains élèves à partir du milieu du primaire. Des élèves qui réussissaient bien en lecture jusque-là commencent à éprouver de la difficulté en compréhension. Cette difficulté s'accroît à mesure que les textes deviennent plus exigeants sur le plan du vocabulaire, de la complexité des phrases, de la densité de l'information et des inférences requises pour le comprendre. Les résultats des élèves chutent en 4e année et continuent de le faire en 5e et 6e année (Graves, 2009). Ce constat est particulièrement présent dans les milieux défavorisés. Les problèmes de compréhension sont donc très fréquents chez les élèves en retard et doivent faire l'objet d'interventions appropriées.

29.6.1   Déterminer la source des problèmes

Lorsqu'un élève éprouve des difficultés en compréhension de la lecture, la première action à entreprendre est de déterminer la source de son problème. Il s'agit d'abord de vérifier s'il peut comprendre les textes lorsqu'on lui en fait la lecture. Si l'élève comprend bien un texte lu par l'adulte, mais ne le comprend pas lorsqu'il le lit seul, ses difficultés en compréhension relèvent fort probablement d'une faiblesse dans son traitement des mots écrits. Si, au contraire, son résultat en compréhension à l'oral est aussi faible que son résultat en compréhension à l'écrit, ses problèmes de compréhension de la lecture dépendent probablement de la faiblesse de ses habiletés langagières.

Même s'il est logique de penser que les problèmes de compréhension à l'oral sont la cause des problèmes de compréhension à l'écrit, il ne faut pas oublier l'hypothèse complémentaire : les difficultés en lecture font en sorte que l'élève lit moins et, de ce fait, acquiert moins de connaissances et de vocabulaire, ce qui conduit à un langage oral moins élaboré (Nation, 2006). Des études ont montré que les élèves qui lisent beaucoup améliorent leur intelligence verbale (Cunningham & Stanovich, 2003). La lecture peut donc aider les élèves à compenser un niveau modeste d'habiletés cognitives en élargissant leur vocabulaire et en augmentant leurs connaissances générales.

29.6.2 Les interventions en compréhension

L'objectif des interventions en compréhension est d'aider les élèves à améliorer leur compétence à se faire une représentation cohérente des textes qu'ils lisent. Ces interventions ont avantage à être prodiguées à de petits groupes d'élèves.

■ Préparer la lecture avec les élèves

Avant d'entamer la lecture, il est utile que l'enseignant prépare les élèves en difficulté aux idées qu'ils découvriront dans le texte. Si la préparation est profitable à l'ensemble des élèves, elle est indispensable aux élèves en difficulté. En plus d'activer leurs connaissances, la préparation consiste à exposer en quelques minutes les grandes lignes du texte à lire et à expliquer les concepts préalables de façon que les élèves aient déjà une structure mentale leur permettant d'intégrer l'information du texte à venir.

■ Guider la compréhension pas à pas

Les discussions sur le texte en cours de lecture sont bénéfiques pour les lecteurs en difficulté. Elles les aident à se faire une représentation pas à pas du texte en intégrant la nouvelle information à celle qui a été lue. Pour que les élèves apprennent à se représenter mentalement le texte, il est nécessaire de travailler non pas sur le texte en entier, mais sur des passages manipulables. Il est essentiel de découper soigneusement le texte de façon à faciliter la compréhension des élèves. Un passage du texte doit contenir assez d'informations pour qu'ils s'en fassent une représentation. Un passage trop court peut parfois orienter les élèves vers des détails et leur faire perdre de vue les idées importantes. Cependant, le passage choisi ne doit pas être dense au point que les élèves ne sachent où diriger leur attention (Beck et McKeown, 2006).

Les discussions servent également à rendre transparents pour les élèves les processus de compréhension. Pour que ces processus leur soient accessibles, il faut que les textes soient abordables. On ne doit pas s'acharner à essayer de faire comprendre un texte trop difficile, mais veiller à augmenter graduellement la difficulté des textes (Adams, 2009).

■ Proposer des schémas pour organiser l'information

Pour les élèves qui éprouvent des difficultés en compréhension, représenter graphiquement le texte au moyen de schémas est une bonne piste d'intervention. Schématiser, c'est réduire un tout complexe à un squelette pour en faire apparaître la structure. Percevoir la structure de l'information contenue dans le texte permet de faire des liens entre les idées. L'un des avantages des schémas est que l'on peut les employer tant avec le texte narratif qu'avec le texte informatif. Plusieurs études ont montré qu'enseigner la représentation graphique du contenu du texte aux élèves de la 3e à la 6e année améliore leur compréhension ; cette amélioration est encore plus marquée chez les élèves en difficulté (National Reading Panel, 2000).

29.7   Les problèmes de motivation

Est-ce le manque de motivation qui entraîne les difficultés en lecture ou les échecs répétés qui minent la motivation? Comme la majorité des enfants sont motivés à lire au début de la 1re année et comme les problèmes de motivation s'accroissent avec le temps, la probabilité est plus grande que ce soient les difficultés en lecture qui nuisent à la motivation des élèves. On reconnaîtra facilement qu'il est difficile de rester motivé quand les échecs se succèdent. Il s'ensuit qu'il faut travailler à la fois à améliorer les habiletés en lecture des élèves et leur motivation. Plusieurs interventions favorisant la motivation ont été proposées au chapitre 18, comme laisser les élèves faire des choix, leur fournir des textes intéressants et promouvoir le travail collaboratif. Nous ajoutons à cette liste le rôle de l'apprentissage par projet, qui peut servir les élèves de tous les niveaux d'habileté, mais en particulier ceux qui ne réussissent pas bien à l'école. Cette démarche a, dans certains cas, le pouvoir de renverser les patrons d'échec des élèves en difficulté.

Conclusion

Alors que la prévention à la maternelle et les interventions au début du primaire visent à éviter que les élèves prennent du retard, de la 3e à la 6e année, les interventions servent à combler le retard accumulé par ceux qui sont en difficulté. Il faut pour cela accélérer et enrichir les interventions. On a longtemps eu tendance à ralentir le rythme, à alléger les tâches, à diminuer les attentes pour les élèves à risque. Si les enfants ont manqué d'expériences de lecture, il faut au contraire enrichir leur programme. Plus on laisse l'écart s'agrandir entre les élèves en difficulté et les autres, plus il est difficile de rattraper le retard.

L'évaluation de la lecture

L'évaluation constitue un aspect essentiel de l'enseignement de la lecture. C'est elle qui permet d'orienter les interventions et de juger des progrès des élèves. Ce chapitre présente des outils d'évaluation de la lecture pour les élèves de la 3e à la 6e année. Certains concernent la compréhension, d'autres portent sur la fluidité et l'identification de mots, d'autres encore ont pour objectif l'évaluation des aspects affectifs de la lecture. Pour commencer ce chapitre, nous présentons une méthode rapide d'évaluation de la lecture.

30.1 Une méthode rapide d'évaluation de la lecture

La méthode présentée ici permet de dresser en quelques minutes un premier portrait de la lecture des élèves en portant un jugement sur leurs habiletés en identification de mots, la fluidité de leur lecture et leur compréhension orale. Pour les lecteurs en difficulté, il faudra poursuivre cette démarche à l'aide d'évaluations plus détaillées.

30.1.1 La démarche

La démarche consiste à faire lire oralement l'élève pour évaluer ses habiletés en identification de mots et la fluidité de sa lecture. Par la suite, vous lui lirez le texte en entier et lui demanderez d'en faire un rappel. Le fait de lire le texte vous-même élimine les effets du décodage ou de la fluidité sur la compréhension de l'élève (Rasinski et Padak, 2005).

1. Choisissez un texte de 200 à 300 mots qui correspond au niveau scolaire de l'élève.

2. Présentez-lui le texte et demandez-lui de le lire oralement comme il le fait habituellement. Arrêtez sa lecture après 60 secondes.

3. Pendant la lecture, si l'élève s'arrête devant un mot sans essayer de le prononcer pendant deux secondes, ou s'il essaie de le décoder mais qu'il est évident qu'il a peu de chance de réussir, dites le mot à l'élève et invitez-le à continuer à lire. Pendant la lecture orale, placez votre copie du texte devant vous et soulignez tous les mots mal identifiés, indiquez les mots omis et ceux que vous avez lus pour l'élève. Si un mot a été mal identifié puis corrigé par l'élève, entourez-le et écrivez C au-dessus. À la fin des 60 secondes, indiquez par une barre oblique où l'élève est rendu dans sa lecture.

4. Lorsque l'élève a terminé les 60 secondes de lecture, dirigez son attention au début du texte et demandez-lui de le suivre des yeux pendant que vous le lirez oralement. Avertissez-le qu'à la fin de la lecture vous lui demanderez de faire un rappel du texte. Lisez le passage au complet de façon naturelle et expressive.

5. Après votre lecture, retirez le texte et demandez à l'élève de vous dire ce dont il se souvient.

30.1.2 Le calcul et l'interprétation des données

Une fois la lecture et le rappel terminés, vous pouvez procéder à l'analyse de l'identification de mots, de la fluidité et de la compréhension orale de l'élève :

L'identification de mots. Calculez le pourcentage de mots correctement identifiés. Ce calcul permet de voir si l'élève se situe à un niveau d'autonomie, d'apprentissage ou de frustration vis-à-vis d'un texte de son niveau scolaire. Rappelons qu'un résultat de 96 % et plus en identification de mots correspond au niveau d'autonomie, de 90 % à 95 %, au niveau d'apprentissage, et de moins de 90 %, au niveau de frustration.

La fluidité. Calculez le nombre de mots lus correctement en une minute ainsi que le niveau de lecture expressive (*voir les tableaux 30.3 et 30.4 aux pages 351 et 352*). Cette évaluation permet de voir si l'élève possède une fluidité en lecture satisfaisante pour son niveau scolaire.

La compréhension orale. Cotez le rappel de l'élève (*voir le tableau 30.4, à la page 352*). Cette évaluation indique son niveau de compréhension orale. Chez les élèves de la 3e à la 6e année, le niveau de compréhension orale se rapproche beaucoup du niveau de compréhension écrite.

En somme, en quelques minutes, vous pouvez constater si l'élève présente des difficultés en identification de mots, en fluidité ou en compréhension orale et décider si une évaluation plus approfondie est nécessaire.

30.2 L'évaluation de la compréhension de la lecture

La compréhension de la lecture est une variable plus difficile à évaluer que les habiletés de base. Plusieurs facteurs peuvent brouiller les mesures de la compréhension de la lecture, comme les habiletés de décodage, la familiarité du sujet et le format des épreuves. Même si les mesures sont imparfaites, la compréhension doit être évaluée.

Nous examinons ci-dessous les quatre méthodes les plus courantes qui servent à mesurer la compréhension de textes :

- Les questions sur le texte ;
- La vérification de phrases ;
- Le rappel de texte ;
- La pensée à voix haute.

Ajoutons à ces quatre méthodes l'autoévaluation de la compréhension. On peut en effet demander à l'élève d'évaluer sa propre compréhension du texte en lui posant des questions comme : « Qu'as-tu appris de nouveau en lisant ce texte ? » ou « Sur une échelle de 1 à 5, comment évaluerais-tu ta compréhension des idées du texte ? »

30.2.1 Les questions de compréhension

Poser des questions sur le texte constitue la façon la plus courante d'évaluer la compréhension de la lecture. Ces questions peuvent prendre différentes formes, par exemple les questions à choix multiples, les questions exigeant de courtes réponses ou les questions à développement. Chaque forme présente des avantages et des limites. Par exemple, les questions à choix multiples sont faciles à corriger, mais ne permettent pas toujours d'évaluer la compréhension en profondeur du texte. Les questions à développement donnent un meilleur accès aux processus de pensée de l'élève, mais sont influencées par les habiletés en écriture.

Les questions de compréhension ne correspondent pas toutes au même niveau de difficulté et n'évaluent pas les mêmes habiletés. Nous classons ici les questions en trois catégories : les questions littérales, les questions d'inférence et les questions de jugement critique.

1. Les questions littérales. Les questions littérales sont les plus simples. Elles portent sur les éléments mentionnés explicitement dans le texte. Elles ne mesurent donc qu'une partie de la compréhension. Il est habituellement aisé de dire si une question est du type littéral. Par exemple, si le texte dit : « Le loup a mangé les agneaux » et que la question est « Qui a mangé les agneaux ? », il s'agit de toute évidence d'une question du type littéral. Cependant, il arrive que la formulation de la question et du texte ne soit pas exactement la même. Par exemple, le texte dit : « Un faux pas dans l'escalier et voilà Mireille qui dégringole » et la question est : « Qui est tombé dans l'escalier ? » Ici, la réponse est une simple traduction du texte et la question est du type littéral. Il arrive également que la question requière que le lecteur identifie les relations qui existent entre les idées du texte sans que cette relation soit exprimée mot à mot. Par exemple, le texte : « Surprise ! Il a neigé cette nuit. Marielle est contente. » Si l'on pose la question : « Pourquoi Marielle est-elle contente ? », la réponse n'est pas écrite mot à mot dans le texte, puisque le connecteur n'est pas exprimé. On considère cependant qu'il s'agit d'une question littérale, car on présume que l'auteur tient pour acquis que le lecteur établira une connexion entre les deux phrases.

2. Les questions d'inférence. Les questions d'inférence requièrent une réponse qui n'est pas formulée telle quelle dans le texte et qui demande plus que de le paraphraser. Ces questions demandent à l'élève de tirer une conclusion logique sur les éléments du passage lu ou de lier l'information du texte à ses connaissances pour s'en faire une représentation cohérente (*voir le chapitre 21 pour des précisions sur les inférences*).

3. Les questions de jugement critique. Les questions de jugement critique exigent que le lecteur comprenne la signification plus large du texte. Ces questions peuvent donner lieu à des réponses différentes, puisqu'elles sont basées sur le lien qui existe entre le texte et les expériences de chaque élève. Le lecteur doit justifier son idée en se basant sur l'information du texte et en faisant le lien avec ses connaissances.

30.2.2 La technique de vérification de phrases

La technique de vérification de phrases est une évaluation du type questions à choix multiples dont la particularité réside dans le choix des éléments. Cette technique est surtout associée au texte informatif, mais elle convient également au texte narratif (Royer, 2001).

■ Une version pour le texte informatif

L'élève lit un passage d'un texte informatif à son niveau de lecture (de 12 à 16 phrases). La lecture est suivie d'un test constitué d'une liste de phrases (éléments) : l'élève doit indiquer si l'information contenue dans la phrase est vraie ou non selon le texte qu'il vient de lire. Chaque élément correspond à une phrase du texte et peut prendre l'une des quatre formes suivantes :

- Phrase intégrale : Une phrase qui apparaît telle quelle dans le texte ;
- Paraphrase : Une phrase qui a la même signification qu'une phrase du texte, mais qui est formulée autrement ;
- Changement de sens : Une phrase qui a été réarrangée de façon à en modifier le sens tout en conservant la structure de surface ;
- Leurre : Une phrase qui n'apparaît pas dans le texte, mais qui contient de l'information liée au thème du texte.

Le test comprend un nombre égal de chacun des types d'éléments, répartis de façon aléatoire dans le questionnaire.

■ Une version pour le texte narratif

La version de la technique de vérification de phrases pour le texte narratif comprend trois types d'éléments qui mesurent la compréhension littérale, les inférences locales et les inférences globales. Rappelons que les inférences locales demandent au lecteur d'établir des relations entre deux segments de textes contigus, alors que les inférences globales lui demandent de faire des liens entre des éléments se situant à différents endroits dans le texte. Le tableau 30.1 présente un exemple de chaque catégorie d'élément pour le conte *Les trois petits cochons*.

TABLEAU 30.1 Des exemples d'éléments de la technique de vérification de phrases pour le conte *Les trois petits cochons*

Élément	Vrai	Faux
Paraphrase	Le loup souffle la maison du premier petit cochon et le mange.	Le loup souffle la maison du premier petit cochon et le met dans une cage.
Inférence locale	Le loup ne peut souffler la maison de briques parce que les briques sont trop solides.	Le loup ne peut souffler la maison de briques parce qu'il a trop faim.
Inférence globale	Le troisième petit cochon évite d'être mangé par le loup parce qu'il est plus futé que lui.	Le troisième petit cochon évite d'être mangé par le loup parce qu'il est plus fort que lui.

Traduction libre de McKeown, M. G., Beck, I. L. et R. K. Blake. (2009). Rethinking reading comprehension instruction : A comparison of instruction for strategies and content approaches. *Reading Research Quarterly*, 44(3), p. 252.

30.2.3 Le rappel de texte pour les élèves de la 3e à la 6e année

Le rappel est une technique qui convient aux élèves de tous les âges et de tous les niveaux d'habiletés, ce qui en fait un outil très utile au primaire. Son principal désavantage est de demander du temps, puisqu'il se fait de façon individuelle. À partir de la 3e année, les élèves peuvent toutefois écrire leur rappel, ce qui prend moins de temps. Cette façon de faire peut cependant défavoriser ceux qui n'aiment pas écrire ou sont peu habiles en écriture.

◼ Les directives

L'évaluation du rappel présentée dans la section consacrée au lecteur débutant (*voir le chapitre 9*) propose cette directive : « Raconte-moi ce qui s'est passé dans l'histoire. » Pour les élèves plus avancés, il est bon de compléter cette directive en leur demandant également de réagir au texte. Ainsi, après la lecture du texte, on leur donne cette directive : « Parle-moi de ce que tu viens de lire et dis-moi ce que tu en penses. » Les élèves qui voient la lecture comme une activité passive feront un rappel sans y ajouter de commentaire sur le texte. S'ils ne commentent pas le texte, on renouvelle l'invitation après le rappel spontané (Applegate, Quinn et Applegate, 2008).

◼ L'ajout de questions

Si l'élève n'a pas mentionné spontanément certains éléments du texte, il est pertinent de lui poser des questions sur ces éléments afin de vérifier s'il a simplement omis de les mentionner ou s'il ne les a pas compris. Pour ce faire, il faut avoir déterminé au préalable les parties essentielles du texte afin de poser des questions qui relèvent d'éléments clés et ainsi éviter les questions qui portent sur les détails.

■ L'accès au texte

Après la lecture, retirez le texte avant de demander à l'élève de faire le rappel. Pourquoi lui retirer le texte ? Parce que cela permet de voir quels éléments il a jugés assez importants pour être retenus. On ne veut pas que l'élève mémorise tout le texte, car certains éléments sont des détails. On veut plutôt voir ce que l'élève met en évidence. Cependant, dans certains cas, il peut être pertinent de vérifier si sa performance est attribuable à des problèmes de mémoire. On redonne le texte à l'élève après qu'il eut répondu aux questions de compréhension en lui disant : « Voyons si le texte peut t'aider à répondre à certaines questions. » Répétez les questions qui ont posé problème à l'élève. Le retour au texte sera particulièrement utile à ceux qui répondent souvent « Je ne sais pas » ou « Je ne me souviens plus » (Applegate, Quinn et Applegate, 2008).

■ La grille d'évaluation

On évalue le rappel de texte essentiellement à partir d'une grille qualitative. Au chapitre 9, nous avons présenté une grille en trois points mais, pour l'élève plus avancé, nous présentons ci-dessous une grille plus détaillée qui inclut les liens que l'élève effectue entre le texte et ses expériences personnelles (*voir l'encadré 30.1*).

ENCADRÉ 30.1 | **La grille d'évaluation du rappel**

Score 1. L'élève ne se souvient pas du texte ou fait un rappel minimal d'un ou de deux faits du texte.

Score 2. L'élève se souvient d'un certain nombre de faits non liés et de niveaux d'importance variés.

Score 3. L'élève rapporte l'idée principale du texte ainsi que quelques idées secondaires.

Score 4. L'élève rapporte l'idée principale du texte ainsi qu'un bon nombre d'idées secondaires, bien qu'elles ne soient pas nécessairement organisées de façon logique ou séquentielle.

Score 5. Le rappel de l'élève est un résumé complet du texte, est présenté de façon logique, comprend un bon nombre d'idées secondaires et inclut une formulation de l'idée principale.

Score 6. Le rappel de l'élève est un résumé complet du texte, est présenté de façon logique, comprend un bon nombre d'idées secondaires et inclut une formulation de l'idée principale. L'élève fait également des liens justifiés entre le texte et sa propre vie ou un autre texte.

Traduction libre de Rasinski, T. V. et N. Padak. (2005). *3-minutes Reading Assessments : Word Recognition, Fluency & Comprehension*. Toronto : Scholastic, p. 12.

30.2.4 La pensée à voix haute

Les processus qu'emploie l'élève pour comprendre un texte demeurent invisibles à l'observateur. La pensée à voix haute ouvre, pour ainsi dire, une fenêtre sur ce qui se passe dans la tête du lecteur lorsqu'il essaie de comprendre un texte. Dans la procédure de pensée à voix haute, on demande à l'élève de faire part de ses pensées à mesure qu'il lit. Il ne faut pas oublier que penser à voix haute est difficile pour l'élève ; c'est pourquoi il est nécessaire d'illustrer cette démarche vous-même avant de commencer l'évaluation (Klinger, Vaugh et Boardman, 2007). Cette démarche comprend les étapes suivantes :

- Choisissez un texte au niveau d'apprentissage de l'élève. Ce texte doit lui être compréhensible sans être trop facile, car certains processus métacognitifs ne sont activés que lorsque le texte pose des défis de compréhension ;
- Divisez le texte en unités significatives (une ou deux phrases, selon le texte) ;
- Avant la lecture, activez les connaissances de l'élève sur le contenu du texte ;
- Pendant la séance, après la lecture de chaque segment de texte, demandez-lui : «Qu'as-tu pensé en lisant cette partie ? », «As-tu compris tous les mots ? » et «As-tu trouvé quelque chose de difficile à comprendre ? »
- Après la lecture de tout le texte, dites-lui de relire le texte en entier et demandez-lui : «Dis-moi de quoi il était question dans ce texte. »

Prenez en note les réponses de l'élève pendant la lecture et portez un jugement sur son niveau de vocabulaire, son utilisation de ses connaissances antérieures, sa capacité à faire des inférences, sa gestion de sa compréhension et sa capacité à se faire une représentation cohérente du texte.

30.3 L'évaluation de la fluidité

L'évaluation de la fluidité repose sur deux composantes : la vitesse de la lecture et l'expression. Chacune de ces composantes de l'évaluation demande une façon de procéder qui lui est propre.

30.3.1 L'évaluation de la vitesse de la lecture

Évaluer la vitesse de lecture est la première façon d'aborder la fluidité de la lecture. Nous nous limitons ici à la vitesse de la lecture orale. Rappelons qu'à la fin du primaire la vitesse de la lecture silencieuse des élèves dépassera la vitesse de leur lecture orale.

L'évaluation de la vitesse de la lecture se fait à partir d'un texte que l'élève ne connaît pas.

- Présentez-lui un texte qui correspond à son niveau scolaire et demandez-lui de le lire oralement comme il le fait habituellement. Cependant, si vous savez qu'un élève ne peut lire un texte de son niveau, commencez par un texte plus facile et continuez en augmentant le niveau de difficulté.
- Encouragez l'élève à faire sa meilleure lecture, et non sa lecture la plus rapide.
- Pendant la lecture, notez ses méprises sur une feuille. Si l'élève hésite trop longuement sur un mot, dites-lui le mot et invitez-le à continuer à lire.

- Marquez l'endroit où l'élève est rendu après 60 secondes de lecture (*voir le tableau 30.2*).

TABLEAU 30.2   Un exemple de format pour l'évaluation de la vitesse de la lecture (copie de l'enseignant)

Casse-noisette	Nombre de mots
C'est le soir de Noël, chez Franz et Marie. Ils	10
attendent la visite de leur oncle. Il est horloger et leur	21
apporte souvent de bien étranges jouets qu'il fabrique lui-	30
même. Il raconte aussi de fabuleuses histoires.	37
Le voilà qui arrive ce soir-là avec trois nouveaux	47
incroyables petits automates et il sort de sa poche une	57
sorte de poupée en bois, droite comme un petit soldat,	67
avec une grande bouche qui sert de casse-noisette, tout	76
simple. Les enfants regardent ces nouveautés et Marie	84
prend le casse-noisette pour voir de près comment il	93
fonctionne. Franz veut à son tour s'en emparer. Il tire	103
dessus, Marie ne le lâche pas et ce qui devait arriver	114
arrive, le casse-noisette se casse !	119
Marie commence à pleurer mais oncle s'empare vite du	128
jouet et avec son mouchoir lui fabrique un pansement	137
qui lui remet la mâchoire en place. Marie le remercie	147
mais la maman de Marie en a assez de tout ce bruit et	160
elle les envoie vite au lit.	166
– «Allez hop, Franz ! Hop, Marie ! Allez vite vous coucher.	175
Vous êtes trop énervés ce soir. »	181
Marie va sagement dans son lit et laisse sa nouvelle	191
poupée blessée dans un petit lit de poupée au pied du	202
sapin.	203

On évalue habituellement la vitesse de la lecture pendant une période d'une minute, mais on peut aussi établir le nombre de mots par minute à partir de trois textes plutôt que d'un seul. Il s'agit alors de calculer la moyenne des trois lectures. De plus, dans le cas des élèves en difficulté, l'évaluation en une minute ne donne pas toujours la mesure de leur endurance à lire des textes plus longs. Ils peuvent déployer toute leur énergie pendant une minute de lecture, mais perdre de leur efficacité quand ils lisent un texte plus long. Au lieu d'évaluer les élèves en difficulté pendant une minute, on peut faire plutôt une évaluation de quatre ou cinq minutes.

■ Le calcul du nombre de mots par minute

La vitesse de la lecture correspond au nombre de mots lus correctement pendant une minute. Les mots autocorrigés sont considérés comme des mots lus correctement. Si l'élève a lu pendant une minute, le nombre de mots lus correctement durant cette minute représente son niveau de fluidité. S'il a lu pendant plusieurs minutes, utilisez la formule présentée dans l'encadré 30.2.

ENCADRÉ 30.2	Le calcul du nombre de mots par minute

Mots lus correctement : _____

Nombre de secondes de lecture : _____

$$\frac{\text{Mots lus correctement}}{\text{Secondes de lecture}} \times 60 = \text{Nombre de mots/minute}$$

■ Les barèmes

Il faut préciser que les normes relatives à la fluidité ne sont que des balises générales. Ces normes peuvent varier selon le moment de l'année où l'évaluation est effectuée (début, milieu ou fin d'année), selon les textes employés et les conditions de passation. Nous présentons à titre indicatif un tableau de normes établies sous forme de rangs centiles (*voir le tableau 30.3*).

TABLEAU 30.3   Le nombre de mots lus correctement en une minute

Niveau scolaire	Rang centile	Automne	Hiver	Printemps
1	75		47	82
	50		23	53
	25		12	28
2	75	79	100	117
	50	51	72	89
	25	25	42	61
3	75	99	120	117
	50	71	92	107
	25	44	62	61
4	75	119	139	152
	50	94	112	123
	25	78	87	98
5	75	139	156	166
	50	110	127	139
	25	85	99	109
6	75	153	167	177
	50	127	140	150
	25	98	111	122

À partir des données de Hasbrouck, J. et G. A. Tindal. (2006). Oral reading fluency norms: A valuable assessment tool for reading teachers. *The Reading Teacher*, 59(7), pp. 636-644.

Il n'est pas raisonnable de pousser tous les élèves à se situer dans le 90e ou même le 75e rang centile. Il est plus réaliste de se servir du seuil du 50e rang centile comme objectif à atteindre. Il ne faut pas oublier qu'il est normal que le lecteur ajuste sa vitesse selon le niveau de difficulté du texte et son objectif. De plus, la vitesse de la lecture ne doit être considérée que lorsque l'élève lit des textes à son niveau d'autonomie ou d'apprentissage.

30.3.2 L'évaluation de la lecture expressive

Pour mesurer la lecture expressive, il s'agit d'écouter lire l'élève et de porter un jugement sur sa lecture. On se pose alors les questions suivantes :

- L'élève doit-il décoder plusieurs mots ou lit-il la plupart des mots de façon automatique ?
- L'élève lit-il mot par mot ou regroupe-t-il les mots ?
- L'élève lit-il de façon monotone ou d'une façon qui se rapproche du langage oral ?
- L'élève a-t-il une lecture hésitante ou lit-il assez rapidement pour comprendre ce qu'il lit ?

Le tableau 30.4 présente une grille d'évaluation de la qualité de la lecture orale en quatre niveaux (Daane et autres, 2005). Cette grille inclut tous les critères d'évaluation de la lecture expressive.

TABLEAU 30.4   La grille d'évaluation de la qualité de la lecture orale

Niveau	Comportement de l'élève
1	L'élève lit principalement mot à mot. À l'occasion, il peut lire des groupes de deux ou trois mots, mais ces regroupements sont rares ou ne respectent pas la syntaxe de la phrase. L'élève lit sans aucune expression.
2	L'élève lit principalement par groupes de deux mots, en faisant parfois des regroupements de trois ou quatre mots. On note, à l'occasion, une lecture mot à mot. Le découpage en groupes de mots peut sembler maladroit et inapproprié dans le contexte global de la phrase ou du texte. Seule une petite partie du texte est lue avec expression.
3	L'élève lit surtout par groupes de trois ou quatre mots. On peut noter, à l'occasion, quelques regroupements plus petits. Dans l'ensemble, le découpage en groupes de mots semble approprié et respecte la syntaxe du texte. L'élève essaie de lire avec expression, mais ne réussit que dans une certaine mesure.
4	L'élève lit essentiellement par groupes de mots signifiants. Bien qu'on puisse observer certaines répétitions ou déviations par rapport au texte, elles n'ont pas d'incidence sur l'ensemble de la lecture. La syntaxe du texte est toujours respectée et la plus grande partie est lue avec expression.

Traduction libre de Daane, M. C. et autres. (2005). *Fourth-grade students reading aloud : NAEP 2002 Special study of oral reading.* Washington : U.S. Department of Education, Institute of Education Sciences.

30.4 L'évaluation des habiletés en identification de mots

En 3e année, les habiletés en identification de mots doivent continuer à faire l'objet d'évaluation afin de déterminer quels sont les élèves qui restent derrière leurs pairs dans leur acquisition de cette habileté cruciale (Applegate et autres, 2009). Si la lecture de texte est l'activité privilégiée pour évaluer la compréhension, la lecture de mots isolés est quant à elle plus utile pour évaluer les mécanismes de base de la lecture. Pour faire une évaluation systématique de la connaissance des correspondances lettre-son, il s'agit de présenter à l'élève une série de mots qui contiennent l'ensemble des correspondances lettre-son. Cependant, pour que la tâche reste relativement naturelle, on peut choisir des noms dans l'annuaire téléphonique et les présenter à l'élève en lui disant de les lire comme s'il avait à lire une liste de présences en classe (Mather, 2006). Pour dresser cette liste de noms, on choisit des noms et des prénoms qui respectent la structure de la langue française. Si l'on veut évaluer, par exemple, le « g dur » et le « g doux », on peut choisir un nom comme « Gilbert Guérin ».

30.5 L'évaluation des aspects affectifs de la lecture

L'évaluation des aspects affectifs de la lecture comprend l'évaluation des attitudes envers la lecture, de la motivation à lire et des champs d'intérêt de l'élève.

30.5.1 L'évaluation des attitudes

Les attitudes sont liées au rendement en lecture ; c'est pourquoi il est important de les évaluer. Le fait de déceler une attitude négative devrait nous inciter à intervenir auprès de l'élève avant que ses effets ne soient trop marqués. La façon la plus simple de se faire une idée de l'attitude de l'élève vis-à-vis de la lecture consiste à l'observer dans des situations quotidiennes. Cependant, un questionnaire rempli par tous les élèves de la classe au même moment peut fournir rapidement des renseignements pertinents sur leurs attitudes envers la lecture. Le questionnaire présenté ici est d'une nature particulière, car il consiste à demander aux élèves de terminer un dessin (Zambo, 2006). Remettez-leur un dessin représentant un enfant en train de lire (*voir la figure 30.1, à la page suivante*), en leur demandant de dessiner les traits de son visage et d'écrire dans la bulle ce qui se passe dans sa tête.

La cotation de la production de l'élève se fait en trois temps :

- Coter la figure : +1 pour une figure positive/heureuse, 0 pour une figure neutre et -1 pour une figure négative/triste ;

- Coter le contenu de la bulle : +1 pour des idées positives/heureuses, 0 pour des idées neutres et -1 pour des idées négatives/tristes ;
- Additionnez les deux cotes.

Le score total varie de +2 (attitude très positive) à -2 (attitude très négative). Il constitue une bonne estimation de l'attitude de l'élève. Une étude québécoise (Robitaille, 2008) a montré que cette épreuve permet de distinguer les attitudes vis-à-vis de la lecture chez les garçons et les filles de la 3e à la 6e année.

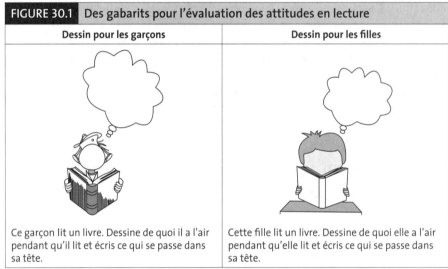

FIGURE 30.1	Des gabarits pour l'évaluation des attitudes en lecture
Dessin pour les garçons	**Dessin pour les filles**
Ce garçon lit un livre. Dessine de quoi il a l'air pendant qu'il lit et écris ce qui se passe dans sa tête.	Cette fille lit un livre. Dessine de quoi elle a l'air pendant qu'elle lit et écris ce qui se passe dans sa tête.

Traduction libre de Zambo, D. (2006). Using thought-bubble pictures to assess students' feeling about reading. *The Reading Teacher*, 59(8), p. 799.

30.5.2 L'évaluation de la motivation

La motivation à lire correspond au désir de lire, quelles que soient les raisons de ce désir (motivation intrinsèque ou extrinsèque). La motivation à lire se traduit par des comportements ou des habitudes de lecture. L'encadré 30.3 propose un ensemble de questions jumelant la motivation à lire aux habitudes de lecture.

30.5.3 L'évaluation des champs d'intérêt

Les champs d'intérêt des élèves peuvent être une source d'information importante lorsqu'il s'agit de choisir des livres pour votre classe. L'examen de la liste des livres que lisent les élèves de même que de leurs conversations avec leurs pairs peut vous renseigner sur leurs champs d'intérêt. Vous pouvez également demander aux élèves de remplir un questionnaire portant sur leurs champs d'intérêt. Nous proposons

ENCADRÉ 30.3 — Un questionnaire d'évaluation de la motivation et des habitudes de lecture

1 = Pas du tout d'accord
5 = Tout à fait d'accord

1	J'aime les périodes de lecture libre à l'école.	1	2	3	4	5
2	J'aime recevoir des livres en cadeau.	1	2	3	4	5
3	J'aime lire durant mes loisirs.	1	2	3	4	5
4	Je trouve la lecture ennuyante.	1	2	3	4	5
5	Je lis souvent durant mes vacances.	1	2	3	4	5
6	Je finis les livres que je commence.	1	2	3	4	5
7	Je lis le soir à la maison.	1	2	3	4	5
8	Je recommande des livres à mes amis.	1	2	3	4	5
9	Je prends beaucoup de temps à finir un livre.	1	2	3	4	5
10	Je trouve souvent des livres intéressants.	1	2	3	4	5
11	Lire est important pour moi.	1	2	3	4	5
12	J'apprends des choses nouvelles en lisant.	1	2	3	4	5
13	J'aimerais faire partie d'un club de lecture.	1	2	3	4	5
14	Je ne lis que si on m'y oblige.	1	2	3	4	5

ENCADRÉ 30.4 — L'inventaire des champs d'intérêt

Quels sont tes loisirs ? _____

Si tu pouvais voyager n'importe où, où irais-tu ? _____

Quel est ton sport préféré ? _____

Qu'aimes-tu faire avec tes amis ? _____

Quelle est ton émission préférée ? _____

Quel est ton animal préféré ? _____

Que choisis-tu de faire quand tu as du temps pour toi ? _____

Quelle est ta matière préférée à l'école ? _____

Quel est le titre du dernier livre que tu as aimé ? _____

Qu'aimerais-tu faire plus tard ? _____

Si tu pouvais faire trois vœux, quels seraient-ils ? _____

Nomme une chose que tu pourrais enseigner parce que tu la connais bien. _____

ici deux exemples de format. L'encadré 30.4, à la page précédente, présente un questionnaire classique. La figure 30.2 montre un gabarit plus visuel. Il est pertinent de faire remplir à tous les élèves un questionnaire de ce type au début de l'année et de le conserver dans votre dossier de classe.

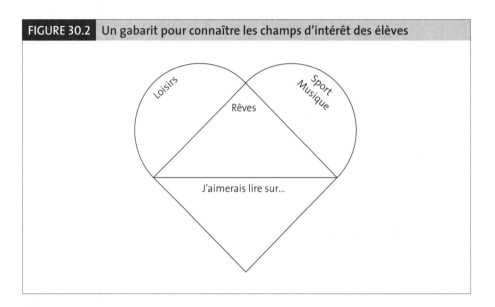

FIGURE 30.2 Un gabarit pour connaître les champs d'intérêt des élèves

Conclusion

L'évaluation de la lecture des élèves de la 3e à la 6e année comporte plusieurs composantes : la compréhension, la fluidité et l'identification de mots. Elle concerne également les aspects affectifs de la lecture. Différents outils rendent cette évaluation possible. Rappelons que le choix des outils dépend de l'objectif visé par l'évaluation, c'est-à-dire le dépistage, l'évaluation diagnostique ou le suivi des progrès.

Les lecteurs qui ont des besoins particuliers

Les lecteurs qui éprouvent des difficultés persistantes

Même en recevant un enseignement de qualité en classe et en étant suivi en ortho-pédagogie, certains élèves continuent d'éprouver de la difficulté avec les mécanismes de la lecture. On appelle ces élèves en difficulté de différentes façons. On parle, par exemple, des enfants hors du lire, des non-lecteurs ou des élèves qui éprouvent des difficultés persistantes en lecture. Une appellation courante, mais controversée, est celle de dyslexie. Les enseignants et les parents doivent être au fait qu'aucune intervention ne permet de résoudre rapidement les difficultés de ces lecteurs. Il faut procéder de façon continue et faire preuve de beaucoup de rigueur. Dans ce chapitre, nous abordons la description des difficultés persistantes en lecture ainsi que les pistes d'intervention proposées par la recherche.

31.1   La prévalence des difficultés persistantes

La prévalence des difficultés persistantes varie selon les critères d'évaluation employés. On utilise souvent les mois ou les années de retard d'apprentissage comme seuil d'identification. Si l'on choisit le seuil de 18 mois de retard, davantage d'élèves seront considérés comme ayant des difficultés persistantes que si l'on choisit le seuil de 24 mois. La démarche d'identification des élèves en difficulté reste donc en partie arbitraire, puisqu'elle dépend du seuil à partir duquel on définit les difficultés. En considérant l'ensemble des études, on peut toutefois estimer que les difficultés persistantes concernent de 1 à 5 % des enfants.

31.2   Peut-on prévenir les difficultés persistantes ?

La meilleure intervention contre les difficultés persistantes en lecture est encore la prévention. L'intervention précoce permet de prévenir l'apparition de difficultés persistantes chez la plupart des enfants (Fletcher et autres, 2007 ; Pennington, 2009).

S'ils bénéficient d'interventions appropriées en maternelle et en 1ʳᵉ année, la majorité des élèves à risque peuvent devenir des lecteurs se situant au moins dans la moyenne. Un très petit nombre d'entre eux continueront d'avoir besoin d'aide, mais plus celle-ci leur sera offerte tôt, mieux ils réussiront. Si les interventions tardent, les difficultés risquent de ne pouvoir être complètement surmontées.

Chez les élèves plus âgés, les études montrent que la plupart des programmes actuels stabilisent l'écart qui sépare ces élèves de leurs pairs, mais ne le comblent pas. Certes, ils font des progrès grâce à ces programmes d'intervention mais, pendant ce temps, les autres élèves en font eux aussi, ce qui fait que l'écart subsiste. Bien qu'il soit difficile de surmonter un déficit cumulatif en lecture, rien n'est immuable. Les élèves disposent habituellement d'une marge de progrès qui n'est pas exploitée. En plus des interventions scolaires planifiées, la participation des parents est nécessaire pour que les élèves progressent (Allington, 2009).

Il faut reconnaître également que peu de recherches rigoureuses portent sur l'évaluation des interventions auprès des lecteurs qui éprouvent des difficultés persistantes. Il est difficile de se prononcer sur les méthodes d'intervention, car la plupart n'ont pas fait l'objet d'études scientifiques de validation. Cela est attribuable, entre autres, aux variations dans les procédures d'identification des élèves. De plus, comme les solutions sont souvent multidimensionnelles, il n'est pas facile de préciser quelles composantes des programmes sont efficaces.

31.3 Les difficultés persistantes et le concept de dyslexie

Les difficultés persistantes en lecture sont souvent nommées « dyslexie ». Cependant, le concept de dyslexie peut revêtir différentes significations selon les personnes qui s'en servent. Parce que ce terme est interprété de plusieurs manières différentes, plusieurs spécialistes évitent de l'utiliser et préfèrent le remplacer par « difficultés persistantes d'apprentissage de la lecture ». Toutefois, étant donné la large diffusion du terme « dyslexie », nous abordons l'évolution de sa définition et la problématique qu'il soulève en éducation.

31.3.1 L'origine du concept de dyslexie

Le terme « dyslexie » vient du grec *dys*, qui signifie « difficulté », et *lexis*, qui signifie « mot ». Il a été proposé en médecine pour caractériser les adultes qui ont subi un traumatisme crânien et qui n'arrivent plus à lire. En constatant que certains enfants éprouvaient des difficultés à apprendre à lire, on a émis l'hypothèse selon laquelle il pouvait s'agir là du même phénomène que chez les adultes et on a suggéré l'expression « dyslexie développementale » par opposition à « dyslexie acquise » chez l'adulte. Ainsi, la « dyslexie acquise » fait-elle référence aux personnes qui ont perdu leur capacité à lire à la suite d'un traumatisme crânien, alors que la « dyslexie développementale » renvoie aux difficultés d'apprentissage de la lecture des enfants.

31.3.2 L'évolution de la définition de la dyslexie

Depuis son apparition, le concept de dyslexie a fait l'objet de plusieurs définitions qui se sont succédé dans le temps. Nous en présentons ici les trois principales.

■ La première définition

En 1970, la Fédération mondiale de neurologie a défini ainsi la dyslexie : « Trouble se manifestant par des difficultés à apprendre à lire en dépit d'un enseignement classique, d'une intelligence suffisante et de facilités socioculturelles. Il relève d'inaptitudes cognitives fondamentales qui ont fréquemment une origine constitutionnelle » (Critchley, 1970, p. 11) [traduction libre]. Cette définition a été critiquée, d'abord parce qu'elle ne précise pas ce qu'on entend par difficultés en lecture, ensuite parce qu'elle procède par exclusion. En fait, cette définition dit simplement que si l'on ne trouve pas la cause du problème de lecture, on peut conclure qu'il s'agit de dyslexie.

■ La deuxième définition

La deuxième définition de la dyslexie se lit ainsi : « On parlera de dyslexie lorsque l'automatisation de l'identification de mots ou de l'écriture de mots ne se développe pas ou se développe de façon incomplète ou très difficilement » (Gersons-Wolfensberger et Ruijsseenaars, 1997, p. 209) [traduction libre]. Cette définition répond aux critiques à l'endroit de l'explication traditionnelle, car elle précise la nature des difficultés et la place de l'écriture. En effet, selon cette définition, on situe les difficultés dans le module d'identification de mots et on indique qu'elles peuvent inclure à la fois la lecture et l'écriture. Les chercheurs ont formulé plusieurs hypothèses pour expliquer l'origine de ce problème d'identification de mots. Celle qui fait le plus largement consensus est celle d'une faiblesse relative à la conscience phonologique. Le principal facteur serait le manque de développement des capacités phonologiques nécessaires à l'utilisation de la structure phonétique des mots, ce qui nuit à l'apprentissage des correspondances graphème-phonème et à l'identification de mots (Sprenger-Charolles et Colé, 2003 ; Zesiger, 2004).

■ La troisième définition

En 2002, l'Association internationale de dyslexie a adopté la définition suivante : « La dyslexie est un problème particulier d'apprentissage d'origine neurologique. Elle est caractérisée par des difficultés à reconnaître les mots de façon précise ou fluide et par un manque d'habileté en écriture et en décodage des mots. Ces difficultés résultent généralement d'un déficit dans la composante phonologique du langage, lequel est souvent inattendu si l'on tient compte des autres habiletés cognitives et de la présence d'un enseignement efficace en classe » (Lyon, Shaywitz & Shaywitz, 2003, p. 2) [traduction libre]. Cette troisième définition se base sur la précédente tout en ajoutant un facteur d'inclusion, c'est-à-dire la présence d'interventions pédagogiques appropriées. Selon cette définition, on considère qu'un élève est dyslexique s'il n'a pas fait de progrès importants en identification de mots après des interventions qui ont pourtant donné de bons résultats chez la plupart des élèves.

31.3.3 Le débat autour du concept de dyslexie en éducation

Il y a toujours eu un débat concernant le concept de dyslexie en éducation (Filkakow, 2001). Comme on vient de le voir, les trois définitions de la dyslexie comportent toutes une composante neurologique. Selon ces définitions, la dyslexie relève du milieu médical : l'enfant est considéré comme un « patient » plutôt que comme un « apprenant ». De nombreux pédagogues sont réticents à accepter cette conception. Ils croient plutôt que les difficultés en lecture se répartissent sur une échelle et que certains élèves se situent à l'extrémité de cette échelle : ils éprouvent les mêmes problèmes que les autres élèves en difficulté, mais de façon plus marquée. Il n'y aurait donc pas lieu de faire intervenir un concept comme celui de dyslexie. La plupart des pédagogues considèrent également que le fait d'attribuer les difficultés en lecture à un problème neurologique a pour conséquence négative d'amener un sentiment de résignation chez les enseignants, qui se sentent démunis et ont tendance à cesser d'intervenir en lecture. Quelle position faut-il adopter ? Entre le rejet absolu du concept de dyslexie et son utilisation abusive à l'école s'ouvre actuellement une nouvelle voie : les recherches récentes en neuropsychologie montrent que les études sur le cerveau permettent de réconcilier les pédagogues et les neurologues.

31.4   Le cerveau et les difficultés en lecture

Quel est le lien entre le cerveau et les problèmes de lecture ? Nous tenterons de répondre à cette question en abordant les trois aspects suivants : le fonctionnement du cerveau pendant la lecture, le phénomène de la plasticité du cerveau et les interactions entre le cerveau et l'environnement.

31.4.1 Le fonctionnement du cerveau pendant la lecture

Étant donné que la lecture est apparue relativement récemment dans l'histoire de l'humanité, aucune aire précise du cerveau humain n'est dévolue à la lecture. Notre cerveau doit donc recycler des aires normalement réservées à d'autres fonctions. Quelles sont ces régions du cerveau qui contribuent à la lecture ? De façon très schématique, on peut dire que la lecture active trois zones de l'hémisphère gauche (Dehaene, 2007). Le mot est d'abord traité dans l'aire visuelle, puis l'information

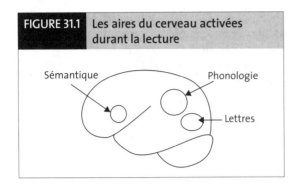

FIGURE 31.1 Les aires du cerveau activées durant la lecture

Sémantique

Phonologie

Lettres

est rapidement transmise à deux régions qui traitent respectivement les sons (phonologie) et le sens des mots (sémantique) (*voir la figure 31.1*).

31.4.2 La plasticité du cerveau

Les données des recherches en lecture les plus intéressantes des dernières années concernent la plasticité du cerveau. En effet, des études ont montré que l'activité du cerveau peut être modifiée par des interventions en lecture. Plusieurs d'entre elles ont comparé les profils d'activation du cerveau de lecteurs avant et après une intervention intensive en identification de mots. Avant l'intervention, les lecteurs en difficulté présentaient des profils d'activation très différents de ceux des bons lecteurs. Après l'intervention, on a constaté, dans la majorité des cas, une augmentation de l'activité dans les zones liées à la lecture ; les changements dans l'activation neuronale ont fait en sorte que le profil d'activation des élèves qui étaient en difficulté ne se distinguait plus de celui des bons lecteurs. Les résultats de ces études suggèrent que l'organisation fonctionnelle du cerveau qui sous-tend les difficultés en lecture peut être renversée après une intervention suffisamment intensive (Shaywitz et autres, 2004 ; Simos et autres, 2002).

On peut tirer deux conclusions de ces études : la première est que le cerveau est plus malléable qu'on ne le croyait antérieurement, la seconde, que même si les difficultés en lecture ont une base neurologique, on ne peut parler de maladie neurologique (Simos et autres, 2002 ; Fletcher, 2009).

31.4.3 L'interaction entre le cerveau et l'environnement

La nature et l'environnement agissent en interaction. Des variables biologiques (génétiques et neurologiques) et des variables environnementales influencent la lecture, comme tous les comportements humains d'ailleurs. La nature seule ne détermine pas les résultats en lecture des enfants qui éprouvent des difficultés à lire (Richards et autres, 2006). Certains présentent une différence cognitive qui les rend plus fragiles, mais s'ils reçoivent l'aide appropriée, ils peuvent réussir à apprendre à lire. « À l'interface entre nature et culture, notre capacité de lire résulte d'un heureux concours de circonstances, dans lequel un bon enseignement joue un rôle tout aussi primordial que la présence préalable de processeurs neuronaux visuels et phonologiques correctement interconnectés » (Dehaene, 2007, p. 320).

Pour conclure ce sujet, on peut dire que l'enseignant joue un rôle important dans le développement des systèmes neuraux spécialisés dans la lecture, puisque ce sont les interventions pédagogiques qui provoquent des changements dans les systèmes neurologiques de l'élève. Les récentes études en neurologie ont en fait montré que la seule intervention possible auprès des élèves en difficulté réside dans un bon enseignement.

31.5 Les principes d'intervention

Les principes d'intervention concernant les élèves qui éprouvent des difficultés persistantes sont en partie les mêmes que ceux qui fondent l'intervention auprès de tout élève en difficulté. Rappelons ces principes : intervenir de façon précoce, travailler en petit groupe, augmenter le temps consacré à la lecture et choisir l'intervention qui a le plus de chance d'avoir un effet important sur les progrès de l'élève. Toutefois, certains principes concernent plus particulièrement les élèves qui éprouvent des difficultés persistantes (Lyon et autres, 2001 ; Fletcher et autres, 2007 ; Torgesen, 2009). Ces principes concernent principalement les processus cognitifs, les accommodations et la motivation.

31.5.1 Travailler la lecture plutôt que les processus

Pour intervenir auprès des lecteurs en difficulté, on recommande d'employer une approche directe des difficultés en lecture (identification, fluidité et compréhension) plutôt que de faire un travail sur les processus sous-jacents (p. ex. : mémoire, attention, latéralisation et discrimination visuelle ou auditive). « S'il y a un principe d'intervention avéré pour les élèves en difficulté d'apprentissage, c'est bien que l'exercice des processus moteurs, visuels, neurologiques ou cognitifs sans contenu scolaire ne conduit pas à de meilleurs résultats scolaires » (Fletcher et autres, 2007, p. 130) [traduction libre].

Dans cet ordre d'idées, il apparaît nécessaire d'aborder le cas de la conscience phonologique. On sait que la conscience phonologique permet de prédire la réussite en lecture en 1re année et que son exercice est bénéfique aux apprentis lecteurs (*voir le chapitre 7*). Cependant, plusieurs études ont montré que les interventions en conscience phonologique effectuées au-delà de la 2e année améliorent effectivement la conscience phonologique, mais n'ont pas d'effet sur la lecture des élèves en difficulté (Pokorni, Worthington et Jamison, 2004 ; Rouse et Krueger, 2004 ; Loeb et autres, 2009). Ces résultats confirment que le travail effectué auprès de ces élèves doit porter sur la lecture plutôt que sur les processus.

31.5.2 Ne pas se contenter d'accommodations

Il peut être approprié d'offrir certaines accommodations à l'élève pour qu'il puisse tirer profit de l'enseignement. Par exemple, on peut lui accorder plus de temps pour accomplir une tâche, lui permettre l'accès à d'autres sources d'information que la lecture pour acquérir des connaissances sur un thème ou lui offrir de se servir d'un traitement de texte. Cependant, il faut bien prendre garde de ne pas s'en tenir aux adaptations. Il est essentiel d'enseigner de façon explicite les habiletés en lecture aux élèves en grande difficulté plutôt que de se contenter de leur offrir des accommodations (Berninger et autres, 2008).

31.5.3 Accorder une place centrale à la motivation

Certaines études ont mis en évidence le rôle central que joue la motivation chez les élèves en grande difficulté. Par exemple, Fink (2006) a procédé à des entrevues avec 66 adultes qui ont éprouvé des difficultés persistantes en lecture à l'école, mais qui sont devenus des professionnels performants dans leur domaine (avocat, professeur, biologiste, chimiste et artiste). L'auteure voulait savoir comment ces lecteurs en grande difficulté avaient réussi à devenir compétents dans un domaine qui exige une bonne part de lecture. Elle s'attendait à ce qu'ils mentionnent de nombreuses stratégies qui leur auraient permis d'éviter la lecture. Au contraire, elle a constaté que malgré la présence de grandes difficultés en lecture tous étaient passionnés par un sujet et passaient beaucoup de temps de lecture. Ils relisaient les textes pour mieux les comprendre, essayaient de trouver le sens des termes particuliers à leur domaine et consultaient plusieurs sources. La lecture était souvent le seul moyen pour eux d'accéder à de l'information sur leur matière de prédilection. En se passionnant pour un sujet, ils lisaient énormément sur celui-ci, au point d'en devenir des experts. La motivation est donc le moteur qui leur a permis de développer leurs habiletés en lecture.

31.6   Les problèmes d'identification de mots

Si vous demandez aux élèves qui éprouvent des difficultés persistantes ce qui rend leur lecture difficile, ils répondront: les mots. Si vous leur demandez ce que font les bons lecteurs, ils diront que ceux-ci connaissent tous les mots. Puisque les difficultés persistantes sont essentiellement liées à des lacunes dans l'identification de mots, les interventions devraient cibler ce domaine en priorité.

31.6.1 Quelques principes d'intervention

Toutes les méthodes utiles pour les élèves en difficulté (*voir le chapitre 29*) sont également utiles pour ceux qui éprouvent des difficultés persistantes, mais certains principes rendent l'enseignement plus efficace:

Ciblez le bon niveau d'intervention. Il ne faut pas donner aux élèves l'impression qu'on «repart à zéro», sous peine de les décourager. Il faut plutôt faire le bilan de leurs acquis et entreprendre l'intervention à l'endroit approprié.

Donnez un enseignement explicite. Les élèves en grande difficulté ont besoin d'un enseignement plus explicite des habiletés de décodage, ce qui veut dire que vous devez leur fournir des explications plus claires et plus détaillées, leur offrir des séquences d'enseignement systématique, leur donner plus d'occasions de faire des exercices supervisés et leur permettre d'effectuer une revue cumulative de ce qui leur a été enseigné.

Contrez la rigidité. La rigidité constitue une particularité des non-lecteurs : ces élèves ont souvent tendance à s'accrocher soit au décodage lettre à lettre, soit à l'anticipation contextuelle sans autocorrection. Il s'agit d'une habitude difficile à modifier, car elle a été renforcée pendant des années.

31.6.2 Le choix de l'unité linguistique

Un élève de 10 ans qui éprouve de la difficulté à décoder les mots a certainement déjà eu des interventions lui demandant d'identifier les sons des graphèmes et de les fusionner. Les expériences menées auprès d'enfants qui éprouvent des difficultés persistantes montrent que, pour plusieurs d'entre eux, l'apprentissage de la lecture par le décodage phonologique est difficile. Une autre solution est de choisir la syllabe comme unité linguistique pour l'enseignement du décodage (Ouzoulias, 2004).

31.6.3 Faut-il choisir une approche corrective ou compensatoire ?

Les lecteurs peuvent éprouver deux types de difficulté avec les mots : difficulté à lire correctement les mots nouveaux et difficulté à reconnaître rapidement les mots déjà lus. Les élèves peuvent être plus habiles dans un domaine que dans l'autre. On peut se demander s'il faut travailler sur leurs forces ou sur leurs faiblesses, en d'autres mots s'il faut privilégier une approche compensatoire ou une approche corrective.

L'approche compensatoire. L'approche compensatoire renvoie au développement de la procédure de traitement la mieux acquise. Par exemple, si un élève est plus habile à reconnaître les mots globalement qu'à les décoder, l'approche compensatoire consiste à miser sur ses habiletés en reconnaissance globale pour compenser son manque d'habiletés en décodage.

L'approche corrective. L'approche corrective renvoie au développement de la procédure de traitement la moins bien acquise. Par exemple, si un élève a moins d'habiletés en décodage qu'en reconnaissance globale de mots, l'approche corrective consiste à développer ses habiletés les plus faibles, c'est-à-dire ses habiletés en décodage.

A-t-on vraiment le choix entre ces deux approches ? Si la procédure de décodage et la procédure de lecture globale se développaient de façon indépendante, l'approche compensatoire pourrait être la solution à privilégier. Or, ces deux procédures sont interdépendantes : la lecture globale dépend du passage préalable par le décodage. L'approche corrective est donc préférable à l'approche compensatoire. Les résultats des études montrent effectivement que les élèves font plus de progrès lorsqu'on intervient sur les habiletés moins bien acquises plutôt que de miser sur celles qui sont mieux maîtrisées (Gustafson, Ferreira et Ronnberg, 2007).

31.7   Les problèmes de fluidité

Presque tous les élèves apprennent à appliquer les règles de correspondance lettre-son et à identifier les mots avec précision s'ils reçoivent un enseignement structuré, mais la plupart de ceux qui éprouvent des difficultés persistantes n'arrivent pas à passer à l'automatisation.

Malgré des interventions soutenues, la fluidité demeure souvent faible chez les élèves en grande difficulté de lecture. Les études montrent que les résultats des interventions dépendent des habiletés de départ des élèves (Torgesen, 2005). Pour ceux qui se situent autour du 30e rang centile, une intervention appropriée, en petit groupe, peut leur permettre de rejoindre la moyenne des élèves. Pour plusieurs de ceux qui se situent autour du 10e rang centile, une intervention appropriée, plus longue et en petit groupe, leur permet d'améliorer leur fluidité, mais celle-ci demeure sous la moyenne. Pour les élèves qui se situent autour du 2e rang centile, il semble qu'une intervention intensive modifie relativement peu la fluidité.

Pourquoi est-il si difficile de modifier la fluidité des élèves qui éprouvent des difficultés persistantes ? Prenons l'exemple d'un élève de 6e année. Ses problèmes en identification de mots ont commencé dès son entrée dans l'écrit, puisque c'est en 1re année que les enfants apprennent à identifier les mots. En 1re et 2e année, cet élève n'identifiait pas les mots correctement et, de ce fait, ne pouvait exploiter le mécanisme d'autoapprentissage pour se créer un lexique orthographique lui permettant de reconnaître rapidement les mots courants de son niveau scolaire. Arrivé en 3e année, cet élève ne maîtrise pas encore bien les habiletés en décodage et son lexique orthographique est très limité ; il lit peu, parce que l'identification de mots est aride pour lui. À la fin du primaire, cet élève est passé à côté de centaines de milliers d'occasions de lire des mots et il lui est donc difficile de rattraper toutes ces occasions manquées.

Pour améliorer la fluidité en lecture des élèves en grande difficulté, la priorité est de travailler à élaborer leur lexique orthographique. Ces élèves ont besoin de se créer de solides représentations orthographiques afin de pouvoir reconnaître les mots sans effort. Ils doivent également apprendre à passer de la lecture mot à mot à la lecture par groupes de mots. Une activité du type lecture en écho peut leur être profitable : le tuteur lit un groupe de mots, l'élève répète ce qui a été lu, et ainsi de suite jusqu'à la fin du texte. Par la suite, le tuteur augmente graduellement la longueur des unités (une ligne ou une phrase). Ces interventions ne sont efficaces que si l'on s'assure d'offrir aux élèves de multiples occasions de lire quotidiennement des textes à leur niveau d'autonomie.

31.8   Les problèmes de compréhension

Les problèmes d'identification de mots ont une influence sur la compréhension des lecteurs. Cependant, on observe que certains élèves qui éprouvent des difficultés importantes en identification de mots réussissent souvent à comprendre raisonnablement le texte, surtout s'ils ne sont pas soumis à des limites de temps. Que se passe-t-il alors? L'explication vient du phénomène de compensation.

Les théories de la compensation (Stanovich, 2000; Walczyk et Griffith-Ross, 2007) reposent sur la différence fondamentale qui existe entre écouter et lire. Lorsqu'un enfant écoute une personne lire, il n'a pas de contrôle sur la vitesse avec laquelle l'information lui est transmise, contrairement à ce qui se passe quand il lit. C'est en partie ce qui explique qu'un lecteur faible peut réussir à comprendre un texte en ajustant sa lecture. Il se sert alors de «compensations», c'est-à-dire d'actions qui l'aident à réussir, comme ralentir sa lecture, lire à haute voix ou relire. L'emploi de stratégies de compensation dépend cependant de la motivation de l'élève. Dans une étude effectuée auprès d'élèves en grande difficulté de lecture, les chercheurs ont montré que les élèves qui trouvent le texte intéressant ont tendance à recourir fréquemment aux stratégies de compensation et à bien comprendre le texte, alors que ceux qui ne trouvent pas le texte intéressant ont moins tendance à se servir de la compensation et comprennent moins bien le texte (Walczyk et Griffith-Ross, 2007).

À partir de l'ensemble des recherches menées sur la compréhension chez les élèves en grande difficulté, il est possible de faire certaines recommandations:

1. Les élèves qui éprouvent des difficultés persistantes ont besoin de bénéficier des mêmes interventions en compréhension que les autres élèves (discussions collaboratives, stratégies de lecture et textes au bon niveau);

2. La motivation est un élément central de la compréhension de la lecture chez ces élèves: il faut impérativement trouver des textes qui les enthousiasment;

3. Il est essentiel de travailler en amont de la compréhension, c'est-à-dire d'aider ces élèves à parfaire leurs habiletés en identification de mots, puisque des lacunes dans ce domaine entraînent des difficultés à comprendre les textes.

Conclusion

Les élèves qui éprouvent des difficultés persistantes manifestent des faiblesses importantes en identification de mots. Ces difficultés peuvent avoir une incidence néfaste sur leur compréhension des textes, surtout lorsque ceux-ci deviennent plus longs et plus complexes. Il est possible d'intervenir efficacement auprès de ces élèves, mais plus longtemps ils demeurent en difficulté, plus il leur est difficile de rattraper leurs pairs.

Les lecteurs allophones

Les élèves allophones sont de plus en plus nombreux dans les classes. La diversité est ce qui les caractérise le mieux : diversité de la langue maternelle, diversité des expériences de lecture, diversité des milieux socioéconomiques et culturels. Aider les élèves allophones à devenir des lecteurs compétents et motivés est l'un des grands défis des enseignants. Dans ce chapitre, nous voyons quels sont les principaux obstacles auxquels font face les élèves allophones dans leur cheminement en lecture et la façon dont l'enseignant peut intervenir efficacement auprès d'eux.

32.1 La situation des élèves allophones par rapport à la lecture

Les élèves allophones qui arrivent dans votre classe n'ont pas tous des besoins identiques. Vous devez d'abord vous demander s'ils savent lire dans leur langue maternelle. Si ce n'est pas le cas, il peut s'agir d'enfants qui n'ont pas commencé leur apprentissage de la lecture ou d'élèves plus âgés qui n'ont pas eu l'occasion d'apprendre à lire. Il y a donc trois types d'élèves allophones : les élèves lecteurs dans leur langue maternelle, les élèves qui font leur entrée dans l'écrit et les élèves sous-scolarisés.

32.1.1 Les élèves lecteurs dans leur langue maternelle

Les élèves qui savent déjà lire dans leur langue maternelle peuvent transférer une partie de leurs apprentissages à la langue seconde. Par exemple, ceux qui ont déjà découvert le principe alphabétique dans leur langue maternelle n'auront pas à refaire cette découverte, mais ils devront toutefois apprendre le code alphabétique de la langue française. Parmi les élèves allophones qui savent lire, il faut distinguer :

- les élèves lecteurs sur caractères latins (p. ex. : espagnol, anglais ou italien) ;
- les élèves lecteurs sur caractères non latins (p. ex. : alphabet arabe, khmer ou japonais). Si les caractères de l'alphabet romain sont nouveaux pour les élèves, il faudra prévoir un temps d'apprentissage supplémentaire.

32.1.2 Les jeunes élèves qui font leur entrée dans l'écrit

Lorsqu'un jeune enfant allophone fait son entrée dans l'écrit, il est légitime de se demander s'il est préférable qu'il apprenne à lire dans sa langue maternelle avant de passer à la lecture dans la langue seconde. Les résultats des recherches sur cette question ne sont pas homogènes (Lenters, 2005 ; Gersten et autres, 2007). Certaines études concluent qu'il est préférable que les enfants apprennent à lire dans leur langue maternelle, d'autres démontrent qu'ils peuvent apprendre à lire simultanément dans les deux langues. En pratique, il faut reconnaître que, dans certaines écoles, la présence de plusieurs langues rend impossible l'enseignement de la lecture à chaque enfant dans sa langue maternelle. C'est pourquoi l'enseignement de la lecture se fait habituellement dans la langue de la majorité.

32.1.3 Les élèves sous-scolarisés

Dans le milieu scolaire, on utilise le terme « sous-scolarisés » pour qualifier les élèves non francophones récemment arrivés au pays sans scolarisation adéquate. « Plusieurs d'entre eux n'ont pu fréquenter l'école dans leur pays d'origine puisque celui-ci était bouleversé par la guerre ou par des tensions politiques et sociales ou, encore, parce que la fréquentation de l'école n'est pas encouragée ou n'est tout simplement pas possible, en milieu rural par exemple » (Armand et autres, 2005, p. 9). Les élèves sous-scolarisés viennent souvent de pays où les droits des enfants ne sont pas respectés, ce qui a pour conséquence d'engendrer chez eux une crainte de l'environnement physique et humain, une incompréhension des règles sociales, des difficultés de concentration et un sentiment d'incompétence.

32.2 L'évaluation de la compétence en lecture des élèves allophones

À l'arrivée d'un élève allophone à l'école, il est nécessaire de vérifier sa compétence en lecture. Certains instruments permettent de faire une évaluation initiale de la lecture dans la langue maternelle de l'élève. Par exemple, le document *Passerelles en quinze langues* (Rafoni et Deruguine, 2003) évalue la compréhension en lecture dans 15 langues : anglais, arabe, chinois, coréen, espagnol, indonésien, japonais, portugais, polonais, roumain, russe, serbe, tamoul, turc et vietnamien. Le document *Passerelle Bis* (Centre de ressources Ville-École-Intégration, 2008) complète le premier document en ajoutant l'évaluation dans 14 autres langues : albanais, arménien, bosniaque, bulgare, créole, géorgien, hindi, khmer, mongol, ourdou, slovaque, tagalog, thai et ukrainien. Ces épreuves sont constituées de questions de compréhension portant sur un court texte.

On peut également effectuer une première évaluation des compétences en lecture de l'élève à partir d'une épreuve maison (François, 2003). Il s'agit de présenter à l'enfant une phrase écrite dans sa langue maternelle et de lui demander de la lire à voix haute puis de dessiner ce qu'il a compris. Comme vous ne parlez probablement pas la langue de l'enfant, vous pouvez lui mimer la tâche qu'il doit exécuter. Pendant la tâche, observez :

- les capacités de décodage de l'enfant ;
- son aisance (vitesse) ;
- sa compréhension (dessin).

Choisissez une phrase qui contient au moins deux personnages en action. Elle peut être du type : « Une petite fille fait un château de sable sur la plage avec son frère » (François, 2003). Obtenez la traduction de cette phrase dans la langue maternelle de l'élève. Même si vous ne comprenez pas la langue de l'enfant, cette activité vous permettra de distinguer les élèves qui lisent couramment de ceux qui ont une lecture hésitante. Vous pourrez également différencier les élèves qui dessinent ce que représente la phrase de ceux qui font un dessin sans rapport avec ce qu'ils ont lu.

Cette première évaluation de la lecture de l'élève vous permettra de discerner quelles habiletés peuvent être transférées à la lecture en langue seconde. Par exemple, on n'interviendra pas de la même façon avec un élève de 10 ans qui lit aisément dans sa langue maternelle qu'avec un élève du même âge qui peine à identifier les mots.

32.3 L'évaluation du niveau d'acquisition de la langue seconde

L'acquisition de la langue seconde est habituellement décrite à l'aide d'une échelle en cinq niveaux. Les élèves passent graduellement d'une période d'observation de la langue à la maîtrise de celle-ci (Hickman et Pollard-Durolda, 2009 ; Xu, 2010). Le tableau 32.1 décrit ces différents niveaux d'acquisition de la langue seconde.

Plusieurs techniques simples peuvent vous permettre d'effectuer une évaluation initiale du niveau de maîtrise de la langue seconde de l'élève (Xu, 2010) :

La technique « Dis quelque chose ». Demandez à l'élève de s'exprimer sur un sujet de son choix : « Choisis un sujet que tu connais, comme ta famille, tes amis, ton jeu préféré ou ton pays. Parle-moi de ce sujet. » Demandez-lui ensuite de parler d'un sujet que vous avez choisi : « Maintenant, parle-moi de _____. » Assurez-vous que ce sujet est relativement universel, comme le premier jour d'école ou le repas en famille. Le fait de demander à l'enfant de s'exprimer sur un thème de son choix puis sur un thème imposé permet de voir si la familiarité a un effet sur sa production orale (Xu, 2010).

L'album sans texte. Raconter une histoire à l'aide d'un album sans texte peut servir à analyser le langage oral d'un élève allophone. Il s'agit de lui présenter le livre et de lui dire : «Regarde les illustrations du livre et raconte-moi l'histoire. » Même si l'élève ne produit pas un récit complet, les mots et expressions qu'il emploie constituent une source de renseignements sur ses habiletés langagières.

TABLEAU 32.1 Les niveaux d'acquisition de la langue seconde

Niveau	Comportement
Niveau 1 : Préproduction	Les élèves écoutent et observent. Ils commencent à distinguer des mots dans le flot de paroles. Ils répondent de façon non verbale à des questions simples. Cette période de silence peut durer de quelques semaines à quelques mois.
Niveau 2 : Début de la production orale	Les élèves comprennent des phrases simples. Ils répondent aux questions par quelques mots. Ils utilisent des formules mémorisées. Ils commencent à se servir du langage courant.
Niveau 3 : Débutant	Les élèves sont capables de comprendre l'idée générale de ce qui est dit dans un contexte oral concret. Ils sont capables d'exprimer la plupart de leurs pensées en employant des phrases simples et un vocabulaire de base, mais ils le font en fournissant beaucoup d'effort.
Niveau 4 : Intermédiaire	Les élèves utilisent correctement le vocabulaire fonctionnel et emploient des structures de phrases plus complexes. Ils sont capables de faire une présentation orale et de contribuer à la discussion, mais ils ont encore besoin d'aide pour comprendre le langage abstrait.
Niveau 5 : Avancé	Les élèves sont capables de s'exprimer pour communiquer socialement ou pour effectuer les tâches scolaires comme les autres élèves de la classe. Ils s'expriment en employant des structures linguistiques variées et complexes. Ils font peu d'erreurs et sont capables de se corriger.

32.4   Les principales difficultés des élèves allophones

Les élèves allophones font face à plusieurs difficultés, qui relèvent pour la plupart des interférences qui se produisent entre leur langue maternelle et le français. Ces interférences proviennent surtout des particularités du système d'écriture, de la phonologie et de la syntaxe.

32.4.1 Le système d'écriture

Les langues écrites se distinguent les unes des autres par certaines caractéristiques qui concernent des éléments comme la manipulation du livre, le sens conventionnel de la lecture, les signes de ponctuation, l'espacement des mots, les règles d'emploi de la majuscule et la transparence des correspondances lettre-son.

La manipulation du livre : Les élèves dont la langue maternelle est le japonais ont appris à ouvrir le livre par la fin et à lire la page de bas en haut.

Le sens conventionnel de la lecture : Les élèves qui ont appris à lire en arabe peuvent avoir tendance à lire de droite à gauche.

Les signes de ponctuation : Les signes de ponctuation ne sont pas universels ; les élèves hispanophones peuvent placer un point d'exclamation ou d'interrogation inversé (¿ ¡) au début et à la fin d'une phrase ; les langues germanophones ont des guillemets qui s'ouvrent et se ferment à l'inverse des nôtres (» «).

L'espacement des mots : Pour un élève coréen, l'espacement des mots peut poser problème, car la forme carrée de chaque caractère dans sa langue maternelle lui donne un indice de l'espacement.

L'emploi de la majuscule : Dans certaines langues comme le coréen, il n'y a pas de majuscules.

Les correspondances lettre-son : En français, les correspondances ne sont pas univoques : un son peut être représenté par différents graphèmes et le même graphème peut se prononcer différemment selon le mot. La relative opacité de la langue française écrite peut être un problème pour les élèves dont la langue maternelle est transparente, comme l'espagnol ou l'italien.

32.4.2 La phonologie

Les élèves allophones éprouvent différents problèmes par rapport à la phonologie. Ils peuvent, par exemple, avoir de la difficulté à entendre correctement les phonèmes de la langue seconde qui n'existent pas dans leur langue maternelle. Prenons le cas de la langue espagnole. Les élèves hispanophones ont tendance à confondre des formes comme « je marche », « j'ai marché » ou « je marchais », car les phonèmes /é/ et /è/ n'existent pas dans leur langue maternelle. Les sons /s/, /j/ et /ch/ leur posent également problème (Amiot, 2007). De plus, en espagnol, la combinaison « es » en début de mot, comme dans « *español* », est très fréquente : ces élèves ajoutent souvent un « e » devant le « s » et prononcent, par exemple, « especial » au lieu de « spécial ».

32.4.3 La syntaxe

La syntaxe est particulière à chaque langue. On constate souvent des interférences entre la syntaxe de la langue maternelle et celle de la langue française. Par exemple :

- certaines langues ne font pas usage des articles ; il est alors difficile pour les élèves de faire la distinction entre « une » et « la » ;
- en chinois, le temps de verbe n'est pas exprimé par le verbe lui-même, mais par la structure de la phrase ;
- il n'est pas rare que les élèves japonais placent le verbe après le nom (p. ex. : une pomme je mange).

Par ailleurs, la complexité de la syntaxe française peut elle-même être source de problème.

Parmi les problèmes récurrents se trouve celui de l'emploi de la préposition après le verbe. Il n'est pas aisé, en effet, de mémoriser la liste interminable des variations dans l'utilisation des prépositions. Par exemple, saisir la distinction entre jouer à quelque chose et jouer de quelque chose peut se révéler ardu pour un allophone, sans parler du sens complètement différent que prend le verbe lorsqu'il est employé à la forme pronominale : se jouer de quelqu'un ou se jouer de quelque chose (Amiot, 2007).

32.5   Les principes d'intervention à l'oral

Lorsque les élèves allophones en sont au début de leur apprentissage du français, vous pouvez adopter certains comportements qui facilitent l'apprentissage de la langue orale (Xu, 2010) :

- Parler plus lentement, mais de façon naturelle, et prononcer tous les mots clairement ;
- Simplifier le vocabulaire en utilisant des mots courants faciles à prononcer ;
- Employer peu d'expressions figées ou tirées du langage populaire ;
- Choisir des structures linguistiques familières et des phrases simples comprenant peu de propositions ;
- Répéter et paraphraser au besoin ;
- Fournir de l'aide visuelle en même temps que vous dites le mot (image, geste, action ou objet) ;
- Inclure des exemples concrets à vos explications ;
- Afficher le vocabulaire clé en classe.

Lorsqu'un élève allophone répond oralement à une question posée en classe, sa réponse n'est pas toujours appropriée. Vous pouvez enrichir les échanges en donnant le bon soutien à cet élève, selon le type de réponse (Mohr et Mohr, 2007).

- Si l'élève donne une réponse partiellement correcte : « Oui, je suis d'accord avec ____. Maintenant, peux-tu m'en dire plus sur _____ ? »
- Si l'élève répond dans sa langue maternelle : « Bien. Cela me semble intéressant. Connais-tu des mots en français pour dire cela ? Demande à un ami de t'aider à le dire en français. »
- Si l'élève donne une réponse erronée ou confuse : « Dis-m'en un peu plus pour que je comprenne bien ce que tu veux dire. »
- Si l'élève ne répond pas : « Je vais revenir à toi plus tard. Pense à une réponse entre-temps. » Posez-lui alors une question du type oui/non.

32.6   Les principes de l'enseignement de l'écrit

Tout indique que les élèves allophones apprennent à lire et à écrire sensiblement de la même façon que les autres élèves. Un bon enseignement pour les allophones ressemble beaucoup à un bon enseignement pour l'ensemble des élèves (Teale, 2009). Toutefois, malgré les similarités dans l'apprentissage de la lecture, certains principes sont susceptibles de faciliter l'apprentissage de l'écrit chez les élèves allophones (Gersten et autres, 2007) :

- Faites des interventions intensives en petit groupe ;
- Assurez-vous que les élèves allophones bénéficient d'activités de collaboration avec leurs pairs (environ 90 minutes par semaine) afin d'approfondir ce qui leur a été enseigné en classe ;
- Faites preuve de respect et d'intérêt pour la culture de ces élèves : intégrez leurs expériences aux activités de lecture et d'écriture ; essayez de lier le contenu enseigné par les textes aux expériences des élèves ; encouragez-les à parler de leur vie et de leur culture.

Il est essentiel que les élèves allophones se sentent accueillis dans leur classe.

32.7   Choisir les textes appropriés

Choisir des textes pour les élèves allophones demande un soin particulier. Trois caractéristiques doivent être prises en compte : la pertinence culturelle, la complexité linguistique et l'apport particulier des textes informatifs.

32.7.1 Des textes culturellement pertinents

Les textes culturellement pertinents sont ceux dans lesquels les personnages, les événements, les lieux, les façons de communiquer et d'interagir ressemblent aux façons de parler et d'agir des personnes de la communauté de l'élève allophone. Il faut qu'au moins une partie des textes présentés aux élèves soit culturellement pertinente. Lorsqu'ils peuvent lire sur des sujets qui touchent leurs connaissances culturelles, les élèves sont plus motivés à lire et comprennent mieux les textes parce qu'ils peuvent mettre à contribution leurs connaissances personnelles pour s'en représenter le contenu (Freeman et Freeman, 2006 ; McRae et Guthrie, 2009).

32.7.2 Des textes du niveau linguistique approprié

Les textes présentés aux élèves allophones doivent tenir compte de la complexité linguistique. La difficulté des textes est liée à plusieurs éléments (Hickman et Pollard-Durodola, 2009) :

- Le vocabulaire du texte ;
- La variété des temps de verbes ;
- L'emploi de figures complexes (expressions, métaphores et analogies) ;
- La complexité syntaxique, la longueur et la structure des phrases ;
- Le langage implicite.

On évitera donc les textes trop longs, les textes contenant trop de mots nouveaux, de figures et de phrases complexes. La règle à suivre est de choisir des textes dont la complexité pose un certain défi aux élèves, mais qui ne dépassent pas leur capacité de compréhension.

32.7.3 Des textes informatifs

Les différences culturelles apparaissent surtout dans les textes narratifs. Les textes informatifs sont moins sujets aux différences culturelles ; c'est pourquoi il s'agit d'un type de texte à privilégier avec les élèves allophones. Les textes informatifs contiennent habituellement des connaissances accessibles aux élèves de différentes cultures, par exemple les textes qui portent sur la façon dont poussent les plantes ou celle dont les animaux marins se déplacent dans l'eau. Les élèves allophones peuvent posséder des connaissances plus approfondies sur un sujet que leurs pairs non allophones, ce qui leur permet de participer avec plus de confiance aux discussions. De plus, les textes informatifs sont accompagnés de diagrammes et de figures qui facilitent la compréhension de l'information.

32.8   Faire la lecture aux élèves

Faire la lecture aux élèves allophones est une occasion particulièrement propice à l'intégration du développement langagier et de la compréhension (Klingner, Vaughn et Boardman, 2007 ; Collins, 2010). Nous présentons ici une façon de faire employée de façon récurrente durant une période de cinq jours (Hickman et Pollard-Durodola, 2009). La séance quotidienne dure environ 30 minutes et se fait avec un sous-groupe de trois ou quatre élèves. L'enseignant lit à voix haute une partie du texte (de 200 à 250 mots). Au cours de cette première lecture, il peut modifier son intonation, incorporer des repères visuels, faire des gestes et mimer les actions pour faciliter l'acquisition du vocabulaire et la compréhension du texte. Il anime ensuite une discussion à l'aide de questions littérales et inférentielles (10 minutes). L'enseignant relit le texte en s'arrêtant sur des mots de vocabulaire ciblés, puis termine la rencontre par des activités structurées portant sur la compréhension (10 minutes). Les jours suivants, il lit les autres parties du texte. La dernière rencontre, le cinquième jour, porte sur l'ensemble du texte (*voir la figure 32.1, à la page suivante*).

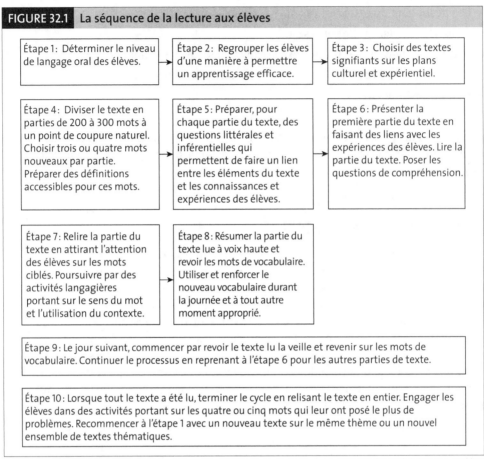

FIGURE 32.1 La séquence de la lecture aux élèves

Étape 1 : Déterminer le niveau de langage oral des élèves.

Étape 2 : Regrouper les élèves d'une manière à permettre un apprentissage efficace.

Étape 3 : Choisir des textes signifiants sur les plans culturel et expérientiel.

Étape 4 : Diviser le texte en parties de 200 à 300 mots à un point de coupure naturel. Choisir trois ou quatre mots nouveaux par partie. Préparer des définitions accessibles pour ces mots.

Étape 5 : Préparer, pour chaque partie du texte, des questions littérales et inférentielles qui permettent de faire un lien entre les éléments du texte et les connaissances et expériences des élèves.

Étape 6 : Présenter la première partie du texte en faisant des liens avec les expériences des élèves. Lire la partie du texte. Poser les questions de compréhension.

Étape 7 : Relire la partie du texte en attirant l'attention des élèves sur les mots ciblés. Poursuivre par des activités langagières portant sur le sens du mot et l'utilisation du contexte.

Étape 8 : Résumer la partie du texte lue à voix haute et revoir les mots de vocabulaire. Utiliser et renforcer le nouveau vocabulaire durant la journée et à tout autre moment approprié.

Étape 9 : Le jour suivant, commencer par revoir le texte lu la veille et revenir sur les mots de vocabulaire. Continuer le processus en reprenant à l'étape 6 pour les autres parties de texte.

Étape 10 : Lorsque tout le texte a été lu, terminer le cycle en relisant le texte en entier. Engager les élèves dans des activités portant sur les quatre ou cinq mots qui leur ont posé le plus de problèmes. Recommencer à l'étape 1 avec un nouveau texte sur le même thème ou un nouvel ensemble de textes thématiques.

Traduction libre de Hickman, P. et S. Pollard-Durodola. (2009). *Dynamic read-aloud strategies for english learners. Building language and literacy in the primary grades*. Newark : International Reading Association, p. 14.

32.9 Enseigner le vocabulaire

Les enfants qui apprennent à lire dans leur langue maternelle connaissent déjà plusieurs milliers de mots à leur arrivée à l'école et ils continuent d'apprendre environ 3 000 mots par année. On peut prendre la mesure du défi que représente cet apprentissage pour l'enfant qui doit apprendre une langue seconde à l'école. Le vocabulaire est un facteur particulièrement important pour expliquer les problèmes de compréhension de la lecture des élèves allophones (Lesaux et autres, 2010). Pour leur faciliter l'apprentissage du vocabulaire, il faut offrir à ces élèves une intervention de qualité toute la journée.

Enseigner les mots fréquents et les mots utiles. Le choix des mots à enseigner aux élèves allophones ne peut être exactement le même que pour les autres enfants. Ces élèves ont besoin de connaître le vocabulaire de base des conversations et des textes, vocabulaire que leurs pairs connaissent déjà. Il faut aussi prendre en considération le fait que les mots très fréquents sont aussi ceux qui possèdent de multiples significations (Carlo, 2007).

Enseigner les locutions et expressions. Les locutions et expressions sont difficiles pour les élèves allophones, parce que leur sens ne peut être déduit des mots seuls. On ne peut comprendre une expression comme «donner sa langue au chat» en additionnant le sens des mots. L'enseignant doit être vigilant et expliquer aux élèves le sens des expressions à mesure qu'elles se présentent en classe.

Tirer parti de la langue maternelle. Lorsque l'élève doit apprendre une langue seconde de même origine que sa langue maternelle, il apprend plus vite que si la langue seconde était d'une origine différente. Les langues de même origine ont des mots en commun, que l'on appelle «mots transparents», ou «cognats». Il est bon d'attirer l'attention des enfants sur ces mots. On peut les encourager à se servir de ces similitudes et du contexte pour apprendre des mots nouveaux (p. ex.: *doctor*, docteur). Cependant, certains cognats peuvent induire les élèves en erreur; on les appelle «faux amis», expression qui désigne les mots d'étymologie et de forme semblables, mais de sens partiellement ou totalement différents. Par exemple, en anglais, le mot «actual» signifie réel, alors que le mot «actuel» en français signifie présent. C'est pourquoi la vérification du mot au moyen du contexte est importante lorsque l'élève se sert de cognats.

Ajouter des illustrations. Les livres illustrés et les dictionnaires visuels sont indispensables à l'enseignement aux allophones. De plus, avant la lecture d'un livre, il est bon de prendre l'habitude de survoler les illustrations. Ce survol permet de nommer les objets, les personnages et les actions illustrés, ce qui est utile aux élèves allophones.

Faire créer un carnet de mots nouveaux. Encourager ces élèves à conserver les mots qu'ils apprennent dans un carnet organisé par ordre alphabétique. Ils peuvent écrire le mot, en donner une brève définition et l'illustrer schématiquement (*voir le tableau 32.2*).

TABLEAU 32.2   Un exemple de page de carnet de mots nouveaux

Mot	Définition	Illustration
Ciseaux	Instrument qui sert à couper.	

Encourager la lecture personnelle. On note chez certains élèves de la fin du primaire une acquisition assez rapide du vocabulaire en langue seconde grâce à la lecture. Ces élèves abordent la lecture dans l'intention précise d'apprendre de nouveaux mots, c'est pourquoi on peut dire que leur apprentissage dépend davantage de leur stratégie d'étude que du processus normal d'acquisition de vocabulaire durant la lecture (Snow et Kim, 2007). Il apparaît donc opportun d'encourager les élèves à être actifs lors de la lecture de textes et à prêter une attention particulière aux mots nouveaux.

32.10   Favoriser la fluidité

Pour les élèves allophones, acquérir une bonne fluidité représente un défi important, que ce soit à l'oral ou en lecture. Il ne suffit pas pour eux d'entendre les mots de la langue seconde ; on doit les encourager à prononcer les mots et à les organiser pour produire des phrases (Anthony, 2008).

Les élèves qui apprennent une langue seconde sont plus à l'aise de parler dans un petit groupe. Le cercle de lecture est une activité qui leur convient bien. Elle permet également aux autres élèves de la classe d'en apprendre davantage sur leurs pairs allophones et la culture de ces derniers. Pour aider les élèves allophones à lire un chapitre en vue de la rencontre du cercle de lecture, on peut les jumeler à un partenaire. Ce partenaire peut être un élève non allophone ou allophone : l'essentiel est de trouver deux élèves qui travaillent bien ensemble et qui se soutiennent (Gilmore et Day, 2006).

Les élèves allophones doivent être exposés à des modèles de lecture fluide quotidiennement et s'exercer eux-mêmes à la lecture à voix haute.

Donner des modèles de lecteur. Le fait d'entendre la prosodie de la langue française peut sensibiliser les élèves à certains modes d'intonation qui diffèrent de ceux de leur langue maternelle. La lecture effectuée en écoutant un texte enregistré est tout indiquée. La technique consiste à enregistrer un texte et à demander aux élèves de l'écouter tout en essayant de le lire en même temps. Ils peuvent se retirer à l'écart pour exécuter ce travail et doivent se sentir libre de reprendre la lecture autant de fois qu'ils le désirent. Leur seule contrainte est de lire le texte devant l'enseignant lorsqu'ils se sentent capables de le faire sans l'aide de l'enregistrement. Signalons qu'il peut être fort pratique de faire lire le texte à un pair plutôt qu'à l'enseignant.

Fournir des occasions de lire à voix haute. Le fait de lire à voix haute améliore l'aisance à l'oral. À cet égard, le théâtre de lecteurs est une activité fort pertinente pour les élèves allophones. Aux enfants qui n'osent pas s'exprimer devant les autres, on peut proposer diverses activités non menaçantes (Xu, 2010) :

- Demander aux élèves de lire leur livre à un animal en peluche ;
- Permettre aux élèves de lire en tenant une marionnette dans la main ;
- Faire enregistrer la lecture d'un texte par les élèves ;
- Proposer aux élèves de lire un livre à un ami avec qui ils sont à l'aise.

Conclusion

L'apprentissage de la lecture est plus exigeant pour les élèves allophones, mais s'ils sont placés dans de bonnes conditions d'enseignement, ils peuvent réussir aussi bien que leurs pairs. Il ne faut pas oublier, cependant, que les différences individuelles contribuent à l'apprentissage de la lecture dans la langue seconde. Les difficultés en lecture peuvent provenir des habiletés personnelles des élèves et non seulement du fait qu'ils soient allophones. Les élèves allophones ne constituent pas une catégorie homogène, car chacun a ses forces et ses faiblesses (Bernhardt, 2009).

Bibliographie

ADAMS, M. J. (2009). The challenge of advanced texts. The independence of reading and learning. Dans E. H. Hiebert (Éd.). *Reading more, reading better*. New York : Guilford, 163-189.

AFFLERBACH, P., PEARSON, P. ET S. G. PARIS, (2008). Clarifying differences between reading skills and reading strategies. *The Reading Teacher, 61*(5), 364-373.

AFFLERBACH, P. (2007). *Understanding and using reading assessment, K-12*. Newark : International Reading Association.

AIKENS, N. L. ET O. BARBARIN. (2008). Socioeconomic differences in reading trajectories : The contribution of family, neighborhood, and school contexts. *Journal of Educational Psychology, 100*(2), 235-245.

ALEXANDER, K. L., ENTWISLE, D. R. ET L. S. OLSON. (2007). Lasting consequences of the summer learning gap. *American Sociological Review, 72*(2), 167-180.

ALLINGTON, R. L. (2009). Opportunity to read. If they don't read much... 30 years after. Dans E. H. Hiebert (Éd.). *Reading more, reading better*. New York : Guilford, 30-54.

ALLINGTON, R. L. (2009). *What really matters in response to intervention : Research-based designs*. Boston : Allyn and Bacon.

ALLINGTON, R. L. ET K. BAKER. (2007). Best Practices for struggling readers. Dans L. B. Gambrell, L. M. Morrow et M. Pressley (Éds.). *Best practices in literacy instruction, 3rd edition*. New York : Guilford, 83-103.

ALLINGTON, R. L. et S. A. WALMSLEY (Éds.). (2007). *No quick fix : Rethinking literacy programs in America's elementary schools*. New York : Teachers College Press.

ALLINGTON, R. (2006). Fluency : Still waiting after all these years. Dans S. J. Samuels et A. E. Farstrup (Éds.). *What research has to say about fluency instruction*. Newark : International Reading, 94-105.

ALLINGTON, R. L. ET A. McGill-Franzen. (2003). The impact of summer loss on the reading achievement gap, *Phi Delta Kappan, 85*(1), 68-75.

ALLINGTON, R. L. ET P. H. JOHNSTON (Éds.). (2002). *Reading to learn : Lessons from exemplary fourth-grade classrooms*. New York : Guilford.

ALLINGTON, R. L. (2001). *What really matters for struggling readers : Designing research-based programs*. New York : Longman.

ALMASI, J. F. ET K. GARAS-YORK. (2009). Comprehension and peer discussion. Dans S. Israel et G. Duffy (Éds.). *Handbook of research on reading comprehension*. Mahwah : Erlbaum, 470-493.

ALONZO, J., BASARAB, D., TIND, G. ET R. CARRIVEAU. (2009). They read, but how well do they understand ? An empirical look at the nuances of measuring reading comprehension. *Assessment for Effective Intervention, 35*(1), 34-44.

AMIOT, M. (2007). Quelques pistes pour enseigner aux allophones. *Correspondance, 12*(3). Récupéré le 10 janvier 2010 du site Le Centre collégial de développement de matériel didactique (CCDMD), http://www.ccdmd.qc.ca/correspo/Corr12-3/Pistes.html.

ANDERSON, R. C., WILSON, P. T. ET L. G. FIELDING. (1988). Growth in reading and how children spend their time outside of school. *Reading Research Quarterly, 23*(3), 285-303.

ANTHONY, A. (2008). Output strategies for English-language learners : Theory to practice. *The Reading Teacher, 61*(6), 472-482.

APPLEBEE, A. N., LANGER, J. A., NYSTRAND, M. ET A. GAMORAN. (2003). Discussion-based approaches to developing understanding : Classroom instruction and student performance in middle and high school English. *American Educational Research Journal, 40*(3), 685-730.

APPLEGATE, A. J. et autres. (2009). The assessment of thoughtful literacy in NAEP : Why the states aren't measuring up. *The Reading Teacher, 62*(5), 372-381.

APPLEGATE, M. D., APPLEGATE, A. J. ET V. B. MODLA. (2009). « She's my best reader ; She just can't comprehend » : Studying the relationship between fluency and comprehension. *The Reading Teacher, 62*(6), 512-521.

APPLEGATE, M. D., QUINN, K. B. ET A. J. APPLEGATE. (2008). *The Critical Reading Inventory. Assessing student's reading and thinking, 2nd edition*. Upper Saddle River : Pearson.

ARMAND, F., GAGNÉ, J., DE KONINCK, Z. ET C. DUTIL. (2005). Exploration des pratiques de littératie en milieu familial et portrait démolinguistique d'élèves immigrants allophones nouvellement arrivés en situation de grand retard scolaire au Québec. *Revue canadienne de linguistique appliquée, 8*(1), 7-26.

ASKOV, E. (2004). Workforce literacy and technology in family literacy programs. Dans B. Wasik (Éd.). *Handbook of family literacy*. Mahwah : Lawrence Erlbaum, 271-286.

ATHANS, S. K. ET D. A. DEVINE. (2010). *Fun-tastic activities for differentiating comprehension instruction grades 2-6*. Newark : International Reading Association.

ATWELL, N. (2007). *The reading zone : How to help kids become skilled, passionate, habitual, critical readers*. New York : Scholastic.

BAUMANN, J. F. (2009). Vocabulary and reading comprehension : The nexus of meaning. Dans S. E. Israel et G. G. Duffy (Éds.). *Handbook of research on reading comprehension*. New York : Routledge, 223-246.

BAUMANN, J. F., FONT, G., EDWARDS, E. C. ET E. BOLAND. (2005). Strategies for teaching middle-grade students to use word-part and context clues to expand reading vocabulary. Dans E. H. Hiebert et M. L. Kamil (Éds.). *Teaching and learning vocabulary : Bringing research to practice*. Mahwah : Erlbaum, 179-205.

BEAUCHAT, K. A., BLAMEY, K. L. ET S. WALPOLE. (2009). Building preschool children's language and literacy one storybook at a time. *The Reading Teacher, 63*(1), 26-39.

BEAUCHESNE, J. (2004). *Dictionnaire des cooccurrences à l'usage des écoles*. Montréal : Guérin.

BEAUDOIN, I., GIASSON, J. ET L. SAINT-LAURENT. (2007). La supervision d'une tâche de lecture par les parents : des interventions efficaces pour les lecteurs débutants ? Dans A.-M. Dionne et M.-J. Berger (Éds.). *Les littéraries. Perspectivse linguistique, familiale et culturelle*. Les Presses de l'Université d'Ottawa, 93-129.

BEAULIEU, A. ET M.-C. CÔTÉ. (2008). *Le Petit Criticus*. Québec : Septembre Éditeur.

BECK, I. L. ET M. G. MCKEOWN. (2007). Increasing young low income children's oral vocabulary repertoires through rich and focused instruction. *Elementary School Journal, 107*(3), 251-271.

BECK, I. L. ET M. G. MCKEOWN. (2006). *Improving comprehension with Questioning the author : A fresh and expanded view of a powerful approach*. New York : Scholastic.

BECK, I. L., MCKEOWN, M. G. ET L. KUCAN. (2002). *Bringing words to life : Robust vocabulary instruction*. New York : Guilford.

BECK, I., MCKEOWN, M., HAMILTON, R. ET L. KUCAN. (1997). *Questioning the author : An approach for enhancing student engagement with text*. Newark : International Reading Association.

BEERS, K. (2003). *When kids can't read : What teachers can do*. Portsmouth : Heinemann.

BERNHARDT, E. (2009). Increasing reading opportunities for English language learners. Dans E. H. Hiebert (Éd.). *Reading more, reading better*. New York : Guilford, 190-209.

BERNINGER, V. W. et autres. (2008). Writing problems in developmental dyslexia : Under-recognized and under-treated. *Journal of School Psychology, 46*(1), 1-21.

BERON, K. ET G. FARKAS. (2004). The detailed age trajectory of oral vocabulary knowledge : Differences by class and race. *Social Science Research, 33*(3), 464-497.

BHATTACHARYA, A. (2010). Children and adolescents from poverty and reading development : A research review. *Reading & Writing Quarterly, 26*(2), 115-139.

BIANCO, M. et autres. (2010). Early training in oral comprehension and phonological skills : Results of a three-year longitudinal study. *Scientific Studies in Reading, 14*(3), 211-245.

BIEMILLER, A. (2006). Vocabulary development and instruction : A prerequisite for school learning. Dans S. Neuman et D. Dickinson (Éds.). *Handbook of early literacy research, 2*. New York : Guilford Press, 41-51.

BISPLINGHOFF, B. S. (2002). Under the wings of writers : A teacher who reads to find her way. *The Reading Teacher, 56*(3), 242-252.

BLACHOWICZ, C. L., FISHER, P. J., OGLE, D. ET S. WATTS-TAFFE. (2006). Vocabulary : Questions from the classroom. *Reading Research Quarterly, 41*(4), 524-539.

BLACK, A. ET A. M. STAVE. (2007). *A comprehensive guide to Readers Theatre : Enhancing fluency and comprehension in middle school and beyond*. Newark : International Reading Association.

BLOCK, C .C. ET J. LACINA. (2008). Comprehension instruction in primary grades. Dans S. E. Israel et G. G. Duffy (Éds.). *Handbook of research on reading comprehension*. Mahwah : Lawrence Erlbaum, 71-92.

BLUM, I., KOSKINEN, P., BHARTIYA, P. ET S. HLUBOKY. (2010). Thinking and talking about books : Using prompts to stimulate discussion. *The Reading Teacher, 63*(6), 495-499.

BONNEFOY, B. ET A. REY. (2008). Automatisation de la connaissance des lettres chez l'apprenti lecteur. *L'année psychologique, 108*(2), 187-206.

BORTNEM, G. M. (2008). Teacher use of interactive read alouds using nonfiction in early childhood classrooms. *Journal of College Teaching & Learning, 5*(12), 29-44.

BOUSHEY, G. ET J. MOSER. (2009). *Les 5 au quotidien : favoriser le développement de l'autonomie en littératie au primaire*. Mont-Royal : Duval.

BRESSOUX, P. ET M. ZORMAN. (2009). *Présentation et évaluation du programme « Parler »*. Actes du colloque langages & réussite éducative : des pratiques innovantes, 4-7. Récupéré le 3 juin 2010 du site http://iufm.ujf-grenoble.fr.

BRIGAUDIOT, M. (2000). *Apprentissages progressifs de l'écrit à l'école maternelle*. Paris : Hachette.

BUETTNER, E. G. (2002). Sentence by sentence self-monitoring. *The Reading Teacher, 56*(1), 34-44.

BURKINS, A. M. ET M. M. CROFT. (2010). *Preventing misguided reading. New strategies for guided reading teachers*. Newark : International Reading Association.

BUSS, K. ET L. KARNOWSKI. (2002). *Teaching recounts in reading and writing nonfiction genres*. Newark : International Reading Association.

BUSSIÈRE, P., KNIGHTON, T. ET D. PENNOCK. (2007). *À la hauteur : Résultats canadiens de l'étude PISA de l'OCDE. La performance des jeunes du Canada en sciences, en lecture et en mathématiques*. Ottawa : Statistique Canada.

CADIMA, J., MCWILLIAM, R. A. ET T. LEAL. (2010). Environmental risk factors and children's literacy skills during the transition to elementary school. *International Journal of Behavioral Development, 34*(1), 24-33.

CARLO, M. (2007). Best practices for literacy instruction for English-language learners. Dans L. B. Gambrell, L. M. Morrow et M. Pressley (Éds.). *Best practices in literacy instruction, 3rd* edition. New York : Guilford, 104-126.

CARRINGTON, B., TYMMS, P. ET C. MERRELL. (2008). Role models, school improvement ant the « Gender Gap » – Do men bring out the best in boys and women the best in girls ? *British Educational Research Journal, 34*(3), 315-327.

CATTS, H. W. (2009). The Narrow View of Reading promotes a broad view of comprehension. *Language, Speech, and Hearing Services in Schools, 40*(2), 178-183.

CÈBE, S. ET R. GOIGOUX. (2009). *Lectrix & lector, Apprendre à comprendre les textes narratifs*. Paris : Retz.

Centre de ressources Ville-École-Intégration (2008). Passerelles *en quinze langues (Bis) : évaluation-lecture en langue d'origine*. Récupéré le 5 juin 2010 du site du SCÉRÉN/CNDP : www.cndp.fr/vei.

CERVETTI, G. N., JAYNES, C. A. ET E. H. HIEBERT. (2009). Increasing opportunities to acquire knowledge through reading. Dans E. H. Hiebert (Éd.). *Reading more, reading better*. New York : Guilford, 79-100.

CHARRON, A. (2006). *Les pratiques d'orthographes approchées d'enseignantes de maternelle et leurs répercussions sur la compréhension du principe alphabétique chez les élèves*. Thèse de doctorat. Montréal : Université de Montréal.

CHARRON, A. (2005). Un heureux mélange d'éveil à l'écrit et d'arts plastiques. *Québec français, 136*, 63-65.

CHEESMAN, E. A., MCGUIRE, J. M., SHANKWEILER, D. ET M. COYNE. (2009). First-year teacher knowledge of phonemic awareness and its instruction. *Teacher Education and Special Education, 32*(3), 270-289.

CHIU, M. ET C. MCBRIDE-CHANG. (2006). Gender, context, and reading : A comparison of students in 43 countries. *Scientific Studies of Reading, 10*(4), 331-362.

CLARK, A. et autres. (2003). Collaborative reasoning : Expanding ways for children to talk and think in school. *Educational Psychology Review, 15*(2), 181-198.

CLAY, M. (2003). *Le sondage d'observation en lecture-écriture*. Montréal : Chenelière McGraw-Hill.

CLYDE, J. A. (2003). Stepping inside the story world : The Subtext Strategy – A tool for connecting and comprehending. *The Reading Teacher, 57*(2), 150-160.

COLLINS, M. F. (2010). ELL preschoolers' English vocabulary acquisition from storybook reading. *Early Childhood Research Quarterly, 25*(1), 84-97.

CONLEY, M. (2008). Cognitive strategy instruction for adolescents : What we know about the promise, what we don't know about the potential. Harvard Educational Review, *78*(1), 84-106.

CONNOR, C. M., JAKOBSONS, L. J., CROWE, E. ET J. MEADOWS. (2009). Instruction, differentiation, and student engagement in Reading First classrooms. *Elementary School Journal, 109*(3), 221-250.

CONNOR, C. M., MORRISON, F. J. ET J. N. PETRELLA. (2004). Effective reading comprehension instruction : Examining child by instruction interactions. *Journal of Educational Psychology, 96*(4), 682-698.

CORMIER, P. (2006). Connaissance du nom des lettres chez des enfants francophones de 4, 5 et 6 ans au Nouveau-Brunswick. *Éducation et francophonie, 24*(2).

CORRIGAN, R. ET J. R. SURBER. (2010). The reading level paradox : Why children's picture books are less cohesive than adult books. *Discourse Processes, 47*(1), 32-54.

CRAMER, K. ET S. ROSENFIELD. (2008). Effect of degree of challenge on reading performance. *Reading & Writing Quarterly, 24*(1), 119-137.

CRITCHLEY, M. (1970). *The dyslexic child*. Springfield : Charles C. Thomas.

CUNNINGHAM, A. E. ET K. E. STANOVICH. (2003). Reading matters : How reading engagement influences cognition. Dans J. Flood, D. Lapp, J. Squire et J. Jensen (Éds.). *Handbook of research on teaching the English language arts, 2nd edition*. Mahwah : Lawrence Erlbaum Associates, 666-675.

CUNNINGHAM, P. M. ET R. L. ALLINGTON. (1999). *Classrooms that work. They can all read and write, 2nd edition*. New York: Longman.

CUCHE, T. ET M. SOMMER. (2004). *Lire avec Léo et Léa*. Paris: Belin.

DAANE, M. C. et autres. (2005). *Fourth-grade students reading aloud: NAEP 2002 Special study of oral reading*. Washington (DC): U.S. Department of Education, Institute of Education Sciences.

D'AGOSTINO, J. V. ET J. A. MURPHY. (2004). A meta-analysis of Reading Recovery in United States schools. *Educational Evaluation and Policy Analysis, 26*(1), 23-38.

DANIELS, H. ET N. STEINEKE. (2004). *Mini-Lessons for Literature Circles*. Portsmouth: Heinemann.

DAVIS, D. (2010). *A meta-analysis of comprehension strategy instruction for upper elementary and middle school students*. Thèse de doctorat inédite. Nashville: Université Vanderbilt. Récupéré du site http://etd.library.vanderbilt.edu.

DEHAENE, S. (2007). *Les neurones de la lecture*. Paris: Odile Jacob.

DEWITZ, P., JONES, J. ET S. LEAHY. (2009). Comprehension strategy instruction in core reading programs. *Reading Research Quarterly, 44*(2), 102-126.

DION, É. et autres. (2010). Implementing research-based instruction to prevent reading problems among low-income students: Is earlier better? *Learning Disabilities Research & Practice, 25*(2), 87-96.

DUBUC, M. (2010). *Devant ma maison*. Montréal: La courte échelle.

DUFFY, G. G. et autres. (1987). Effects of explaining the reasoning associated with using reading strategies. *Reading Research Quarterly, 22*(3), 347-368.

DUKE, N. K., PRESSLEY, M. ET K. HILDEN. (2004). Difficulties with reading comprehension. Dans C. A. Stone, E. R. Silliman, B. J. Ehren et K. Apel (Éds.). *Handbook of language and literacy development and disorders*. New York: Guilford, 501-520.

DUMONT, D. (2000). *Le geste d'écriture: méthode d'apprentissage*. Paris: Hatier.

DUMORTIER, J.-L. (2010). La formation littéraire à l'école primaire. *Vivre le primaire, 23*(1), 22-24.

DURKIN, D. (1978-1979). What classroom observations reveal about reading comprehension instruction. *Reading Research Quarterly, 14*(4), 481-533.

ECALLE, J. (2010). L'évaluation de la lecture et des compétences associées. *Revue française de linguistique appliquée, 15*(1), 105-120.

ECALLE, J. ET A. MAGNAN. (2010). *L'apprentissage de la lecture et ses difficultés*. Paris: Dunod.

ECALLE, J. ET A. MAGNAN. (2007). Development of phonological skills and learning to read in french. *European Journal of Psychology of Education, 22*(2), 153-167.

ECALLE, J., MAGNAN, A. ET C. BIOT-CHEVRIER. (2007). Alphabet knowledge and early literacy skills in French beginning readers. *European Journal of Developmental Psychology, 5*(3), 303-325.

EDMUNDS, K. ET K. BAUSERMAN. (2006). What teacher can learn about motivation through conversations with children. *The Reading Teacher, 59*(5), 414-424.

EDWARDS, L. (2003). Writing instruction in kindergarten: examining an emerging area of research for children with writing and reading difficulties. *Journal of Learning Disabilities, 36*(2), 136-148.

EHRI, L.C. ET J. ROSENTHAL. (2007). Spellings of words: A neglected facilitator of vocabulary learning. *Journal of Literacy Research, 39*(4), 389-409.

ELLEFSON, M. R., TREIMAN, R. ET B. KESSLER. (2009). Learning to label letters by sounds or names: a comparison of England and the United States. *Journal of Experimental Child Psychology, 102*(3), 323-341.

EVANS, M. A., SAINT-AUBIN, J. ET N. LANDRY. (2009). Letter names and alphabet book reading by senior kindergarteners: An eye movement study. *Child Development, 80*(6), 1824-1841.

EVANS, M. A., WILLIAMSON, K. ET T. PURSOO. (2008). Preschoolers' attention to print during shared book reading. *Scientific Studies of Reading, 12*(1), 106-129.

FARKAS, G. ET K. BERON. (2004). The detailed age trajectory of oral vocabulary knowledge: Differences by class and race. *Social Science Research, 33*(3), 464-497.

FAYOL, M. ET J.-E. GOMBERT. (1999). Apprentissage de la lecture et de l'écriture. Dans J. A. Rondal et E. Espéret (Éds.). *Manuel de psychologie de l'enfant*. Bruxelles: Mardaga, 565-594.

FERREIRO, E. (1990). *Apprendre le lire-écrire*. Lyon: Voies livres.

FERREIRO, E. ET M. GOMEZ PALACIO. (1988). *Lire-écrire à l'école. Comment s'y apprennent-ils?* Lyon: CRDP.

FIJALKOW, J. (2001). Dyslexie: le retour. *VEI Enjeux, 126*, 148-165.

FINK, R. (2006). *Why Jane and John couldn't read and how they learned. A new look at striving readers*. Newark: International Reading Association.

FISHER, D., FREY, N. ET D. LAPP. (2008). *In a reading state of mind*. Newark: International Reading Association.

FLETCHER, J. M. (2009). Dyslexia: The evolution of a scientific concept. *Journal of the International Neuropsychological Society, 15*(4), 501-508.

FLETCHER, J. M., LYON, G. R., FUCHS, L. S. ET M. A. BARNES. (2007). *Learning disabilities: From identification to intervention*. New York: Guilford.

FORST, M. ET M. OUIMET. (1957). *Mon premier livre de lecture*. Montréal: Granger.

FOULIN, J.-N. (2007). La connaissance des lettres chez les prélecteurs: aspects pronostiques, fonctionnels et diagnostiques. *Psychologie française, 52*(4), 431-444.

FOULIN, J. N. ET S. PACTON. (2006). La connaissance du nom des lettres: précurseur de l'apprentissage du son des lettres. *Éducation et francophonie, 24*(2).

FOUNTAS, I. C. ET G. S. PINNELL. (1999). *Matching books to readers*. Portsmouth: Heinemann.

FRANÇOIS, N. (2003). *L'enseignement de la lecture aux enfants nouveaux arrivants... en Clin d'abord, en classes d'élémentaire et de collège ensuite!* Récupéré le 10 juin 2010 du site ÉduFLE.net Didactique de l'écrit, de la littérature en FLE, http://www.edufle.net/L-enseignement-de-la-lecture-aux.

FREEMAN, D. E. ET Y. S. FREEMAN. (2006). Teaching language through content themes: Viewing our world as a global village. Dans T. A. Young et N. L. Hadaway (Éds.). *Supporting the literacy development of English learners: Increasing success in all classrooms*. Newark: International Reading Association.

FUCHS, D., FUCHS, L. S. ET S. VAUGHN (Éds.). (2008). *Response to intervention: A framework for reading educators*. Newark: International Reading Association.

GAJRIA, M., JITENDRA, A. K., SOOD, S. ET G. SACKS. (2007). Improving comprehension of expository text in students with LD: A research synthesis. *Journal of Learning Disabilities, 40*(3), 210-225.

GAMBRELL, L. B. (2009). Creating opportunities to read more so that students read better. Dans E. H. Hiebert (Éd.). *Reading more, reading better*. New York: Guilford, 251-266.

GAMBRELL, L. B. ET V. R. GILLIS. (2007). Assessing children's motivation for reading and writing. Dans J. R. Paratore et R. L. McCormack (Éds.). *Classroom literacy assessment: Making sense of what students know and do*. New York: Guildford Press, 50-61.

GANGLOFF, S. (1997). *Zoum le zébre*. Paris: Mijade.

GAUDREAU, A. (2004). *Émergence de l'écrit*. Montréal: Éditions de la Chenelière.

GELB, I. J. (1973). *Pour une théorie de l'écriture*. Paris: Flammarion.

GENTRY, R. (2000). Retrospective on invented spelling and a look forward. *The Reading Teacher, 54*(3), 318-332.

GEOFFROY, M.-C. et autres. (2007). Association between nonmaternal care in the first year of life and children's receptive language skills prior to school entry: The moderating role of socioeconomic status. *Journal of Child Psychology and Psychiatry, 48*(5), 490-497.

GERSONS-WOLFENSBERGER, D. C. ET A. J. RUIJSSENAARS. (1997). Definition and treatment of dyslexia: A report by the committee on dyslexia of the Health Council of the Netherlands. *Journal of Learning Disabilities, 30*(2), 209-213.

GERSTEN, R. et autres. (2007). *Effective literacy and English language instruction for English learners in the elementary grades: A practice guide*. Washington (DC): National Center for Education Evaluation and Regional Assistance, Institute of Education Sciences, U.S. Department of Education.

GIASSON, J. (2003). *La lecture. De la théorie à la pratique, 2ᵉ édition*. Boucherville: Gaëtan Morin.

GIASSON, J. (1990). *La compréhension en lecture*. Boucherville: Gaëtan Morin.

GIASSON, J. (1981). *Lecture. Activités de vocabulaire visuel en 1ʳᵉ année*. Montréal: Ville-Marie.

GIASSON, J. ET L. SAINT-LAURENT. (2004). La littératie familiale et l'apprentissage de la lecture chez des enfants de première année. *Scientia Paedagogica Experimentalis, 41*(2), 191-212.

GIASSON, J. ET J. THÉRIAULT. (1983). *L'apprentissage et l'enseignement de la lecture*. Montréal: Ville-Marie.

GIASSON, J., BAILLARGEON, M., PIERRE, R. ET J. THÉRIAULT. (1985). Le lecteur précoce au Québec: caractéristiques individuelles et familiales. *Revue internationale de psychologie appliquée, 34*(4), 455-477.

GIBSON, S. A. (2008). An effective framework for primary-grade guided writing instruction. *The Reading Teacher, 62*(4), 324-334.

GILBERT, F., LEVASSEUR, J. ET J.-M. PASTOR. (2004). *La maîtrise du langage et de la langue française en fin d'école primaire*. Paris: Ministère de la Jeunesse, de l'Éducation nationale et de la Recherche, Direction de l'évaluation et de la prospective.

GILMORE, D. P. ET D. DAY. (2006). Let's read, write, and talk about it: Literature circles for English learners. Dans T. A. Young et N. L. Hadaway (Éds.). *Supporting the literacy development of English learners: Increasing success in all classrooms.* Newark: International Reading Association, 194-209.

GLENBERG, A. M., BROWN, M. ET J. R. LEVIN. (2007). Enhancing comprehension in small reading groups using a manipulation strategy. *Contemporary Educational Psychology, 32*(3), 389-399.

GOFFIN, C. ET P. SHILLINGS. (2007). *Grandir en l'an 2000. Rapport final.* Liège: Faculté de psychologie et des sciences de l'éducation, Université de Liège.

GOIGOUX, R. ET S. CÈBE. (2006*). Apprendre à lire à l'école.* Paris: Retz.

GOLDER, C. ET D. GAONAC'H. (2004). *Lire & comprendre. Psychologie de la lecture.* Nouvelle édition. Paris: Hachette.

GOMBERT, E. (2003). Compétences et processus mobilisés pour l'apprentissage de la lecture. Document envoyé au PIREF en vue de la conférence de consensus sur l'enseignement de la lecture à l'école primaire les 4 et 5 décembre 2003. Récupéré le 5 janvier 2010 du site: http://www.bienlire.education.fr/01-actualite/document/gombert.pdf.

GOMBERT J.-E. ET P. COLÉ. (2000). Activités métalinguistiques, lecture et illettrisme. Dans M. Kail et M. Fayol (Éds.). *L'acquisition du langage.* Paris: PUF, 117-150.

GOOD, R. H., GRUBA, J. ET R. A. KAMINSKI. (2002). Best practices in using Dynamic Indicators of Basic Early Literacy Skills (DIBELS) in an outcomes-driven model. Dans A. Thomas et J. Grimes (Éds.). *Best practices in school psychology IV.* Washington (DC): National Association of School Psychologist, 679-700.

GOODMAN, Y. M. ET C. L. BURKE. (1972). *Reading miscue inventory: Manual and procedures for diagnosis and evaluation.* New York: MacMillan.

GRAVES, M. F. (2009). *Teaching individual words. One size does not fit all.* Newark: International Reading Association.

GRAVES, D. (2005). The centrality of character. Dans N. Roser et M. Martinez (Éds.). *What a character! Character study as a guide to literary meaning making in grades K-8.* Newark, DE: International Reading Association, 2-5.

GREENWOOD, S. C. ET K. FLANIGAN. (2007). Overlapping vocabulary and comprehension: Context clues complement semantic gradients. *The Reading Teacher, 61*(3), 249-254.

GUÉRETTE, C. et autres. (2007). *Le livre documentaire au préscolaire et au primaire: explorer le livre jeunesse en classe.* Montréal: Hurtubise.

GUSTAFSON, S., FERREIRA, J. ET J. RONNBERG. (2007). Phonological or orthographic training for children with phonological or orthographic decoding deficits. *Dyslexia, 13*(3), 211-229.

GUTHRIE, J. T. ET N. M. HUMENICK. (2004). Motivating students to read: Evidence for classroom practices that increase motivation and achievement. Dans P. McCardle et V. Chhabra (Éds.). *The voice of evidence in reading research.* Baltimore: Paul Brookes, 329-354.

HALL, S. L. (2006). *I've DIBEL'd, now what?* Boston: Sopris West.

HAMMER, C. S., FARKAS, G. ET S. MACZUGA. (2010). The language and literacy development of Head Start children: A study using the family and child experiences survey database. *Language, Speech and Hearing Services in Schools, 41*(1), 70-83.

HAMPTON, S. ET L. B. RESNICK. (2008). *Reading and writing with understanding: Comprehension in fourth and fifth grades.* Newark: International Reading Association.

HANCOK, M. (2005). Students write their understanding of characters-and their understanding soars. Dans N. Roser et M. Martinez (Éds.). *What a character! Character study as a guide to literary meaning making in grades K-8.* Newark: International Reading Association 72-82.

HARGRAVE, A. C. ET M. SÉNÉCHAL. (2000). A book reading intervention with preschool children who have limited vocabularies: The benefits of regular reading and dialogic reading. *Early Childhood Research Quarterly, 15*(1), 75-90.

HARN, B. A., LINAN-THOMPSON, S. ET G. ROBERTS. (2008). Intensifying instruction: Does additional instructional time make a difference for the most at-risk first graders? *Journal of Learning Disabilities, 41*(2), 115-125.

HASBROUCK, J. ET G. A. TINDAL. (2006). Oral reading fluency norms: A valuable assessment tool for reading teachers. *The Reading Teacher, 59*(7), 636-644.

HAYES, D. P. ET M. AHRENS. (1988). Vocabulary simplification for children: A special case of «motherese»? *Journal of Child Language, 15*(2), 395-410.

HICKMAN, P. ET S. POLLARD-DURODOLA. (2009). *Dynamic read-aloud strategies for English learners. Building language and literacy in the primary grades.* Newark: International Reading Association.

HIEBERT, E. H. ET L. A. MARTIN. (2009). Opportunity to read. A critical but neglected construct in reading instruction. Dans E. H. Hiebert (Éd.). *Reading more, reading better.* New York: Guilford, 3-29.

HILLAIRET DE BOISFERON, A., BARA, F., GENTAZ, E. ET P. COLÉ. (2007). Préparation à la lecture des jeunes enfants : Effets de l'exploration visuo-haptique des lettres et de la perception visuelle des mouvements d'écriture. *L'Année Psychologique, 107*(4), 537-564.

HOOK, P. ET S. JONES. (2002). The importance of automaticity and fluency for efficient reading comprehension. *International Dyslexia Association quarterly newsletter, Perspectives, 28*(1), 9-14.

HULSLANDER, J. et autres. (2010). Longitudinal stability of reading-related skills and their prediction of reading development. *Scientific Studies of Reading, 14*(2), 111-136.

J'apprends la calligraphie (2006). Sainte-Foy : Septembre éditeur.

JAPEL, C., VUATTOUX, D., DION, É. ET D. SIMMONS. (2009). Comment faciliter le développement du vocabulaire chez les jeunes enfants à risque ? Une approche basée sur la recherche. Dans A. Charron, C. Bouchard et G. Cantin (Éds.). *Langage et littératie chez l'enfant en service de garde éducatif.* Québec : Les Presses de l'Université du Québec, 37-53.

JENNINGS, J. H., CALDWELL, J. ET J. W. LERNER, (2006). Reading *problems assessment and teaching strategies,* 5th edition. Boston : Pearson Education.

JONES, J. A. (2006). Student-involved classroom libraries. *The Reading Teacher, 59*(6), 576-580.

JOOLE, P. (2006). *Lire des récits longs.* Paris : Retz.

JUEL, C. (2006). The impact of early school experiences on initial reading. Dans D. Dickinson et S. Neuman (Éds.). *Handbook of early literacy research, Vol. 2.* New York : The Guilford Press, 410-426.

JUEL, C. ET C. MINDEN-CUPP. (2000). One down and 80,000 to go : Word recognition instruction in the primary grades. *The Reading Teacher, 53*(4), 332-335.

JUSTICE, L. M., BOWLES, R. P. ET L. E. SKIBBE. (2006). Measuring preschool attainment of print-concept knowledge : A study of typical and atrisk 3- to 5-year-old children using item response theory. *Language, Speech, and Hearing Services in Schools, 37*(3), 224-235.

JUSTICE, L. M. et autres. (2009a). School readiness among children with varying histories of language difficulties. *Developmental Psychology, 45*(2), 460-476.

JUSTICE, L. M. et autres. (2009b). Accelerating preschoolers' early literacy development through classroom-based teacher-child storybook reading and explicit print referencing. *Language, Speech, and Hearing Services in Schools, 40*(1), 67-85.

JUSTICE, L. M. et autres. (2003). Emergent literacy intervention for vulnerable preschoolers : Relative effects of two approaches. *American Journal of Speech-Language Pathology, 12*(3), 320-332.

JUSTICE, L. ET H. EZELL. (2004). Print referencing : An emergent literacy enhancement strategy and its clinical applications. *Language, Speech, and Hearing Services in Schools, 35*(2), 185-193.

JUSTICE, L. M., PULLEN, P. C. ET K. PENCE. (2008). Influence of verbal and nonverbal references to print on preschoolers' visual attention to print during storybook reading. *Developmental Psychology, 44*(3), 855-866.

KAMHI, A. G. (2009). The case for the Narrow View of Reading. *Language, speech, and hearing services in schools, 40*(2), 174-177.

KAPLAN, D. ET S. WALPOLE, S. (2005). A stage-sequential model of reading transitions : Evidence from the Early Childhood Longitudinal Study. *Journal of Educational Psychology, 97*(4), 551-563.

KELLEY, M. J. ET N. CLAUSEN-GRACE. (2009). Facilitating engagement by differentiating independent reading. *The Reading Teacher, 63*(4), 313-318.

KELLEY, M. J. ET N. CLAUSEN-GRACE. (2007). *Comprehension shouldn't be silent : From strategy instruction to student independence.* Newark : International Reading Association.

KENDEOU, P. et autres. (2009). Predicting reading comprehension in early elementary school : The independent contributions of oral language and decoding skills. *Journal of Educational Psychology, 101*(4), 765-778.

KIM, Y. S., PETSCHER, Y. ET B. R. FOORMAN. (2010). The contributions of phonological awareness and letter-name knowledge to letter-sound acquisition : A cross-classified multilevel model approach. *Journal of Educational Psychology, 102*(2), 313-326.

KISPAL, A. (2008). *Effective teaching of inference skills for reading : Literature review* (DCSF Research Report 031). Londres : Department for Children, Schools and Families.

KLETZIEN, S. B. (2009). Paraphrasing : An effective comprehension strategy. *The Reading Teacher, 63*(1), 73-77.

KLETZIEN, S. B. ET M. J. DREHER. (2004). *Informational text in K-3 classrooms.* Newark : International Reading Association.

KLINGNER, J. K. et autres. (2010). Teaching reading in the 21st Century : A glimpse at how Special Education teachers promote reading comprehension. *Learning Disability Quarterly, 33*(2), 59-74.

KLINGNER, J. H., VAUGHN, S. ET A. BOARDMAN. (2007). *Teaching reading comprehension to students with learning difficulties.* New York: Guilford.

KOUTSOFTAS, A. D., HARMON, M. T. ET S. GRAY. (2009). The effect of Tier 2 intervention for phonemic awareness in a response-to-intervention model in low-income preschool classrooms. *Language, Speech, and Hearing Services in Schools, 40*(2), 116-130.

KUHN, M. R., SCHWANENFLUGEL, P. J. ET E. B. MEISINGER. (2010). Review of research: Aligning theory and assessment of reading fluency: Automaticity, prosody, and definitions of fluency. *Reading Research Quarterly, 45*(2), 230-251.

KUHN, M. ET P. SCHWANENFLUGEL. (2009). Time, engagement, and support. Lessons from a 4-year fluency intervention. Dans E. H. Hiebert (Éd.). *Reading more, reading better.* New York: Guilford, 141-160.

KUSH, J. C., WATKINS, M. W. ET S. M. BROOKHART. (2005). The temporal-interactive influence of reading achievement and reading attitude. *Educational Research and Evaluation, 11*(1), 29-44.

LABAT, H., ECALLE, J. ET A. MAGNAN. (2010). Effet d'entraînements bimodaux à la connaissance des lettres. Étude transversale chez des enfants de trois et cinq ans. *Psychologie française, 55*(2), 113-127.

LANDERL, K. ET H. WIMMER. (2008). Development of word reading fluency and spelling in a consistent orthography: An 8-year follow-up. *Journal of Educational Psychology, 100*(1), 150-161.

LANGER, J. A. (2001). Beating the odds: Teaching middle and high school students to read and write well. *American Educational Research Journal, 38*(4), 837-880.

LAVOIE, N., MORIN, M.-F. ET I. MONTÉSINOS-GELET. (2008). Les relations entre les habiletés graphomotrices et l'orthographe en 2e année du primaire. Dans D. Alamargot, J. Bouchand, E. Lambert, V. Millogo, et C. Beaudet (Éds.). *Proceedings of the International Conference « de la France au Québec: l'Écriture dans tous ses états ».* Poitiers.

LAVIGNE, J. (2008). *Les mécanismes d'inférence en lecture chez les élèves de sixième année du primaire.* Thèse de doctorat inédite. Québec: Faculté des études supérieures de l'Université Laval.

LEBLANC, G. (2000). Les unités littéraires. Une façon d'utiliser la littérature de jeunesse en classe et faire réagir les élèves. *Québec français, 116*, 34-39.

LEBLANC, P. (2005). *Différences entre les garçons et les filles dans les préférences en lecture au primaire.* Mémoire de maîtrise inédit. Québec: Faculté des études supérieures de l'Université Laval.

LENTERS, K. (2005). No half measures: Reading instruction for young second-language learners. *The Reading Teacher, 58*(4), 328-336.

Le Petit Robert 2011. (2010). Paris: Le Robert.

LESAUX, N. K., KIEFFER, M. J., FALLER, S. ET J. G. KELLEY. (2010). The effectiveness and ease of implementation of an academic vocabulary intervention for linguistically diverse students in urban middle schools. *Reading Research Quarterly, 45*(2), 196-228.

Les ateliers de questionnement de texte. Cycle 3 et collèges. (2008). Texte récupéré sur le site du Réseau des Observatoires locaux de la lecture, à l'adresse URL: http://webroll.free.fr/ROLLC3/remed/AQT/AQT_C3.pdf.

LITT, D. G. (2007). 10 rules for reading. *The Reading Teacher, 60*(6), 570-574.

LOEB, D. F. et autres. (2009). The effects of Fast ForWord Language on the phonemic awareness and reading skills of school-age children with language impairments and poor reading skills. *American Journal of Speech-Language Pathology, 18*(4), 376-387.

LOGAN, S. ET R. JOHNSTON. (2009). Gender differences in reading ability and attitudes: Examining where these differences lie. *Journal of Research in Reading, 32*(2), 199-214.

LONGCAMP, M., ZERBATO-POUDOU, M.-T. ET J.-L. VÉLAY. (2005). Interactions perceptivo-motrices dans la reconnaissance des lettres. Dans Y. Coello, S. Casalis et C. Moroni (Éds.). *Vision, espace et cognition: fonctionnement normal et pathologique.* Lille: Les presses universitaires du Septentrion, 211-226.

LYON, G. R., SHAYWITZ, S. E. ET B. A. SHAYWITZ. (2003). A definition of dyslexia. *Annals of Dyslexia, 53*, 1-14.

LYON, G. R. et autres. (2001). Rethinking learning disabilities. Dans C. E. Finn Jr., R. J. Rotherham et C. R. Hokanson, Jr. (Éds.) *Rethinking special education for a new century.* Washington, DC: Thomas B. Fordham Foundation and Progressive Policy Institute, 259-287.

LUSE, P. (2002). Speedwriting: A teaching strategy for active student engagement. *The Reading Teacher, 56*(1), 20-21.

MACON, J. M., BEWELL, D. ET M. VOGT. (1991). *Responses to Literature.* Newark: International Reading Association.

MACRINE, S. ET E. SABBATINO. (2008). Dynamic assessment and remediation approach: Using the DARA approach to assist struggling readers. *Reading & Writing Quarterly, 24*(1), 52-76.

MAISONNEUVE, L. (2010). Lecture guidée d'une œuvre littéraire avec des élèves de 9 à 11 ans : l'exemple du questionnement magistral. *Vivre le primaire, 23*(1), 39-41.

MAKDISSI, H. ET A. BOISCLAIR. (2010). La complexification du récit chez l'enfant d'âge préscolaire. Dans D. Doyon et C. Fisher (Éds.). *Le langage et la pensée à la maternelle.* Québec : Les presses de l'Université du Québec, 185-214.

MALOCH, B. (2002). Scaffolding student talk: One teacher's role in literature discussion groups. *Reading Research Quarterly, 37*(1), 94-101.

MANOLITSIS, G., GEORGIOU, G., STEPHENSON, K. ET R. PARRILA. (2009). Beginning to read across languages varying in orthographic consistency: Comparing the effects of non-cognitive and cognitive predictors. *Learning and Instruction, 19*(6), 466-468.

MARTEL, V. ET J.-Y. LEVESQUE. (2010). La compréhension en lecture aux deuxième et troisième cycles du primaire : regard sur les pratiques déclarées d'enseignement. *Revue canadienne de linguistique appliquée, 13*(2), 27-53.

MARTINEZ, L., GENISIO, V. ET M. BASTIEN-TONIAZZO. (2001). Les erreurs de permutation des lettres dans la lecture des séquences consonantiques. *Revue de Psychologie de l'éducation, 1*(1), 55-76.

MARTINEZ, M. ET N. ROSER. (2005). Students' developing understanding of character. Dans N. Roser et M. Martinez (Éds.). *What a character! Character study as a guide to literary meaning making in grades K-8.* Newark : International Reading Association, 6-12.

MARTINEZ, M., ROSER, N. L. ET S. STRECKER. (1999). « I never thought I could be a star » : A Readers Theatre ticket to fluency. *The Reading Teacher, 52*(4), 326-334.

MATHER, N. (2006). Adaptation of the Names Test. *The Reading Teacher, 60*(2), 114-122.

MATHES, P. G. et autres. (2005). The effects of theoretically different instruction and student characteristics on the skills of struggling readers. *Reading Research Quarterly, 40*(2), 148-182.

MCCORMICK, S. (2007). *Instructing students who have literacy problems*, 5th edition. UpperSaddle River : Pearson Merrill Prentice Hall.

MCELVAIN, C. M. (2009). Transactional literature circles and the reading comprehension of English learners in the mainstream classroom. *Journal of Research in Reading, 33*(2), 178-205.

MCKEOWN, M. G., BECK, I. L. ET R. K. BLAKE. (2009). Rethinking reading comprehension instruction : A comparison of instruction for strategies and content approaches. *Reading Research Quarterly, 44*(3), 218-253.

MCKEOWN, M. G. ET I. L. BECK. (2004). Transforming knowledge into professional development resources : Six teachers implement a model of teaching for understanding text. *Elementary School Journal, 104*(5), 391-408.

MCRAE, A. ET J. T. GUTHRIE. (2009). Promoting reasons for reading : Teacher practices that impact motivation. Dans E. H. Hiebert (Éd.). *Reading more, reading better.* New York : Guilford Press, 55-76.

MEDWELL, J., STRAND, S. ET D. WRAY. (2009). The links between handwriting and composing for Y6 children. *Cambridge Journal of Education, 39*(3), 329-344.

MEISINGER, E. B. et autres. (2009). Myth and reality of the word caller : The relation between teacher nominations and prevalence among elementary school children. *School Psychology Quarterly, 24*(3), 147-159.

MESMER, H. A. ET K. LAKE. (2010). The role of syllable awareness and syllable-controlled text in the development of finger-point reading. *Reading Psychology, 31*(2), 176-201.

MESNAGER, J. ET S. BRES. (2008). *Évaluer la difficulté des textes.* Paris : Nathan.

MEYER, B. (1985). Prose analysis : Purposes, procedures, and problems. Dans B. Britton et J. Black (Éds.). *Understanding expository texts.* Hillsdale : Lawrence Erlbaum, 11-64.

MEYER, B. F. et autres. (2010). Web-based tutoring of the structure strategy with or without elaborated feedback or choice for fifth-and seventh-grade readers. *Reading Research Quarterly, 45*(1), 62-92.

MEYER, F. ET X. DEBOFFLES. (2007). *Histoire de l'écriture et de la littérature mondiale : approche d'une chronologie.* Le Cannet : Éditions Tableaux synoptiques de l'histoire.

Ministère de l'Éducation nationale (2007). *L'état de l'École : 30 indicateurs sur le système éducatif français.* Paris : DEPP/Département de la valorisation et de l'édition.

Ministère de l'Éducation nationale (2006). *Le langage à la maternelle.* Paris : Centre national de documentation pédagogique.

Ministère de l'Éducation nationale (2003). *Lire er écrire au cycle 3.* Paris : Centre national de documentation pédagogique.

Ministère de l'Éducation, du Loisir et du Sport (2007). *L'organisation des services éducatifs aux élèves à risque et aux élèves handicapés ou en difficulté d'adaptation ou d'apprentissage (EHDAA).* Québec : Gouvernement du Québec.

Ministère de l'Éducation, du Loisir et du Sport (2005). *La réussite scolaire des garçons et des filles. L'influence du milieu socioéconomique.* Québec : Gouvernement du Québec.

Ministère de l'Éducation, du Loisir et du Sport (2003). *Les difficultés d'apprentissage à l'école. Cadre de référence pour guider l'intervention.* Québec : Gouvernement du Québec.

Ministère de l'Éducation, du Loisir et du Sport (2001). *Programme de formation de l'école québécoise.* Québec : Gouvernement du Québec.

MOHR, K. A. ET E. S. MOHR. (2007). Extending English-language learners' classroom interactions using the Response Protocol. *The Reading Teacher, 60*(5), 440-450.

MONTÉSINOS-GELET, I. ET M.-F. MORIN. (2006). *Les orthographes approchées. Une démarche pour soutenir l'appropriation de l'écrit au préscolaire ou au primaire.* Montréal : Éditions de la Chenelière.

MORA, J. K. (2006). Differentiating instruction for English Learners : The Four-by-Four Model. Dans T. A. Young et N. L. Hadaway (Éds.). *Supporting the literacy development of English Learners : Increasing success in all classrooms.* Newark : International Reading Association, 24-40.

MORIN, M.-F. (2007). Linguistic factors and invented spelling in children : The case of French beginners in children. *Educational Studies in Language and Literature, 7*(3), 173-189.

MORIN, M.-F. ET I. MONTÉSINOS-GELET. (2007). Effet d'un programme d'orthographes approchées en maternelle sur les performances ultérieures en lecture et en écriture d'élèves à risque. *Revue des sciences de l'éducation, 33*(3), 663-683.

MORIN, M.-F. ET I. MONTÉSINOT-GELET. (2007). *Approcher l'écrit à pas de loup. La littérature de jeunesse pour apprendre à lire et écrire au préscolaire et au primaire.* Montréal : Chenelière Éducation.

MORIN, M-F. ET I. MONTÉSINOS-GELET. (2005). Les habiletés phonogrammiques en écriture à la maternelle : comparaison de deux contextes francophones différents France-Québec, *Canadian Journal of Education, 28*(3), 508-533.

MORIN, M.-F., PRÉVOST, N. ET M.-C. ARCHAMBAULT. (2009). Effet de différentes pratiques d'éveil à l'écrit en maternelle sur l'appropriation du français écrit. *SPIRALE – Revue de recherches en éducation, 44*, 83-100.

MOSS, B. ET T. A. YOUNG. (2010). *Creating lifelong readers through independent reading.* Newark : International Reading Association.

MULLIS, I. V., MARTIN, M. O., KENNEDY, A. ET P. FOY. (2007). *PIRLS 2006 International report : IEA's progress in international reading literacy study in primary school in 40 countries.* Chestnut Hill : Boston College.

MURPHY, P. K. et autres. (2009). Examining the effects of classroom discussion on students' high-level comprehension of text : A meta-analysis. *Journal of Educational Psychology, 101*(3), 740-764.

MURRAY, C., WOODRUFF, A .L. ET V. VAUGHN. (2010). First-grade student retention within a 3-Tier reading framework. *Reading & Writing Quarterly, 26*(1), 26-50.

NADON, Y. (2007). *Écrire au primaire. Réflexions et pratiques.* Montréal : Éditions de la Chenelière.

NADON, Y. (2002). *Lire et écrire en première année... et pour le reste de la vie.* Montréal : Éditions de la Chenelière.

NATION, K. (2006). Assessing reading comprehension in children. Dans M. J. Snowling et J. Stackhouse (Éds.). *Speech and language : A practitioner's handbook.* Londres : Whurr, 128-142.

National Assessment of Educational Progress (2006). *The Nation's Report Card Reading 2005.* Washington (DC) : Institute of Education Sciences.

National Center for Education Statistics (2010). *The Nation's Report Card : Trial urban district assessment reading 2009.* Washington (DC) : Institute of Education Sciences.

National Early Literacy Panel (2008). *Developing early literacy : Report of the National Early Literacy Panel. A scientific synthesis of early literacy development and implications for intervention.* Washington (DC) : National Institute of literacy.

National Reading Panel (2000). *Report of the National Reading Panel. Teaching children to read : An evidence-based assessment of the scientific research literature on reading and its implications for reading instructions.* Washington (DC) : U.S. Government Printing Office.

NEUFELD, P. (2005). Comprehension instruction in content area classes. *The Reading Teacher, 59*(4), 302-312.

NOBLE, K. G., NORMAN, F. ET M. J. FARAH. (2005). Neurocognitive correlates of socioeconomic status in kindergarten children. *Developmental Science, 8*(1), 74-87.

Observatoire national de la lecture (2005). *L'apprentissage de la lecture*. Récupéré le 10 janvier 2010 du site http://onl.inrp.fr.

O'CONNOR, R. E., BOCIAN, K., BEEBE-FRANKENBERGER, M. ET D. L. LINKLATER. (2010). Responsiveness of students with language difficulties to early intervention in reading. *The Journal of Special Education, 43*(4), 220-235.

O'CONNOR, R., HARTY, K. ET D. FULMER. (2005). Tiers of intervention in kindergarten through third grade. *Journal of Learning Disabilities, 38*(6), 532-538.

OCZKUS, L. D. (2010). *Reciprocal teaching at work, second edition*. Newark: International Reading Association.

Office de la qualité et de la responsabilité en éducation (2008). *EQAO's provincial report on the results of the 2007-2008 assessments of reading, writing and mathematics primary division*. Toronto: Education Quality and Accountability Office.

Organisation de coopération et de développement économiques. (2004). *Apprendre aujourd'hui, réussir demain. Premiers résultats de PISA 2003*. Paris: OCDE.

OUELLETTE, G. ET A. BEERS. (2010). A not-so-simple view of reading: How oral vocabulary and visual-word recognition complicate the story. *Reading & Writing, 23*(2), 189-208.

OUELLETTE, G. ET M. SÉNÉCHAL. (2008). Pathways to literacy: A study of invented spelling and its role in learning to read. *Child Development, 79*(4), 899-913.

OUZOULIAS, A. (2008). Prévelire. Prévenir les difficultés dans l'apprentissage de la lecture. Paris: Retz.

OUZOULIAS, A. (2004). *Favoriser la réussite en lecture: les MACLÉ*. Paris: Retz.

PACHTMAN, A. B. ET K. A. WILSON, (2006). What do the kids think? *The Reading Teacher, 59*(7), 680-684.

PALINCSAR, A. S. ET L. R. HERRENKOHI (2002). Designing collaborative learning contexts. *Theory into Practice, 41*(1), 26-32.

PARIS, S. (2005). Reinterpreting the development of reading skills. *Reading Research Quarterly, 40*(2), 184-202.

PARIS, A. ET S. PARIS. (2003). Assessing narrative comprehension in young children. *Reading Research Quarterly, 38*(1), 36-76.

PECK, S. ET A. VIRKLER. (2006). Reading in the shadows: Extending literacy skills through shadow-puppet theater. *The Reading Teacher, 59*(8), 786-795.

PENNAC, D. (1992). *Comme un roman*. Paris: Gallimard.

PENNINGTON, B. F. et autres. (2009). Gene × environment interactions in reading disability and attention-deficit/hyperactivity disorder. *Developmental Psychology, 45*(1), 77-89.

PENTIMONTI, J. M., ZUCKER, T. A., JUSTICE, L. M. ET J. N. KADERAVEK. (2010). Informational text use in preschool classroom read-alouds. *The Reading Teacher, 63*(8), 656-665.

PETTINATI, G. ET I. GAGNÉ. (2008). *Le plaisir de bien écrire*. Longueuil: Trécarré.

PIASTA, S. B. ET R. K.WAGNER. (2010). Developing early literacy skills: A meta-Analysis of alphabet learning and instruction. *Reading Research Quarterly, 45*(1), 8-38.

PITCHER, S. M. (2009). The Great Poetry Race. *The Reading Teacher, 62*(7), 613-616.

PLAZA, M. et autres. (2002). Validation longitudinale d'un outil de dépistage des troubles du langage écrit: étude d'une cohorte d'enfants dépistés en fin de CP et réévalués en fin de CE1. *Glossa*, 81, 22-33.

PLAZA, M. ET H. COHEN. (2006). Contribution of phonological awareness and visual attention in the beginning of reading and spelling. *Dyslexia: An International Journal of Theory and Practice, 13*(1), 67-76.

PLAZA, M. et autres. (2006). Mécanismes d'identification des mots et compréhension de l'écrit: étude développementale et clinique, *Glossa*, 95, 24-40.

PRESSLEY, M. (2006). *Reading instruction that works. The case for balances teaching, 3rd edition*. New York: Guilford.

PRESSLEY, M. (2005). Striking a balance. The quest for effective literacy instruction. *Education Canada, 45*(4), 6-10.

PRESSLEY, M., WHARTON-MCDONALD, R., MISTRETTA-HAMPSTON, J. ET M. ECHEVARRIA. (1998). Literacy instruction in 10 fourth- and fifth-grade classrooms in Upstate New York. *Scientific Studies of Reading, 2*(2), 159-194.

PRESSLEY, M. et autres. (1992). Beyond direct instruction: Transactional instruction of reading comprehension stategies. *Elementary School Journal, 92*(5), 513-555.

PROCHNOW, J. E., TUNMER, W. E., CHAPMAN, W. J. ET K. T. GREANEY. (2001). A longitudinal study of early literacy achievement and gender. *New Zealand Journal of Educational Studies, 36*(2), 221-236.

PUFPAFF, L. A. (2009). A developmental continuum of phonological sensitivity skills. *Psychology in the Schools, 46*(7), 679-691.

RAPHAEL, T. E., GEORGE, M., WEBER, C. M. ET A. NIES. (2009). Approaches to teaching reading comprehension. Dans S. E. Israel et G. G. Duffy (Éds.). *Handbook of research on reading comprehension.* New York: Routledge, 449-469.

RASINSKI, T. V. (2008). Teaching fluency artfully. Dans R. Fink et S. J. Samuels (Éds.). *Inspiring reading success: Interest and motivation in an age of High-Stakes Testing.* Newark: International Reading Association, 117-140.

REYNOLDS, M. E. ET M. FISH. (2010). Language skills in low-SES rural Appalachian children: Kindergarten to middle childhood. *Journal of Applied Developmental psychology, 31*(3), 238-248.

REUTZEL, D., JONES, C. D., FAWSON, P. C. ET J. A. SMITH. (2008,). Scaffolded silent reading: A complement to guided repeated oral reading that works. *The Reading Teacher, 62*(3), 194-207.

REUTZEL, D. R., SMITH, J. A. ET P. C. FAWSON. (2005). An evaluation of two approaches for teaching reading comprehension strategies in the primary years using science information texts. *Early Childhood Research Quarterly, 20*(3), 276-305.

REZNITSKAYA, A. et autres. (2009). Collaborative reasoning: A dialogic approach to group discussions. *Cambridge Journal of Education, 39*(1), 29-48.

RIEBEN, L., NTAMAKILIRO, L., GONTHIER, B. ET M. FAYOL. (2005). Effects of various early writing practices on reading and spelling components. *Scientific Studies of Reading, 9*(2), 145-166.

RIEDEL, B. W. (2007). The relation between DIBELS, reading comprehension, and vocabulary in urban first-grade students. *Reading Research Quarterly, 42*(4), 546-567.

RODRIGUEZ, E. T. et autres. (2009). The formative role of home literacy experiences across the first three years of life in children from low-income families. *Journal of Applied Developmental Psychology, 30*(6), 677-694.

ROG, L. J. (2007). *Marvelous minilessons for teaching beginning writing, K-3.* Newark: International reading Association.

ROGERS, L. K. (1999). Spelling cheerleading. *The Reading Teacher, 53*(2), 110-111.

ROGERS, T. et autres. (2006). Developing the IRIS: Toward situated and valid assessment measures in collaborative professional development and school reform in literacy. *The Reading Teacher, 59*(6), 544-553.

ROSER, N., MARTINEZ, M., FUHRKEN, C. ET K. MCDONNOLD. (2007). Characters as guides to meaning. *The Reading Teacher, 60*(6), 548-559.

ROSSI, J. P. ET N. CAMPION. (2008). Inférences et compréhension de texte. *Rééducation orthophonique, 46*(234), 47-62.

SAINSBURY, M. ET I. SCHAGEN. (2004). Attitudes to reading at ages nine and eleven. *Journal of Research in Reading, 27*(4), 373-386.

SAINT-LAURENT, L., GIASSON, J. ET M. DROLET. (2001). *Lire et écrire à la maison.* Montréal: Chenelière-McGraw-Hill.

SAMUELS, S. J. ET A. E. FARSTRUP (Éds.). (2006). *What research has to say about fluency instruction.* Newark: International Reading Association.

SAMUELS, S. J. (1979). The method of repeated readings. *The Reading Teacher, 32*(4), 403-408.

SANCHEZ, M., MAGNAN, A. ET J. ECALLE. (2007). Habiletés phonologiques chez des enfants dysphasiques de GS et CP: étude comparative avec des enfants au développement langagier normal. *Psychologie française, 52*(1), 41-54.

SAVAGE, R. S. (2006). Reading comprehension is not always the product of nonsense word decoding and linguistic comprehension: Evidence from teenagers who are extremely poor readers. *Scientific Studies of Reading, 10*(2), 143-164.

SCARBOROUGH, H. S. (2001). Connecting early language and literacy to later reading (dis)abilities: Evidence, theory and, practice. Dans S. B. Neuman et D. K. Dickinson (Éds.). *Handbook of early literacy research.* New York: Guilford, 97-110.

SCHINCK, C. (2002). L'école rose favorise-t-elle les filles? *Magazine de l'Université du Québec.* Récupéré le 6 juin 2010 du site http://www.uquebec.ca/bap/bap/mag_reseau/mag2002_01/dossier2002-01.html.

SCHUELE, C. M. ET D. BOUDREAU. (2008). Phonological awareness intervention: Beyond the basics. *Language, Speech, and Hearing Services in Schools, 39*(1), 3-20.

SCHUELE, C. M. et autres. (2008). Based evaluation of Two-Tiered instruction for enhancing kindergarten phonological awareness. *Early Education & Development, 19*(5), 726-752.

SÉNÉCHAL, M. (2005). *The effect of family literacy interventions on children's acquisition of Reading from kindergarten to grade 3. A meta-analytic review.* Jessup: National Institute for Literacy.

SÉNÉCHAL, M. ET J. LEFEVRE. (2002). Parental involvement in the development of children's reading skill: A 5-year longitudinal study. *Child Development, 73*(2), 445-460.

SEYMOUR, P. H., ARO, M. ET J. M. ERSKINE. (2003). Foundation literacy acquisition in European orthographies. *British Journal of Psychology, 94*(2), 143-174.

SHANKWEILER, D. ET A. E. FOWLER. (2004). Questions people ask about the role of phonological processes in learning to read. *Reading and Writing: An Interdisciplinary Journal, 17*(5), 483-515.

SHARE, D. L. ET P. A. SILVA. (2003). Gender bias in IQ-discrepency and post-discrepency of reading disability. *Journal of Learning Disabilities, 36*(1), 4-14.

SHAYWITZ, B. et autres. (2004). Development of left occipito-temporal systems for skilled reading in children after a phonologically-based intervention. *Biological Psychiatry, 55*(9), 926-933.

SILINSKAS, G. et autres. (2010). Mothers' reading-related activities at home and learning to read during kindergarten. *European Journal of Psychology of Education, 25*(2), 243-264.

SIMOS, P. G. et autres. (2002). Dyslexia-specific brain activation profile becomes normal following successful remedial training. *Neurology, 58*(8), 1203-1213.

SIROIS, P., BOISCLAIR, A., DARVEAU, M. ET É. HÉBERT. (2010). Écriture et entrée dans l'écrit. Dans H. Makdissi, A. Boisclair et P. Sirois (Éds.). *La littératie au préscolaire. Une fenêtre ouverte vers la scolarisation.* Québec: Presses de l'Université du Québec, 279-321.

SLAVIN, R. E. et autres. (2009). Effective reading programs for the elementary grades: A best-evidence synthesis. *Review of Educational Research, 79*(4), 1391-1466.

SNOW, C. E. ET Y.-S. KIM. (2007). Large problem spaces: The challenge of vocabulary for English language learners. Dans R. K. Wagner, A. E. Muse et K. R. Tannenbaum (Éds.). *Vocabulary acquisition: Implications for reading comprehension.* New York: Guilford, 123-139.

SNOW, C. E. (1991). *Unfulfilled expectations: Home and school influences on literacy.* Cambridge: Harvard University Press.

SOUSSI, A., BROI, A.-M. ET M. WIRTHNER. (2007). Des difficultés de lecture des élèves: ce qu'en disent des chercheurs et des enseignants. *Repères,* 35, 31-51.

SPEAR-SWERLING, L., BRUCKER, P. O. ET M. P. ALFANO. (2010). Relationships between sixth-graders' reading comprehension and two different measures of print exposure. *Reading Writing, 23*(1), 73-96.

SPEAR-SWERLING, L. (2006). Children's reading comprehension and oral reading fluency in easy text. *Reading and writing: An Interdisciplinary Journal, 19*(2), 199-220.

SPENCER, S. A. ET M. FRANKLIN. (2010). The effects of a fluency intervention program on the fluency and comprehension outcomes of middle-school students with severe reading deficits. *Learning Disabilities Research & Practice, 25*(2), 76-86.

SPORER, N., BRUNSTEIN, J. C. ET U. KIESCHKE. (2009). Improving students' reading comprehension skills: Effects of strategy instruction and reciprocal teaching. *Learning and Instruction, 19*(3), 272-286.

SPRENGER-CHAROLLES, L. ET P. COLÉ. (2003*). Lecture et dyslexie. Approche cognitive.* Paris: Dunod.

SPRENGER-CHAROLLES, L., SIEGEL, L. S., BECHENNEC, D. ET W. SERNICLAES. (2003). Development of phonological and orthographic processing in reading aloud, in silent reading, and in spelling: A four-year longitudinal study. *Journal of Experimental Child Psychology, 84*(3), 194-217.

STANOVICH, K. E. (2000). *Progress in understanding reading.* New York: Guilford.

STRICKLAND, D. S., GANSKE, K. ET J. K. MONROE. (2009). *Les difficultés en lecture et en écriture.* Montréal: Chenelière Éducation.

SYLVESTRE, A. et autres. (2009). Développement du langage et cumul des conditions adverses. Une relation graduelle et linéaire. Dans A. Charron, C. Bouchard et G. Cantin (Éds.). *Langage et littératie chez l'enfant en service de garde éducatif.* Québec: Presses de l'Université du Québec, 9-19.

TAYLOR, B. (2007). *The what and the how of good classroom reading instruction in the elementary grades.* Minneapolis: University of Minnesota Center for Reading Research.

TAYLOR, B. M. et autres. (2000). Effective schools and accomplished teachers: Lessons about primary grade reading instruction in low income schools. *Elementary School Journal, 101*(2), 121-165.

TEALE, W. H. (2009). Students learning English and their literacy instruction in urban schools. *The Reading Teacher, 62*(8), 699-703.

THÉRIAULT, J. (1995). *J'apprends à lire... Aide-moi.* Montréal: Éditions Logiques.

THÉRIAULT, J. ET N. LAVOIE. (2004). *Éveiller l'enfant à la lecture et à l'écriture: une préoccupation familiale et communautaire.* Montréal: Éditions Logiques.

THEURER, J. ET K. SCHMIDT. (2008). Coaching reading buddies for success. *The Reading Teacher, 62*(3), 261-264.

TIERNEY, R. J. ET J. W. CUNNINGHAM. (1984). Research on teaching comprehension. Dans P. D. Pearson, R. Barr, M. L. Kamil et P. Mosenthal. (Éds.). *Handbook of reading research, vol. 1.* New York: Longman, 609-655.

TILSTRA, J. et autres. (2009). Simple but complex: Components of the Simple View of reading across grade levels. *Journal of Research in Reading, 32*(4), 383-401.

TIVNAN, T. ET L. HEMPHILL. (2005). Comparing four literacy reform models in high-poverty schools: Patterns of first-grade achievement. *Elementary School Journal, 105*(5), 419-441.

TORGESEN, J. K. (2009). The response to intervention instructional model: Some outcomes from a large-scale implementation in reading first schools. *Child Development Perspectives, 3*(1), 38-40.

TORGESEN, J. et autres. (2007). *National assessment of Title I: Final report.* Washington (DC): U.S. Department of Education.

TORGESEN, J. K. ET R. HUDSON. (2006). Reading fluency: Critical issues for struggling readers. Dans S. J. Samuels et A. Farstrup (Éds.). *Reading fluency: The forgotten dimension of reading success.* Newark: International Reading Association, 156-172.

TORGESEN, J. K. (2005). Recent discoveries from research on remedial interventions for children with dyslexia. Dans M. Snowling et C. Hulme (Éds.). *The Science of Reading.* Oxford: Blackwell Publishers, 521-537.

TORGESEN, J. K. et autres. (2001). Intensive remedial instruction for children with severe reading disabilities: Immediate and long-term outcomes from two Instructional approaches, *Journal of Learning Disabilities, 34*(1), 33-58.

TREHEARNE, M. P. (2006). *Littératie en 1re et 2e année. Répertoire de ressources pédagogiques.* Mont-Royal: Thomson Groupe Modulo.

UKRAINETZ, T. A., ROSS, C. L. ET H. M. HARM. (2009). An investigation of treatment scheduling for phonemic awareness with kindergartners at risk for reading difficulties. *Language, Speech, and Hearing Services in Schools, 40*(1), 86-100.

VAN KLEECK, A. (2010). Les facteurs culturels et la promotion de la lecture interactive chez les familles d'enfants d'âge préscolaire. Dans H. Makdissi, A. Boisclair et P. Sirois (Éds.). *La littératie au préscolaire. Une fenêtre ouverte vers la scolarisation.* Québec: Presses de l'Université du Québec, 245-278.

VAN KLEECK, A. (2008). Providing preschool foundations for later reading comprehension: The importance of and ideas for targeting inferencing in book-sharing interventions. *Psychology in the Schools, 46*(6), 1-17.

VAUGHN, S. ET D. CHARD. (2006). Three-Tier intervention research studies: Descriptions of two related projects. *Perspectives, 32*(1), 29-34.

VAUGHN, S., WANZEK, J. ET J. M. FLETCHER. (2007). Multiple tiers of intervention: A framework for prevention and identification of students with reading/learning disabilities. Dans B. M. Taylor et J. E. Ysseldyke (Éds.). *Effective instruction for struggling readers, K-6.* New York: Teacher's College Press, 173-195.

VERHAGEN, W. G. M., AARNOUTSE, C. A. J. ET J. F. J. VAN LEEUWE. (2009). The predictive power of phonemic awareness and naming speed for early Dutch word recognition. *Educational Research and Evaluation, 15*(1), 93-116.

VILLERS, M.-É. DE. (2009). *Multidictionnaire de la langue française.* Montréal: Québec Amérique.

WAGNER, R. K., MUSE, A. E. ET K. R. TANNENBAUM. (2007). *Vocabulary acquisition. Implications for reading comprehension.* New York: Guilford.

WALCZYK, J. J. ET D. A. GRIFFITH-ROSS. (2007). How important is reading skill fluency for comprehension? *The Reading Teacher, 60*(6), 560-569.

WALPOLE, S. ET M. C. MCKENNA. (2007). *Differentiated reading instruction. Strategies for the primary grades.* New York: Guilford.

WEDWICK, L. ET J. A. WUTZ. (2008). *Bookmatch: How to scaffold student book selection for independent reading.* Newark: International Reading Association.

WILFONG, L. G. (2008). Building fluency, word-recognition ability, and confidence in struggling readers: The poetry academy. *The Reading Teacher, 62*(1), 4-13.

WOOD, K. D., LAPP, D., FLOOD, J. ET D. B. TAYLOR. (2008). *Guiding readers through text. Strategy guides for New Times. Second Edition.* Newark: International Reading Association.

XU, S. (2010). *Teaching English language learners.* New York: Guilford.

YOPP, R. H. ET H. K. YOPP. (2006). Informational texts as read aloud at school and home. *Journal of Literacy Research, 38*(1), 37-51.

YOUNG, C. ET T. RASINSKI, T. (2009) Implementing Readers Theatre as an approach to classroom fluency instruction. *The Reading Teacher, 63*(1), 4-13.

ZAMBO, D. (2006). Using thought-bubble pictures to assess students' feeling about reading. *The Reading Teacher, 59*(8), 798-803.

ZESIGER, P. (2004). Neuropsychologie développementale et dyslexie. *Enfance*, *56*(3), 237-243.

ZEVENBERGEN, A. A. ET G. J. WHITEHURST. (2003). Dialogic Reading: A shared picture book reading intervention for preschoolers. Dans A. van Kleeck, S. A. Stahl et E. B. Bauer (Éds.). *On reading books to children : Parents and teachers*. Mahwah : Lawrence Erlbaum, 177-200.

ZIPKE, M., EHRI, L. E. ET H. CAIRNS. (2009). Using semantic ambiguity instruction to improve third graders' metalinguistic awareness and reading comprehension : An experimental study. *Reading Research Quarterly*, *44*(3), 300-321.

ZUCKER, T. A., JUSTICE, L. M., PIASTA, S. B. ET J. N. KADERAVEK. (2010). Preschool teachers' literal and inferential questions and children's responses during whole-class shared.

ZUCKER, T. A., JUSTICE, L. M. ET S. B. PIASTA. (2009). Prekindergarten teachers' verbal references to print during classroom-based, large group shared reading. *Language, Speech, and Hearing Services in Schools*, *40*(4), 376-392.

ZUCKER, T. A., WARD, A. E. ET L. M. JUSTICE. (2009). Print referencing during read-alouds : A technique for increasing emergent readers' print knowledge. *The Reading Teacher*, *63*(1), 62-72.

Index